Historische Schiffe in Schleswig-Holstein
Vom Nydamboot zur Gorch Fock

**herausgegeben
von Heinrich Mehl**

Westholsteinische Verlagsanstalt Boyens & Co., Heide

Stiftung Schleswig-Holsteinische Landesmuseen Schloß Gottorf
Volkskundliche Sammlungen, Band 7
Herausgegeben von Heinrich Mehl

Umschlag:
Segelschulschiff der Bundesmarine „Gorch Fock",
„Nydam-Boot" im Archäologischen Landesmuseum
der Stiftung Schleswig-Holsteinische Landesmuseen Schloß Gottorf

ISBN 3-8042-1107
© 2002 Westholsteinische Verlagsanstalt Boyens GmbH & Co. KG, Heide
Alle Rechte vorbehalten.
Redaktion und Herstellung: Christian Lassen
Druck: Boyens Offset, Heide
Printed in Germany

Inhalt

Vorbemerkung
    von Heinrich Mehl 6

Schiffsdarstellungen in Kunst und Handwerk
    von Heinrich Mehl 8

Das Nydam-Boot
    von Michael Gebühr 20

Wikingerschiffe im Hafen von Haithabu
    von Ute Drews 29

Die Kogge
    von Christian Radtke 38

Grönlandfahrt und Walfangschiffe
    von Heinrich Mehl 51

Guineafahrer und Sklavenschiffe
    von Eigel Wiese 71

Die Großsegler Pamir, Passat und Gorch Fock
    von Hanna-Maria Schuldt 84

Als Kadett auf dem Segelschulschiff „Gorch Fock"
    von Wolf Dahl 91

Fischereifahrzeuge in Schleswig-Holstein
    von Brigitta Seidel 94

Das Wrack von Karschau
    Die Bergung eines hochmittelalterlichen Frachtseglers aus der Schlei
    von Hans Joachim Kühn 117

Das Schiff vom Hedwigenkoog
    von Wolf-Dieter Könenkamp 120

Ein Frachtsegler niederländischer Bauart aus dem Uelvesbüller Koog
    von Hans Joachim Kühn 129

Die „Christian VIII." in der Bucht von Eckernförde
    von Axel Johnsen 135

Der Brandtaucher des Wilhelm Bauer
    von Martin Westphal 150

Das Schicksal des U 995
    von Eckard Wetzel 157

„Kaiser Wilhelm" – der letzte Raddampfer auf der Elbe
    von Heinrich Mehl 170

Salondampfer „Alexandra"
    Ein Relikt der Flensburger Fördeschifffahrt
    von Andreas Westphalen 172

Schiffsmodelle in schleswig-holsteinischen Kirchen
    von Nils Hansen 179

Galionsfiguren
    von Gerhard Kaufmann 187

Autoren 203

Vorbemerkung

Schleswig-Holstein – das „Land zwischen den Meeren", wie es Landespolitiker und Touristikmanager gern nennen – ist naheliegenderweise von Schifffahrt und Schiffen geprägt. Glückstadt, Husum und Tönning waren einmal bedeutende Nordsee-Häfen, Flensburg oder Eckernförde betriebsame Häfen mit Ausrichtung zur Ostsee. Lübeck ist traditionsreiche Hansestadt und Kiel war kaiserlicher Kriegshafen und ist jetzt führender Terminal für Fährschiffe zu den Ostseeanrainern. Viele kleine Küstenorte – Büsum, Heikendorf oder Arnis – sind heute noch durch Fischerboote charakterisiert, und mit Lauenburg besitzt das Land einen Standort mit einst reger Elbschifffahrt. Quer durch Schleswig-Holstein schließlich zieht sich der Nord-Ostsee-Kanal mit Wirtschaftshäfen wie Brunsbüttel oder Rendsburg, eine der meist befahrenen Wasserstraßen der Welt, die auch von Ozeanriesen passiert wird.

Zu Häfen und Reedereien gehören auch Werften. In früheren Jahrhunderten wurden in Flensburg oder Lübeck stattliche Dreimaster gebaut, war das kleine Steinberghaff an der Flensburger Förde ein Werftenstandort, wurden z. B. in Tönning und Husum die erfolgreichen Schiffszimmermeister Claus Thoms und Hans Barthel Detlefsen Paasch bekannt. Friedrichstadt besitzt seit 1623 eine Helling für den Holzschiffbau. Büsum beginnt erst 1947 mit dem Stahlschiffbau. Historische Fotos zeigen die heute längst vergessene Glasau'sche Werft und ihre Schiffsbauten im Eckernförder Hafen oder die Ohm'sche Werft in Nübbel, die 1913 ihr letztes Schiff vom Stapel ließ. Bedeutender als all diese Standorte ist Kiel: Als Mittelpunkt kaiserlicher Flottenbaupolitik und Produktionsstätte von U-Booten des Dritten Reiches zu zweifelhaftem Ruhm gelangt, strahlt es heute als Heimat von Firmen wie den Howaldts-Werken mit ihren Container- und Kreuzfahrtschiffen in friedlichem Glanz. Aber Schleswig-Holstein besitzt auch neue Stars des Schiffbaues, die Lindenau Werft in Kiel etwa oder die Werft Nobiskrug in Rendsburg.

Die einstige Schiffbauindustrie hat unverwechselbare Schiffs- und Bootstypen hervorgebracht, Bark und Schleswig-Holsteinische Yacht, Ewer und Krabbenkutter, Raddampfer und – nicht zuletzt – Unterseeboote mit innovativer Technik. Entsprechend reich ist das Land heute an speziellen Museen und Museumshäfen, die solche technischen Denkmäler bewahren: Flensburg oder Rendsburg (mit großen Modellsammlungen), Lauenburg mit einem Schwerpunkt auf Dampfschifffahrt, Kiel mit seiner ehemaligen Fischverkaufshalle als Schifffahrtsmuseum mitten im modernen Fährhafen, Husum oder Wyk auf Föhr mit Spezialsammlungen zum Thema Walfang, das Volkskunde Museum am Schleswiger Hesterberg mit einer Dauerausstellung zur Ostseefischerei, Büsum mit seinem neuen Museum zur Nordseefischerei.

So ist Schleswig-Holstein auch das Bundesland der „Museumsschiffe" geworden. Auf Schloss Gottorf zu Schleswig ist mit dem Nydamboot ein germanisches Ruderboot aus dem 4. Jahrhundert nach Christus zu sehen, das Wikinger Museum Haithabu zeigt die weltbekannten Drachenboote, Husum hat um einen spektakulären Schiffsfund aus dem Schlamm des Uelvesbüller Koogs ein eigenes Museum gebaut und der Schleswiger „Hesterberg" dokumentiert den letzten Blockkahn Gothmunder Fischer. Rührige Trägervereine bemühten sich um Oldtimer der Dampfschifffahrt, um die „Alexandra" in Flensburg und die „Kaiser Wilhelm" in Lauenburg – und schicken sie heute mit Touristen auf Fahrt. Die „Wappen von Schleswig", derzeit Ausflugsdampfer auf dem Meeresarm der Schlei, wurde 1926 in Königsberg erbaut und diente einmal als Schleppdampfer auf dem Frischen Haff, die „Albatros", jetzt von der Entsorgung bedrohte Dampferruine in Damp, hatte 1945 erfolgreich an der Evakuierung deutscher Flüchtlinge aus Ostpreußen und Pommern teilgenommen.

Schleswig-Holsteins großer Beitrag zur Geschichte der Schifffahrt bezieht sich nicht nur auf die Wasserfahrzeuge, sondern vor allem auf seine seeerprobten Menschen. Hollands und z. T. auch Englands Handels- und Walfangflotten des 17. und 18. Jahrhunderts wurden in hohem Maße von Kapitänen und Steuerleuten von Sylt oder Amrum geleitet, von Mannschaften aus der nordfriesischen Inselwelt betreut. Überhaupt waren nordfriesische Seeleute auf niederländischen Schiffen zu Hause, die Zusammenarbeit ging soweit, dass Männer aus List, Wittdün oder Pellworm holländische Namen wählten, und mancher Namenszug auf den Grabsteinen Amrumer Kapitäne an Amsterdam erinnert. Schleswig-Holsteiner standen auch am Steuer von Sklavenschiffen im „Transatlantischen Dreieckshandel", auch wenn manche alte Stadt an Nord- oder Ostsee dies heute nicht mehr gerne hören mag.

Die Fülle an Schiffstypen, an Hafenorten und Werften, an Wasserstraßen im Land und an Seerouten von Schleswig-Holstein hinaus in die Welt soll in diesem Buch an ausgewählten Beispielen lebendig werden. Der beschriebene Zeitraum von über 1500 Jahren, eine ganz unterschiedliche Forschungslage und der begrenzte Kreis kompetenter Fachleute machten es notwendig, Autoren aus ganz verschiedenen Disziplinen mit unterschiedlichsten Arbeitsmethoden zu einem gemeinsamen Werk zusammenzubringen: Archäologen, Historiker, Kunstgeschichtler, Volkskundler, Diplomingenieure und Schriftsteller moderner Sachbücher.

Die seit 1996 im Boyens Verlag erscheinenden und von der Stiftung Schleswig-Holsteinische Landesmuseen herausgegebenen Bände „Volkskundliche Sammlungen" zeichnen sich durch besonders reiches Bildmaterial aus. Auch für „Historische Schiffe in Schleswig-Holstein" konnten zahlreiche bisher noch nicht veröffentlichte Fotodokumente und selten gezeigte historische Grafiken ausgewählt werden. Wichtige Fundgrube hierfür waren die Graphische Sammlung Schloss Gottorfs und die Fotosammlung des Volkskunde Museums Schleswig, gute Bildbestände kamen von Haithabu Museum, Nissenhaus Husum, Schifffahrtsmuseum Flensburg und Dithmarscher Landesmuseum sowie von den privaten Sammlungen Heinz Clausen, Ingo Petersen, Andreas Westphalen, Eckard Wetzel, Eigel Wiese.

„Vom Nydamboot zur Gorch Fock" geht weit über einen zusammenfassenden Blick auf historische und moderne Schiffe Schleswig-Holsteins hinaus. Die Autoren nennen neue Forschungsergebnisse, interpretieren jüngst gefundene Wrackteile und bisher nicht beachtetes Bildmaterial, sie geben bekanntem Forschungsstoff neue Akzente. So stellt Christian Radtke ganz aktuelle Wissenschaftsstandpunkte zur Geschichte der Kogge vor, verbindet Eigel Wiese Flensburg und andere Hafenstädte stärker mit der unseligen Epoche des Sklavenhandels, als es bisher der Fall war, setzt der Herausgeber weithin unbekannte grafische Arbeiten für seine Beschreibung des europäischen Walfangs und seiner Schiffe ein. Erstmals zieht der dänische Autor Axel Johnsen direkte Verbindungslinien zwischen Explosion und Untergang des dänischen Linienschiffes „Christian VIII." 1849 vor Eckernförde und der Selbstversenkung dänischer Kriegsschiffe im Zweiten Weltkrieg. Nils Hansen arbeitet heraus, daß Stiftungen von sog. Votivschiffen nur in ganz seltenem Einzelfall mit einem Gelübde in Seenot zusammenhängen, sondern im Grunde Repräsentationsgeschenke einflußreicher Gilden bzw. standesbewußter Bürger waren. Und Eckard Wetzel schildert nicht nur die Kriegseinsätze von U 995 – heute vielbesuchtes Museumsschiff in Laboe – sondern legt Verbrechen offen, die im Zusammenhang mit diesem Unterseeboot noch Tage nach Ende des Krieges begangen wurden.

Das Buch „Vom Nydamboot zur Gorch Fock" ist Dr. Klaus Lengsfeld gewidmet, der die Beschreibung des Wracks aus dem Uelvesbüller Koog übernehmen wollte und am 28. Juni 2002, mitten in der Ausübung seines Berufes als Direktor von Ludwig-Nissen Haus und Schifffahrtsmuseum Nordfriesland in Husum, in seinem 58. Lebensjahr unerwartet verstorben ist.

Heinrich Mehl

Schiffsdarstellungen in Kunst und Handwerk

Schiffe sind ein bevorzugtes Motiv für Maler und Grafiker im Bereich der großen Kunst, im Kunsthandwerk der vergangenen Jahrhunderte und auf Gegenständen, die man gemeinhin der „Volkskunst" zurechnet. Zweifellos spielt der optische Reiz des Themas dabei eine Rolle: das Zusammenspiel von geschwungenem Rumpf und Heck mit den aufragenden Vertikalen der Masten, im Wind geblähte Segel und bunt flatternde Fahnen, der Schauplatz des bewegten Meeres und der Wolken im unendlichen Himmel. Aber Schiffe sind zu allen Zeiten auch Sinnbild. Sie verkörperten Reichtum durch Handel (das Bild der Kogge), militärische Stärke (die Galeeren Venedigs), sie symbolisieren Aufbruch zu neuen Ufern, die Eroberung der Welt. Heute verbinden wir die Silhouette des Segelschiffes mit Sehnsucht nach der Vergangenheit, mit Fernweh und verlorenem Abenteuer.

In frühen Schiffsdarstellungen können wir also mit Bedacht gewählte „Bildzeichen" sehen: Schiffsmodelle aus Ton oder Holz im frühen Ägypten sind Grabbeigaben mit Stellvertretercharakter, am Schiff „Argo" im hellenistischen Epos baute Göttin Athene selbst mit, Fährmann Charon rudert auf seinem Boot Verstorbene über die Flüsse Styx und Acheron zur Unterwelt, die Arche Noah im alten Testament ist sicherer Hort in einer versinkenden Welt, die Felszeichnungen „Hällristningar", älteste Bootsdarstellungen im Norden, sind Zeichen mit magischer Kraft.

Im Christentum, denken wir nur an die Begriffe „Kirchenschiff" und „Arche" und die vielfach verwendete Metapher von Mast und Rahe als Kreuz, spielt das Bild des Schiffes eine besondere Rolle. „Den urchristlichen Gemeinden dienten Anker und Schiff als heimliches Erkennungs- und Heilzeichen während der Schreckenszeit ihrer Verfolgung."[1] Es gibt schöne frühchristliche Bronzelampen in Form eines Segelschiffes mit Christus als Steuermann und der „Menschenseele" als Passagier[2] oder Messingleuchter des 17. Jahrhunderts mit plastisch eingearbeitetem Schiffsrumpf (der „Stella-Maris-Leuchter" aus der St.-Nikolai-Kirche Stralsund).[3]

Ein Schiff wurde zum Attribut so mancher christlicher Heiliger, hindeutend auf entsprechende Motive in ihren Viten und Legenden: Adelheid entfloh per Schiff ihrer Gefangenschaft, die römische Märtyrerin Christina von Bolsena wurde vom Schiff ins Wasser gestürzt, Siegfried von Schweden segnete vom Schiff aus das Meer.[4]

Die Rolle des Schiffes in Heiligenlegenden und ihre Zuordnung als dingliches Erkennungsmerkmal haben in der abendländischen Kunst erste Schiffsbilder entstehen lassen. Im 13.–15. Jahrhundert sind sie noch nicht in den Mittelpunkt gerückt, eher erläuterndes Begleitmotiv zur zentralen Darstellung der oder des Heiligen. Wohl schönstes Beispiel ist Vittorio Carpaccios noch gotisch geprägtes Gemälde der Ursula: Der venezianische Künstler hat die Pilgerfahrt der britischen Königstochter in einen italienischen Hafen versetzt, in dessen Hintergrund detailgenau gemalte Handelsschiffe ankern.[5] Eine solche „marginale" Schiffsdarstellung vom Anfang des 15. Jahrhunderts aus Norddeutschland findet sich am Dreikönigsaltar aus der ehemaligen Johanniskirche zu Rostock, heute im dortigen kulturhistorischen Museum.[6]

Nikolaus, Patron fast aller großen Kirchen norddeutscher Küstenstädte, ist bevorzugter Anlass früher künstlerischer Beschäftigung mit Schiffen; der Bischof von Myra, zu dessen Wundertaten die Errettung eines Schiffes aus Sturmesnöten gehört, ist auf vielen Mirakelbildern und Altargemälden verewigt, verbunden oftmals mit den Attributen Schiff und Anker oder als Schutzheiliger der Seeleute ein Schiff in den sicheren Hafen leitend. Das Attribut des Ankers trägt der Heilige z. B. auf einem Retabelflügel des 15. Jahrhunderts in der Lübecker Marienkirche; in einem Segelschiff sitzt der Patron der Seeleute auf einer Wandmalerei in St. Nikolai zu Wismar.

Vornehmlich in Mittelmeerländern sind Votivschiffe und Votivbilder mit Schiffsdarstellungen bekannt, vielleicht die frühesten volkstümlichen Bilder zu unserem Thema. Seit dem 16. Jahrhundert bestand der Brauch, vor Ausfahrt zu gefährlicher Seereise, mehr noch nach überstandenen Reisenöten, ein Bild des Schiffes malen zu lassen und der Kirche des Heimatortes zu weihen. Votivbilder folgen meist dem gleichen Schema: Im Mittelpunkt steht die Szene des Schiffes im Sturm oder an drohender Klippe, darüber schwebt in einer Gloriole die um Hilfe angeflehte religiöse Instanz, Maria oder ein

Heiliger, ein aufgemalter Text schließlich nennt Datum, Schiff und Schauplatz und den Begriff „ex voto" (aus einem Gelübde heraus).⁷ Dreidimensionale Modelle von Schiffen, auch in vielen Kirchen Schleswig-Holsteins und Dänemarks zu finden, entstanden z. T. in ähnlichen Zusammenhängen; ihnen sei ein eigener Aufsatz in diesem Buch gewidmet.

Schiffe als Signum, als Erkennungszeichen und Symbol tauchen in Amtsstuben, Kontoren und Zunfträumen Norddeutschlands in großer Mannigfaltigkeit auf. Es ist naheliegend, dass Hansestädte, Reedereien oder Berufszusammenschlüsse von Seeleuten das Motiv „Schiff" als ihr Logo wählten. Im Bericht über Fund, Konservierung und Erforschung der Bremer

Messingstempel mit Bild dse bewaffneten Handelsschiffs „America" unter dänischer Flagge. Vorn Tabakpflanzen, Tabakballen und Initialen J. D. S. (des Reeders oder Kapitäns). Stiftung Schleswig-Holsteinische Landesmuseen

Hansekogge von 1969 werden schöne Siegel der Hansestädte gezeigt[8], ebenso in Wolfgang Rudolphs maritimen Forschungsarbeiten.[9] Berühmte Siegelbilder dieser Art stammen aus dem englischen Dunwich (von 1199!), von Pariser Kaufleuten (um 1200) oder aus Stralsund (das „Koggen-Siegel" von 1329). Es ist ferner bekannt, dass nicht wenige Gemeinden mit Zugang zum Meer ein Schiff im Wappen tragen, Elmshorn etwa mit seinem Dreimaster unter vollen Segeln, die Landeshauptstadt Kiel in Anlehnung an das Stadtsiegel von 1365, Föhr, Tondern sowie Arnis oder Büsum mit Wappenschöpfungen aus jüngster Zeit.[10]

Wohl sind solche stilisierten Bildmotive nicht schiffstechnisch präzise Zeugnisse, aber in Ermangelung leibhaftiger Beispiele frühen Schiffsbaus geben sie uns zumindest wichtige Hinweise. Siegel und Stempel, Münzen und Medaillen des 17. und 18. Jahrhunderts haben bereits unübersehbares Material in Malerei und Grafik als Vorlage – so gibt ein in Besitz der Stiftung Schleswig-Holsteinische Landesmuseen befindlicher Messingstempel die klar strukturierte Zeichnung einer dänischen Fleute mit drei Masten, dem Schriftzug „America" am Heckspiegel und zehn Kanonen in einer gedeckten Batterie wider.[11] Die am Ufer im Vordergrund gestapelten Ballen (Tabak, Baumwolle o. ä.) mit dem Danebrog kennzeichnen das Schiff als Ostindienfahrer oder bewaffnetes Handelsschiff auf Amerikaroute. – Eine ehemals populäre Münze mit dem Abbild eines Segelschiffes war das dänische Zweidukatenstück aus den Jahren 1657–1667 der Regierungszeit von Friedrich III.

Ganz im formalen Stil von Siegeln, Münzen und Medaillen und ähnlich zeichenhaften Charakters sind all die Schiffsbilder an sog. Zunftaltertümern, an den Truhen, Pokalen, Bannern und Tischzeichen historischer Berufsvertretungen, vor allem der Schiffergesellschaften in den großen Hafenstädten. Da die ausführenden Künstler solcher repräsentativer Arbeiten in Zinn, Silber, Edelholz oder Glas tüchtige Fachleute waren, haben wir bereits gute Bildquellen mit vielen Details vor uns. Dem Flensburger „Schiffergelag", einer Vereinigung ansässiger Schiffer mit Versammlungsraum im Kompagnietor, gehörte eine silberne Deckelkanne mit Schiffsgravur von 1612, ähnliche Utensilien für feierliche Trinkgelage besaßen die „Schiffer und Fischer im Artushof" zu Königsberg, die Lübecker Schiffergesell-

Gefäß für Punchbowle in Form einer Fregatte. Manufaktur Schleswig, Periode Friedrich Vollrath Rambusch (1758–1773). Geschenk an das Flensburger Schiffergelage. Stiftung Schleswig-Holstein. Landesmuseen Schloß Gottorf

schaft oder das Sonderburger Schiffergelage. Hier, in der dänischen Hafen- und Festungsstadt, bewahrt das Sønderborg Slot Museum das bekannte „Jonasbanner" von 1614, ein aus farbiger Seide gesticktes Tuch mit stattlichem Dreimaster-Motiv, einst wohl mitgeführt bei Bittprozessionen der Seeleute.[12] Zeremonialgerät sind auch jene – uns in ganz wenigen Exemplaren erhaltenen – Fayence-Arbeiten in der Form einer Fregatte, die als Bowlengefäße dienten. Diese „Punsch-Schiffe" ohne Masten und Takelage, deren Hauptdeck per Griff abnehmbar war, stammen wohl vornehmlich aus der Schleswiger Fayence-Manufaktur – ein Bowlengefäß aus der Schleswiger Periode des Friedrich Vollrath Rambusch (1758–1773), ergänzt von einem kleinen Beiboot in Fayence, soll für das Flensburger Schiffergelage bestimmt gewesen sein.[13]

Zumindest in die Nähe von Zunft- und Tischzeichen möchten wir „Fensterbierscheiben" rücken, kleinformatige Scheiben mit Bemalung, früher als farbiges Detail in bleiverglasten Fenstern zu finden, heute nur noch im Museum verwahrt. „Bis ins 18. Jahrhundert hinein gab es auf dem Lande den Brauch, anlässlich der Errichtung eines neuen Hauses ein Fest zu geben, zu dem die Gäste bemalte Scheiben mitbrachten. Glas war damals eine teure Ware. Diese Scheiben waren verziert mit kleinen Bildern und trugen oft den Namen des Spenders. Die Bezeichnung ‚Fensterbierscheibe' rührt von jenen Hausfesten her, bei denen als Getränk Bier ausgeschenkt wurde."[14] In Hanse- und Hafenstädten war das Handelsschiff ein naheliegendes Motiv für die Miniaturmalerei auf Glas; ein schönes Beispiel von 1714 zeigt das Schiffahrtsmuseum Flensburg, eine Schiffsbild-Fensterscheibe von 1693 aus dem ehemaligen Hafenamt zu Wismar besitzt das dortige Stadtgeschichtliche Museum. – Zumindest erwähnt seien noch Sargschilder, silberne und teilweise vergoldete Treibarbeiten mit prächtigen Schiffsabbildungen. „Bei der Beerdigung eines Schifferbruders oder einer Schifferfrau hängte man diese ovalen oder runden Silberschilder paarweise an breiten Samtbändern über die schwarze, goldbestickte Sargdecke."[15]

Wenn das Bild des Schiffes Modellbauer und Laienmaler, Fayencenformer und Silberschmiede beschäftigte, so muss das vielseitige Sujet ebenso die große Kunst fasziniert haben. Erste eigenständige Schiffsgemälde verdanken wir holländischen Malern des 17. Jahrhunderts, wobei wir jedoch noch keine individuellen Porträts vor uns haben: „Bei den heroischen oder idyllisch-poetisch beseelten Meereslandschaften der Marinemaler geht es weniger um die Darstellung des Schiffes als um die Erfassung des ständig wechselnden Antlitzes des Meeres und des Himmels, wobei Beziehungen zur Stimmungswelt des Menschen sichtbar werden," (Gerhard Kaufmann).[16] Zu den großen holländischen Malern, die das Schiff mehr und mehr in den Bildmittelpunkt rücken, gehören von Goyen, Willaerts, Vroom, Cuyp oder de Witte, vor allem aber die van de Veldes. Das von Wilhelm van de Velde d.Ä. mit großartig gestalteter Heckpartie porträtierte Admiralsschiff „Gouden Leeuw", 1660 im Hafen von Amsterdam beobachtet, können wir heute im Amsterdamer Rijksmuseum bewundern; eine stillere Federzeichnung „Schiffe und Boote bei Windstille" des Wilhelm van de Velde II (1633–1707) besitzt die Stiftung Schleswig-Holsteinische Landesmuseen. Arnold Houbraken hat um 1700 beschrieben, wie intensiv und realistisch etwa Ludolf Backhuysen (ca. 1631–1708), einer der großen Niederländer, seine Schiffs- und Meeresstudien betrieb: „Wenn ein Sturm sich erhob, gelüstete es ihn nicht selten, in ein Boot zu steigen und sich nach der Mündung führen zu lassen, sowohl um das Anbranden der Wogen gegen den Strand, als die Veränderungen von Luft und Wasser in der Natur zu beobachten."[17]

Akribisch gemalte Schiffsporträts – wenn auch stets malerisch in eine Hafen- oder Seenlandschaft eingebettet – finden wir dann besonders im Arsenal der Kriegsschiffe. Die lange Reihe der Einzeldarstellungen stolzer Fregatten und Linienschiffe reicht von Vrooms Gemälde der englischen „Repulse" von 1613 bis zur russischen „Asow", die Christopher Wilhelm Eckersberg 1828 auf der Reede von Helsingör malte;[18] die Galerie bewegter Schlachtenszenen zu See führt von De Lotherbourgs „Glorious First of June" (1794) mit dem britischen Flaggschiff „Queen Charlotte" bis zu Johann Carl Neumanns (1833–1891) „Schlacht von Kopenhagen am 1. April 1801."[19]

Es sind Maler der Romantik und Spätromantik, ganz herausgehoben Caspar David Friedrich, Friedrich Nerly und der Norweger Johann Christian Clausen Dahl, die das Schiff auf dem Meer erneut als Möglichkeit betrachten, Naturstimmungen und damit zugleich Emotionen des Menschen auszudrücken. C. D. Friedrichs „Segelschiff" von 1814 oder Dahls „Blick auf Kopenhagen im Mondschein" von 1817 sind zwar Abbild einer dänischen Fregatte unter vollen Segeln bzw. abgetakelter Handelsschiffe im Hafen (die Maler besaßen Schiffsmodelle, die sie als „Modell" hernehmen konnten!) – doch sind den Künstlern das fahle Licht, die Silhouette gegen den hohen Himmel für ihre Aussage viel wichtiger. Im Unterschied zu den Niederländern 150 Jahre früher, die schäumendes Meer und tosende Wolken liebten, malen die Romantiker jedoch ruhige See und einen stillen, undramatischen Himmel.

Eine ganz andere Welt spiegeln die sog. Kapitänsbilder. Wenn in der großen Marinemalerei Bewegung, dynamische Farbigkeit, plastische Form und völlige Einheit von Schiff und Meer gesucht werden, so setzen die Maler jener volkstümlichen Schiffsporträts, die sich heute zu Tausenden in Museen und privaten Sammlungen befinden (einer der größten Sammler ist der Hamburger Peter Tamm), jeweils ein ganz bestimmtes

Kapitänsbilder „Victoria von Flensburg" unter Kapitän Jens Petersen Groot. Aquarell von Antoine Roux (1765–1835), gemalt 1804 in Marseille. Stiftung Schleswig-Holsteinische Landesmuseen Schloß Gottorf

Schiff mit seinen wesentlichen technischen Merkmalen auf Holz oder Leinwand. „Gewöhnlich wurden die Schiffe unter vollen Segeln von See gesehen gemalt. Ältere Bilder zeigen den Segler sowohl von der Seite und der Schönheit des Hecks wegen auch von achtern (Doppelschiffsporträt). Später erreichte man durch eine falsche Perspektive, dass bei üblicher Seitenansicht das Heck sichtbar wurde" (Walter Lüden).[20] Die genaue Betrachtung solcher Bilder hat aufgezeigt, dass sich ihre Maler keinesfalls vor Verwendung eines Zirkels oder verschiedener Lineale scheuten.

Während man früher (und in manchen Ausstellungstexten von Heimatmuseen noch heute) „Kapitänsbilder" als Laienarbeiten von Seeleuten ansah, weiß man spätestens seit Werner Timms Buch von 1971[21], dass die Andenkenbilder in vielen europäischen Hauptstädten von Berufsmalern angeboten wurden, von geschickten Marinemalern, die dem schlichten Geschmack und dem schmalen Geldbeutel der Käufer von den Schiffen entgegenkamen oder, im Einzelfall, auch von alten oder arbeitsunfähig gewordenen Seeleuten, die sich im Malen versuchten, um ihren Unterhalt damit zu bestreiten. Denn in der Tat waren Kommandeure, Steuerleute und Matrosen an der leichten Wiedererkennbarkeit ihres Schiffes interessiert, an der präzisen Darstellung von Maßverhältnissen an Rumpf und Heck, von Mastenzahl und Art der Takelage; seemännische Sachkenntnis war also mehr gefragt als Maltalent. Die Akribie der Ausführung macht Kapitänsbilder zu wichtigen Dokumenten, zumindest für die Schifffahrtshistoriker. Sie liefern oft die einzigen Erinnerungen an versunkene und vergessene Schiffe – „vom Leben der Seeleute an Bord und auf gefahrvoller Eismeerfahrt berichten sie nicht."[22]

Kapitänsbilder vermerken meist den Namen des Schiffes und seines Kommandeurs (manchmal des

Eigners), vielfach auch den Tag, an dem der Maler das Schiff porträtierte. Signiert sind sie so gut wie nie, was die Erforschung der Maler schwierig macht. Immerhin kennt man heute eine Vielzahl interessanter Viten, z. B. die des Kielers Heinrich Reimers (1824–1900), des Peter Christian Holm aus Altona, des Flensburger Julius Gregersen (1860–1953) oder des talentierten Julius Stockfleth aus Wyk, der von 1885–1907 gar in Texas als „Gulf Coast Marine and Landscape Painter" arbeitete.[23] Maler europäischer Nachbarländer sind aus Liverpool, Glasgow, Clyde, Marseille u.v.a. bekannt.

Zahlreiche Kapitänsbilder sind durch in ein Eck der Leinwand gesetzte Andeutung des Heimat- oder Zielhafens bestimmten Orten zuzuordnen. So erscheinen im Hintergrund der Schiffe Schloss Kronborg am Öresund, das Kieler Schloss, die Insel Helgoland oder der Dogenpalast von Venedig. Ein besonders beliebtes Randmotiv sind der Leuchtturm auf der Hafenmole von Neapel und die Silhouette des rauchenden Vesuv, Indiz dafür, dass in diesem Hafen besonders viele Maler ihre Bilder vor den dort ankernden Schiffen anboten. Eines der frühesten Kapitänsbilder, heute im Museum Stralsund verwahrt, zeigt unter schwedischer Flagge die Hukergaleasse „Der Greiff" des Capt. Samuel Christian Kelmrock und ist 1782 datiert. Ein seltener Hinweis auf die Lebensumstände von Schiffsmalern fand sich auf einem Zettel von 1836, aufgeklebt auf die Rückseite eines gerahmten Ölbildes von der Galeasse „Johanna Louisa" (Stralsund): „D.A. Tempken zeichnet alle Sorten von Schiffen ... zu den geringsten Preisen ... Verkauft auch

Ostindienfahrer unter britischer Flagge. Handkolorierte Lithographie von C. F. Möller im Verlag Ch. Fuchs, Hamburg. Stiftung Schleswig-Holsteinische Landesmuseen Schloß Gottorf

allerhand Schreibgeräthschaften. Wohnt in de Oude Teetuinen of Slijpsteenen, No. 33 zu Amsterdam."[24]

Eine spezielle Art naiver Schiffsbilder, einst besonders in Flandern (Antwerpen, Ostende) erhältlich, wurde auf Glas gemalt und dann gerahmt. Ein namentlich bekannter Künstler und Produzent dieser Souvenirs war der aus Schlesien stammende Wenzeslaus Weiden (1769–1814). Der Niederländer Petrus Weytz (1799–1855) sowie seine Söhne Carolus Ludovicus und Ignatius Jan schufen als Familienunternehmen Hunderte von solchen Hinterglasbildern, z. T. auch im Stil eines Dioramas gearbeitet, und setzten als Charakteristikum die stilisierte Häusersilhouette von Vlissingen in den Hintergrund. Zur Technik des Hinterglasbildes gehört das seitenverkehrte Malen des Schiffes, wobei zuerst die Details vorgenommen werden müssen und der Hintergrund zuletzt auf die Glasplatte aufgetragen wird. So ist das Schiffsbild vor Staub und Nässe geschützt, der Dioramenkasten bietet ferner die Möglichkeit eines plastischen Hintergrunds.

Die Stiftung Schleswig-Holsteinische Landesmuseen besitzt – noch aus dem Thaulow Museum stammend – ein Hinterglasbild des Petrus Weitz, das die Dreimastbark „Bürgermeister Jensen" zeigt. Das genau gemalte Schiffsporträt verrät uns durch die Initialen auf der mittleren Fahne (J.S&S.) den Namen der Reederei: Johann Schweffel und Sohn zu Kiel. Gebaut wurde die Bark 1840 vom Kieler Schiffbaumeister A. Conradi, Kapitäne waren Matthiesen und Decker; im Jahr 1856 erwarb der Kieler Reeder Christian Ahrens das Schiff, ließ es zum Vollschiff umbauen und nannte es „Gustav und Marie". Ein Fachmann würde die Takelung so beschreiben: „Die Bark ist mit einfachen Mars, Brahm-, Royal- und Skysegeln ziemlich hoch getakelt. Auch reichen die Leesegel im Großtopp bis zu den Royals hinauf. Als kleine Abweichung vom üblichen sind die beiden Vierkanttoppsegel über dem Besahn zu nennen."[25] Die Heckfahne gibt den dänischen Danebrog mit dem Monogramm Christians VIII. wider.

Es ist schließlich bekannt, dass geschäftstüchtige Maler auch in fernöstlichen Hafenstädten saßen und die Mannschaften europäischer Handelsschiffe mit ihrer Kunst lockten. Wieder sind Segelschiffe mit ihrer Takelage und „über die Toppen geflaggt" naturgetreu dargestellt, ergänzt nun von exotischen Küsten oder Tempelsilhouetten am Horizont. Erkennbar sind Hafenansichten von Hongkong oder Nagasaki mit seiner vorgelagerten Insel Deshima, dem bis 1853 einzigen japanischen Hafen, der sich dem europäischen Handel öffnete. Werner Timm publiziert ein chinesisches Schiffsporträt der Fregatte „Mentor", die 1824 im Auftrag der Preußischen Seehandelsgesellschaft nach Fernost segelte: Die „Mentor" ankert in Whampoa, 10 Meilen vor Kanton, zu identifizieren durch Inschrift und zwei Pagoden im Hintergrund.[26] Chinesische Maler-Händler wussten ihre Kapitänsbilder mit applizierten Rümpfen oder Segeln aus Samt und Seide zu verschönern oder stickten die Schiffe auf Seide und setzten sie in aufwendig geschnitzte Rahmen.

Als Ursprung des Typs „Kapitänsbild" bzw. „Schiffsporträt" könnte man die bereits erwähnten Votivbilder ansehen. Ihre formalen Vorbilder fanden sie aber ebenso in der großen Kunst und ab 1800 in den graphischen Blättern, die neu entwickelte Drucktechniken in preiswerten Serien möglich machten. „Aus England stammen Kupferstiche und Lithographien, die, wenn auch in kleinerer Auflage, ein gutes Geschäft versprachen, da sie nach hervorragenden Aquarellen hergestellt und im Preis weitaus günstiger als Unikate waren. Sie waren auch für Matrosen erschwinglich. War das Schiff dem Typ des von ihnen gesegelten ähnlich, hatten sie gleichen Erinnerungswert für sie."[27] Solche Druckblätter wurden gern nachträglich von Hand mit Wasserfarben koloriert, wobei auch hier originale Gemälde als Vorbild dienten. Gedruckte Darstellungen von Grönlandfahrern bei der Jagd auf den Wal waren besonders beliebt, doch handelt es sich auch dabei „nicht um unmittelbare Tatsachenberichten, sondern um Schilderungen, die auf niederländische graphische Vorbilder zurückgreifen, u. a. auf die Kupferstichserie ‚Groote Vissery' von Adolf van der Laan, Amsterdam 1730, nach den Zeichnungen von Sieuwert van der Meulen und auf Friedrich Martens' im Jahre 1675 in Hamburg erschienene ‚Spitzbergische oder Groenlandische Reisebeschreibung'."[28]

Die Vervielfältigung populärer Bildsujets und damit auch des Motivs „Schiff" erreichte im 19. Jahrhundert ihren Höhepunkt im Aufblühen von Illustrierten, zuerst im gehobenen Bildungsbürgertum, dann auch in den einfachen Schichten. „Die Gartenlaube" (1853 gegründet), „Omnibus", „Der Bazar", vor allem die im Norden viel gekaufte Allgemeine Illustrierte Zeitung „Ueber

Land und Meer" druckten nach originalen Vorlagen lithographierte Marinemotive ab. Der „Wandsbeker Bote" von 1847 publiziert Hamburgs „neues Hafenthor" mit einer Flotte ankernder Schiffe, die „Münchener Bilderbogen" Nr. 138 (Verlag K. Braun und F. Schneider) bringen ein populäres Blatt „Das Schiff", gezeichnet von C. Kaehler, heraus, und Leipzigs „Illustrierte Zeitung" druckt 1884 das kaiserliche Flottenmotiv „Rückkehr des Prinzen Heinrich von einer Weltreise" in einem Litho nach C. Saltzmann. All diese Boots- und Schiffsporträts nähern sich bereits fotografischer Genauigkeit – das Zeitalter der Kamera hatte ja schon begonnen, Lichtbilder aber konnten noch nicht mit befriedigendem Erfolg gedruckt werden.

Wenn bekräftigt wurde, dass Kapitänsbilder auf Leinwand oder Glas nur in den seltensten Fällen von Laien in Freizeitarbeit geschaffen wurden, so gilt dies ebenso für die große Gruppe an künstlerischen Arbeiten, die man gerne zum „Kunsthandwerk der Seeleute" rechnet.[29] Hierzu gehören all die mit Schiffsmotiven verzierten Kästchen, Dosen, Teller, Gläser, die man auf Märkten in Hafenstädten oder in Andenkenläden der Seebäder an Nordsee, Ostsee und Mittelmeer als Souvenir kaufen konnte. Sie wurden von fleißigen Handwerkern produziert, versehen mit Spezialkenntnissen in der Behandlung seltener Materialien, so die Männer und Frauen im russischen Eismeerhafen Archangelsk, die Schmuckkästchen aus Walbein fertigten oder

Tableau aus 20 Einzelfliesen mit dem Bild des Dreimasters „De Handelaar" unter Kapitän Bandik Friedrich Hansen (Hallig Hooge). Harlingen 1769, Maler Pals Karsten. Stiftung Schleswig-Holsteinische Landesmuseen Schloß Gottorf

Kunsthandwerker um 1800 in Frankreich, England und USA, die Schatullen mit Einlegearbeiten aus Stroh schufen. Eine Kuriosität sind „Rolling Pins", Nachbildungen von Kuchenrollen aus geblasenem Glas, gefüllt mit Wasser und bemalt mit den Silhouetten von Schiffen und mit Sprüchen von Liebe und Heimat. Sie sind ebenso Geschenke von Seeleuten für die Daheimgebliebenen wie „Scrimshaws": „Der Begriff ‚Scrimshaw' wurde ehemals auf alle Arten des Schnitzens und Schmückens von Pottwalzähnen, Walrosszähnen oder Knochen angewandt, heute aber speziell auf die von den Walfängern verzierten Zähne."[30] Natürlich waren Schiffe, Sturmesnot, Waljagd bevorzugter Zierrat der mit eingeriebener schwarzer Farbe in ihrer Wirkung verstärkten Schnitzarbeiten, und die naivsten heute in Museen erhaltenen Stücke wirken z. T. wie Ritzzeichnungen auf Knochen der Altsteinzeit. Gute Schiffsbilder auf den langen elfenbeinähnlichen Walrosszähnen oder den kürzeren und breiten Zähnen des Pottwals sind von gelernten Kunsthandwerkern an Land mit Spezialwerkzeug eingeritzt worden. Das abenteuerliche Scrimshaw war sicher ein begehrtes Andenken an lange Seereisen und ein aufregendes Renommiergeschenk für Mutter und Braut zuhause.[31]

Drei Bereiche der sogenannten „Volkskunst", die doch eher von ausgebildeten Handwerkern besetzt waren, seien noch in wenigen Stichworten erwähnt. Aus dem 17. und 18. Jahrhundert stammen Grabstelen nordfriesischer Kapitäne, die, ergänzt von z. T. ausführlichen Inschriften zu Lebensdaten, Charaktereigenschaften und Taten der Verstorbenen, schöne Schiffsdarstellungen zeigen. „Die noch in großer Zahl vorhandenen – vielleicht einmaligen – Schiffsdarstellungen, wie sie auf Grabsteinen der Inselfriedhöfe zu finden sind, gibt es in dieser Qualität wohl nirgends auf der Welt. Es sind Fleuten, Bootschiffe, Fregatten, Schoner oder Schmacken der hier Ruhenden, z. T. mit Schiffsnamen versehen."[32] Die von tüchtigen Steinmetzen in Wesersandstein gehauenen Reliefbilder haben durch die rauhe Witterung der Insellage auf Föhr, Amrum, Sylt oder Rømø inzwischen schwere Schäden erlangt – als Bilddokumente einst auf den Weltmeeren fahrender Segelschiffe sind sie schleswig-holsteinisches Kulturerbe ersten Ranges und gehörten längst in Landesmuseen verwahrt.[33]

Eine zweite Gruppe schöner historischer Schiffsdarstellungen können wir in Fliesen der Zeit zwischen Mitte 17. und 19. Jahrhundert erkennen. Die frühesten Einzelfliesen mit Schiffsmotiven, um 1650 importiert, wurden in Dänemark / Schleswig-Holstein in der Umgebung von Tondern gefunden und stammen aus niederländischen Fabriken.[34] Auch im 18. Jahrhundert war Holland der große Lieferant von Wandfliesen für Stuben der Kapitäns-, Bürger- und Großbauernhäuser etwa der Elbmarschen oder Nordfrieslands. Fliesen aus Delft, später Antwerpen, vor allem aus den friesischen Fayence-Hochburgen Makkum und Harlingen waren preiswert und wurden per Schiff in Massen an die Westküste gebracht. Da Kapitäne, besonders Kommandeure von Grönlandfahrern, gute Kunden waren, finden sich auf den Fayence-Platten in Blau oder Mangan viele maritime Motive. „Die Schiffstypen auf den Fliesen reichen vom Angelkahn über die zahlreichen einmastigen Binnen- und Küstenfahrzeuge bis zu den großen dreimastigen Kriegs- und Handelsschiffen."[35] Dabei wurden Tableaus aus 9, 12 oder gar 25 Einzelfliesen zusammengefügt, die, aus einigem Abstand besehen, wie ein großzügiges Wandbild wirkten. Auf Fliesen lernen wir auch die „Schmackschiffe" kennen, flache und dickbauchige Küstensegler, die nordfriesische Seeleute zum Einsatzhafen holländischer Walfangschiffe transportierten. Ein Tableau des Altonaer Museums porträtiert die Dreimastgaliot „De Speelmann" (um 1780), ein Fliesenensemble aus 20 Teilen in der Stiftung Schleswig-Holsteinische Landesmuseen das Kauffahrteischiff „De Handelaar" (1769).[36]

Schließlich sei eine dritte Gruppe interessanter Schiffsdarstellungen angesprochen, die uns an Seeräuber- und Robinsonabenteuer unserer Kindheitstage erinnert: Flaschenmodelle, in Schleswig-Holstein „Buddelschiffe" genannt. „Alle Varianten des Miniaturschiffbaus gehen auf ein simples Prinzip zurück: Die Segelschiffe werden außerhalb gebaut und aufgetakelt. Die Masten lassen sich zum Einschieben durch den Flaschenhals umlegen. In der Flasche werden die Fäden angezogen und das Schiff endgültig ‚vertäut', die Schot von Klüver, Fok, Groß- und Besansegel werden steifgeholt. Die Wellen entstehen aus eingefärbtem Fensterkitt. Mit einem Draht werden sie zur bewegten See geformt."[37] Maritime Bastelarbeiten dieser Art sind wohl erst Mitte 19. Jahrhundert populär geworden, als es überall in Europa industriell gefertigte

Flaschen gab. Aber es sind auch frühere Formen von Hafen- und Schiffsszenen bekannt, eingebaut in senkrecht stehende Glaskaraffen.[38] Sie stehen in der Tradition der „Eingerichte", kleiner Schnitzereien häufig religiösen Inhalts (Altäre, Kruzifixszenen, Arma Christi), die in Oberbayern, in Böhmerwald und Erzgebirge, in Schlesien und Pommern von Heimarbeitern in Einzelteilen in den Flaschenhals bugsiert und in der Flasche wieder aufgebaut wurden. Das Künstliche, ja Unbegreifliche hat die Käufer fasziniert und aus dem „Eingericht" einen wohlgehüteten Glücks- und Segensbringer gemacht. Die gleiche Faszination, wenn auch ohne den Aspekt der Volksfrömmigkeit, ging auch von Flaschenschiffen aus, wobei wir offen lassen wollen, ob diesen Geduldarbeiten nicht doch auch ein wenig Votivcharakter eigen ist, gebaut mit dem Gedanken daran, dass auch das große Schiff so sicher auf hoher See segeln möge wie die Miniatur in der sicheren Hülle des Glases. Jedenfalls geben Buddelschiffe, in der Genauigkeit von schiffsbautechnischen Details durchaus den Kapitänsbildern verwandt, historische Seefahrzeuge getreulich mit gerafften Segeln im Hafen oder unter vollen Segeln auf dem Meer wider.[39]

Formen und Spielarten der Darstellung historischer Schiffe lassen sich fast endlos weiterspinnen. Eine umtriebige Andenkenindustrie, vor allem Englands, hat im 19. Jahrhundert Steingut- und Porzellangeschirr mit stolzen Segelschiffen als Zierrat geschaffen, aus Portugal stammen Fayence-Krüge des 17. Jahrhunderts mit dem Bild eines stattlichen Dreimasters, Böhmen produzierte schöne Gläser und Karaffen mit unserem Motiv, und in so manchem Museum werden hölzerne Gebäckmodel mit seitenverkehrt eingeschnitzten Fleuten oder Fregatten verwahrt.

Auch in der Kunst des Scherenschnittes ist das Segelschiff ein herausforderndes Sujet, denken wir an die eleganten Silhouetten des Klassizismus oder Ex Libris des Jugendstils. Eine eher volkstümliche Variante des Scherenschnittes mit Darstellung im Wind fahrender Segelschiffe ist in Norddeutschland und Dänemark der Biedermeierzeit überliefert. Die Landesmuseen auf Schloss Gottorf zeigen z. B. ein Widmungsblatt von 1842 der Insel Föhr, das die Segler „Carl von Hamburg" und „Christian af Köbenhavn" als bemalten Scherenschnitt zeigt, umgeben von Blumenornamenten und ergänzt von handgeschriebenen Versen rund um das

Gebäckmodel aus Lindenholz mit Bild eines Dreimasters. Ostfriesland, 18. Jahrhundert. Altonaer Museum in Hamburg

Motto „Der Seemann wagts bis in den Tod". Alle diese Formen sind mit Geduld und Detailfreude gestaltet und erlauben uns einen Blick in die versunkene Welt der großen Segelschiffe.

Zu den sinnreichsten kunsthandwerklichen Motiven dieser Art gehören Windfahnen auf Kirchturm und Rathaus in der Form eines Schiffes. Hier wird wieder die alte Bedeutungsgleichheit von Kirche und Arche angesprochen, hinzu kommt die so naheliegende Vorstellung der Segel, wie sie sich dem Wind anpassen und seine Kraft nutzen. Als man 1913–1915, auf Initiative von Großadmiral von Köster, in Eckernförde ein Heim für alte und invalide Seeleute der Kriegs- und Handelsmarine erbaute, „wie es bisher einzig im Deutschen Reiche dasteht"[40], wählte man als Windfahne für den Hauptturm der Anlage die in Eisen geschnittene Silhouette einer Karavelle des 16. Jahrhunderts. – Noch heute krönt das Schiff den Gebäudekomplex, nun Sitz der Freien Waldorfschule Eckernförde.

Heinrich Mehl

Scherenschnitt, koloriert und handbeschriftet, mit den Schiffen „Carl von Hamburg" und „Christian af Köbenhavn". Freundschaftsgabe von der Insel Föhr, 1842. Stiftung Schleswig-Holsteinische Landesmuseen Schloß Gottorf

Anmerkungen

1 Walter Leonhard, Zeichen guter Gastlichkeit. München 1973. S. 169.
2 Z.B. Abb. S. 63 in Haus H. Hofstätter, Kunst im Bild der Jahrtausende. Baden-Baden 1966.
3 Siehe Abb. 21 in Wolfgang Rudolph, Das Schiff als Zeichen. Bürgerliche Selbstdarstellung in Hafenorten (=Schriften des Deutschen Schiffahrtsmuseum Bremerhaven Bd. 24). Bremerhaven. 1987.
4 Vgl. das Stichwort „Schiff" bei Joseph Braun, Tracht und Attribute der Heiligen in der deutschen Kunst. München 1974 oder Otto Wimmer, Handbuch der Namen und Heiligen. Innsbruck/Wien/München 1966.
5 Abgebildet z. B. in Traudl Seifert, Heilige in Kunst und Legende. Stuttgart o.J. S. 211.
6 Abgebildet bei Rudolph, wie Anm. 3 Abb. 23.
7 Siehe z. B. Schiffsmotive aus Sardinien oder Athen, abgebildet bei Lenz Kriss-Rettenbeck, Bilder und Zeichen religiösen Volksglaubens. München 1963. Abb. 385 und ders., Das Votivbild. München 1958. Kat.-Nr. 369.
8 Die Bremer Hansekogge. Ein Schlüssel zur Stadtgeschichte. Fund – Konservierung – Forschung. Bremen 1969.
9 Wie Anm. 3. Vgl. auch Herbert Ewe, Schiffe auf Siegeln. Rostock 1972.
10 Vgl. Martin Reißmann, Die Wappen der Kreise, Ämter, Städte und Gemeinden in Schleswig-Holstein. Husum 1997.
11 1998 missinterpretierte der Verfasser das Exponat Inv.-Nr. 1936/40 noch als „Stempelbild eines Grönlandfahrers". Siehe Heinrich Mehl, Jagd auf den Wal. In: Sammler Journal 2/1998. S. 126–127. Abb. S. 126.
12 Schiffahrt und Häfen im Bereich der Industrie- und Handelskammer zu Flensburg. Hrsg. anlässlich ihres 100jährigen Jubiläums von der IHK zu Flensburg. Flensburg 1971. Abb. 26.
13 Heinrich Mehl, Bischof, Potpourri, Pantöffelchen. Formen und Funktionen. In: Heinrich Mehl, Birgit Sander, Schätze in Fayence. Husum 2001. S. 20–34.
14 Bildführer Schiffahrtsmuseum Flensburg. Flensburg 1985. Abb. 28.
15 Rudolph, wie Anm. 3. S. 58.
16 Gerhard Kaufmann, Henrik Lungagnini, Jürgen Meyer, Kapitänsbilder. Die Sammlung der Schiffsporträts. Altonaer Museum in Hamburg. Schausammlungen des Altonaer Museums Heft 6. o.J. S. 5.
17 Arnold Houbraken's Grosse Schoursburgh der niederländischen Maler und Malerinnen. Übersetzt von Alfred von Wurzbach 1880. Neudruck Osnabrück 1970. S. 254 ff.

18 Abb. S. 125 in: Hans Jürgen Hansen, Deutsche Marinemalerei. Schiffsdarstellungen, maritime Genrebilder, Meeres- und Küstenlandschaften. Oldenburg/Hamburg 1977.
19 Abgebildet S. 22 in: Meisterwerke aus der Schiffahrt: Von der Ostsee in die Welt. Aus der Sammlung Peter Tamm, Hamburg, und Schiffahrtsmuseum Flensburg. Flensburg 1936.
20 Walter Lüden, Föhrer Seefahrer und ihre Schiffe. Heide i.H. 1989.
21 Werner Timm, Kapitänsbilder. Schiffsporträts seit 1782. Bielefeld/Berlin 1979. – 2002 erschien die Würdigung einer einzelnen Schiffsmaler-Dynastie: Antoine Roux und Söhne. Marinemalerei in Marseille um 1800. Katalog des Flensburger Schiffahrtsmuseums. Flensburg 2002.
22 Heinrich Mehl, Schiffsporträt und Augenschein. Historische Bildquellen zum Alltag in Schleswig-Holstein. In: Sammler Journal 4/1992. S. 570–577. Zitat S. 573.
23 Im Museum Wyk sind 20 Ölbilder und 50 Federzeichnungen Stockfleths erhalten.
24 Timm, wie Anm. 21. S. 12.
25 Zitiert aus dem Kalender „Chronik der Seefahrt. Sammlung alter Segelschiffdarstellungen". Garstedt bei Hamburg 1970. Abb. „August". – Abb. auch bei Jean Randier/Delius Klasing, Maritime Antiquitäten. Paris 1992. Dt. Ausgabe Bielefeld 1993. S. 143.
26 Timm, wie Anm. 21. S. 16.
27 Lüden, wie Anm. 20. S. 97.
28 Kaufmann/Lungagnini, wie Anm. 16. S. 11.
29 Vgl. Untertitel und Zwischenüberschrift in: Hans Jürgen Hansen (Hrsg.), Kunstgeschichte der Seefahrt. Kunst und Kunsthandwerk der Seeleute und Schiffbauer. Oldenburg/Hamburg 1966.
30 Hansen, wie Anm. 29. S. 231.
31 Beispiele u.a. bei Manfred Meinz, Führer durch die Abteilung Schiff und Kunst. Schausammlungen des Altonaer Museums Heft 4. Hamburg 1968.
32 Lüden, wie Anm. 20. S. 96.
33 Vgl. eine vollständige Dokumentation eines nordfriesischen Kirchhofes: Elisabeth Schreiber/Dieter Hanke, Friedevoller Hafen. Alte Grabsteine auf dem Kirchhof von St. Johannis in Nieblum. Duisburg o.J. (1985).
34 Gerhard Kaufmann, Holländische Fliesen in Schleswig-Holstein. In: Heinrich Mehl/Birgit Sander (Hrsg.), Schätze in Fayence. Husum 2001. S. 96–111.
35 Meinz, wie Anm. 31. S. 56.
36 Abb. 103, 104 in: Schätze in Fayence, wie Anm. 34.
37 Hans-Jürgen Flamm, Der gläserne Hafen. In: Sammler Journal 2/1993. S. 184–187. S. 186.
38 Hansen, wie Anm. 29. S. 252 ff.
39 Beispiele zeigen z. B. Hansen, wie Anm. 29, S. 267 ff. Speziallitertur zum Thema: Joop van Schouten, Gefangen in Glas. Bielefeld 1981. – Jack Needham, Buddelschiffe. Miniaturen in der Flasche. Bielefeld 1989. – Rainer Jacobi, Buddelschiffe. Eine kleine Welt hinter Glas. Rostock 1992.
40 Aus einer Werbebroschüre des Deutschen Flottenvereins von 1918.

Das Nydam-Boot

An einer flachen, geschwungenen Landzunge ruht auf spiegelglatter Fläche ein schweres dunkles Boot aus alter Zeit. Kein Windhauch kräuselt die Wasseroberfläche, – denn sie besteht aus Beton; die „Landzunge" ist eine mit Filz bespannte Holzplattform, und das ganze Panorama befindet sich im alten Exerzierhaus auf der Museumsinsel von Schloß Gottorf in einer Ausstellungshalle, die ihren Namen nach dem bedeutendsten Exponat der Museen erhalten hat: dem Nydam-Boot. Jahrein-jahraus umwandern etwas mehr als 100.000 Menschen diesen archäologischen Fund, darunter viele Besucher aus dem benachbarten Dänemark, angezogen von der doppelten Geschichte dieses einzigartigen Zeitzeugen aus grauer Vorzeit, des ältesten hochseegehenden Wasserfahrzeugs des Nordens – und mit etwa 70 Prozent Originalmaterial auch eines der besterhaltenen frühgeschichtlichen Schiffe überhaupt.

Die „doppelte Geschichte" des Bootes ist ein Sonderfall von außerordentlicher Bedeutung. Der erste Teil dürfte kaum mehr als 30 Jahre gedauert haben. Der zweite Teil währt nun schon fast eineinhalb Jahrhunderte. Zwischen den beiden Teilen liegen rund 1500 Jahre, die das Boot unter der Oberfläche eines Moores im südlichen Jütland zugebracht hat.

Die Geschichte des Eichenbootes von Nydam beginnt im vierten Jahrhundert n. Christus. Auf einer germanischen Werft irgendwo im mittleren oder westlichen Ostseeraum begann man mit der Herstellung eines neuen Wasserfahrzeugs. Dendrochronologische Untersuchungen legen nahe, dass die Eichen, aus deren Holz man das Boot herstellte, um 320 ihre letzten Jahresringe angesetzt hatten[1].

Zunächst wurden die Planken mit der Axt zugehauen, maximal 36–45 cm breite Eichenbretter von 2,2–2,5 cm Stärke und von über 10 m Länge. Meist wurden zwei Bretter – mit den Schmalseiten einander stufenartig überlappend – zu einer über 20 m langen Planke zusammengelascht. In regelmäßigen Abständen von etwa 1 m ließ man innen in den Planken senk-

Das Boot in der Nydam-Halle. Ausstellung im Jahre 2000. Stiftung Schleswig-Holsteinische Landesmuseen Schloß Gottorf

recht zur Schiffsrichtung 40–45 cm lange und 6–7 cm hohe Erhebungen stehen und durchlochte sie: sogenannte „Klampen". Jeweils fünf Planken wurden in Klinkerbauweise zu einer Bordwand zusammengenietet. Wo sich die untere und die obere Planke überlappten, nahm eine Rille Material zur Dichtung auf – offenbar mit Teer verschmierte Textilien. Die beiden Bordwände vereinigte man auf einer Kielbohle sowie an beiden Bootsenden und ließ sie in schräg aufwärts gerichtete Steven münden. In diese Bootshaut wurden nun 19 Spanten eingesetzt, V- bis U-förmig gewachsene Äste aus Eichenholz, und mit Tauwerk an den erhabenen „Klampen" der Planken festgebunden; so konnte das Boot im Seegang relativ frei arbeiten und sich bis zu einem gewissen Grade gefahrlos verwinden. Über den Spanten ließen sich 15 „Duchten" befestigen; sie dienten als Ruderbänke und gaben dem Boot zusätzlich zu den Spanten eine gewisse Stabilität. Der obere, verdickte Rand der Relingsplanken war in regelmäßigen Abständen horizontal durchbohrt, und durch diese Löcher lief Tauwerk, mit dem man 30 hakenförmige Ruderdollen auf der Reling befestigte. In der Nähe des Achterstevens war an Steuerbord ein großes Steuerruder befestigt[2].

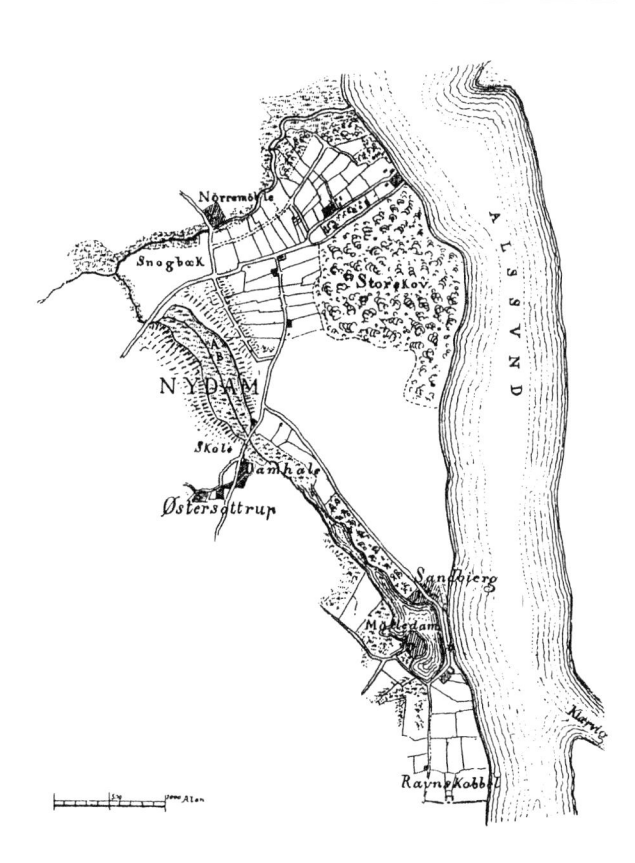

Die Fundstelle des Bootes im Nydam-Moor nach Engelhardt 1865 (bei A/B oberhalb des Wortes Nydam)

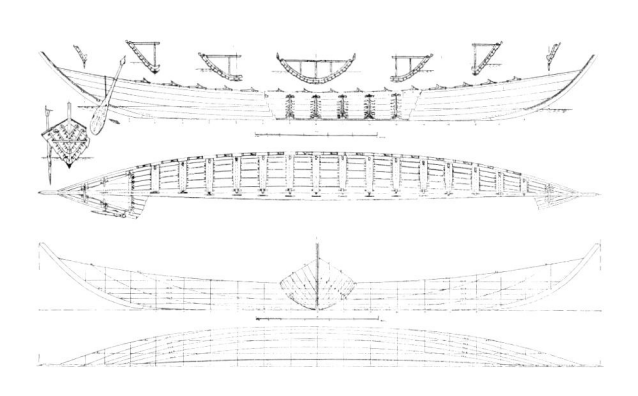

Aufmessung nach Fr. Johannessen 1930

Bei der Ausgrabung vom Jahre 1863 hatte man sich relativ dicht an der Bordwand entlang gearbeitet und etwas entfernter liegende Gegenstände zum Teil übersehen. Neue Ausgrabungen im Nydam-Moor haben nun den Fund ergänzt.

Es fanden sich neben weiteren Dollen Reste von „Böden", die den Füßen der Ruderer Halt gaben; diese Böden konnte man abschnittsweise aufklappen, um darunter zum Beispiel Ladung zu verstauen. Besondere Aufmerksamkeit erzielten zwei Holz„pfosten" mit bärtigen Männerköpfen. Sie waren vermutlich ursprünglich zu beiden Seiten des Achterstevens auf der Reling angebracht und zwar dergestalt, dass die Pfosten senkrecht an der Innenseite der Bordwand ruhten, während die langen „Bärte" der nach außen gewandten Köpfe den Sitz des Pfostens außen auf der Bordwand fixierten und gewissermaßen die Bordwand einklemmten. Die Köpfe zeigen jeweils ein rechteckiges Loch, durch das in Fahrtrichtung eine Leiste oder ein Tau gezogen werden konnte[3]. Ihre Funktion ist bis heute nicht endgültig geklärt. Als Festmacher für Taue ist ihre Halterung völlig ungenügend. Mediterrane Parallelfunde lassen es möglich erscheinen, dass die Köpfe durch zwei Leisten mit dem Achtersteven verbunden gewesen sind und damit für Personen im erhöhten Achterschiff eine Zusatzreling geschaffen wurde[4].

Im Vorder- und im Achtersteven finden sich je zwei kreisrunde Löcher, deren Funktion ebenfalls noch diskutiert wird[5]. Einige mit dem Boot gefundene Riemen vervollständigen die Vorstellung vom Antrieb des Bootes. Frühe Skizzen kurz nach der Ausgrabung lassen schließlich vermuten, dass das Boot unterhalb und längs der Reling ursprünglich mit einer Zickzacklinie verziert gewesen sein könnte[6]. Selbst ein fragmentierter eiserner Anker ist heute nicht mehr vorhanden.

Das ganze Boot hatte schließlich eine Länge von etwa 23,5 m, eine Breite von gut 3,50 m und eine Höhe von etwa 1 Meter. Heute haben sich die Maße etwas geändert, da sich das Boot spätestens seit seiner Bergung im 19. Jahrhundert um etwa 15 % verzogen hat und dadurch ein wenig schmaler geworden ist[7]. Die Wasserverdrängung dürfte knapp 9 Tonnen betragen haben, darunter eine Tonne für Ballast. Die Besatzung wird auf etwa 45 Mann geschätzt, davon maximal 30 Ruderer, 15 auf jeder Seite. Viele der Fragen zu Herstellung und Funktion sind noch nicht abschließend geklärt, andere wurden durch neuere Forschungen beantwortet; diese Antworten bleiben aber der Publikation durch unsere dänischen Kollegen aus Roskilde und Kopenhagen vorbehalten.

Nach Gestalt und Funktionsmerkmalen handelt es sich offensichtlich um ein Kriegsfahrzeug, das – im Gegensatz zu den meisten späteren Wikingerschiffen – ausschließlich gerudert worden ist. Hohe Geschwindigkeit – die Schätzungen gehen bis zu maximal 10 Knoten gegenüber etwa 3 bis 4 Knoten Marschfahrt – und relativ große Mannschaftsstärke lassen das Boot unabhängig von Wind und Wetter operieren, wobei Küstengebiete mit Flüssen oder Buchten bevorzugt aufgesucht worden sein dürften.

Früher wurde vermutet, dass man die Dollen auch deshalb mit Hilfe von Tauwerk befestigt habe, um sie rasch lösen und umgedreht wieder befestigen zu können, was einen raschen Richtungswechsel zum Beispiel in schmalen Flussläufen ermöglicht hätte. Bei näherem Hinsehen zeigte sich jedoch, dass dann die Ruderbänke ergologisch nicht mehr gut zur Position der Dollen „passen". Das Boot hatte also – trotz formgleicher Steven – eine bevorzugte Fahrtrichtung.

Man stellt das Nydam-Boot gern in eine Entwicklungsreihe des nordischen Schiffsbaus. Ein naher Vorläufer ist das sogenannte Hjortspring-Boot des 4. Jahrhunderts vor Christus aus einem Moor auf der Insel Alsen, nur wenige Kilometer vom Fundplatz des Nydam-Bootes entfernt. Das Hjortspringboot ist mit seinen beiden lang gezogenen Steven etwa 18 m lang, der eigentliche Innenraum misst nur 13 m Länge. Die Planken dieses Bootes sind miteinander „vernäht" und nicht vernietet worden, und das Boot wurde offenbar gepaddelt und noch nicht gerudert, wie man überhaupt das Paddeln als den typischen germanischen Schiffsantrieb der Frühzeit ansieht[8]. Missverständliche Hinweise in der „Germania" des Tacitus über „loses Ruderwerk" bei den Germanen[9] schienen diese Annahme zu stützen.

Die allzu klare Evolution vom gepaddelten Einbaum über das geruderte Nydam-Boot bis hin zum gesegelten Wikingerschiff wird allerdings in jüngster Zeit weniger linear gesehen. Die Seltenheit solcher Funde spiegelt uns eine Ordnung vor, wie sie in der vielschichtigen Wirklichkeit kaum bestanden haben wird. Tatsächlich existieren bis in die Neuzeit Einbäume (die Museumsrepliken nicht eingerechnet) und dienen ihrer Funktion auf entsprechenden Gewässern. Es ist auch nicht anzunehmen, dass sich z. B. auf der „germanischen" Seite des Rheins germanische Flussschiffer jahrhundertelang auf das Paddeln beschränken, ohne vom effektiven Rudern auf der römischen Seite des Flusses zu lernen. Und schließlich ist es nicht einzusehen, dass man in der germanischen Inselwelt immer wieder von provinzialrömischen Händlern auf Segelschiffen beliefert wird, ohne diese arbeitssparende Technik irgendwann zu kopieren – ganz abgesehen davon, dass Boote gelegentlich durch Geschenk, Kauf oder Beute mit dem Besitzer das Ethnikum gewechselt haben dürften.

Das Nydam- ebenso wie das Hjortspring-Boot sind als Kriegsfahrzeuge für den Küstenbereich in besonderem Maße auf rasche Bewegungen unabhängig vom Wetter angewiesen; und in Gestalt von Opfer- oder Grabbeigaben gelangen Kriegsfahrzeuge eher zu unserer Kenntnis, als die weniger spektakulären Handelsschiffe jener Zeit.

Wie hat sich nun die frühe Geschichte des Bootes in der ersten Hälfte des vierten Jahrhunderts zugetragen? Hierzu lassen sich mehrere Hypothesen aufstellen. Die zwei wahrscheinlichsten sollen im folgenden erörtert werden, und hierfür sind die Begleitfunde von Bedeutung. Die Fundstätte, das Moor, ist ein sogenanntes „Niedermoor" mit einem überwiegend basischen chemischen Milieu. Das heißt, hier erhalten sich neben Holzfunden und Edelmetallen Knochen und Eisen, nicht aber Haut und Haar und damit auch keine Woll- und Lederkleidung. „Moorleichen" wären hier bis auf das Skelett vergangen. Eisen dagegen wird zum Teil hervorragend bewahrt – ganz im Gegensatz etwa zu den zahlreichen Grabfunden in unserem Lande, deren Eisen durch den steten Salzeintrag von den Küsten her meist nur noch stark verrostet geborgen werden kann. Und Gegenstände aus Eisen bilden auch bei weitem die Masse des Fundguts im Nydam-Moor: Zusammen mit dem Boot wurden weit über tausend Waffen entdeckt.

Die Deutung der Funde ist seit längerem unbestritten: Es handelt sich um sogenannte Kriegsbeuteopfer, d. h. erbeutete Waffen und Ausrüstungsgegenstände, die nach erfolgreichen Schlachten von der siegreichen Partei im damals offenen Teich einer oder mehreren Gottheiten geopfert worden sind.

Zwei Zitate aus zeitnahen Schriftquellen sind für diese Deutung bestimmend. Das eine stammt von Orosius aus dem 5. Jahrhundert nach Chr. und berichtet über einen Sieg der Kimbern und Teutonen über römische Truppen im 2. Jahrhundert vor Christus:

„Die Feinde, die [beide Lager erobert und] ungeheure Beute gemacht hatten, zerstörten gemäß einem unbekannten und ungewöhnlichen Schwur alles, was sie erbeutet hatten. Die Kleidung wurde zerrissen und in den Schmutz getreten, Gold und Silber in den Fluß geworfen, die Rüstungen der Männer zerschlagen, der Schmuck der Pferde völlig vernichtet, die Pferde selbst in den Strudeln ersäuft, die Menschen mit Schlingen um den Hals an Bäumen aufgehängt, so daß dem Sieger keine Beute blieb und dem Besiegten keinerlei Mitleid zuteil wurde." (Oros. V 16 5 f.)

Tacitus schildert einen ähnlichen Brauch im Krieg zwischen germanischen Stämmen des ersten Jahrhunderts nach Christus:

„… Doch war der Krieg für die Hermunduren glücklich, für die Chatten dafür um so verhängnisvoller, weil beide Parteien für den Fall des Sieges das feindliche Heer dem Mars und Merkur geweiht hatten, ein Gelübde, durch das Mann und Roß, überhaupt alles Lebende, dem Untergang geweiht wird." (Tac. ann. XIII, 57, 2).

Der Charakter als Kriegsbeute und nicht als reines Waffenopfer findet seine Bestätigung in zahllosen Spuren unmittelbar vorangegangener Gefechte: „funktionsgerechte" Scharten in Schwertern, verbogene Pfeil- und Speerspitzen, Schlagspuren auf Lanzenspitzen und -schäften, Einschüsse in Schildbrettern und -buckeln, das alles legt in seiner zufälligen Vielfalt Zeugnis ab von einem recht dynamischen Kampfgeschehen[10].

Hinter den Kampfspuren wird darüber hinaus eine andere Handlungsebene sichtbar: Auch wenn die „zerrissene Kleidung" fehlt, so weisen doch viele der Waffen aus dem Nydam-Moor schwere Beschädigungen auf, die nicht im Kampf entstanden sein können. Hier wird der Gedanke an „zerschlagene Rüstungen" geweckt, und auch einige durch Schwerthiebe getötete Pferde erinnern an das Orosius-Zitat – wenngleich die meisten absichtlichen Beschädigungen – von Brandspuren an Schwertern abgesehen – so selten und so ungleich ausfallen, dass man eher an individuellen Vandalismus der Sieger als an Kulthandlungen glauben möchte[11]. Das Boot selbst lässt in Gestalt eines geschlagenen Lecks deutliche Spuren einer intentionellen Versenkung erkennen; man wird es also ebenfalls als Teil der Kriegsbeute deuten müssen.

Da viele der Funde starke Parallelen in Norwegen oder Schweden zu haben scheinen, wird eine ursprüngliche Herkunft des Fundguts aus diesen Gegenden für wahrscheinlich gehalten. So wäre denn das Boot vielleicht als Teil einer Landungsflotte für lokalen Überfall oder regionalen Krieg anzusehen, für Unternehmungen, die um die Mitte des vierten Jahrhunderts die Küsten der jütischen Halbinsel bedrohten, die aber – zumindest was unser Boot angeht – letztendlich zum Scheitern verurteilt waren.

Wenn man die Vorstellung von den kräftig pullenden Ruderern und der kampfhungrigen Restmannschaft auf dem Weg nach Süden lange genug vor Augen hatte, ist es Zeit, sich der zweiten Hypothese zuzuwenden. Neuere Untersuchungen haben nämlich ein erstaunliches Detail zu Tage gefördert, das an dem eben gezeichneten Bild einige Zweifel aufkommen lässt.

Zur Übertragung der Ruderleistung auf das Boot dienen bekanntlich die Ruderdollen, hakenförmige Hölzer, die an der Reling festgebunden werden. In ihnen arbeiten die Riemen. Um die Riemen nicht beschädigen und zur Unzeit brechen zu lassen, hat man sie aus hartem Eschenholz hergestellt, während für die Dollen, gewissermaßen die Kupplung in der Kraftübertragung, weiches Erlen- oder Pappelholz ausgewählt worden ist. Sie durften und sollten sich also im Gebrauch nach und nach abarbeiten und mussten gegebenenfalls irgendwann ersetzt werden. Tatsächlich sind die erhaltenen Ruderdollen der beiden anderen Boote aus dem Nydam-Moor stark abgearbeitet; die Dollen des Nydam-Bootes dagegen sind ganz neu und zeigen keine Spuren des Gebrauchs[12]. Dies bedeutet: Entweder wurden die Dollen kurz vor der Versenkung ersetzt, – oder das Boot ist nach seiner Fertigstellung kaum benutzt worden. Andere Beobachtungen lassen an einer besonders hohen Tauglichkeit des Bootes zweifeln. So sind offenbar die ausgewählten Hölzer von deutlich minderer Qualität als etwa im Fall des Haithabu-Schiffs[13].

1934 wurde an der Weser in der Werft von Abeking und Rasmussen ein originalnaher Nachbau des Nydam-Bootes angefertigt und von einer Werftmannschaft probegerudert. Auch wenn bei der Herstellung wegen der politisch bedingten Zeitnot – der Nachbau wurde für Propagandazwecke benötigt – erhebliche Fehler in Kauf genommen werden mussten wie etwa die Verwendung von noch grünem, nicht abgelagertem Holz, so erklärt dies wohl nicht ganz die Leistungen des Fahrzeugs, die – den Aussagen der letzten Überlebenden der Crew zufolge[14] – außerordentlich schlecht gewesen sein sollen: es hielt nicht Kurs und offenbarte auch sonst mancherlei Schwächen im Betrieb. Nun sind diese Hinweise auf Fehlleistungen eines fragwürdigen Nachbaus gewiß nicht beweiskräftig. Zusammen mit den anderen Beobachtungen nähren sie jedoch den Verdacht, dass das Nydam-Boot „zu Lebenszeiten" vielleicht gar nicht als Kriegsfahrzeug unterwegs gewesen ist, sondern dass es von vornherein nur zur Opferung hergestellt wurde – ein Gedanke, an den man sich angesichts der gewaltigen Arbeitsleistungen bis in Details hinein freilich nur schwer gewöhnen kann.

Ungeachtet dieser Zweifel ragt die historische Bedeutung des Nydam-Schiffes dennoch über das rein Maritim-Technische hinaus.

Dies wird an den Waffen deutlich, die den Bootsfund begleiten und die etwas über die Dimension der vorangegangenen Gefechte auszusagen vermögen.

Etwa 370 Lanzenspitzen und knapp 350 Speerspitzen lassen auf eine Mindestzahl von 350 bis 370 Kriegern schließen, die als Verlierer an den Kämpfen beteiligt gewesen sein mögen. Rechnet man noch gut 100 Schwertkämpfer (mit einer unbekannten Zahl von Schilden) als eigene Kriegergruppe hinzu und ergänzt diese Summe um rund 40 Bogenschützen, wie sie sich in 40 Kriegsbögen und 37 Äxten dokumentieren, so erhöht sich die Zahl der Unterlegenen auf etwa 500.

Neufunde haben nun gezeigt, dass mit diesen Zahlen die Waffenfunde im Nydam-Moor keineswegs erschöpft sind, sondern dass man vielleicht sogar mit einer doppelt so hohen Zahl geopferter Waffen rechnen muss. Vieles ist im übrigen bereits in den letzten Jahrhunderten – vor und nach den Ausgrabungen – unsachgemäß geborgen oder zerstört worden. Darüber hinaus ist zu berücksichtigen, dass nur geopfert werden konnte, was auch erbeutet wurde. Krieger, die mit ihren Waffen entflohen sein mögen, oder deren Waffen auf dem Schlachtfeld nicht gefunden wurden, wären der Rechnung hinzuzufügen. Ohnehin scheinen die „glatten" Zahlen eher für einen zuvor festgelegten Ausschnitt aus der gesamten Kriegsbeute zu sprechen.

Andererseits verteilen sich die Waffen offenbar auf mehrere Niederlegungen, darunter mindestens zwei, vielleicht drei große Beuteopfer aus dem dritten und vierten Jahrhundert. In jedem Fall wird man nicht fehlgehen, wenn man einem solchen Beuteopfer im Durchschnitt die Beute einer Kriegerschar von vielleicht 400 bis 500 Personen zuordnet, – die im übrigen einer Vielzahl von „Nydam-Booten" als Transportmittel bedürften.

400 bis 500 Krieger – das ist ein Aufgebot, hinter dem nach verschiedenen Rechenansätzen eine „Zivilbevölkerung" von vielleicht 10.000 Köpfen erwartet wird. Für die opfernden Sieger, deren Zeugnisse zu Truppenstärken uns bisher fehlen, wird man eine ähnliche Rechnung anstellen dürfen. Insgesamt kommt man auf diesem Wege zur Vorstellung von Kriegen, die weit über lokale Überfälle hinausgehen und die sich in Zeiten der Schriftlichkeit nach Umfang und Häufigkeit in den Chroniken ihrer Zeit einen bedeutenden Platz gesichert hätten.

Nun steht der Fundplatz von Nydam in seiner Art nicht allein da. In der Nähe von Hadersleben liegt das Moor von Ejsbøl. Dort hat man die Ausrüstung von über

250 Kriegern des dritten oder vierten Jahrhunderts ausgegraben, und neuere Funde zeigen, daß hier ebenfalls die Ausbeute nicht erschöpft ist. Dazu entdeckte man zahlreiche Eisenniete eines Schiffs, das man offenbar in alter Zeit am Ort verbrannt hatte. Im Tal der Illerup-Au bei Aarhus schließlich sind bisher die Waffen von rund 1000 Kriegern aus dieser Zeit entdeckt worden. Diese und andere Funde deuten auf eine Reihe von Kriegen hin, die das Leben von Hunderttausenden von Menschen bestimmten und die im dritten und vierten Jahrhundert das westliche Ostseegebiet politisch stark erschüttert haben müssen.

Andere Quellen unterstützen dieses Bild. Im dritten und vierten Jahrhundert wird in verschiedenen Teilen des westlichen und mittleren Ostseegebiets die Küste geräumt oder befestigt, kleinere Inseln hat man offenbar weitgehend verlassen. Der Übergang von vielen kleinen zu wenigen außerordentlich großen Friedhöfen, wie er etwa im nördlichen Schleswig-Holstein beobachtet wird, scheint darauf hinzudeuten, dass sich mit dem Ausdünnen der Küstenbesiedlung eine Siedlungskonzentration im Landesinnern verbindet, möglicherweise ebenfalls eine Antwort auf kriegerische Bedrohungen[15]. Auf einigen Bildsteinen Gotlands ist der vermutliche Träger dieser Bedrohungen deutlich abgebildet: Es sind Schiffe vom Nydam-Typ[16].

Ein Blick auf die Folgen dieser Kriege lässt noch größere Dimensionen ahnen. Die Kriegszeit im Ostseegebiet mündet in die Angelsächsische Wanderung nach Britannien, die vermutlich von Booten des Nydam-Typs wenn nicht getragen, so doch begleitet worden sein wird[17]. Möglicherweise sind jene Kriege, an die das große Eichenboot wie ein hölzernes Mahnmal zu erinnern scheint, einer der Push-Faktoren gewesen, welche die Völkerwanderung im Norden Europas mitbestimmt haben.

Doch mit dieser Bedeutung in den Kriegen am Vorabend der Völkerwanderung ist die Rolle des Bootes nicht ausgespielt. Nach mehr als tausendjährigem Schlaf folgt die Erweckung zu neuem „Leben"; rückschauend ist es heute schwer zu beurteilen, in welchem der beiden „Lebensabschnitte" das Boot mehr Unfrieden in den internationalen Beziehungen verursacht hat.

Am 18. August 1863 wurde das Eichenboot zusammen mit anderen Funden vom dänischen Archäologen Conrad Engelhardt geborgen, der zu dieser Zeit am Flensburger Gymnasium unterrichtete und die Sommerferien zu Ausgrabungen im Thorsberger Moor bei Süderbrarup und im Nydam-Moor nutzte. Bei vielen Grabungskampagnen war der dänische König anwesend, zuletzt bei der Bergung eines zweiten Bootes (aus Kiefernholz) im Nydam-Moor[18].

Das Boot nach der Bergung 1863. Rekonstruktion nach C. Engelhardt 1865

Engelhardt birgt das Eichenboot und restauriert es auf dem Dachboden des Flensburger Gerichtsgebäudes[19]. Dort wird es in einer Skizze festgehalten, die die Illustrierte Leipziger Zeitung noch 1865 veröffentlicht.

Der deutsch-dänische Krieg von 1864 veranlasst Engelhardt, seine Stellung in Flensburg aufzugeben und nach Seeland zurückzukehren, von wo er 1852 in das Herzogtum Schleswig aufgebrochen war. Seine wertvolle und berühmte „Flensburger Sammlung" einheimischer Bodenfunde, darunter die Waffen des Nydam-Fundes, wird ebenfalls nach Seeland verbracht, kehrt aber aufgrund von dänischen Zusagen im Wiener

Das Nydam-Boot im 4. Jahrhundert. Rekonstruktion nach S. Müller 1897

Nach der ersten Aufstellung auf dem Dachboden in Flensburg. Illustrierte Zeitung Leipzig vom 4. 11. 1865, S. 325

Friedensvertrag von 1864 nach Schleswig-Holstein zurück, das zur preußischen Provinz wird.

1877 nimmt man das Boot wieder auseinander und schafft es nach Kiel, in das „Museum Vaterländischer Alterthümer". Dort wird es erneut (zur heutigen Gestalt) zusammengesetzt, bleibt aber zunächst weiterhin nur ein Magazinfund.

Als eine Folge des ersten Weltkrieges wird das ehemalige Herzogtum Schleswig durch eine Volksabstimmung zwischen Dänemark und Deutschland geteilt, und die heutige Grenze entsteht. Der Fundort liegt nun nördlich dieser Grenze, die Funde einschließlich des Bootes südlich davon. Dänemark ist daher bestrebt, den Fund aus dänischem Boden zurückzuerhalten. Nachdem Dänemark nach ersten Versuchen in Versailles auf bilaterale Verhandlungen verwiesen worden ist, setzen sich in Kopenhagen die Delegationen aus beiden Ländern zusammen. Mancherlei Argumente werden ausgetauscht in Bezug auf Fundort, Ausgräber, Restaurierungsleistungen und historischer Bedeutung bis hin zu dem Argument, das Boot sei schließlich vom Stamme der Angeln versenkt worden und nicht von Dänen[20]. Von dänischer Seite werden im Tausch für das Boot erhebliche Beträge geboten – und von deutscher Seite abgelehnt.

Schließlich bietet die deutsche Delegation der dänischen den gesamten Nydamfund im Rahmen eines allgemeinen Kulturgüteraustauschs an. Archäologische Funde aus dänischem Boden sollen nach Dänemark zurückkehren, und im Gegenzug erhält Deutschland Wertgegenstände von deutschem Territorium, unter anderem die aus den schleswig-holsteinischen Schlössern und Herrenhöfen fortgeführten Preziosen. Auf diesen Handel geht man allerdings dänischerseits nicht ein, und so bleibt wiederum alles beim alten.

Der Streit ist damit aber nicht erloschen; er schwelt unter der öffentlichen Oberfläche weiter. Als eine erste „sichernde Maßnahme" deutscherseits wird das Nydam-Boot „im Stück" vom Dach her in einen repräsentablen Ausstellungsraum des Museums eingebracht, um das öffentliche Interesse an diesem umstrittenem

1923 wird das Boot vom Dachboden des Kieler Museums in die frühere Universitätsreitbahn abgesenkt, den künftigen Ausstellungsraum

Das Boot wird im April 1947 im Schleswiger Hafen aus der Schute Ju 60 ausgeladen

Fund zu dokumentieren. Umgeben von weiteren Funden aus den beiden großen schleswigschen Mooropferplätzen bildet das Boot ein attraktives Exponat.

Der zweite Weltkrieg stellt die Museumsleitung vor neue Schwierigkeiten. Nachdem wiederholt zivile Gebiete der Stadt Kiel (darunter das Universitätsgelände) von Bomben getroffen worden sind, wächst die Sorge um die Erhaltung des Bootes und seiner Beifunde. Im April 1941 ergeht die Anweisung des Landeshauptmanns, das Boot für die Dauer des Krieges auszulagern. Nach der Diskussion verschiedener Entwürfe einigt man sich im Spätsommer 1941 darauf, das Boot als Ganzes in eine riesige Holzgitterkonstruktion einzubetten, die dem Bootskörper Stabilität gibt, und dergestalt gesichert in einer Schute aus den gefährdeten Ballungsgebieten zu entfernen. Gedacht, getan. Am 25. September wird die Museumswand auf 11 Meter Länge aufgebrochen und das Boot in seinem Gittersarg auf einen Tieflader gesetzt. Am Sartori-Kai angekommen, wird es mit Hilfe eines Krans in den Bauch der Hamburger Kastenschute Ju 60 verfrachtet. In der folgenden Nacht muss es noch einen Bombenangriff über sich ergehen lassen, den es unbeschädigt übersteht, dann tritt es seinen Weg durch Nord-Ostsee-Kanal, Elbe und Elbe-Trave-Kanal an, um im Großen Ziegelsee bei Mölln für die nächsten fünf Jahre Asyl zu finden – während das Museum ausgebombt und völlig zerstört wird[21].

Am 17. Mai 1945, nur neun Tage nach der Kapitulation der deutschen Wehrmacht, weist der erste Auftrag der Britischen Militärregierung den deutschen Mittelsmann Dr. Müthling an, über den Verbleib des Nydam-Bootes Bericht zu erstatten. Unmittelbar mit Kriegsende hatte – so Müthling – die dänische Krone Großbritannien aufgefordert, das Nydam-Boot an Dänemark auszuliefern. Der Fall wird einige Zeit verhandelt, angeblich sogar im Hauptquartier von Feldmarschall Montgomery, – und dann abschlägig beschieden. Großbritannien behält diesen Fund, der durch die Völkerwanderung auch mit der englischen Geschichte aufs Engste verbunden zu sein scheint, in seinem eigenen Besatzungsbereich[22].

Aber wohin mit dem Boot? Nach längeren Erwägungen kommt man auf einen Vorschlag zurück, der schon im Juni von seiten der Archäologie unterbreitet wurde: nach Schloß Gottorf in die ehemalige Exerzierhalle. 1946 im Herbst wird die Genehmigung zum Abtransport erteilt und das Boot in seiner Schute nach Schleswig gebracht, wo es am 18. Oktober im Hafen festmacht. Während des Winters wird das neue Heim des Bootes vorbereitet. Im Frühjahr schließlich führt ein weiterer Transport das Boot durch die engen Straßen Schleswigs hin zum Schloß, und ihm folgen nach und nach die übrigen Kulturinstitute. Am 25. August 1950 wird die neue „Nydam-Halle" eröffnet und das Boot wieder der Öffentlichkeit zugänglich gemacht. Seit dem ruht es hier weitgehend ungestört. Man hat es zunächst auf einen gemauerten Sockel gestellt, dann von dort heruntergeholt und auf einen Trailer montiert und schließlich an jene Landzunge aus Holz und Filz geschoben, die eine optimale Betrachtung ermöglicht. Neuere Untersuchungen zeigten, dass die beiden Steven 1877 vertauscht worden waren (der eine war ohnehin im 19. Jahrhundert rekonstruiert), aber dies zu ändern, sieht man angesichts des gewaltigen Umbau-Aufwands wenig Veranlassung. Als sich zudem herausstellte, dass das Heck eigentlich der Bug war, trug man das Steuerruder zum andern Steven und drehte die Ruderdollen – sämtlich Repliken – um. Nun fährt das Boot in die Gegenrichtung; – das Ziel ist unbekannt.

Michael Gebühr

Anmerkungen

1. Vgl. N. Bonde, Dendrochronologische Altersbestimmung des Schiffes von Nydam. In: Offa 47, 1990, 157–163.
2. Conrad Engelhardt, Nydam Mosefund. Kjöbenhavn 1865; H. Shetelig und Fr. Johannessen, Das Nydamschiff. In: Acta Archaeologica 1. Köbenhavn 1930; Flemming Rieck und Ole Crumlin-Pedersen, Baade fra Danmarks Oldtid. Roskilde 1988; Flemming Rieck, Jernalderkrigernes skibe. Nye og gamle udgravninger i Nydam Mose. Roskilde 1994.
3. Rieck 1994, wie Anm. 2.
4. Frndl. Mitteilung von Prof. Dr. Claus. v. Carnap, Schleswig.
5. Um zu schleppen oder geschleppt zu werden? Das eine Lochpaar scheint unprofessionell erst nachträglich angebracht worden zu sein. Unbekannt ist auch die Funktion meterlanger Holzstangen, die an jedem Ende eine große Öse aufweisen, ähnlich einer riesigen doppelten Lupe. Aakerlund (vgl. Anm. 7) deutete sie 1963 als mögliche Versteifungen des Bootskörpers. Heute neigt man eher dazu, in ihnen die unteren Halterungen für Zeltaufbauten an Bord zu sehen. Spuren auf einem frühen Modell des Bootes vor 1877 lassen darauf schließen, dass im Bereich des Hecks auf der Höhe des Steuerruders ein Brett quer zur Fahrtrichtung dem Rudergänger vielleicht als „Arbeitsplattform" gedient haben mag. In einem Artikel der „Allgemeinen Illustrierten Zeitung" Bd. 12, vom Juli 1864 findet sich auf S. 647 ein früher Bericht eines Reisenden über das in Flensburg aufgestellte Boot, „ein offenes, nur an beiden Enden mit Verdeck versehenes ..." Langschiff.
6. Archiv des Archäologischen Landesmuseums Schleswig.
7. H. Aakerlund, Nydamskeppen. En studie i Tidig skandinavisk skeppsbyggnadskonst. Göteborg 1963. Das Längen-Breitenverhältnis verschiebt sich etwa von 6,75:1 nach der Leipziger Illustrierten Zeitung von 1865 zu 7,01:1 in der Vermessung von Johannessen 1930, was allerdings auch mit der unterschiedlichen Meßtechnik und -genauigkeit erklärt werden kann.
8. z.B. D. Ellmers, Die Schiffe der Angelsachsen. In: C. Ahrens (Hrsg.) Sachsen und Angelsachsen. Ausstellungskatalog, 495–510. Hamburg 1978. Direkte Vorläufer des Eichenbootes wurden im Nydam-Moor selbst entdeckt: Reste von zwei älteren Ruderbooten aus Kiefern- und Eichenholz, die sich aber, von wenigen Teilen abgesehen, nicht erhalten haben.
9. „Die Gestalt ihrer Schiffe ist <von der der unsrigen> dadurch verschieden, daß auf beiden Seiten ein Bug einen stets zur Landung fertigen Vordersteven bildet. Sie gebrauchen weder Segel, noch befestigen sie die Ruder der Reihe nach an den Seiten; lose und verstellbar, wie auf gewissen Flüssen, sind diese je nach den Umständen bald auf <oder nach> der einen, bald auf <nach> der andern Seite in Gebrauch" Tac. Germ. 44.
10. Michael Gebühr, Kampfspuren an Waffen des Nydam-Fundes. Beiträge zur Archäologie Nordwestdeutschlands und Mitteleuropas 16, 1980, 69–84.
11. Michael Gebühr, Nydam und Thorsberg. Opferplätze der Eisenzeit. Schleswig 2000.
12. Frdl. Mitt. von Herrn Mus.insp. Flemming Rieck, Kopenhagen
13. Frdl. Mitt. des Bootsbauers Klaus Niendorf, Schleswig.
14. Ich habe bei Versuchen einer telefonischen Kontaktaufnahme vor zwei Jahren nur noch Familienangehörige der beiden zuletzt gestorbenen Besatzungsmitglieder erreicht, auf diesem Wege aber deren vernichtendes Urteil über die Funktionstüchtigkeit des Bootes erfahren.
15. Michael Gebühr, Angulus desertus? Studien zur Sachsenforschung 11/1998, 43–85; ders. wie Anm. 11.
16. Aakerlund 1963 wie Anm. 7.
17. In einem Exkurs seines „Gotenkriegs" schildert Prokop (IV, 20, 31) eine englische Kriegsflotte mit Booten, die von den Kriegern selbst (also nicht von Sklaven) gerudert werden.
18. Diese Anwesenheit im feuchten Moor gegen Ende Oktober scheint sein Ableben wenige Tage später noch beschleunigt zu haben. Sein Tod wiederum trug ursächlich zum deutsch-dänischen Krieg von 1864 bei.
19. Das Kiefernboot kann er nicht mehr bergen. Es bleibt, unzureichend mit Erde bedeckt, während des ganzen Winters in der Nähe des Fundplatzes liegen und findet im nachfolgenden Sommer nach mancherlei weiteren Beschädigungen als Feuerholz im Ofen eines der Ausgräber sein Ende.
20. In letzter Konsequenz hätte es dann wohl den Nachfolgern der Angeln in England ausgeliefert werden müssen.
21. R. Jaeger, Die vorsorgliche Bergung des Nydambootes im September 1941. In: Nordelbingen 36, 1967, 91–99.
22. Archiv des Archäologischen Landesmuseums in der Stiftung Schleswig-Holsteinische Landesmuseen, Schleswig. Im Jahre 1950 jährte sich mittelalterlichen Schriftquellen zufolge zum 1500. Mal die Übersiedlung der Angeln, Sachsen und Jüten nach Britannien.

Wikingerschiffe im Hafen von Haithabu

Das allgemein gängige Bild vom Wikinger-Schiff haben Generationen von Künstlern, Modellbauern und Designern geprägt. Dabei ist es zur Ausformung von Klischees gekommen, die das Schiff zumeist mit gereihten Schilden auf der Bordwand, einem Steven mit Drachenkopf und weiß-rot gestreiftem Segel zeigen. Beispiele in Kunst, Kitsch und Werbung geben davon bis auf den Tag vielfältig Zeugnis (Drews 2002).

Als Anregung dienten bei weitgehend freier Gestaltung auch archäologische Vorbilder, wie zum Beispiel eine in Birka gefundene Münze, die im 9. Jahrhundert in Haithabu geprägt wurde und ein stilisiertes Wikingerschiff zeigt.

In Haithabu geprägte Münze aus dem 9. Jahrhundert

Nach mehr als hundertjähriger archäologischer Forschung, an deren Anfang die spektakulären Ausgrabungen der Schiffe in den Grabhügeln von Gokstad und Oseberg am Oslofjord stehen, haben die Fachleute allerdings inzwischen ein wissenschaftlich verlässliches Bild der kennzeichnenden Merkmale frühmittelalterlicher Schiffsformen in Skandinavien erarbeitet.

Die Schiffe aus dem Hafen von Haithabu - die es hier zu betrachten gilt - bieten gute Voraussetzungen, aufgrund der Rumpf-Formen unterschiedliche Schiffstypen anzusprechen. Dabei handelt es sich vor allem um das schlank gebaute Kriegsschiff und das bauchige Handelsschiff, beides Wracks, denen im gesamten skandinavischen Fundmaterial eine bedeutende Rolle zukommt. Darüber hinaus gilt es weitere Wrackpartien und einzelne Schiffsteile zu erwähnen, die deutlich machen, dass sich in einem wikingerzeitlichen Hafen eine Vielzahl von in Form und Größe stark variierender Schiffs-Typen begegnet. Dazu müssen auch zwei Einbäume gerechnet werden – in diesem Zusammenhang archaisch anmutende Wasserfahrzeuge - denen aber im Alltag bei Fischfang und vielfältigen Transportaufgaben offenbar eine wichtige Rolle zufiel. Einen Eindruck dieser Vielfalt vermittelt eine Rekonstruktion des Hafens von Haithabu, die alle bekannt gewordenen Fakten zeichnerisch in einem Bilde zusammenfasst.

Die bisher bekannten seegehenden Schiffe vermitteln das Bild einer Welt, in der friedliche Handelsverbindungen ebenso wie kriegerische Übergriffe vor allem auf die Nutzung der Wasserstraßen angewiesen waren.

In der Entwicklungsgeschichte des Schiffbaus unseres Landes stellen die aus dem Hafen von Haithabu geborgenen seegehenden Schiffe den ersten Schritt dar, durch Rah-Segel die Energie des Windes als Antrieb zu nutzen. Von dieser Zeit an hat die Energie des Windes bis in unsere Tage technologische Innovationen ausgelöst, die über ein Jahrtausend unserer historischen Entwicklung geprägt haben und über die Seefahrt hinaus in den modernen Windenergie-Anlagen ihre aktuellste Ausformung erfahren.

Haithabu – „eine sehr große Stadt am äußersten Ende des Weltmeeres"

Mit dieser Beschreibung des At Tartûshi, der im Jahre 965 den Ort besuchte, wird deutlich, dass es sich nach Einschätzung des weltläufigen arabischen Reisenden um eine Hafenstadt von bedeutender Größe handelte. Nähere Kenntnisse über die Besiedlung im inneren Bereich der Schlei waren im Laufe der Jahrhunderte der Vergessenheit anheimgefallen. Nicht einmal der mächtige Halbkreiswall am Haddebyer Noor - einer Bucht der Schlei - wurde bis vor gut hundert Jahren als Umwallung einer frühen Stadt verstanden, sondern als mittelalterliche Befestigung gedeutet.

Hafenszene in Haithabu, zeichnerische Rekonstruktion

Erst am Ende des 19. Jahrhunderts brachte der dänische Gelehrte Sophus Müller schriftliche Überlieferung und aufgelesene Siedlungsfunde in einen direkten historischen Zusammenhang. Damit beginnt ein faszinierendes Kapitel archäologischer Arbeit, das auf die Erforschung der ältesten Stadt im Norden Europas gerichtet ist. Die „Spatenarbeit" wurde in starkem Maße von einer ungewöhnlichen Frau in Gang gesetzt: Johanna Mestorf, erste Direktorin des „Museums vaterländischer Alterthümer" in Kiel, dem Vorgänger des heutigen Archäologischen Landesmuseums in der Stiftung Schleswig-Holsteinische Landesmuseen Schloß Gottorf.

In den dreißiger Jahren folgte ihr Herbert Jankuhn, der die moderne siedlungsarchäologische Arbeit am Orte in Gang setzte. Schon er bemühte sich, den Seehandelsplatz Haithabu auch wasserseitig zu erkunden, wobei ihm die technischen Möglichkeiten jener Zeit allerdings enge Grenzen setzten.

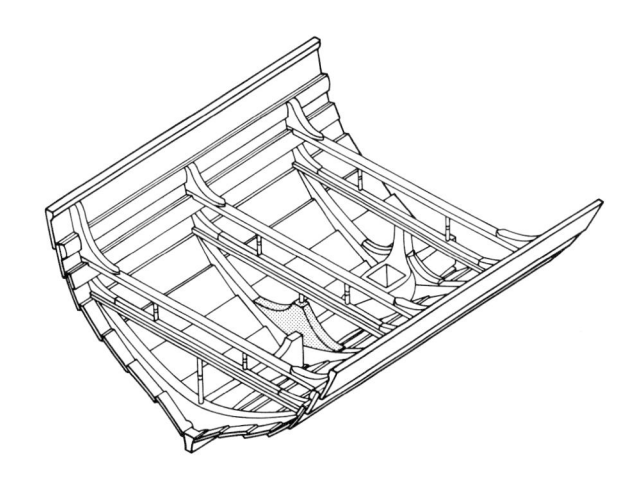

Rekonstruktion der Mittschiffssektion des Langschiffes

Schiffsarchäologische Forschung in Haithabu

Auf dem weiteren Weg der Erforschung küstennaher, subaquater Bereiche von Haithabu kommen Entdeckungen des Schleswiger Rechtsanwaltes Otto von Wahl erhebliche Bedeutung zu. Beim Baden ertastete er 1949 im Schlamm des Noores zahlreiche archäologische Kleinfunde, die dann 1953 die Gottorfer Archäologen zu einer Tauchaktion veranlassten, bei der ein Helmtaucher auf die Reste eines Wracks stieß. Unter den abgeborgenen Hölzern befand sich damals ein eigenwillig geformtes Konstruktionsteil, das von dem hinzugezogenen dänischen Spezialisten Ole Crumlin Pedersen als „Snelle" identifiziert wurde. Dieses Schiffsteil, das ursprünglich auf einem Spant aufsaß, war der erste eindeutige Hinweis, dass es sich bei dem Wrack um ein wikingerzeitliches Schiff handelt. Aufgrund dieser Snelle wurde der erste Rekonstruktionsversuch einer Sektion im Mittelschiff unternommen und davon ausgehend ein Vorschlag für die Anmutung des gesamten Schiffes gewagt (Crumlin-Pedersen 1969).

In den 60er-Jahren übernahm Kurt Schietzel das Projekt Haithabu, der es mit Unterstützung der Deutschen Forschungsgemeinschaft verstand, die Arbeit interdisziplinär und international auszurichten. Im Rahmen seiner Arbeiten wurde nach 14jähriger Vorbereitung - zu der vor allem die Errichtung leistungsfähiger Werkstätten, klimatisierter Magazine und eines Forschungslabors gehörten (Schietzel 1981) – 1979/80 im Hafen von Haithabu ein Bergebauwerk errichtet. In seinem Schutz wurde das Wrack eines Langschiffes geborgen; gleichzeitig kam es zur Entdeckung und Untersuchung hölzerner Landebrücken, die ursprünglich weit ins offene Wasser gereicht haben. Diese Arbeiten wurden seinerzeit durch großzügige Förderung von Seiten des Landes Schleswig-Holstein, der Volkswagen-Stiftung und der Alfried Krupp von Bohlen und Halbach-Stiftung möglich und mündeten schließlich 1985 in der Errichtung des Wikinger-Museums Haithabu ein (Schietzel 1990).

Im leergepumpten Spundwandkasten wurde das Wrack des Langschiffes gemeinsam mit Fachleuten des dänischen Nationalmuseums Kopenhagen freigelegt, dokumentiert und geborgen. Die Hölzer waren nach tausendjähriger Lagerung im Schlamm zwar in ihrer äußeren Erscheinungsform erhalten, aber in ihrer Struktur soweit zerstört, dass sie nur durch sehr behutsame Bergung und anschließende aufwendige Konservierung mit einem wasserlöslichen Wachs (Polyähytlenglykol) stabilisiert werden konnten. Im Hinblick auf die Rekonstruktion der ursprünglichen Rumpfform war bei der Wahl des Konservierungsverfahrens vor allem die Möglichkeit späterer Verformbarkeit der einzelnen Schiffsteile ausschlaggebend. Konservierung und Wiederaufbau erstreckten sich über viele Jahre; dabei haben theoretisch-wissenschaft-

Bergung des Langschiffes in einem Spundwandkasten

liche Analyse und praktische handwerkliche Arbeit Hand in Hand zusammengewirkt. Die Resultate sind in einer umfangreichen Publikation zusammengefasst (Crumlin-Pedersen 1997). Sichtbaren Ausdruck für ein großes Publikum finden sie durch die Arbeiten der Bootsbauer im Wikinger-Museum Haithabu. Vom ursprünglichen Nachbau, der bereits bei Eröffnung des Museums den Besuchern einen Eindruck des Schiffes vermitteln sollte, bis hin zum eben gerade abgeschlossenen Wiederaufbau der Original-Teile haben stete kritische Überprüfungen aller Details die endgültige Rekonstruktion des Rumpfes immer wieder modifizieren lassen. Die heutige Präsentation bietet den Forschungsstand des Jahres 2002.

Beim Wiederaufbau des Originals war es Aufgabe des Schiffsarchäologen, den Rumpf und alle zugehörigen Teile aus vorhandenen Bruchstücken zu erschließen, um so das Schiff nicht als auseinandergebrochenes Wrack sondern seiner ursprünglichen Rumpfform gemäß präsentieren zu können. Erhaltene Bauteile wie vor allem Planken, Spanten, Knie, Auflanger und Bitestützen - in verschiedenen Bereichen des Wracks bewahrt - gaben verlässliche Anhaltspunkte für diese Arbeit.

Die in vielen Schritten erschlossene Schiffsform lässt einen geklinkerten Plankenverband erkennen, der im spitz zulaufenden Steven zusammengeführt wird. Damit steht dieses Schiff in der skandinavischen Schiffbautradition der Wikingerzeit des 9. bis 11. Jahrhunderts.

Das Kriegsschiff (Wrack 1)

Der aus dem Hafen von Haithabu geborgene Schiffsfund stellt in vieler Hinsicht schiffbautechnisch eine Besonderheit dar. Mit seiner ursprünglichen Länge von über 30 m und einer maximalen Breite von 2,7 m handelt es sich um ein ungewöhnlich schlankes Fahrzeug - ein Langschiff. Die außergewöhnlich dünnen Planken von durchschnittlich etwa 2 cm Stärke sowie die leichte Bauweise aller konstruktiven Elemente kennzeichnen den Rumpf. Eine alte seemännische Erfahrung sagt „Länge läuft". Der Schiffsarchäologe hält bei günstigem Wind Geschwindigkeiten von 15-20 Knoten für möglich. Für unser Schiff wird aber angenommen, dass es seines außergewöhnlichen Längen-Breiten-Verhältnisses wegen zumeist gerudert wurde. Dabei wird eine Besatzung von 54-62 Mann vorausgesetzt.

Die verkohlten Planken der Backbordseite zeigen, dass dieses Schiff bis an die Wasserlinie abgebrannt war, bevor es versank. Aufgrund des speziellen Brandverlaufes folgert der Experte, dass es nicht zufällig ein Opfer der Flammen wurde, sondern als „Brander" bei einem Angriff auf Haithabu dazu benutzt wurde, eine Feuersbrunst in den befestigten Hafenbereich zu tragen.

Weder Logbuch noch Schiffsname können etwas über diesen archäologischen Fund verraten. Dennoch haben Wissenschaftler den tausend Jahre alten Plan-

Blick in die Schiffshalle des Wikinger Museums Haithabu

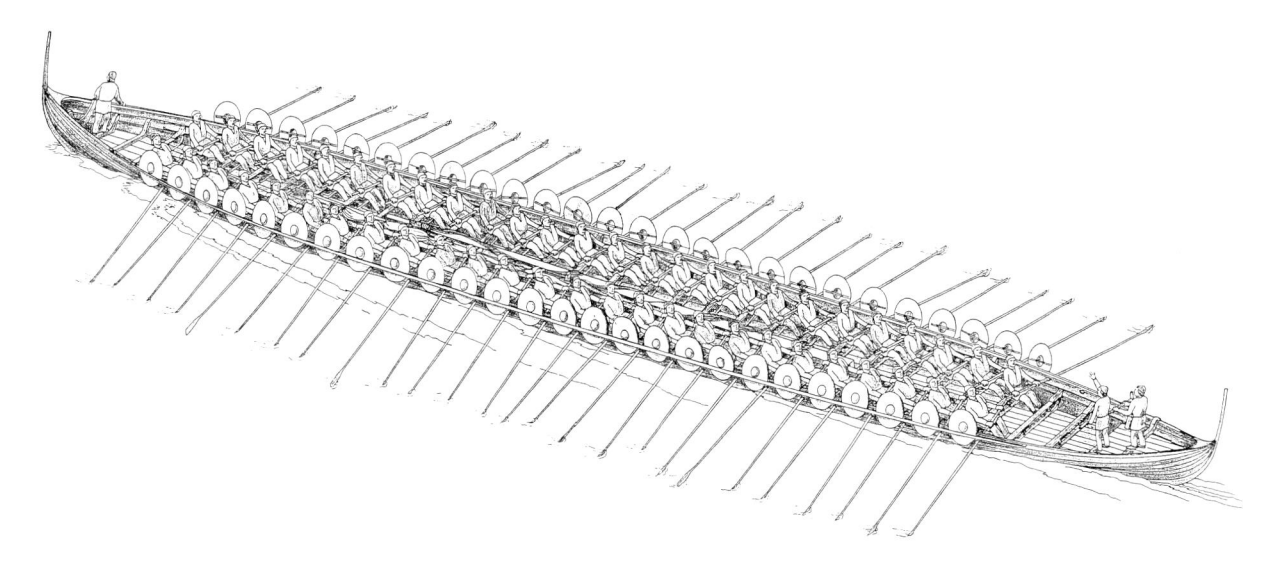

Das Langschiff als Ruderschiff – Rekonstruktion nach Crumlin-Pedersen

ken inzwischen manche Information abgerungen: So haben dendrochronologische Analysen ergeben, dass die Bauhölzer – Eichen von hervorragender Qualität – um das Jahr 982 eingeschlagen wurden. Die Werft könnte aufgrund eines kennzeichnenden Pollenspektrums im Kalfatmaterial an der Schlei gelegen haben.

Wer aber war der Auftraggeber? Betrachtet man die sorgfältig zugerichteten Planken, die aus extrem gerade und hochgewachsenen Bäumen radial gespalten wurden, so wird deutlich, dass der Bauherr aus qualitätvollem Baumbestand wählen konnte. Die handwerkliche Verarbeitung weist die Bootsbauer als Meister ihres Faches aus. Die extrem dünnen Planken machte die doppelte Anzahl eiserner Niete nötig wie sie bei robusteren Schiffen erforderlich waren. Das setzte wiederum zusätzliche Arbeit des Schmiedes voraus. Alle Argumente zusammen lassen vermuten, dass der Auftraggeber eine hochgestellte Persönlichkeit war. Vielleicht handelt es sich bei diesem Schiffsfund um einen „dreki" (Drache) der königlichen Flotte.

Das Handelsschiff (Wrack 3)

Neben der Bergung des Kriegsschiffes entdeckten Forschungstaucher der Christian-Albrechts-Universität unter der Leitung von Harald Stümpel 1979 an anderer Stelle im Hafen Teile eines Schiffes von beachtlicher Größe. Gefährdete Partien wurden abgeborgen und ermöglichten es, die Maße des Schiffes mit etwa 22 m Länge, einer Breite von 6,2 m und einer Höhe von 2,5 m zu bestimmen. Die konstruktiven Teile dieses Wracks wiesen es als Handelsschiff, eine „knörr" aus, dessen Ladekapazität auf ca. 60 t geschätzt wurde. Eine dendrochronologische Datierung weist dieses Wrack in das Jahr 1025.

Besonders beeindruckend nimmt sich das Kielschwein aus. Es trug mittschiffs den Mast und bot ihm in der Mastspur Halt. Aufgrund seiner Position im konstruktiven Verband war dieses mächtige Bauteil beim Segeln größten Belastungen ausgesetzt. Daher war es aus gewachsenem Stammholz gearbeitet und überall dort verschlankt, wo es die Beanspruchungen zuließen. Deutlich erkennt man die Absicht des Bootsbauers, überflüssiges Gewicht zu sparen. Sagt doch eine zweite Bootsbauregel „Leichtigkeit läuft". Außer dem Kielschwein belegen Spanten, Querbalken und Kniehölzer die robuste Bauweise dieses Schiffes.

Handelsschiffe vom Typ „knörr" machten Fahrten über große Entfernungen auch auf offener See möglich. Ihre Rümpfe besaßen genügend Festigkeit, auch dem rauhen Wetter des Atlantik zu trotzen. Ihre Ladekapazität war Voraussetzung für ertragreichen Fernhandel. Dieses Schiff war allein auf den Wind angewiesen; Riemen kamen nur noch beim Manövrieren zum Einsatz.

In zwei Fällen sind schriftliche Reiseberichte über weitreichende Handelsfahrten wikingerzeitlicher Kauf-

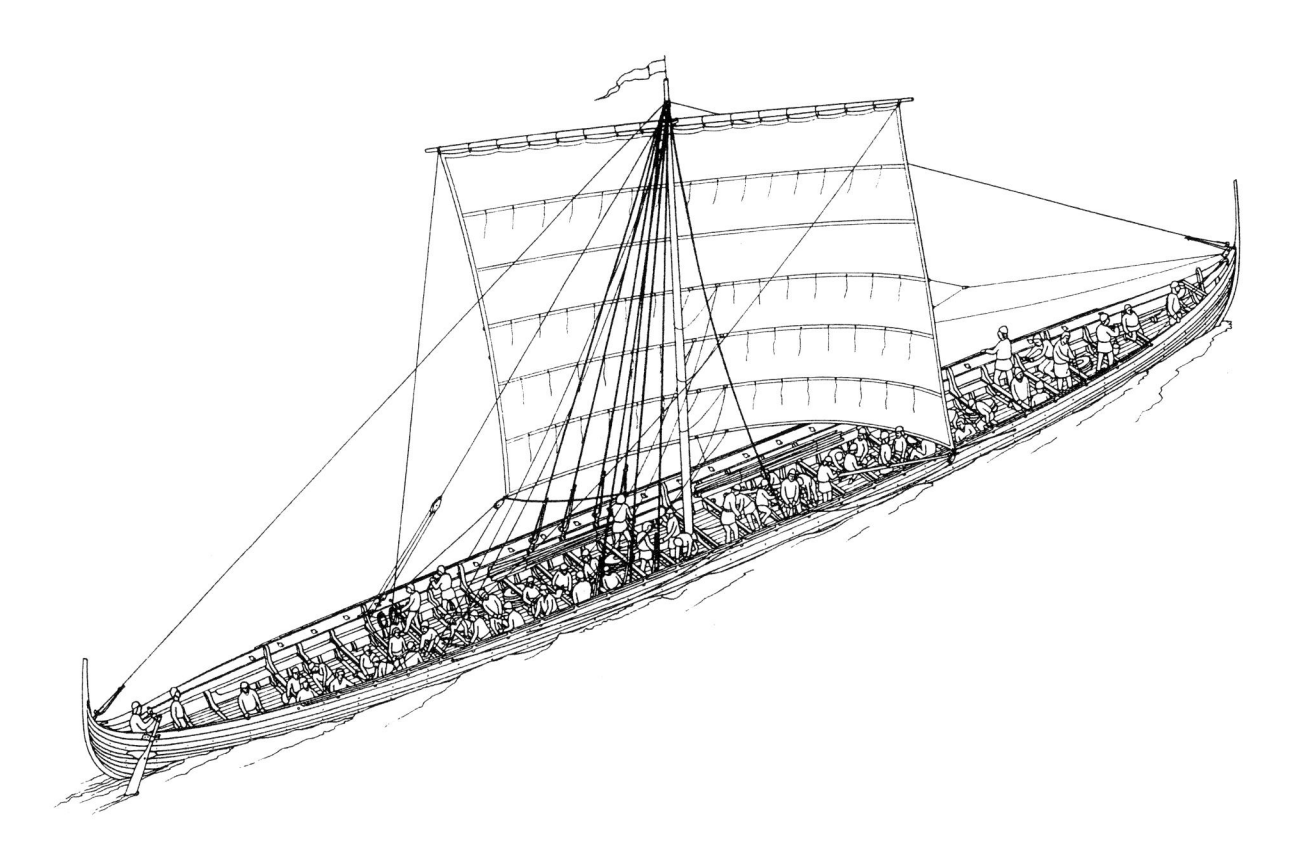

Das Langschiff unter Segel – Rekonstruktion nach Crumlin-Pedersen

leute überliefert worden, die uns detaillierte Einblicke in die zurückgelegten Tagesstrecken vermitteln (Lund 1983). Dabei handelt es sich einmal um die Reise Ottars, der im 9. Jahrhundert von Skiringssal (Kaupang) am Oslofjord in fünf Tagen nach Haithabu segelte. Im anderen Fall wird die Reise des Wulfstan beschrieben, die ihren Ausgangspunkt in Haithabu nahm und offenbar ohne Unterbrechung sieben Tage und Nächte entlang der südlichen Ostseeküste bis nach Truso (Elblag/Elbing) führte.

Für derart lange Fahrten waren selbstverständlich umfangreiche Trinkwasservorräte – oft in Form des „fararmungát" (Reisebier) – erforderlich. Diese Flüssigkeiten lassen sich an Bord nur in Fässern sicher unterbringen. Es wird vermutet, dass die in der Siedlung von Haithabu sekundär als Brunnenschächte verwandten Tonnen ursprünglich derartige Wasserbehälter darstellten. Ergänzt sei, dass der Transport von Getreide, Tuchen oder gar Büchern der Missionare an Bord von offenen Schiffen wegen der überkommenden See nur in solchen „Containern" sicher zu bewerkstelligen war.

Weitere Schiffsfunde

Zur Abrundung des Bildes soll über die beiden beschriebenen Schiffstypen hinaus auf einige wichtige andere Einzelteile, Wrackreste und Grabungsbefunde hingewiesen werden, die sowohl im Hafen wie auch im Siedlungsbereich zutage gekommen sind:

Von einem weiteren Schiffsfund (Wrack 2) sind lediglich wenige Plankenreste vorhanden, deren spezielle Verbindung aber dennoch eine sichere schiffbautechnische Einordnung zulässt. Es handelt sich dabei um Planken, die nicht durch eiserne Nieten, sondern durch hölzerne Nägel im geklinkerten Verband zusammengehalten werden. Dies ist ein typisches Merkmal slawischen Bootsbaues. Ein solcher Fund im Hafen von Haithabu belegt die weitreichenden Kontakte an der südliche Ostseeküste.

Ein einzelner gewachsener Spant mit keilförmigem Profil und eine mächtige Planke mit aus dem massiven Holz gebeilten Klampen - im unmittelbaren Uferbereich geborgen – finden ihre besten Parallelen im Nydamschiff aus dem 4. Jahrhundert. Die damit auftretende

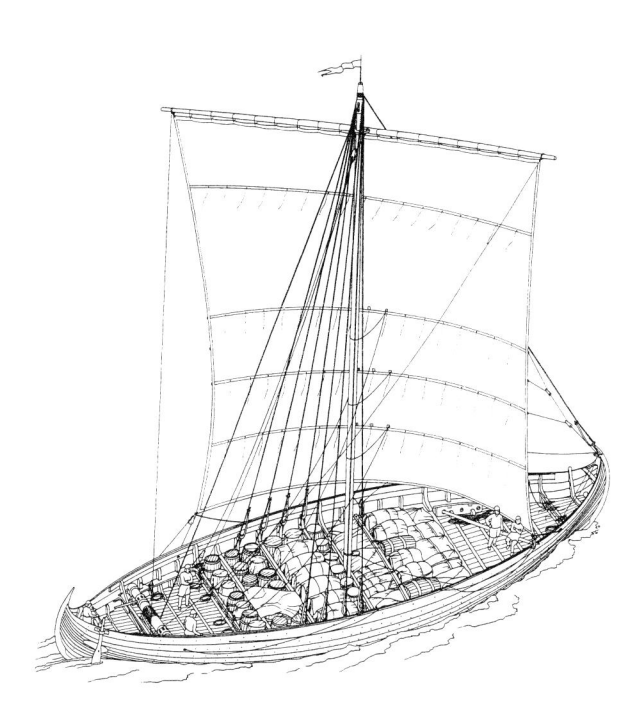

Das Handelsschiff – Rekonstruktion nach Crumlin-Pedersen

zeitliche Diskrepanz hat bisher noch keine schlüssige wissenschaftliche Erklärung finden können.

Zwei durch geophysikalische Prospektion entdeckte Einbäume, die Schwimm-Taucher aufgebracht haben, können allein ihrer morphologischen Merkmale wegen nicht dem frühen Mittelalter zugeordnet werden. Im einen Fall handelt es sich um einen schlanken Einbaum aus Eichenholz, im anderen Fall um ein bauchiges Modell mit zwei Vorfächern, das aus einem Buchenstamm geschlagen wurde. Eine 14 C-Datierung (Hirte 1997) weist jedoch beide Einbäume in die späte Wikingerzeit und macht damit deutlich, dass dieses einfache Wasserfahrzeug auch im frühmittelalterlichen Milieu seinen Platz behalten hat.

Im Zuge der Erkundung des Hafenbereiches von Haithabu haben inzwischen weitere geophysikalische Prospektionen und mit ihnen verbundene Tauchgänge zu Entdeckungen geführt, von denen in unserem Zusammenhang ein weiterer Schiffsfund (Wrack 4) interessiert (Nakoinz 2002).

Diesem Wrack haben sich Claus von Carnap-Bornheim und Hans Joachim Kühn in einer unterwasserarchäologischen Unternehmung zugewandt. Das Wrack erweist sich inzwischen als flachbodiger Prahm. Mit seinen enormen Ausmaßen von ungefähr 15 m Länge bei 2,7 m Breite und robuster Konstruktion mit flach auslaufender rampenartiger Bug- und Heckpartie stellt dieser Fund in der Schlei einen völlig neuen Schiffs-Typ dar. Es wird vermutet, dass es sich hier um eine Fähre für schwerere Transporte handelt. Ohne auf diesen Schiffsfund näher einzugehen, sei lediglich darauf hingewiesen, dass eine dendrochronologische Datierung dieses Wrack mittlerweile ans Ende des 12. Jahrhundert und damit in die Zeit der Nachfolgesiedlung Schleswig verweist.

Bereits 1967 war allerdings das Spantfragment eines kleineren Prahmes unter hölzernen Siedlungsfunden des 9. Jahrhunderts erkannt worden, so dass diese flachbodige Bauweise auch für die Wikingerzeit Beispiele kennt (Ellmers 1982).

Nicht zuletzt muss in diesem Zusammenhang das Bootkammergrab erwähnt werden, das Friedrich Knorr 1908 südlich des Halbkreiswalles ausgrub (Müller-Wille 1976). Das Schiff ließ sich allein durch Bodenverfärbungen und gereihte Niet-Folgen erkennen. In diesem Fall spricht die Forschung von einem Grabschiff, das nach der Vorstellungswelt der Wikinger dem Verstorbenen als Gefährt ins Totenreich diente. Nähere schiffbautechnische Einzelheiten sind von diesem archäologischen Befund jedoch nicht abzuleiten.

Die Werkzeuge

Der Schiffbau der Wikingerzeit setzt die Verwendung von eisernen Werkzeugen voraus. Archäologische Zeugnisse davon sind bei den Ausgrabungen in Haithabu in großer Vielfalt geborgen worden (Westpahl 2002) und heute im Wikinger-Museum Haithabu ausgestellt. Die Werkzeugpalette umfasst große Äxte zum Fällen der Bäume sowie kleinere zur Bearbeitung vieler Schiffsteile. Breitbeile mit ausgestellter Schneide ermöglichten das Behauen der langen Planken. Für das Abrichten der Oberflächen dünner Planken, wie wir sie vom Wrack 1 kennen, wurde ein breiter Dechsel benutzt. Bartäxte und verschiedene kleinere Dechsel waren weitere wichtige Werkzeuge im Bootsbau. Die Löcher für alle Holzdübel wurden mit Löffelbohrern unterschiedlicher Größe eingebracht. Viele dieser Werkzeuge ähneln in ihrer Form denjenigen, denen wir noch heute im traditionellen Holzschiffbau begegnen. Experimentelle Archäologie kann die Wirksamkeit der Werkzeuge überzeugend belegen und zudem helfen, mancherlei Arbeitsspuren an den Originalen besser verstehen zu lernen. Hier sei auf die filmische Dokumentation des Baues eines Einbaumes verwiesen, die im Wikinger-Museum Haithabu dem Besucher eine eindringliche Anleitung zum Verständnis des Einsatzes unterschiedliche Werkzeuge vermittelt.

Eine anschauliche und sehr eindringliche Darstellung des frühmittelalterlichen Bootsbaues bietet uns die Darstellung der Bootsbauszene auf dem Teppich von Bayeux, eine der bedeutendsten Bildquellen für unser Thema aus dem 12. Jahrhundert.

Die oft gestellte Frage nach dem Aufsägen von Stammhölzern für den Bootsbau muss dahingehend beantwortet werden, dass dafür notwendige Werkzeuge im frühen Mittelalter nicht vorhanden waren. So bildete nach dem Fällen des Baumes das radiale Spalten des Stammes den ersten Schritt zu seiner Verarbeitung. Dieses Verfahren stellte allerdings sicher, dass die Hölzer ihrem Wuchs entsprechend zerlegt wurden und keine die Festigkeit bestimmenden Fasern durchtrennt wurden. Diese Tatsache bedingte die hohe Elastizität und damit Haltbarkeit aller Planken.

Das Wikingerschiff – „Motor einer Welt im Wandel"

Die hochentwickelte Bootsbautechnik im wikingerzeitlichen Skandinavien – das seine Südgrenze im heutigen Landesteil Schleswig hat – bildete die Voraussetzung für alle ausgreifenden Wiking-Fahrten der Nordmänner. Diese Unternehmungen konnten ebenso kriegerische Überfälle wie friedliche Handelsreisen sein. Das Schiff bot den Gesetzlosen die Möglichkeit der Flucht in ferne Länder. Es war Voraussetzung für Entdeckungsfahrten aller Art und schuf die Möglichkeit Kolonisation ferner Räume zu betreiben. Die Entwicklung des seetüchtigen, schnellen und flachkieligen Schiffstyps wird von Rudolf Simek (2000) sogar als die „wesentlichste Sonderleistung" der Skandinavier beschrieben, wobei er die Wikingerschiffe als Resultat eines langen technischen Entwicklungsprozesses versteht.

Wrack 1 und 3 aus dem Hafen von Haithabu sind beredtes Zeugnis dieses technischen Entwicklungsprozesses. Wir können gewiss sein, dass viele in diesem Zusammenhang bisher noch offene Fragen Anlass für die Archäologen sein werden, auch zukünftig im Haddebyer Noor nach Antworten zu suchen.

Ute Drews

Literatur

O. Crumlin-Pedersen, Das Haithabu-Schiff, Berichte über die Ausgrabungen in Haithabu 3. Neumünster 1969.
O. Crumlin-Pedersen, Viking-Age Ships and Shipbuilding in Hedeby/Haithabu and Schleswig. Ships and Boats in the North. Volume 2. Schleswig/Roskilde 1997.
U. Drews, Das Wikingerschiff in der Rezeption, in: Dino, Zeus und Asterix. Archäologische Motive in Werbung und Alltag am Ende des 20. Jahrhunderts. Mannheim 2002.
D. Ellmers, Welche Schiffe liefen den Hafen von Haithabu an? Beiträge zur Schleswiger Stadtgeschichte 27, 11-28. Schleswig 1982.
Chr. Hirte, Logboats, in: Viking-Age Ships and Shipbuilding in Hedeby/Haithabu and Schleswig. Ships and Boats in the North, Volume 2, 148-168. Schleswig/Roskilde 1997.
N. Lund, Two voyagers at the court of King Alfred. The ventures of Ohthere and Wulfstan together with the description of Northern Europe from the Old English Orosius. Roskilde/York 1983.
M. Müller-Wille, Das Bootkammergrab von Haithabu. Berichte über die Ausgrabungen in Haithabu 8. Neumünster 1976.
O. Nakoinz, Archäologische Untersuchungen im Hafen von Haithabu, in: Archäologie in Schleswig 7. Aabenraa 2002.
R. Simek, Die Wikinger. München 2002.
K. Schietzel, Die Archäologischen Zentralwerkstätten des Landes Schleswig-Holstein, in: Offa 38, 391-402. Neumünster 1981.
K. Schietzel, Erfahrungen mit Neubauten – Betrachtungen aus der Perspektive eines Nutznießers. Museumskunde 3, 1990 (Band 55), S. 171 ff.
P. Westphalen, Die Eisenfunde von Haithabu. Die Ausgrabungen in Haithabu 10. Neumünster 2002.

Die Kogge

Wohl selten lässt sich einem Ding die ihm innewohnende Vielfalt an Bedeutungen so präzise ablesen wie der Kogge. In diesem Fahrzeug liegen Aussagemöglichkeiten zur Technik- und Verkehrsgeschichte, zur Wirtschafts- und Sozialgeschichte, zur Stadtgeschichte und schließlich zu strittigen Themen der Schiffsarchäologie verborgen. Aus der Fülle möglicher Informationen sollen hier einige Themen angesprochen werden, die ihren Ausgangspunkt insbesondere in neueren Forschungsfragen nehmen.

Die Forschungsgeschichte beginnt mit Walter Vogel und Bernhard Hagedorn in der Zeit des ersten Weltkriegs. Der 1944 erschienene Titel von Felix Genzmer, „Germanische Seefahrt und Seegeltung"[1], lässt etwas auch von der ideologischen Befrachtung des Themas ahnen. Die erste anhand schriftlicher und bildlicher Quellen hinreichend exakte Beschreibung des Schiffstyps Kogge und der damit verbundenen Fragen von Schiffbau und Takelage, seemännischer Handhabung und Besatzung gelang 1956 Paul Heinsius[2]. Seine Definitionsmerkmale: ein einmastiges, mit geradem Kiel und

Stadtsiegel mit der Darstellung von Koggen. Links Wismar 1256 mit Heckruder und Gabel für eine Stange zum Spreizen des Segels, rechts Kiel 1365 mit breitem Rahsegel

scharfwinklig ansetzenden Steven versehenes Schiff, bildeten die Grundlage zur sicheren Identifizierung eines am 8. Oktober 1962 in Bremen entdeckten Wracks, der sog. Bremer Hansekogge[3]. Das fast fertige, unbeladene Schiff wurde bei einem Hochwasser von seinem Werftplatz losgerissen, geriet wahrscheinlich schon mit Schlagseite auf der Weser stromab in Strudel und kam mit dem Heck dabei so heftig in Grundberührung, dass

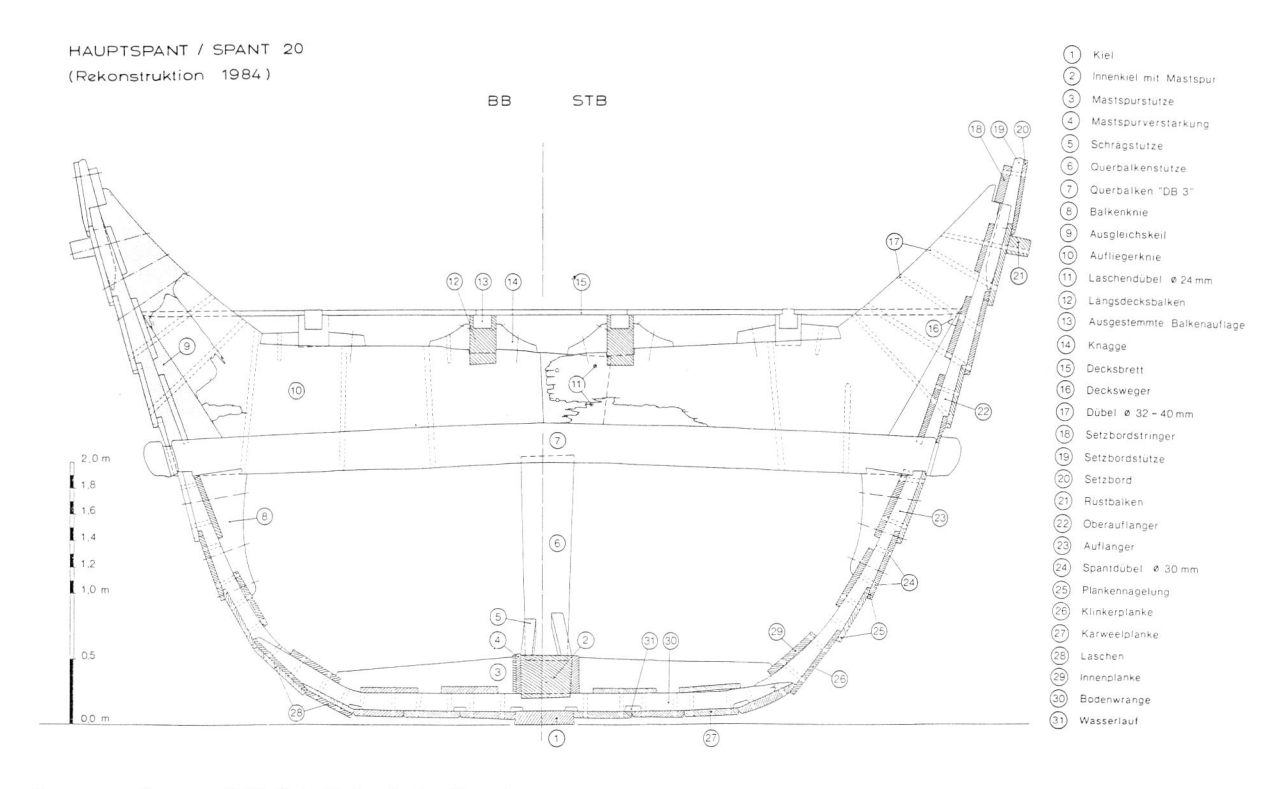

Kogge aus Bremen 1380. Schnitt durch den Hauptspant

Kogge aus Bremen 1380. Bugbereich, Klinker-Kraweelplanken im Unterwasserschiff

das Ruder abbrach, es damit endgültig festsaß und schließlich schnell mit Schlick und Treibsand ausgefüllt wurde. Nach Bergung, Zusammenbau der über 2000 Einzelteile, en bloc-Konservierung und Nachbau von Repliken mit wissenschaftlich begleiteten Segelversuchen liegt eine Fülle neuer Erkenntnisse zu diesem Schiffstyp vor. Das Holz wurde 1378 im Mittelgebirge gefällt, die Weser hinabgeflößt und um 1380 verbaut. Die technischen Daten lauten: Länge mit Kastelldeck: 23,27 m; Länge über Steven: 22,65; Kiellänge/Unterkante: 15,60 m; Überhang vorn: 4,81 m; Überhang hinten: 2,36 m; größte Breite über die Rüstbalken: 7,62 m; größte Decksbreite zwischen den Innenplanken: 6,45 m;

Kogge aus Bremen 1380. Der Kieler Nachbau unter Segel

Seitenhöhe mittschiffs: 4,26 m; größte Höhe (Unterkante Kiel bis Oberkante Vordersteven): 7,23 m; Mastlänge: ca. 21 m; Segelfläche: ca. 200 m^2; Schiffsgewicht total: ca. 60 t; Laderaumgröße: ca. 143–160 m^3; Ladung: ca. 76–84 t; Tiefgang ohne Ladung: ca. 1,25 m; Tiefgang mit Ladung: ca. 2,25 m; Besatzung: 12–18 Mann.

Erstmals liegt damit mit exakten Daten ein Zeugnis für das Schiff vor, das zuweilen relativ unreflektiert als „die" Hansekogge bezeichnet wird – als ob damit Baumerkmale und technische Daten ein für allemal fixiert wären. In Wirklichkeit dürfte es sich eher um eine Momentaufnahme handeln. Neben der Bestätigung der von Heinsius aufgestellten Charakteristika waren an dem Bremer Fund weitere konstruktive Züge schiffstypologisch von besonderer Bedeutung: Der Kiel ist nicht gerade gebaut, sondern weist vorn und achtern zwei Knicke auf; die Kraweelbeplankung im Bodenbereich wechselt an den Seitenwänden zur Klinkertechnik; die geklinkerten Planken sind durch eine spezielle Nagelung miteinander verbunden, die sog. Koggenägel, die als Bodenfunde auch dort, wo keinerlei Hölzer erhalten sind, untrüglich Koggen anzeigen.

Diese Nägel wurden von außen durch die Planken getrieben, über ein messerförmiges Dreikanteisen zweimal geknickt und mit der Spitze in das Holz zurückgeschlagen, also umgenietet. Um ein Aufspalten des Holzes zu verhindern, wurden die Nagellöcher vorgebohrt. Der Abstand betrug etwa eine Handbreite. Ebenso charakteristisch sind die Klammern, mit denen die zur Dichtung zwischen die Planken gepreßte Kalfatmasse aus Moos, Tierhaaren und Teer und die darüber gelegten Leisten in Position gehalten werden. Diese 50 bis 60 mm langen Kalfatklammern bildeten eine ununterbrochene Reihe. Auf diese Weise wurden an der Bremer Kogge ca. 3000 Nägel und über 8000 Sinteln verbaut. Der gesamte Corpus war in Schalenbauweise gezimmert, das heißt, die Spanten aus gewachsenen Krummhölzern wurden der äußeren Hülle nachträglich eingesetzt. Zur Stabilisierung schloß die Unterkonstruktion mit mächtigen Querbalken, die auf beiden Bordseiten hinausragten und auf denen die gesamte Deckskonstruktion ruhte. Wie bereits von Stadtsiegeln mit Schiffsdarstellungen bekannt, erhob sich auf dem Achterschiff ein Kastell mit einer geschlossenen Kammer und einer Schiffstoilette direkt über dem Wasser.

Die typologische Herleitung der Kogge war lange umstritten. Noch Heinsius[4] hielt sie in den fünfziger Jahren für eine eigenständige Erfindung der Zeit kurz vor 1200 im Nord- und Ostseeraum, mit der „das gesamte Schifffahrts- und Schiffbauwesen ihrer Zeit revolutioniert" wurde. Die ersten schriftlichen Belege[5] liegen vom 9./10. Jh. aus Utrecht als „cogscult" vor und bedeuten die Pflicht der Bewohner der Region, eine Kogge zur Kriegsfahrt auszurüsten oder statt dessen eine bestimmte Abgabe zu zahlen. Vermutlich wurden die Krieger dieses Koggenaufgebots „cocingi" genannt, das für 867 annalistisch überliefert ist. In einem mittelrheinischen Glossarium der Jahrtausendwende werden der römische Schiffstyp „musculus", ein gedrungenes, kurzes Schiff, mit „koccho", schnelle Kriegsschiffe dagegen als „herikochun" wiedergegeben. Der Parzival Wolframs von Eschenbach kennt um 1197–1210 den „kocken" als großes Transportschiff der Kreuzfahrer. Seit dem Beginn des 13. Jh. mehren sich die Belege an Nord- und Ostsee, als erster schriftlicher Nachweis zum Beispiel auch mit der anschaulichen Angabe von zwei „coggonibus impletis usque ad summum annona", zwei Koggen bis zum Kragen voll Getreide, die nach Heinrich von Lettland im Jahr 1206 von Gotland nach Riga gesegelt sind. Nach dem schriftlichen Befund läßt sich festhalten, daß seit dem 9. Jh. in Friesland, dem 11. Jh. am Mittelrhein und dem beginnenden 13. Jh. auch in der Ostsee ein „Kogge" genanntes Schiff bekannt war. Der Ursprung scheint in friesischen Küstengewässern zu liegen.

Zu dieser Annahme passt der früheste datierte archäologische Nachweis einer Kogge im Norden. Das Wrack von Kollerup aus der nordjütischen Jammerbucht wurde im Jahr 1978 ausgegraben und kürzlich dendrologisch auf etwa 1150 datiert. Es handelt sich um ein 20,9 m langes, 4,92 m breites und 2,21 m hohes Schiff mit einem Tiefgang von 1,35 m und einer Tragfähigkeit von ca. 42 t[6]. Mit geraden Steven und kraweel (auf Stoß) gebautem Boden zeigt es typische Merkmale der Kogge[7], es fehlt indes der Kiel, und der Mast saß in einem besonders kräftigen Spant, und zwar untypisch weit vorn. Das bindet dieses Fahrzeug typologisch an Schiffsfunde von Mainz, Brügge und insbesondere London-Blackfriars aus den ersten vier Jh. n. Chr.[8], die in keltischer Bautradition stehen. Dabei wird das Ausmaß der schiffbautechnischen Veränderung

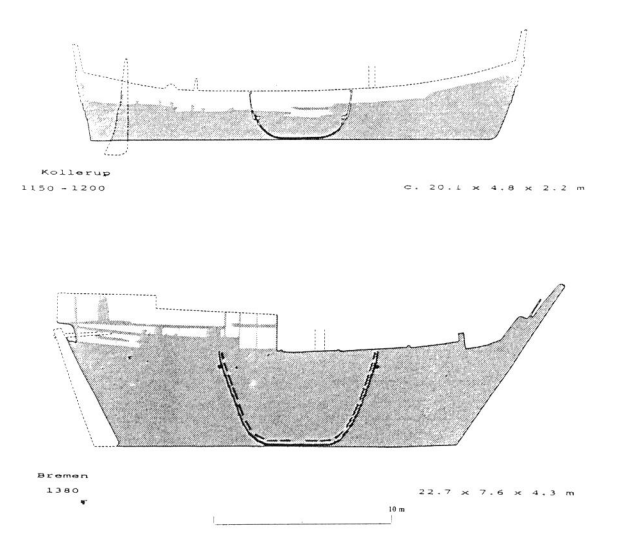

Die Koggen von Kollerup von 1150 und Bremen von 1380 im Vergleich der Silhouetten

während der etwa 800 Jahre zwischen den Schiffen von Mainz und Kollerup als geringer eingeschätzt als das der etwa 200 Jahre zwischen Kollerup und Bremen[9]. Die dendrologisch nachgewiesene Herkunft des Holzes der Kollerup-Kogge aus dem südlichen Jütland gibt einen zusätzlichen Fingerzeig und könnte auf eine Werft in Nord-Friesland zwischen Eiderstedt und Ribe weisen, die mit der traditionell friesischen Bautradition der Flachbodenschiffe für die Wattenfahrt vertraut war und ihr folgte[10]. Dabei denkt man unwillkürlich an den im friesisch-jütisch-sächsischen Grenzgebiet liegenden Nordseehafen Hollingstedt, in dem nach Ausweis der dort gefundenen Kalfatklammern eine Ausbesserungswerft für Koggen bestanden haben dürfte[11]. Wenn die Kogge nach Crumlin-Pedersen und Ellmers[12] auf ihrem Weg vom friesischen Küstensegler des 9. Jh. zu dem aus Bremen bekannten Typ des 14. Jh. auch spezifisch skandinavische Bauformen integriert hat – etwa den Mastschuh in der Kielplanke und die Maststellung mittschiffs – so kommt als archäologisch verbürgter Kontaktbereich beider Bautraditionen im Nordseeküstengebiet zuerst der Nordseehafen von Haithabu und Schleswig, Hollingstedt, in den Blick, in dem sich seit dem 9. Jh. die Wirtschaftskreise der Nordsee und der Ostsee begegnet sind und wo als archäologische Funde sowohl die koggetypischen Kalfatklammern und Koggenägel als auch die für nordische Kielschiffe charakteristischen Schiffsnieten vorkommen[13]. Daneben ist sicher auch an Ribe zu denken, das insbesondere durch seine friesischen Münzen des 8. Jh. geradezu als Außenposten des friesischen Handelsverkehrs im Nordseeraum angesehen werden kann[14]. Die Kogge von Kollerup aus der Mitte des 12. Jh. ist deshalb – ebenso wie die auf 1193 datierte Kogge von Skagen – ein eminent wichtiges Verbindungsglied zwischen den friesischen Proto-Typen und den von den Stadtsiegeln des 13. Jh. her bekannten Formen. Ihre Strandungsorte an der Nordküste Jütlands bedeuten möglicherweise den gescheiterten Versuch einer Umlandfahrt in die Ostsee.

Als die Kogge Ende des 12. Jh. aus Friesland in die Ostsee kam – und die Koggen von Kollerup und Skagen zeigen buchstäblich den Weg dorthin an – traf sie dort auf eine hochentwickelte Schiffbautechnik. Insbesondere die mit den führenden Seehandelsplätzen des 11./12. Jh. – Schleswig, Roskilde und Bergen – verbundenen Schiffsfunde Haithabu 3, Karschau, Roskilde 4, Lynæs 1 und Bergen erreichen mit Längen zwischen rund 20 m und 30 m Tragfähigkeiten zwischen rund 60 t und 120 t[15]. Sie gehören alle dem 11./12. Jh. an und haben Baudaten von 1025 (Haithabu 3), 1108/13 (Roskilde 4), um 1130 (Karschau/Schlei), 1140 (Lynæs/Roskildefjord) und 1188 (Bergen). Das im Hafen von Bergen abgewrackte Schiff von mind. 120 Tonnen Ladekapazität konnte es mit jeder Kogge des 13. Jh. aufnehmen und übertraf zum Beispiel im Laderaum auch die Bremer Kogge von 1380 mit ihrer Tonnage von rund 80 t erheblich. Es ist deshalb nach den Gründen für die Einführung der Kogge im Ostseeraum zu fragen. Technische Überlegenheit kann es nach übereinstimmendem Urteil[16] nicht gewesen sein. O. Crumlin-Pedersens Einschätzung ökonomisch-politischer Ursachen[17] geht Jan Bill mit einem detaillierten Vergleich der Veränderung einzelner Bauelemente auf den Grund[18] und sieht den Auslöser in dramatischen Veränderungen innerhalb der dänischen Gesellschaft zwischen etwa 1000 und 1200, „where economics came to play a more decisive role in the design of ships"; wie etwa auch in der Agrarwirtschaft haben sich als ökonomische Strategie in diesem Zeitraum auch im Seehandel und im Schiffbau Grundgedanken der Kommerzialisierung durchgesetzt mit der Folge: „they had just to make it pay"[19]. Aufgrund spezifischer Konstruktionsdetails war der Bau von Koggen billiger als der von nordischen Klinkerbooten. Während die Planken bei diesen aus den Stämmen radial herausgebeilt wurden, wurden sie für den Koggenbau tangential herausgesägt und ermöglichten damit einen effektiveren Holzverbrauch, weniger Arbeitszeit und handwerkliches Geschick, also insgesamt niedrigere Produktionskosten. Mit dem um 1200 in den Küstenländern der Ostsee einsetzenden Urbanisierungsschub und der damit verbundenen Ökonomisierung und Professionalisierung weiter Lebensbereiche waren tiefgreifende Veränderungen auch im Schiffbau verbunden, die letztlich dazu geführt haben, dass für rund 200 Jahre im Handelsverkehr des Ostseeraumes die Kogge der wichtigste Schiffstyp geworden ist.

Folgt man den bisher vorliegenden archäologischen Befunden, so ist in Lübeck die Kogge zuerst „um 1200" nachweisbar[20]. In diese Zeit wird die Fundschicht datiert, aus der ein typischer Koggennagel stammt. Ein weiteres Fundstück etwa der gleichen Zeitstellung gibt Auskunft über die Segeleigenschaften früher Koggen im Ostseeraum. Wenn dieses Holz in sekundärer Verbauung bald vor 1200 in die Erde kam, wird es einem Schiff des ausgehenden 12. Jh. angehört haben. Es handelt sich um das Fragment einer großen hölzernen Gabel von maximal 1,24 m erhaltener Länge und 1,04 m größter Breite, die nach den eingehenden Untersuchungen von D. Ellmers am Vordersteven saß und eine bewegliche Stange gehalten hat, von der ein Tau zum Rahsegel führte. „Die nach vorn ausgelegte Stange versetzte diese Schiffe in die Lage, nicht nur Winde von achtern auszunutzen, sondern auch noch bei schräg von vorn kommenden Winden in die gewünschte Richtung zu segeln. Kurz, die Schiffe konnten auch gegen den Wind kreuzen". Bildliche Zeugnisse, neben Siegeln zum Beispiel auch die Darstellung der Kogge auf Wandmalereien des mittleren 13. Jh. in der Kirche von Mölln, stützen diese Deutung. Mit dem Aufbau von Vorderkastellen verschwinden die Gabeln aus dem Blickfeld, und über mehrere Schritte führte die Entwicklung dazu, „dass die ursprünglich lose Stange als fest eingebauter Bugspriet in die Bugkonstruktion integriert ... wurde" und in dieser Funktion erhalten blieb. Darüber hinaus liegen mehrere Kalfatklammern vor, die älteste von einem Schiff, das vor 1210 gebaut wurde, eine andere aus dem 13./14. Jh., eine weitere soll von einem Binnenschiff „von der Art

Kogge auf einer Wandmalerei in der Kirche von Mölln, Mitte 13. Jh.

der Stecknitzkähne" stammen[21]. Über die Größe der damals in Lübeck verkehrenden Schiffe geben die Stadtbücher von 1225 Auskunft[22]. Sie geben Boote von unter 12 Last (24 Tonnen), von 12 bis 18 Last und über 18 Last an, also Kleinfahrzeuge wie Kähne, Schuten und Prähme für den Flussverkehr, für Fischfang und Leichterei, Küstenfahrzeuge für den seegehenden Nahverkehr und hochbordige Großschiffe des Koggentyps für den Überseehandel; selbst Hochseeschiffe hatten also noch überaus bescheidene Abmessungen; noch 1403 wurde die Obergrenze für mittlere Küstenfahrzeuge auf 24 Last festgelegt.

Außer von diesen frühen Koggen wurde der Lübecker Hafen in seiner frühen Zeit auch von Schiffen nordischer Bauart angelaufen, sie wurden dort sogar repariert, wie speziell zugerichtete Schiffsnieten aus dem Hafenbereich anzeigen[23]. Eine Zeitlang dürften skandinavische Klinkerschiffe und Koggen dort Seite an Seite gelegen haben. Es kann also keine Rede davon sein, dass in Lübeck seit seiner Gründung ausschließlich Koggen verkehrten. Die Fundschicht wird stratigraphisch älter als „um 1184" eingeschätzt, der durch die Funde nachgewiesene Schiffsverkehr kann damit in die frühe Stadtphase des späten 12. Jh. zurückreichen[24].

Über das Schiff ist nicht ohne den Hafen zu handeln. Der Lübecker Hafen des 12./13. Jh. ist archäologisch gut bekannt[25]. Eine Anzahl von Funden zum Schiffs- und Hafenbetrieb gibt einen lebendigen Eindruck. Darunter befinden sich Fragmente von Schiffsplanken, Werkzeug und Bestandteile der Takelage. Die Anlage lässt sich in zwei Phasen gliedern, beginnend mit einer kaiartigen Uferbefestigung von um 1157, an der Schiffe mit einem Tiefgang von etwa 1 m anlegen konnten, und der in einer Entfernung von 30 m errichteten Stadtmauer von etwa 1180 auf der Landinnenseite. Beide Bereiche wurden um 1187 mit einem Weg verbunden. Die Bebauung dieses rund 200 m langen Ufermarktes bestand aus kleinen Holzhäusern mit quadratischem Grundriss und Seitenlängen von etwa 5 m. Für Marktbetrieb und Handel sprechen zahlreiche Fassdeckel, eine Eigentumsmarke, Schloss und Schlüssel sowie Importkeramik. Aus dem Bereich Fischfang kommen Schwimmer und Senker von Netzen. Es scheint auch „typisches" Hafenleben stattgefunden zu haben, wenn man Spielzeug der Erwachsenen wie Würfel, Murmeln, Spielsteine, Kreisel und Kegelkugeln sowie Musikinstrumente wie eine Maultrommel und eine Flöte entsprechend interpretiert. Während der Liegezeit im Hafen schlief die Schiffsmannschaft vermutlich am Ufer in Zelten und aß im Freien. Zahlreiche Überreste von Kugeltöpfen, Kesselhaken und hölzerne (Grill?)-Stäbchen ließen sich in diese Richtung deuten. Der Körperpflege dienten Pinzette und Kämme.

Ausgelöst durch zunehmende Größe und Tiefgang der Koggen wurden die Lübecker Hafenstrukturen am Anfang des 13. Jh. radikal umgestaltet. Durch Baulandgewinnung auf 1300 m ausgeweitet, wurde der Kai für einen Schiffstiefgang von 2 m in das offene Wasser vorgeschoben. Mit dem 1216 zuerst genannten Holstentor teilte sich der Hafen in einen Außenbereich an der Untertrave und einen Binnenhafen insbesondere zur Anlandung des Lüneburger Salzes an der Obertrave. Am Ende des 13. Jh. erstreckte sich der Hafen über das gesamte traveseitige Ufer des Stadthügels. Durch den Neubau der hafenseitigen Stadtmauer von 1217 mit insgesamt 16 Toren wurde die Verkehrsfläche an der Wasserfront auf rund 5 m Breite verengt. Einziges Gebäude am Gestade blieb die Waage. Sicher ist auch mit einem Kran zu rechnen, wie er etwa aus Hamburg bildlich überliefert ist. Schiffstechnische Betriebe wie Werften, im Hansischen Lastadien genannt, Holz-

die Häuser transportiert[26], die in dem untersuchten Ausschnitt zwischen 1217 und etwa 1240 in einem wahren Bauboom entstanden: ein um 1220 errichteter Saalgeschossbau mit den beträchtlichen Abmessungen von 23 mal 12 m mit einem mächtigen Kaufkeller und einem Speichergeschoss (Alfstraße 38); auch das Nachbarhaus von 1230/40, ein Flügelbau, war mit einem Kaufkeller ausgestattet (Alfstraße 36). In der Kette der Planvorgänge zwischen 1143 und 1227 verlaufen die Straßen, an denen diese Häuser liegen, nach neuen Stadtplananalysen vom Wakenitzufer des Stadthügels aus gesehen fächerförmig auf das Traveufer zu[27], ein auf den Hafen bezogenes Bauprinzip, das sich an den Hafenstädten der baltischen Küste bis nach Gotland ausgebreitet hat[28]. Diese Anlage der das Hafenufer in parallelen Verläufen erschließenden Straßen hatte in Lübeck das gesamte Mittelalter hindurch Bestand. In anderen Städten, etwa Stralsund, Stettin und Rostock, landeten die Schiffe – jedenfalls nach frühneuzeitlichen bildlichen Quellen – an langen Brücken und Molen an. Größere Schiffe ankerten im offenen Wasser und wurden über Leichter be- und entladen, wie es auch schon für Lübeck 1220/26 überliefert ist[29].

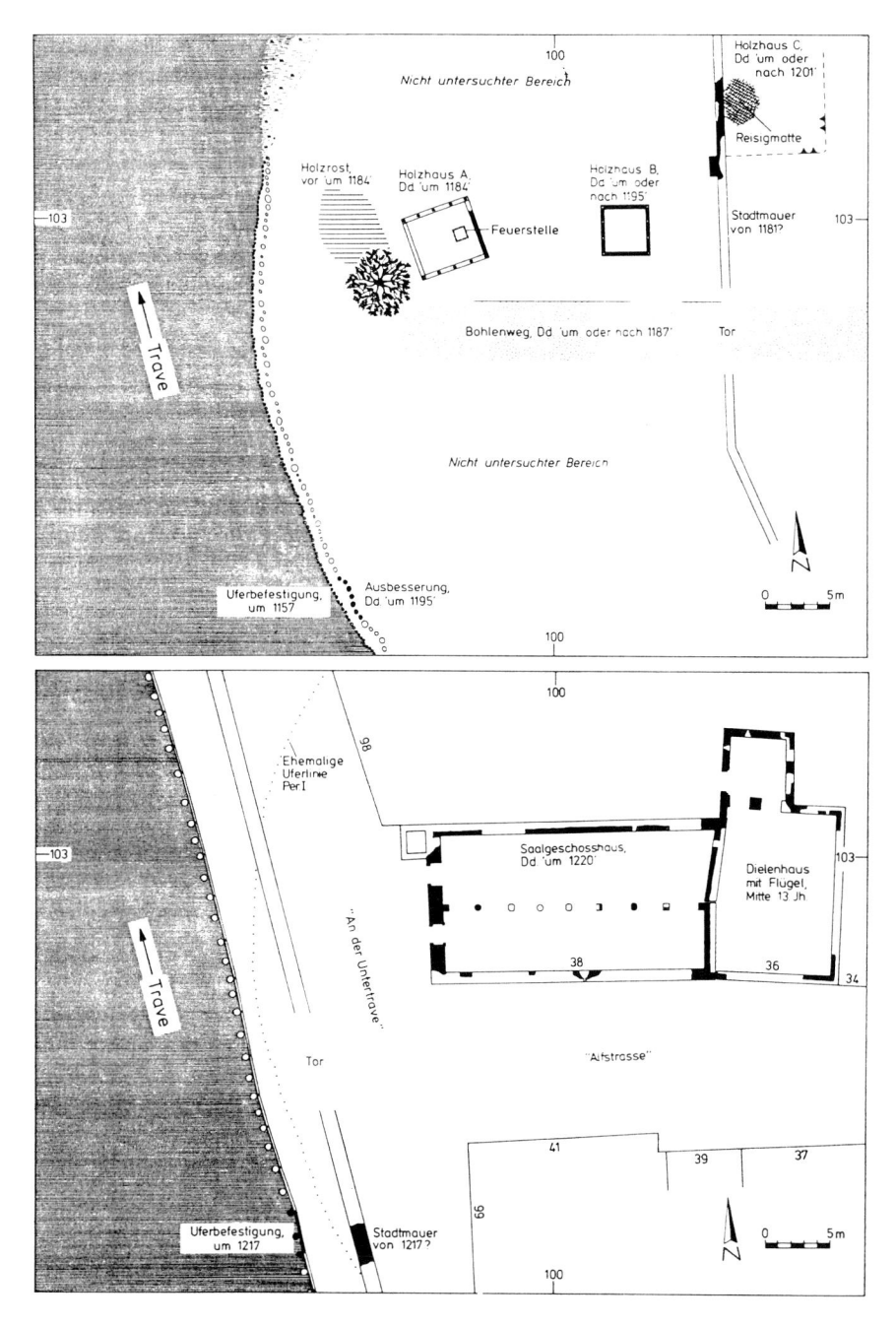

Über Handelswaren, Tragfähigkeiten, Ladungen und Maße im Schiffsverkehr der Hanse[30] kann hier nur sehr verkürzt berichtet werden. Das Rückgrat des Handels Lübecker Kaufleute bildeten bis in das 15. Jh. Hering und Salz. Die Lübecker brachten Tonnen und Salz

Der Lübecker Hafen im archäologischen Befund. Oben Siedlungsphase I, 2. Hälfte des 12. Jh. Unten Siedlungsphase II, 1. Hälfte des 13. Jh.

und Teerlager, Segelmacherei und Reeperbahn lagen jetzt auf dem Gegenufer der Trave, ebenso Lagerschuppen, zum Beispiel auch die noch stehenden Salzspeicher hinter der Holstenbrücke. Der Wirtschaftsbetrieb war vom Ufermarkt in die nun backsteinernen Handelshäuser verlegt worden, und das angelandete Handelsgut wurde von den Schiffen direkt in

aus Lüneburg zu den Heringsfangplätzen an der schonischen Küste, von wo der Fisch, gesalzen und verpackt, nach Lübeck zurücktransportiert und als Lübecker Produkt auf die binnendeutschen Märkte, aber auch in andere Ostseestädte weiterverhandelt wurde. Das Lübecker Modell bestand in Vermittlung und Transport wertvoller Waren zwischen Osten und West. Dabei war der Nordseehafen Hamburg von ausschlaggebender Bedeutung, die Umlandfahrt weniger wichtig. Das kann hier nur in wenigen Beispielen illustriert werden. Im Norwegenverkehr wird der lukrative Dreieckshandel faßbar: Die Schiffe brachten Mehl und Getreide von Lübeck nach Bergen, Stockfisch und Fischöl von Bergen nach Boston und englische Tuche zurück nach Lübeck. Auf der Westseite der Achse war Brügge der wichtigste Partner. Lübecker Kaufleute versorgten diesen Markt insbesondere mit Pelzen und Wachs aus Rußland, Pottasche, Pech und Holz sowie Metallen, Hanf, Getreide und Bier aus den Ostseeländern und führten zum Beispiel flandrische Tuche, fernöstliche Gewürze, französischen Wein, Salz aus der Biskaya und feine Messingwaren aus Dinant wieder ein.

Die Schiffsgrößen im Verkehr mit Skandinavien lagen um 1400 bei nicht mehr als über 40 Last, also 80 t, größere Schiffe segelten 1368 nach Reval, konnten jedoch auch allerhöchstens 60–70 Last tragen. Von den 20 Schiffen, die 1368 von Lübeck nach Reval fuhren, trugen zwölf 20 bis 40 Last, sieben 35 bis 60 Last und eines unter 20 Last. Die größten und bedeutendsten Schiffe des Lübecker Seeverkehrs beförderten 1427/32 nur selten mehr als 200 Tonnen. Fuhren sie nicht mit Massenfracht, etwa Getreide, Fisch oder Salz, hatten sie Güter geladen, die sich aus den unterschiedlichsten Gebinden, Verpackungsarten und Gewichten zusammensetzten; um nur ein Beispiel zu nennen, kam 1435 der Schiffer Johann Bruen mit 12 Last Honig, 3 Last Hering, 3 Last Salz, 3 Last Seim, 2 trockenen Fässern, 8 trockenen Tonnen, 3 Tonnen Hering, 1 Ballen Tuch, 2 Rollen Leinwand und 2 Kisten aus Lübeck nach Reval, das bedeutet, die schwierigen metrischen Probleme hier übergehend, mit einer Ladung von 44,8 Tonnen, die Tuchwaren und die Kisten dazugerechnet, kaum über 48 Tonnen[31].

Das waren aber gewiß schon keine Koggen mehr, sondern Holke oder auch bereits Kraweele[32]. Der Holk oder Hulk hat im 14. Jh. auch im Ostseeraum gleich-

Stadtsiegel mit der Darstellung eines Holk. Danzig 1400

sam das Erbe der Kogge angetreten. Als Nordseeschiff erscheint der Typ schon im 8. Jh. auf Münzbildern und ist um 1000 auch schriftlich bezeugt. 1342 und 1366 als Lübecker Frachtschiff genannt, mehren sich die Erwähnungen gegen Ende des 14. Jh., und um 1400 führte das Danziger Stadtsiegel bereits diesen neuen Typ, der vornehmlich auf der Westroute in der Umlandfahrt nach Flandern, Westfrankreich bis nach Portugal eingesetzt wurde und dort insbesondere im Transport des Atlantiksalzes eine Tragfähigkeit von rund 300 Tonnen, in Einzelfällen bis zu 700 Tonnen hatte: größentechnisch das praktisch Erreichbare. Er ist charakterisiert durch seine durchgehende, genietete Klinkerung, einen profilierten Kiel, schwere, dicht angeordnete Spanten sowie einen steilen Achter- und konvexen Vordersteven. Auf dem völligen Rumpf saßen vorn und achtern tendenziell immer höher werdende Kastelle.

Über die den Ostseeraum befahrenden Koggen sind wir in zwei Beispielen der allerletzten Zeit unterrichtet. Das 1996 am Südende der Insel Hiddensee im Fahrwasser vor Stralsund geborgene sog. „Gellen-Wrack"[33] ist eine ca. 26 m lange und 8 m breite Kogge, die um 1330 aus skandinavischem Kiefernholz gebaut wurde und, ihrer Ladung nach zu urteilen, polierte Kalkplatten aus Öland in fünf verschiedenen Formaten, Baumaterial nach Stralsund bringen sollte. Der Fundplatz Gellen am Südzipfel von Hiddensee ist auch darin bemerkenswert, dass dort im Jahr 1306 im Auftrag der Stadt Stralsund durch Zisterziensermönche eine dem Patron der seefahrenden Kaufleute gewidmete Nikolai-Kapelle errichtet wurde, deren Turm ein Leuchtfeuer trug. Im Achterschiff des Wracks befand sich ein Eisenherd, auf dem man in Bronzegrapen warme Mahlzeiten zubereiten konnte. Durch die Marke eines Lübecker Grapengießers aus der 2. Hälfte des 14. Jh. kann auf die Arbeits- und Laufzeit des Schiffes von mindestens einigen Jahrzehnten geschlossen werden. Dieses Fahrzeug zeichnet sich mehrfach durch interessante Baudetails aus und vereint unterschiedliche Schiffbautechniken und Bautraditionen: Der flache Boden im Mittschiffsbereich und verklinkerte Planken mit den typischen Koggenägeln stehen in der Kogge-Tradition. Der Klinkerhaut ist in diesem Fall indes außen eine weitere, kraweel, also auf Stoß, gebaute Plankenwand vorgesetzt, eine Bautechnik, die in der Ostsee für ganze Bordwände erst seit der Mitte des 15. Jh. angewandt wurde[34]. Es ist dendrochronologisch gesichert, dass die äußere Kraweel-Bordwand der darunter liegenden Klinkerhaut bei einer späteren Ausbesserung im Jahr 1364 zugefügt wurde. Aus der nordischen Bautradition stammen bei diesem Schiff, einer „Verschmelzung zwischen dem ‚Nordischen Klinker-Typ' und den ‚Koggen'", der geschwungene Vordersteven und der vorn und achtern v-förmig geschnittene Rumpf. Diese bisher unbekannte Schiffsform – eine „baltische Kogge" – setzt sich aus Bestandteilen der aus der Nordsee kommenden Kogge, der skandinavischen Kielschiffe und der mediterranen Karavellen zusammen und demonstriert Anpassungsfähigkeit und Funktionalität im Schiffbau.

Ebenfalls eine „baltische" Sonderform der Kogge stellt die 1999 vor der Insel Poel geborgene sog. „Poeler Kogge" dar.[35] Mit 29 m Länge, über 8,40 m Breite und einer Tragfähigkeit von rund 200 Tonnen gehörte sie zu den Dickschiffen ihrer Zeit. Die Hölzer stammen aus der Weichselgegend um Thorn und wurden 1354 gefällt. Möglicherweise wurde das Schiff also in Danzig gebaut. Die 11 m langen, 40 cm breiten und 7 cm starken Planken sind aus den Stämmen herausgespalten, also nicht gesägt, und untereinander mit den typisch zweifach umgeschlagenen Koggenägeln verbunden. Im geschwungenen Bug, der durchgängigen Klinke-

rung des Schiffsrumpfes, auch im Bodenbereich, und insbesondere durch die Kielkonstruktion, die über 18 m Länge und 60 cm Breite erhalten ist, liegen aus dem Skandinavischen adaptierte Bauelemente vor. Beide Neufunde stellen eindringlich vor Augen, dass man sich zum Schiffstyp Kogge nicht auf den Kenntnisstand beschränken darf, wie er aus dem Bremer Schiffsfund von 1962 vorliegt. Da alle drei Schiffe aus der Mitte bis zur 2. Hälfte des 14. Jh. stammen, sind nach diesem Befund Nord- und Ostsee in dieser Zeit von unterschiedlich konstruierten Koggen befahren worden. Das aus der schriftlichen und bildlichen Überlieferung erkennbare Bild kann archäologisch damit erheblich differenziert werden. Wenn dieser Eindruck sich bestätigt, ist es bei der Eroberung der Ostseemärkte durch deutsche Kaufleute im Rahmen der Hanse im Bereich des Schiffbaus weniger zum Zusammenbruch und der vollständigen Aufgabe eigener Traditionen, also einem „culture clash", als zu Vorgängen der Anpassung und zu Mischformen (compromise) gekommen[36].

Ein Schwerpunkt unserer Darstellung liegt nicht nur aus landesgeschichtlichen Gründen in Lübeck. Nach den inspirierenden Überlegungen von Detlev Ellmers lagen in Lübeck auch die Anfänge der Verbindung von Hanse und Kogge[37]. In der Interpretation der ersten Lübecker Stadtsiegel von 1223, 1256 und 1281 sieht

Erstes Lübecker Stadtsiegel von 1223 mit Schiffsdarstellung

Ellmers gleichsam das Programm der Lübecker Stadtgründung von 1159 in ein ungemein symbolhaltiges Bild gebannt: Zwei Männer in einer Kogge, ein Seemann und eine „Landratte", leisten sich mit erhobenen Schwurfingern gegenseitig einen Eid, gehen also im zeitgenössischen Sprachgebrauch eine „Hanse", das heißt einen Schwurverband, ein Bündnis, ein. Zwei Generationen nach dem Gründungsakt selbst lassen sich in dem Siegel – und Stadtsiegel die Triebkräfte erkennen, die bei der Bildung eines selbstständigen Gemeinwesens wirksam waren – in einer Art Historienbild und bewußt antiquierter Darstellung die „entscheidende Neuerung, das Zusammengehen von landfahrendem Kaufmann aus Westfalen und seefahrendem aus Schleswig bei der Gründung Lübecks" fixiert. In dieser entscheidenden Innovation ist gleichzeitig die Grundlage für das Arbeits- und Erfolgsprinzip der Hanse gelegt: die Verbindung see- und landgestützten Fernhandels, der je nach Eigeninteressen der daran beteiligten Städte und in wechselnden Koalitionen überseeische und binnenländische Märkte in einem Wirtschaftskonzept vereinigt hat[38].

Das Schiff auf dem Lübecker Siegel soll „eindeutig" eine Kogge darstellen. Das Seitenruder an Backbord, einen sog. „Firrer", leitet Ellmers sowohl von in Haithabu im 9. Jh. geprägten Münzen als auch von neuzeitlichen Torfkähnen des Steinhuder Meeres ab, die geschwungenen Steven von neuzeitlichen Holmer Fischerkähnen auf der Schlei, und die den Koggen wesensfremden, dem skandinavischen Schiffsbau dagegen wesenseigenen Tierköpfe werden als Kennzeichen eines „Prunkschiffes" interpretiert. „Die neue Hanse aus koggefahrenden Schleswigern und massenhaft mitgenommenen Westfalen segelte sicher schon 1159 frohgemut und voller Tatendrang von Lübeck nach Gotland". Zur typologischen Herleitung der in dieser – von der Autorität des Autors abgesicherten – Sicht 1159 mit Friesen aus Schleswig nach Lübeck mitgebrachten Kogge gibt ein weiteres Zitat Aufschluß: „Haithabu und Schleswig waren die einzige Stelle an der Ostsee, wo man über drei bis vier Jahrhunderte unverdrossen in guter friesischer Tradition Koggen baute und nach Mittelschweden, Gotland und Rußland in Fahrt setzte".

Der damit vorausgesetzten These des Koggenbaus in Haithabu hat sich Ellmers in vielen Ansätzen gewid-

Schiffsdarstellungen auf Münzen. Oben Dorestad Ende 8. Jh. mit Holken; Mitte Haithabu Anfang 9. Jh mit „Koggen"; unten Haithabu Anfang 9. Jh. mit nordischen Kriegsschiffen

met[39]. Ausgangspunkt seiner Argumentationskette sind Schiffsbilder auf Haithabu-Münzen des 9. Jh., die Münzen des ausgehenden 8. Jh. aus der friesischen Handelsmetropole Dorestad nachgeprägt sind und den darauf abgebildeten Schiffstyp Holk sowohl in eine Kogge wie auch in ein skandinavisches Kriegsschiff umwandeln. Kennzeichen dieser „Kogge" sind die kantigen Steven, das vom Holk übernommene lose Steuerruder auf der Backbordseite (ein „Firrer", s.o.) und der doppelte Knick in der Kiellinie, der die flachbodigen Schiffe der friesischen Watten dazu befähigte, sich bei ablaufendem Wasser trockenfallen zu lassen und bei Flut wieder aufzuschwimmen. Diese Münzbilder sollen von Friesen in Haithabu gebaute Schiffe abbilden. Als Stütze seiner These vom Koggenbau in Haithabu betrachtet Ellmers den Fund von ca. 60 Koggennägeln[40] und den Flurnamen „Kugghamn" in Birka. Kontrovers dazu leiten andere[41] das von Ellmers auf den Münzen als friesische Kogge klassifizierte Schiff von innerskandinavischen Schiffsformen ab und halten einen Flurnamen auf einer Karte des 17. Jh. nicht für beweiskräftig für Zustände des 9./10. Jh.[42].

Zur Kontroverse um die Koggen von Haithabu und Schleswig kann jetzt mit neuem Material beigetragen werden. Wenn in Haithabu Koggen gebaut wurden, müsste sich das nicht nur bildlich, sondern vor allem auch archäologisch verifizieren lassen. In der Vorlage der Eisenfunde aus Haithabu[43] ist eine Reihe von Klammern abgebildet, deren Form mit den bekannten Kalfatklammern[44] nahezu identisch wäre, wenn die Schenkel nicht für diese Funktion untypisch zweifach umgebogen wären und teilweise runde oder eckige Querschnitte aufwiesen. Da die bisherige Untersuchung jedoch gezeigt hat, dass sich unter dem Sammelbegriff „Kogge" ganz unterschiedliche Bauelemente fassen lassen, kann nicht völlig ausgeschlossen werden und muss fachkundiger schiffsarchäologischer Beurteilung überlassen bleiben, dass und ob die jetzt aus Haithabu bekannt gewordenen Klammern von Planken abgewrackter Koggen stammen. Das gleiche dürfte von den Nägeln mit quadratischem Querschnitt und pilzförmigem Kopf gelten, die sowohl an Land wie im Schiffbau verwandt worden sein können, aber eben nicht die koggetypisch doppelt umgebogene Spitze aufweisen. Beide Fundgruppen scheinen als Koggenachweise untauglich zu sein. Dass sich im Fundmaterial die für die nordischen Klinkerboote typischen Niete ebenso wie serienproduzierte Nietplatten befinden, kann nicht erstaunen.

Die Bearbeitung der Eisenfunde aus Schleswig erstreckt sich vorerst auf den hafenfernen Siedlungsbereich „Schild"[45], aus dem aber sehr wohl Schiffsteile vorliegen[46]. Aus der Vielzahl von Nägeln stammen weniger als 10 % aus der hier allein interessanten Zeit des 11. und 12. Jh. Darunter zeigen einige Exemplare die koggetypisch doppelt umgebogene Spitze oder ähnliche Formen. Ob diese im geraden Teil mit rund 5 cm Länge der für einen Koggenagel konstruktiv geforderten doppelten Plankenstärke entsprechen können, muß vorerst offen bleiben[47]. Möglicherweise können sie deshalb auch von in Koggetechnik gebauten kleinen Binnenschiffen stammen. An der funktionalen Zuordnung einer Reihe von Klammern mit flachem, bandförmigem bis ovalem Mittelteil und spitzen, winklig umgebogenen Enden als Kalfatklammern von Koggen dürfte dagegen kein Zweifel bestehen. Leider sind sie stratigraphisch offenbar nicht feiner als in das 12.–14. Jh. zu datieren. Nach dem vorliegenden Vergleichsmaterial[48] könnten die mehr bandförmigen Stücke typologisch durchaus dem 12. Jh. angehören. Andere dürften sicher in das 13. Jh. datieren. Wie die zahlreich unter den Schleswiger Eisenfunden vorhandenen Schiffsnieten und Nietplatten sowie hölzerne Konstruktionsteile ausschließlich nordischer Klinkerboote und darüber hinaus ganze Schiffsfunde – etwa die aus unmittelbarer Nähe Schleswigs stammenden Wracks Haithabu 3 von 1025 und Karschau von etwa 1130[49] – anzeigen, stand die vorherrschende Schiffbautechnik des 11./12. Jh. in Schleswig dagegen ganz im Zeichen der skandinavischen Tradition[50].

Ob das auch für einen in den Heiligenlegenden des Thomas Beckett für die Zeit bald nach 1173 bezeugten Schiffsbau in Schleswig[51] gilt, kann schwer eingeschätzt werden. Nach dieser Überlieferung wurde in Schleswig ein so großes Schiff (navis magna) gebaut, dass es wegen seines ausladenden Rumpfes (immensitas sui corporis) trotz intensiven Schiebens und Ziehens und des Einsatzes von Gleitkissen (pulvini suppositi) beim Stapellauf nicht von der Helling zu bewegen war und dazu der Hilfe des heiligen Thomas bedurfte, der es wie über ein Gleitmittel (tanquam super lubricum aliquid) leicht ins Wasser beförderte. Bei der jahrhundertelang geübten Technik im Schiffbau nach skandinavischer Tradition wäre solch ein gravierender technischer Fehler der Schiffbauer schwer zu erklären, wohl aber wäre das Mißgeschick verständlich, wenn es sich um bislang unerprobte Schiffbaupraktiken gehandelt hat. Wenn man auch nicht sicher sein kann, ob die englische Quelle dänische Vorgänge richtig wiedergibt oder eher einheimische Zustände schildert, hält sie einen solchen Schiffsbau doch für möglich und legt ihn ausgerechnet nach Schleswig. Ausschlaggebend könnte das Detail der Gleitkissen oder Gleithölzer sein. Mit allem Vorbehalt gegenüber der schiffsarchäologischen Fachforschung scheinen beim Stapellauf von Kielbooten unter den Rumpf gelegte Holz-„Kissen" nicht erforderlich, im Koggenbau dagegen hilfreich zu sein[52]. Das gleiche gilt für ein „Gleitmittel", das zweckmäßig ebenfalls nur bei breiter Bodenauflage denkbar ist. Mag es eine Kogge oder ein Kielboot gewesen sein, der Bau eines besonders großen Schiffes, dessen Ruf bis nach England gelangte, bestätigt die handelspolitische Bedeutung und wirtschaftliche Potenz der Stadt Schleswig in der zweiten Hälfte des 12. Jh., aus deren Hafen schon im 11. Jh. Schiffe alle großen Handelsplätze des Ostseeraums angelaufen haben[53].

Insgesamt gesehen fällt es nach den vorliegenden historischen und archäologischen Befunden allerdings sehr schwer, Ellmers[54] Einschätzung zu folgen, dass man in Haithabu und Schleswig „über drei bis vier Jahrhunderte unverdrossen[!] in guter friesischer Tradition

Koggen baute" und die Lübecker sich den als Gründungsmythos der Stadt in den ersten Stadtsiegeln verewigten Schiffstyp aus Schleswig geholt haben. Über „die Anfänge der Hanse" muss man wohl weiter nachdenken, und auch das herkömmliche Bild der Kogge, wie wir es bis vor wenigen Jahren kannten, hat sich aus seinen festen Konturen gelöst – wie es schon im Briefwechsel einer hansischen Kaufmannsfamilie aus Lübeck am 6. September 1406 heißt: „Wisset, lieber Schwager, daß wir schlechte Nachrichten haben von dem Schiff, das vor Palmsonntag von hier abgesegelt ist; got geve, dat wy dar nycht in enhebben"[55].

Christian Radtke

Anmerkungen

1 Bernhard Hagedorn, Die Entwicklung der wichtigsten Schiffstypen bis ins 19. Jahrhundert (= Veröffentlichungen des Vereins für Hamburgische Geschichte 1). Hamburg 1914. – Walter Vogel, Geschichte der deutschen Seeschiffahrt. Berlin 1915. – Felix Genzmer, Germanische Seefahrt und Seegeltung. München 1944.
2 Paul Heinsius, Das Schiff der hansischen Frühzeit (= Quellen und Darstellungen zur Hansischen Geschichte N.F. 12). Köln, Wien 1956 (2. Aufl. 1986).
3 Werner Lahn, Die Kogge von Bremen I. Bauteile und Bauablauf (Schriften des Deutschen Schiffahrtsmuseums 30). Bremen 1992, mit Einleitung von Detlev Ellmers und Bibliographie der zwischen 1963 und 1991 erschienenen umfangreichen Literatur, auch zu Koggefunden in Skandinavien und Holland. – Aus der Fülle der Literatur das folgende im wesentlichen nach Uwe Schnall, Die Kogge. In: Die Hanse. Lebenswirklichkeit und Mythos. Katalog. Band 1. Hamburg 1989. S. 567–569.
4 Wie Anm. 2. S. 250.
5 Nach Detlev Ellmers, Frühmittelalterliche Handelsschifffahrt in Mittel- und Nordeuropa (Offa-Bücher 28). Neumünster 1972. S. 70 f.
6 Anton Englert, Large Cargo Vessels in Danish Waters AD 1000 – 1250. Dissertation. Roskilde und Kiel 2000. S. 134.
7 Ole Crumlin-Pedersen, Danish Cog-Finds. In: Sean McGrail (Hrsg.), The Archaeology of Medieval Ships and Harbours in Northern Europe (= BAR International Series 66). Oxford 1979. S. 17–34. – Ders., Schiffstypen aus der frühgeschichtlichen Seefahrt. In: H. Jankuhn u.a. (Hrsg.), Untersuchungen zu Handel und Verkehr der vor- und frühgeschichtlichen Zeit Bd. V. Göttingen 1989. S. 405–430.
8 Ellmers, wie Anm. 5. S. 63 ff., Abb. 46. – Crumlin-Pedersen, Schiffstypen, wie Anm. 7. S. 426–428.
9 Crumlin-Pedersen, Schiffstypen, wie Anm. 7. S. 426.
10 Ole Crumlin-Pedersen, To be or not to be a cog. The Bremen-cog in perspective. International Journal of Nautical Archaeology 29. 2000. S. 230–246.
11 Klaus Brandt, Neue Ausgrabungen in Hollingstedt, dem Nordseehafen von Haithabu und Schleswig. Ein Vorbericht (= Offa 54/55, 1997/98). Neumünster 1999. S. 289–307, S. 301, Abb. 9.
12 Crumlin-Pedersen, Cog-Finds, wie Anm. 7. S. 30 f. – Ellmers, wie Anm. 5. S. 74 f. mit friesischen Zwischenformen.
13 Wie Anm. 11. – Das gilt auch für List auf Sylt, das, mutmaßlich eine Art Außenhafen von Ribe, aber erst dem 13./14. Jh. angehört: Maike Lorenzen, Der mittelalterliche Fundplatz Alt-List auf Sylt, Kreis Nordfriesland (= Offa 54/55, 1997/98). Neumünster 1999. S. 309–423, Schiffszubehör S. 348–355.
14 Brita Malmer, Münzprägung und frühe Stadtbildung in Nordeuropa. In: K. Brandt u.a. (Hrsg.), Haithabu und die frühe Stadtentwicklung im nördlichen Europa (= Schriften des Archäologischen Landesmuseums 8). Neumünster 2002. S. 117–132, S. 118 f. – Vgl. Per Kristian Madsen, Ribe between West and East – a North Sea Harbour and its Baltic Connections. In: Jan Bill u.a. (Hrsg.), Maritime Topography and the medieval town (= Studies in Archaeology and History 4). Copenhagen 1999. S. 197–202.
15 Englert, wie Anm. 6. S. 134–136.
16 Englert, wie Anm. 6. S. 48 ff.
17 Crumlin-Pedersen, Schiffstypen, wie Anm. 7. S. 428: „Ökonomisch-politische und nicht schiffstechnische Ursachen müssen dahinter liegen, wenn die Führerstellung, welche die nordische Schiffahrt Jahrhunderte hindurch im Ostseegebiet einnahm, im Laufe des 13. Jahrhunderts von der Kogge übernommen wurde".
18 Vgl. die Zusammenstellungen bei Englert, wie Anm. 6. Tab. 10–12.
19 Jan Bill, Getting into business. Reflections of a market economy in medieval shipbuilding. In: O. Olsen u.a. (Hrsg.), Shipshape. Essays for Ole Crumlin-Pedersen. Roskilde 1995. S. 195–202, S. 202. – Vgl. Peter Carelli, En kapitalistisk anda. Kulturella förändringar i 1100-talets Danmark (= Lund Studies in Medieval Archaeology 26). Lund 2001. – Konkrete Veränderungen nach Bill bei Englert, wie Anm. 6. S. 124–141, Tab. 34–38, S. 143–145. – Für Liebhaber konkreter Daten kann der letzte archäologische Nachweis des für genuin skandinavische Schiffe charakteristischen bite-Systems (untere Querbalken) im Schiff von Galtabäck 1 von 1195 und der erste schriftliche Nachweis von Koggen für 1206 angeführt werden (vgl. Ole Ventegodt, Skibe og søfart i danske farvande i det 12.–14. århundrede. In: Maritim Kontakt 3, 1982. S. 47–92, S. 58).
20 Detlev Ellmers, Bodenfunde und andere Zeugnisse zur frühen Schifffahrt der Hansestadt Lübeck. Teil I. Bauteile von Koggen (= Lübecker Schriften zur Archäologie und Kulturgeschichte 11). Bonn 1985. S. 155–162. Zitate S. 159–160.
21 Detlev Ellmers, Bodenfunde und andere Zeugnisse zur frühen Schifffahrt der Hansestadt Lübeck. Teil 2: Bauteile und Ausrüstungsgegenstände von Wasserfahrzeugen aus den Grabungen Alfstraße 38 und an der Untertrave/Kaimauer (= Lübecker Schriften zur Archäologie und Kulturgeschichte 18). Bonn 1992. S. 7–21, S. 8. – Von hafenfernen Fundplätzen stammende Kalfatklammern müssen nicht Koggen, sondern können offenbar auch Binnenschiffe anzeigen, typische „gerade Schiffsnägel" nicht allein im Schiffbau, sondern „auch an Land verwendet" worden sein und „Schiffsnägel mit umgebogener, aber alt abgebrochener Spitze" nicht von Frachtschiffen, sondern auch „von kleineren Fischerbooten" kommen (ebd. S. 8–9).
22 Heinz Stoob, Über Wachstumsvorgänge und Hafenausbau bei hansischen See- und Flußhäfen im Mittelalter. In: See- und Fluß-

23 Wie Anm. 21. S. 9–10. – Bei der geringen Wassertiefe des Hafens für Schiffe mit einem Tiefgang von rund 1 m (siehe bei Anm. 25) kann es sich objektiv jedoch nur um sehr kleine Lastschiffe gehandelt haben, kleiner als nahezu alle bekannten nordischen Frachtschiffe, die durchweg einen Tiefgang zwischen 1 und 1,5 m haben. Die Kollerup-Kogge von 1150 beispielsweise hat bei einer Länge von rund 21 m und einer Tragfähigkeit von ca. 42 t einen Tiefgang von ca. 1,35 m; schon so ein, was Länge und Tonnage betrifft, vergleichsweise kleines Schiff hätte vor 1200 in Lübeck kaum anlegen können, geschweige denn „large Nordic cargo vessels" (vgl. Englert, wie Anm. 6. Fig. 86-88). Wenn die bekannten großen Frachtschiffe den Lübecker Hafen vor rund 1200 gar nicht anlaufen konnten, fragt man sich in der Tat nach der handelshistorischen Bedeutung der Stadt in diesen Jahrzehnten.

24 Erich Hoffmann, Lübeck im Hoch- und Spätmittelalter: Die große Zeit Lübecks. In: Antjekathrin Graßmann (Hrsg.), Lübeckische Geschichte. Lübeck 1988. S. 79–340, S. 82 f. – Rolf Hammel-Kiesow, Neue Aspekte zur Geschichte Lübecks. Von der Jahrtausendwende bis zum Ende der Hansezeit. Die Lübecker Stadtgeschichtsforschung der letzten zehn Jahre (1988-1997). Teil 1: bis zum Ende des 13. Jahrhunderts. In: Zeitschrift des Vereins für Lübeckische Geschichte und Altertumskunde Bd. 78. 1998. S. 47–114, S. 64 f.

25 Manfred Gläser, Der Lübecker Hafen des 12. und 13. Jahrhunderts. In: Zeitschrift des Vereins für Lübeckische Geschichte und Altertumskunde 69, 1989. S. 49–73, mit modellhaften Rekonstruktionen der beiden Hafenphasen. – Ders., The development of the harbours and market places of Lübeck. In: Maritime Topography and the medieval Town (= Studies in Archaeology and History 4). Copenhagen 1999. S. 79–86, mit älterer Lit. – Ellmers, wie Anm. 21.

26 Detlev Ellmers, Die Verlagerung des Fernhandels vom öffentlichen Ufermarkt in die privaten Häuser der Kaufleute (= Lübecker Schriften zur Archäologie und Kulturgeschichte 20). Bonn 1990. S. 101–118.

27 Klaus Humpert und Martin Schenk, Entdeckung der mittelalterlichen Stadtplanung. Das Ende vom Mythos der „gewachsenen Stadt". Stuttgart 2001. Abb. 10.

28 Stoob, wie Anm. 22. S. 46 f.

29 Manfred Gläser, Die Häfen an der Ostsee. In: Die Hanse. Lebenswirklichkeit und Mythos. Katalog. Bd. 1. Hamburg 1989. S. 588–591.

30 Thomas Wolf, Tragfähigkeiten, Ladungen und Maße im Schiffsverkehr der Hanse vornehmlich im Spiegel Revaler Quellen (= Quellen und Darstellungen zur hansischen Geschichte N.F. 31). Köln, Wien 1986. – Rolf Hammel-Kiesow, Von Maßen und Gewichten in Lübeck. In: Der Lübecker Kaufmann. Aspekte seiner Lebens- und Arbeitswelt vom Mittelalter bis zum 19. Jahrhundert. Begleitpublikation zur Ausstellung. Lübeck 1993. S. 37–40. – Ders., Von Tuch und Hering zu Wein und Holz. Der Handel Lübecker Kaufleute von der Mitte des 12. bis zum Ende des 19. Jh. In: Ebd., S. 13–33.

31 Beispiele und Zahlen nach Wolf, wie Anm. 30. S. 122 f., S. 136 ff., S. 183 ff.

32 Zur schnellen Information vgl. Christian Hirte und Thomas Wolf, Der Holk – Das Kraweel und die weitere Entwicklung der Seeschiffe. In: Die Hanse. Lebenswirklichkeit und Mythos. Katalog. Bd 1. Hamburg 1989. S. 570–577.

33 Friedrich Lüth und Thomas Förster, Schiff, Wrack, „baltische Kogge". Archäologie in Deutschland 1999. Heft 4. S. 8–13. – Zu den beiden hier beschriebenen Ostseekoggen und einer Anzahl weiterer Wracks und einzelner Schiffsteile des 13.–15. Jh. vgl. Thomas Förster, Schiffbau und Handel an der südöstlichen Ostsee – Untersuchungen an Wrackfunden des 13.–15. Jahrhunderts. In: IKUWA. Schutz des Kulturerbes unter Wasser. Veränderungen europäischer Lebenskultur durch Fluss- und Seehandel (= Beiträge zur Ur- und Frühgeschichte Mecklenburg-Vorpommerns Bd. 35). Lübstorf 2000. S. 221–236, das folgende Zitat: S. 234.

34 Vgl. Anm. 32, S. 575–577.

35 Archäologisches Landesmuseum und Landesamt für Bodendenkmalpflege Mecklenburg-Vorpommern (Hrsg.), Der Nachbau der „Poeler Kogge" von 1354. Lübstorf o.J. – Vgl. auch Förster, wie Anm. 33. S. 225 f., mit Datierung auf 1314.

36 Vgl. das ostseeweite Forschungsprojekt mit Fragen zur Übernahme oder Anverwandlung kontinentaler Muster, die im Fahrwasser der deutschen Siedlungs- und Wirtschaftsexpansion den Ostseeraum erreichten, in den Ostseeländern: Nils Blomkvist, Culture clash or Compromise? The medieval Europeanisation of the Baltic Rim region (1100-1400 AD). Problems for an international study (= Acta Visbyensia 11). Visby 1998. S. 9–36.

37 Detlev Ellmers, Die Entstehung der Hanse. In: Hansische Geschichtsblätter Bd. 103. 1985. S. 3–40, Zitate in der Reihenfolge S. 38, S. 28, S. 18. – Ohne Zustimmung zu Ellmers' These der Zuwanderung friesischer Seefahrer aus Schleswig nach Lübeck 1159/61 auch Hoffmann (wie Anm. 24, S. 101).

38 Die Entwicklung von den Fahrtgemeinschaften der frühhansischen Kaufleuteorganisation des 12./13. Jh. zur Städtehanse des 14. Jh. mit ihren Kontorgemeinschaften und gemeinsamer Wirtschaftspolitik kann hier nicht verfolgt werden; zur Hanse allgemein vgl. Die Hanse. Lebenswirklichkeit und Mythos. Katalog. Bd. 1–2. Hamburg 1989; zuletzt mit neuen Bewertungen Rolf Hammel-Kiesow, Die Hanse. München 2000.

39 Zuletzt: Detlev Ellmers, Welche Schiffstypen stellen die Haithabu-Münzen des frühen 9. Jahrhunderts dar? (= Offa 56, 1999). Neumünster 2000. S. 367–373.

40 Daß Kalfatklammern, mit Koggenägeln sonst meistens vergesellschaftet (vgl. Lorenzen [wie Anm. 13], Karte 7) in Birka fehlen, erklärt Ellmers (wie Anm. 21. S. 7) damit, „daß nur die großen seegehenden Koggen Kalfatklammern brauchten", während andererseits eine Lübecker Kalfatklammer ausdrücklich von einem kleinen Binnenschiff kommen soll (ebd. S. 8). Da Schiffsverkehr nach Birka nur „seegehend" möglich war, könnte dieser Widerspruch leicht auf die funktionale Bestimmung der „Nägel" abfärben.

41 Ole Crumlin-Pedersen, Viking Age Ships and shipbuilding in Hedeby/Haithabu and Schleswig (= Ships and Boats of the North Bd. 2). Schleswig/Roskilde 1997. – Hugo Yrwing, En marinarkeolog om den tidiga frisisk-tyska Östersjöhandeln. In: Fornvännen Bd. 84. 1989. S. 150–158. – Auch das von Ellmers (wie Anm. 39. S. 369) angegebene Prägedatum „794/95 spätestens" wird numismatisch nicht gestützt (Malmer, wie Anm. 14. S. 121, mit einer Datierung „in den 820er Jahren").

42 Eine Reihe notwendiger Gegenfragen kann an dieser Stelle nicht in der dafür erforderlichen Breite diskutiert werden, nur: Wenn auf den Dorestad-Münzen gleichsam als „Markenzeichen" der Frie-

sen, mit dem auch der Überseehandel nach England betrieben wurde, ein Holk dargestellt ist (Ellmers, wie Anm. 39. S. 367) – warum sollte in Haithabu als Signet des friesischen Handelsimpetus in die Ostsee hinein das für die Ostseefahrt weniger geeignete kleine Wattenschiff Kogge übernommen worden sein?

43 Petra Westphalen, Die Eisenfunde von Haithabu (= Die Ausgrabungen in Haithabu Bd. 10). Neumünster 2002. Klammern: S. 210 f., Taf. 81, 22–27; Nägel: S. 203–206, Taf. 79, 9–22.

44 Vgl. die Typenreihen der chronologischen Entwicklung von Sinteln bei Ellmers (wie Anm. 23. Abb. 1 A) und Lorenzen (wie Anm. 13. Abb. 2, Tab. 2–3, Taf. 7). – Vgl. Günter Krause, Duisburg, Lower Rhineland. The harbour and the topography of the town from the Merowingian period to c. 1600. In: Maritime Topography and the Medieval Town (= Studies in Archaeology and History 4). Copenhagen 1999. S. 109–118, Abb. 10, mit einer archäologisch datierten Feinchronologie von Sinteln des 9.–12. Jh. aus Duisburg. – Heiko Steuer, Werkzeug der Schiffbauer vom Rheinufer in Köln. In: Manfred Gläser (Hrsg.), Archäologie des Mittelalters und Bauforschung im Hanseraum. Festschrift für Günter Fehring (= Schriften des Kulturhistorischen Museums in Rostock 1). Rostock 1993, S. 311–330. Abb. 17–18, mit einer Typenreihe von Kalfatklammern des 12.–14. Jh. aus Köln.

45 Hilke Elisabeth Saggau, Mittelalterliche Eisenfunde aus Schleswig. Ausgrabung Schild 1971–1975 (= Ausgrabungen in Schleswig. Berichte und Studien 14). Neumünster 2000. Nägel und Klammern: S. 45–48, Abb. 30, 32.

46 Crumlin-Pedersen, wie Anm. 41, S. 261–273.

47 Ellmers, wie Anm. 20. S. 156, rechnet für den Lübecker Koggenagel von etwa 1200 mit einer doppelten Plankenstärke von rund 10 cm. – Gewiß könnte man einen Teil der Schleswiger Nägel auch zu den „Schiffsnägeln mit umgebogener, aber alt abgebrochener Spitze" rechnen (vgl. Ellmers, wie Anm. 21. S. 8 f.).

48 Wie Anm. 44. – Präsenz von Koggen in Schleswig seit dem ausgehenden 12. Jh. würde weder historisch noch typologisch Widerspruch hervorrufen dürfen (vgl. Anm. 51–53). – Der Schleswiger Hafen wurde spätestens Ende der 1230er Jahre vom Dominikanerkloster überbaut und vermutlich auf eine einzige Schiffbrücke reduziert; da Schleswiger Handelsverträge mit Bremen noch Ende des 13. Jh. (vgl. Ellmers, wie Anm. 37. S. 36) auf den Eidertransit via Hollingstedt bezogen sind, können sie keinen von Koggen getragenen Überseeverkehr in Schleswig anzeigen; bedenkt man die seit 1251 hoheitlich gesicherte „Umlandsfahrt" für Nordseeschiffe (vgl. Ventegodt, wie Anm. 19. S. 60 ff.), kann die intensive Privilegierung alter Schleswiger Handelspartner durch die dänischen Könige im 13. Jh. – Soest, Köln, Bremen, Stade (vgl. Radtke [wie Anm. 51]. S. 461 f.) – in dieser Zeit durchaus auch noch Koggen nach Schleswig geführt haben, wie Sinteln und Nägel im Fundgut ja bestätigen; vor dem Hafen ankernde Schiffe konnten mit Prahmen geleichtert werden, wie jetzt auch ein auf das Jahr 1184 datierter Schiffsfund anzeigt (Claus von Carnap-Bornheim u.a., Wrack 4 von Haithabu. In: Nachrichten der Arbeitsgruppe für Unterwasserarchäologie Bd. 9, 2002 [im Druck]).

49 Crumlin-Pedersen, wie Anm. 41. – Englert, wie Anm. 6. S. 90–100. – In diese Reihe großer Handelsschiffe nordischer Bauart des 11./12. Jh. scheint auch ein bisher unpubliziertes Wrack zu gehören, das geophysikalisch und taucherisch südlich der dem Schleswiger Hafen vorgelagerten Möweninsel geortet wurde (freundl. mündl. Mitt. von Willi Kramer, Vortrag vor der Gesellschaft für Schleswiger Stadtgeschichte, am 5. März 2002).

50 Ob dieser Eindruck nach der Vorlage der Eisenfunde aus dem Hafenbereich revidiert werden muss, ist abzuwarten.

51 Christian Radtke, Schleswig und Soest. In: Soest. Stadt – Territorium – Reich (= Soester Zeitschrift 92/93), Soest 1981. S. 433–478, S. 458–460, Anm. 146-147.

52 Ellmers, wie Anm. 5. S. 172. – Angesichts der hochentwickelten Technik im einheimischen Bau großer Frachtschiffe mit großer Skepsis gegenüber der These eines Koggenbaus in Schleswig um 1175, aber ohne angemessene Bewertung von „Gleitkissen" beim Stapellauf: Ventegodt (wie Anm. 19. S. 59 f.), Crumlin-Pedersen (wie Anm. 41. S. 196 f.), Englert (wie Anm. 6. S. 1 f.). – Die optimale Helgenanlage für den Bau der kraweelbodigen Bremer Kogge mit Auflagebalken und Stapelreihen unterschiedlicher Höhe für die Arbeit am Schiffsrumpf beschreibt Lahn (wie Anm. 3. S. 33 f.); er schildert auch den Einsatz von Keilen.

53 Christian Radtke, Schleswig im vorlübischen Geld- und Warenverkehr zwischen westlichem Kontinent und Ostseeraum. In: Klaus Brandt u.a. (Hrsg.), Haithabu und die frühe Stadtentwicklung im nördlichen Europa (= Schriften des Archäologischen Landesmuseums 8). Neumünster 2002. S. 379–429.

54 Wie Anm. 37. S. 18.

55 Franz Irsigler, Der Alltag einer hansischen Kaufmannsfamilie im Spiegel der Veckinghusen-Briefe. In: Hansische Geschichtsblätter Bd. 103, 1985. S. 75–120, S. 84: „Gebe Gott, daß wir es nicht verlieren".

Bildnachweis

1 links: nach Ellmers, wie Anm. 37; rechts: nach Lahn, wie Anm. 3, Abb. 17. – 2–4 nach Lahn, wie Anm. 3. Blatt 4, Abb. 33, Abb. 161. – 5 nach Ole Crumlin-Pedersen, Ship Types and Sizes AD 800–1400. In: Ders. (Hrsg.), Aspects of Maritime Scandinavia AD 200–1200. Roskilde 1999. S. 69–82, Abb. 11. – 6 nach Heinsius, wie Anm. 2. Abb. 28. – 7 nach Gläser, Der Lübecker Hafen, wie Anm. 25. Abb. 2. – 8 nach Katalog Hanse I, wie Anm. 3. S. 571. – 9 nach Lahn, wie Anm. 3. Abb. 14. – 10 nach Crumlin-Pedersen, wie Anm. 41. Abb. 7.7.

Grönlandfahrt und Walfangschiffe

Die europäische Geschichte des Walfangs begann im Mittelalter mit den Basken. Geschickte Seeleute aus Nordspanien jagten in der Biskaya und drangen in den Nordatlantik, schließlich bis Labrador und Neufundland vor. Von ihnen stammen die wesentlichen Fang- und Verarbeitungsmethoden („Harpune" hängt mit dem baskischen Wort „arpoi" zusammen), Basken stellten auch die erfahrenen Mannschaftsteile der ersten englischen und holländischen Walfangexpeditionen des frühen 17. Jahrhunderts.

Der Begriff „Grönlandfahrt" basiert auf dem Irrtum ihrer Pioniere, hoch im Nordmeer auf die Ostküste Grönlands gestoßen zu sein. Als Entdecker Spitzbergens gilt der Niederländer Willem Barentz, der 1596 in dieser Region erstmals auch auf große Walbestände stieß. Nach 1600 begannen die Engländer, dann die Holländer, später Dänen und Norweger und seit 1623 deutsche Schiffe (aus Emden) zur Waljagd aufzubrechen. In jener Zeit tummelten sich die Wale noch in den Buchten von Spitzbergen, um die Bäreninsel und die Insel Jan Mayen; die Waljäger konnten Ruderboote nutzen und die Beute leicht aufs nahe Land bringen.

Die großen Fangnationen richteten an der Küste Stationen ein, die über den Sommer hinweg Basislager und Verarbeitungsstätten waren. Orte wie das niederländische Smeerenburg auf Spitzbergen wurden zu belebten Arbeits- und Wohnplätzen, mit Packhäusern, Kaufläden, Werkstätten, gar einer Kirche. – „Baienfischerei", wie man küstennahe Jagd mit Schaluppen nannte, währte jedoch nur wenige Jahrzehnte – dann wichen die Fische ins offene Meer und ins nördliche Eis aus. Die Jagd auf den Wal wurde langwieriger und viel gefährlicher. Trotz des erhöhten Risikos schlossen sich weitere Nationen und „Grönländische Gesellschaften" an; Hamburg etwa beteiligte sich seit 1644 und wurde, oft in Zusammenarbeit mit niederländischen Unternehmen, zu einer Großmacht der Waljagd. So besaß die Hamburger Reederei Beets, Nachfahren holländischer Mennoniten, die Amsterdam aus Glaubensgründen verlassen mussten, zeitweise 34 Schiffe.[1] Als die große Zeit der europäischen Grönlandfahrt kann man die Jahre um 1670 bezeichnen.

Waljagd aus Gewinnstreben

Aus heutiger Sicht klingt es nahezu unfassbar, dass ein wesentlicher Grund für die aufwendige Jagd so vieler Nationen auf Walfische – und damit für ihre schon im 18. Jahrhundert eingeleitete Ausrottung – der große Bedarf Europas an Tran für seine Lampen und Laternen war. Das ausgeschmolzene Fett der gewaltigen Meeressäugetiere diente als Brennstoff für Millionen Tranfunzeln (in Schleswig-Holstein „Krüsel" genannt), mehr noch das sogenannte Walrat, eine glasklare ölige Flüssigkeit in den Schädelhohlräumen des Pottwales. Bis zu 50 Zentner dieses besonderen, die Schwimm- und Tauchfähigkeit steuernden Sekrets besitzt ein Pottwal; durch Auspressen gewinnt man das begehrte Walratöl.[2] Hermann Melville schreibt in seinem Roman „Moby Dick", den der Amerikaner nach eigenen seemännischen Erfahrungen 1851 in einer Mischung aus dramatischer Poesie und Tatsachenbericht verfasste, dass sich Walfangschiffe von Handelsschiffen auch in diesem Punkt deutlich voneinander unterschieden: Des Nachts waren sie nicht gespenstisch düster, sondern mit vielen Öllampen beleuchtet, verschwenderisch gespeist mit dem „reinsten aller Öle".[3]

Die bis zu 22 Meter langen Pottwale wurden somit zu bevorzugten Jagdopfern, aber auch Bartenwale, Finnwale, Walrösser und Robben lieferten mit ihrem Fett – und mit ihrer Haut – Ausgangsstoffe für Produkte einer langen Reihe von Handwerksberufen: für Leimsieder und Seifensieder, Gerber, Täschner und Riemer, Tischler und Drechsler. „Die besten Treibriemen für die frühen Dampfmaschinen des 19. Jahrhunderts sind aus Walrosshaut hergestellt worden."[4] Als den „Kunststoff des 18. Jahrhunderts" bezeichnet Hans-Ferdinand Döbler das Fischbein, gewonnen aus den Barten im Oberkiefer des Bartenwals. Dort befinden sich einige hundert bis zu fünf Meter lange Hornblätter, mit deren Hilfe der Wal Kleinlebewesen aus dem Meer herausfiltert. Eine Barte wiegt etwa 3,5 Kilo, ein erwachsenes Tier erbringt 1000 Kilo Fischbein – „Die Stäbe in Reifröcken und Krinolinen, in Miedern und Korsagen, in Regen- und in Sonnenschirmen, die Peitschenstiele und Werkzeuge für Drechsler, Schneider und Schreiner waren aus Fischbein, man benutzte es bei der Herstellung von Handtaschenbügeln, Stühlen, Kanapees, Sprungfedern und vielen anderen Gegenständen, nicht zuletzt von Knöpfen." (Döbler).[5] Selbst Riechwässer gewann man aus dem Wal: Amber oder Ambra, ein Fixativ bei der Parfümherstellung, wird vom Pottwal beim Verdauungsprozess als harte, fette Klumpen erbrochen und von den Fangschiffen gelegentlich im Meer schwimmend gefunden und geborgen. Ein Kilo Ambra kostet heute wohl 1.000 Euro und war im Zeitalter des Barock mit seinem großen Bedarf an Duftstoffen und Schminken noch viel mehr wert.

Kein Wunder also, dass Wale als eine Art „Gold des Eismeeres" betrachtet wurden, dass die Jagd auf dieses Gold – trotz gewaltiger Verluste an Schiffen und Mannschaften – als ein im ganzen lohnendes Geschäft erschien. Der holländische Chronist des Walfangs Zorgdrager bezifferte in seinem Buch von 1720 die Anzahl der Schiffe, die zwischen 1669 und 1725 von Holland aus auf Grönlandfahrt gingen, mit 8027; obwohl nicht weniger als 317 Schiffe im Eis zerstört wurden, fing diese Flotte insgesamt 36.369 Wale.[6] Eine weitere Zahl, nun auf nur ein Jahr – 1697 – bezogen, lieferte uns Joachim Münzing: 182 Schiffe aller Nationen erbeuteten damals 1.888 Wale.[7] Die genauen wirtschaftlichen Zahlen einer einzigen Grönlandfahrt, und zwar im Jahre 1799, zitiert Wanda Oesau aus dem Schiffsrechnungsbuch des 1798/99 in Itzehoe erbauten Fregattenschiffes „Margaretha": Ausgaben in Höhe von 20.707 Pfund stehen Einnahmen (für 377 Tonnen Tran, für Barten, Felle etc.) von 35.223 Pfund entgegen. Der Gewinn von 14.516 Pfund wurde an die Anteileigner und die Mannschaft verteilt.[8] Daneben gab es ebenso Misserfolge und Unglücksjahre – so notierte der nordfriesische Kommandeur Roeloff Jannsen (1707–1776 Alkersum) in sein Andachtsbuch: „1726 war ein schlechtes Jahr. Nur 49 Walfänger liefen von Hamburg aus und 27 kehrten leer zurück."[9]

Schleswig-Holstein auf Grönlandfahrt

In der 2. Hälfte des 17. Jahrhunderts stiegen Hafenstädte Schleswig-Holsteins (damals noch Teil des dänischen Gesamtstaates) ins Geschäft ein. Friedrichstadt – eine holländische Gründung! – hatte bereits 1639 einen Förderantrag über die Gottorfer Herzöge an

Das Walfangschiff „Jungfrau Lucia", Glückstadt. Lithographie nach A. Cloß, um 1880. Aus einer (unbekannten) Illustrierten Zeitschrift. Stiftung Schleswig-Holsteinische Landesmuseen Schloß Gottorf

den dänischen König gestellt, 1673 kam es dort zur Gründung einer „Herings- und Walfischfangkompagnie." Noch früher, 1665, startete ein Walfangschiff von Lübeck aus („Seepferd" unter Johannes Leuder), dem in den Folgejahren ein halbes hundert Schiffe zahlreicher Anteileigner aus der Hansestadt folgten.[10] Noch von Holländern geprägt war auch Glückstadts Start in die Grönlandfahrt. Gysbert van der Smissen, Mennonit und Religionsflüchtling, baute eine Handelsgesellschaft auf; Glückstadts erstes Walfangschiff ging 1671 zwar im Eismeer verloren, es folgten 1672–74 jedoch zwei weitere Reedereien mit fünf Schiffen und einer ersten Trankocherei in Hafennähe.[11] Weniger erfolgreich sind damals Tönning (seit 1674) oder auch Husum (seit 1698) gewesen, das aber immerhin Grönlandfahrten bis 1722 betrieb und am Rödemisser Damm eine Trankocherei errichtet hatte.[12]

Neben Altona, das eng mit Hamburger Gesellschaften zusammenarbeitete und damit fast zur erfolgreichen Grönlandfahrt der mächtigen Hansestadt zu zählen ist, und neben Glückstadt war Flensburg besonders engagiert im neuen risiko- wie ertragreichen Wirtschaftszweig. Zwischen 1749, dem Gründungsjahr der „Handlungs-Sozietät auf Grönland, Spitzbergen und die Straße Davit", und 1863 liefen immer wieder Schiffe Flensburger Reeder und Reedergruppierungen aus, die „Stadt Flensburg", „De Jonge Jan", „Jungfrau Helenya", „Perle", „Ann et Biene" bis hin zur „Tidselholt" von 1844, dem damals größten und schönsten Schiff der Fördestadt-Flotte.[13] – Die Entwicklung Flensburgs zeigt beispielhaft die Veränderungen im Fanggeschäft ganz allgemein auf: Etwa um 1800 waren die Walbestände im Raum Spitzbergen-Grönland so dezimiert, dass sich die Schiffsmannschaften verstärkt auf den „Robbenschlag" verlegten, auf die massenhafte Tötung von Robben auf den Eisflächen. Die Flensburger „Najade" von 1818 ist solch ein Schiff, dass mit dem Speck und den Fellen tausender dieser Tiere zurückkehrte – bis auch die ehemals großen Robbenbestände vernichtet waren (um 1860).

Der letzte bekannt gewordene Robbenjäger, nun aus Glückstadt auslaufend, war „Der kleine Heinrich", 1813 im amerikanischen Baltimore als Bark „Plougher" erbaut, 1815 vor Husum gestrandet und anschließend in einer Westküstenwerft zum Walfänger umgebaut. Unter dem nordfriesischen Kommandanten Erk Ketels erlegte die Mannschaft in den Jahren 1834–1849 insgesamt 49.943 Robben (bei nur noch 11 Walen), woraus 6.258 Tonnen Tran gewonnen wurden.[14] Parallel zur Grönlandfahrt, seit 1755 rund ein ganzes Jahrhundert lang, betrieben Flensburger Schiffseigner „Westindienfahrt", Handelsreisen nach den dänischen Karibikinseln St. Croix, St. John und St. Thomas auf der Suche nach Zuckerrohr-Melasse für die Flensburger Rum-Destillen, nach exotischen Gewürzen und Früch-

Walfangschiff und Robbenjäger „Der kleine Heinrich", Glückstadt. Aquarell aus Wanda Oesau, Schleswig-Holsteinische Grönlandfahrt auf Walfischfang und Robbenschlag. Glückstadt 1937

ten. Wenn die Flensburger „Neptunus" auf ihren Ladepapieren für die Südseereise auch ausdrücklich „Sklavenkleidung" verzeichnet hat,[15] so deutet sich mit diesem Stichwort eine besondere Form historischen Handels an, mit dem Schleswig-Holsteins Hafenstädte heute nicht mehr verbunden sein möchten – aber hierzu ein anderer Beitrag in diesem Buch.

Um das Beispiel Flensburg als Indikator für Entwicklungen im Walfang abzuschließen, sei noch auf die im 1. Drittel des 19. Jahrhunderts beginnende „Südseefischerei" hingewiesen. Auch dieser historische Begriff ist – wie schon bei „Grönlandfahrt" der Fall – irreführend, denn die Ziele dieser Fangfahrten lagen nicht nur im Pazifik südlich des Äquators, sondern erstreckten sich bis in die Polarmeere, in die Beringsee und nach Alaska. Wie Wanda Oesau in ihrem grundlegenden Werk „Die deutsche Südseefischerei auf Wale im 19. Jahrhundert" von 1939[16] ausführt, trieb der dramatisch zurückgehende Bestand an Walen und Robben in europäischen Gewässern deutsche Schiffe in diese fernen Zonen, wobei auch Geschäfte mit anderen Waren sowie Abenteuerlust eine Rolle spielten. Gejagt wurden wieder Pottwale, weniger Finn- und Buckelwale und der sogenannten „Reight Whale". Hier wird deutlich, dass Walfang im Pazifik die Domäne der Amerikaner war: „... der von der Küste des amerikanischen Bundesstaates Massachusetts aus betriebene Walfang hatte mit seinen über 700 Schiffen den USA eine Vormachtstellung vor den anderen älteren Walfangnationen eingebracht. Ein ständig steigender Bedarf an Walrat, das zu Salonöl für Beleuchtungszwecke verarbeitet wurde, von Ambra und an Fischbein festigte das amerikanische Monopol ..."[17]

Die wenigen deutschen Schiffe, u. a. von Bremen und Oldenburg auslaufend, hatten sich in diesem Zusammenhang einzupassen; z. T. heuerten sie amerikanische Seeleute an. „Südseefischer" aus Flensburg waren noch seltener, denn die 2–3 Jahre lange Reise wurde durch die notwendige Passage von Kattegat und Skagerrak zusätzlich verzögert. Trotzdem nennt Wanda Oesau einige Südseefahrer aus der Fördestadt, vor allem betreut vom Reeder-Senator H. C. Jensen. Sein bekanntestes – und auf einem schönen Kapitänsbild des Kommandeurs Oluf Paulsen von 1842 dokumentiert – war die „St.Croix": 1842 wurde sie ausgerüstet und reiste mit 33 Mann nach Süden, im Juni 1843 erreichte sie Südaustralien und „verproviantierte sich auf der Känguruh-Insel"[18], nach zweieinhalb Jahren kehrte sie mit reicher Ladung an Tran, Barten und Walrat nach Flensburg zurück. Auf einer zweiten derartigen Weltumsegelung auf der Jagd nach Walen strandete die „St. Croix" im November 1845 an den Kapverdischen Inseln – Kapitän Oluf Nahmen Paulsen und seine Mannschaft wurden jedoch gerettet.

Waljäger der nordfriesischen Inseln

Wohl liefen von den Inseln Sylt, Amrum, Föhr, Rømø keine Grönlandfahrer aus (es fehlte an Investoren, an erfahrenen Reedern und risikobereiten Kaufleuten), aber die Männer der nordfriesischen Inseln haben die internationale Grönlandfahrt doch ganz entscheidend geprägt. Gründe für den Aufstieg nordfriesischer Seeleute lagen zum einen in Verboten: 1633 befand der französische König, dass Basken künftig nicht mehr auf holländischen Schiffen anheuern dürften, 1661–1665 untersagte die holländische Regierung ihren eigenen Landsleuten das Anheuern auf Hamburger Grönlandfahrer – beide entstehende Personallücken wussten die Nordfriesen zu füllen. Zum zweiten hatten die Fluten des verheerenden Sturmjahres 1634 die landwirtschaftlichen Flächen der Insel derart zerstört (das alte Nordstrand ging damals unter), so dass Bauern verstärkt Arbeit auf See suchen mussten. Dritter wesentlicher Grund waren die guten seemännischen Fähigkeiten der Inselfriesen, theoretisch vertieft durch private Navigationsschulen, die ältere Kapitäne – angeregt durch Pastor Richardus Petri von der St. Laurentii-Kirche zu Süderende/Föhr – auf den Inseln einrichteten.[19] Mut, Disziplin und besondere nautische Kenntnisse machten Nordfriesen zu den gesuchtesten Schiffsbesatzungen in Hamburg, England und vor allem Holland. 1701, so heißt es, arbeiteten 3.600 Inselbewohner im Walfang.[20] Es dauerte nur wenige Jahrzehnte, bis Nordfriesen auch die Führungspositionen Kommandeur und Steuermann einnahmen, und im 18. Jahrhundert fuhren unzählige Hamburger wie holländische Grönlandfahrer unter Sylter oder Föhrer Kommando, wobei die Lebensläufe nur z. T. zu rekonstruieren sind, da sich die Kapitäne meist holländische Namen zulegten. Jens Jacob Eschels geht in seiner „Lebensbeschreibung eines alten Seemanns" 1769–1782 auf diese Besonderheit ein: „... musste ich einen holländischen Namen haben, denn unsere Föhringer Namen klangen den Holländern nicht gut und sie spotteten darüber, also hieß ich auch auf Holländisch Jan (Jens heißt auf holländisch Jan) Jacobs und habe ich mich dieses Namens von 1769–1782 beim Seefahren bedient."[21]

Alljährlich im zeitigen Frühjahr segelten sogenannte Schmackschiffe auf küstennaher Route mit hunderten von Seeleuten der Inseln nach Hamburg und in die Niederlande, um auf Walfänger anzuheuern. Viele Kommandeure brachten es zu großem beruflichen Ansehen: Martin Knuten (1734 in Midlum geboren) fuhr den Dreimaster „De Stadt Zwolle", Kommandeur Nahmen Paulsen (1788–1876) führte 23 Jahre, Volkert Bohn aus Wrixum 29 Jahre Großsegler im Eismeer, der Föhrer Ricklef Volkerts kommandierte 1779–1788 das Walfangschiff „De Bailluage van Blois" der holländischen Reeder Simon Jongewaard und Jan Tip aus Westzaan. Als wohl legendärster nordfriesischer Grönlandfahrer wird mehrfach Matthias Petersen (1631–1702) aus Oldsum/Föhr genannt, dessen insgesamt 272 erbeuteten Wale ihm den Beinamen „Der glückliche Matthies" einbrachten.[22] An zweiter Stelle sei Lorens Petersen de Hahn (1668–1747) aus Rantum/Sylt genannt, der auf 38 Eismeerfahrten, u. a. als Kommandant des Holländers „De Stadts Walvaert", 169 Wale fangen konnte.

Die Grönlandfahrten brachten den nordfriesischen Inseln soliden Wohlstand, deren Zeugnisse Museen auf Wyk/Föhr, in Flensburg, Husum, Schloss Gottorf, Molfsee, Meldorf oder Altona zeigen: mit holländischen Fliesen, englischen Standuhren und skandinavischen Gusseisenöfen wohl ausgestattete Stuben ehemaliger Kapitänshäuser, reich beschnitzte Möbel und Hausrat aus Kupfer und Messing. Als Schattenseite der Grönlandfahrt lassen sich das Alleinsein von Frauen und Kleinkindern (schon 10jährige Jungen verdingten sich als Schiffsjungen auf See) während langer Frühjahrs- und Sommermonate, im Fall von Südseefahrten auch über Jahre hinweg, sowie die hohen Verlustzahlen unter der männlichen Inselbevölkerung nennen. Eine Liste der 170 Einwohner etwa von Alt-Rantum, damals reichste Gemeinde auf Sylt, weist für 1740 einen Frauenüberschuss von 50 Prozent aus.[23]

Schiffstypen und Baudetails

Was die Schiffe anbetrifft, die zur Jagd auf den Wal ausgesandt wurden, so können wir nicht von einem einheitlichen Typ sprechen. In den Schifffahrtsregistern und Reedereilisten, auf Bilderbögen oder den Reliefs inselfriesischer Grabsteine erscheinen unterschiedliche Begriffe bzw. Abbildungen von Schiffen, die für Grönlandfahrten ausgerüstet wurden; eine ähnliche Vielfalt ist in der Literatur festzustellen. Dagmar Jestrzemski z. B. nennt Fleuten, später Bootsschiffe (bereits als Dreimaster) und ab 1800 Fregatten.[24] Flensburger Kapitänsbilder, im Schifffahrtsmuseum der Fördestadt bewahrt, zeigen als Walfänger auch die zweimastige Brigg („Najaden", 1811 in Finnland gebaut) und den Schiffstypus Schoner (z. B. „Ann u. Biene", 1813 in Kiel gebaut). Eine Brigg ist auch der bekannte Grönlandfahrer „Magdalena Friederike von Eckernförde", 1837 auf einem Kapitänsbild für Kommandeur K. Hinrichsen gemalt und heute auf Schloss Gottorf ausgestellt.[25] Wanda Oesau charakterisiert schließlich auch den Dreimaster „Bark" als Grönlandfahrer und weist auf dessen Kennzeichen hin: Die beiden vorderen Masten tragen Rahen (quer zum Mast befestigte Segelstangen), der hintere Mast hat ein Gaffelsegel.

Ein typisches Walfangschiff der Holländer und damit Arbeitsplatz nordfriesischer Seeleute ist im 17. Jahrhundert das „Bootsschiff", entwickelt aus der noch älteren Fleute. Da Schiffszimmermänner vor 300 und mehr Jahren aus praktischer Erfahrung heraus bauten und keine genauen Bauzeichnungen kannten, ist eine Beschreibung des Typus Bootsschiff nur auf der Basis von Stichen, Gemälden und den wenigen erhaltenen historischen Modellen möglich. Der Bochumer Modellbauer Wolfgang Asbach hat dies versucht, Wolfgang Jonas stellte seine Rekonstruktion 1990 in „Schiffbau in Nordfriesland" vor.[26] Danach ist das Bootsschiff ein Dreimaster mit bauchigem, schwerfällig wirkendem Rumpf und fast birnenförmigem Heck. Im Heckspiegel befinden sich Fenster, die Licht in eine „Hangkamer", eine in den Heckraum gehängte Kammer für Kommandeur und Offiziere leiten. Als Abmessungen nennt Asbach 26,14 Meter Länge über Steven, 6,94 Meter Breite über Spanten und 3,54 Meter Laderaumtiefe. Das im Husumer Schifffahrtsmuseum ausgestellte Modell zeigt weiterhin eine Fülle an schiffs-

Walfangschiff „Magdalene Friederike von Eckernförde", geführt von Kommandeur K. Hinrichsen. Kapitänsbild von 1837. Stiftung Schleswig-Holsteinische Landesmuseen Schloß Gottorf

bautechnischen Details eines solchen Walfängers des 17. Jahrhunderts: Kolderstock (das auf die Pinne gesetzte schwenkbare Steuerholz vor Entwicklung des Steuerrades), die Deckbalken und ihre Beplankung, die Verankerung der Masten im Kiel (Mastspur) oder die Kojen der Matrosen im vorderen Deck.

Fregatten, auch Vollschiffe genannt, sind etwa ein Drittel größer als Barken oder Bootsschiffe und fast doppelt so groß wie Fleuten. Wir besitzen einige genauere Beschreibungen dieser größten Walfangschiffe, die mit drei Masten und entsprechend großer Segelfläche die langen Anfahrten in die Fanggründe gut bewältigten und im 19. Jahrhundert auch für die Waljagd in der Südsee mit Fahrten bis zu drei Jahren Dauer geeignet waren. Das Vollschiff „Hannover", 1837 in Vegesack erbaut und bis 1872 als Walfänger auf Reisen ins Eismeer unterwegs, maß 29,22 Meter in der Länge, 8,46 Meter in der Breite und fuhr mit einer Mannschaft von 55–60 Mann. Theodor Musfeldt beschreibt die auch von Wanda Oesau gewürdigte „Flora" mit Heimathafen Elmshorn, ein 1794/95 vom Flensburger Schiffsbaumeister Christ. Knudsen als Bark konstruiertes und später zur Fregatte umgerüstetes Schiff, wie folgt: 26 Meter Länge, 7 Meter größte Breite, 5 Meter Rumpfhöhe, drei Masten mit Rahsegeln, 2 Verdecke.[27] Im Altonaer Museum gibt es ein schönes Modell der „Flora", das auch die sieben Schaluppen des Walfängers rekonstruiert hat, abgebildet bei Münzing[28] und dort auch mit weiteren statistischen Angaben versehen: Das Schiff führte 51 Mann Besatzung mit sich und hatte eine Tragfähigkeit von etwa 245 Registertonnen.

Wanda Oesau schließlich bildet in ihrem bemerkenswerten Buch „Schleswig-Holsteins Grünlandfahrt"[29] ein Längsschnittmodell der „Flora" ab, das im Bauch des Schiffes die zahlreichen Fässer für den Walspeck sowie im Unterdeck die Mannschaftsräume mit den Schlafplätzen aufzeigt. Die Walfänger schliefen in Alkovenbetten, an die Bordwände gesetzt und nach Art der Wandbetten im niederdeutschen Bauernhaus mit hölzernen Schiebeläden verschließbar gemacht; am Heck befinden sich, durch eine Wand vom Mannschaftsbereich getrennt, Wohn- und Schlafgelegenheiten für den Kommandeur bzw. die Schiffsoffiziere.

Holländische Stiche des 17. und 18. Jahrhunderts, wie sie das Deutsche Schifffahrtsmuseum Bremerhaven oder die Stiftung Schleswig-Holsteinische Landesmuseen besitzen, bilden Walfangschiffe mit breitem, bauchig-geschwungenem Rumpf sowie auffälligen, sich nach oben hin stark verjüngenden Heckspiegeln ab, verziert mit barockem Rankenwerk, mit Glückssymbolen (z. B. „Stern" oder „Sonne"), mit figürlichen Holzreliefs, die auf den Namen des Schiffes weisen (z. B. ein Frauenbild an Hollands „De Vrouw Anna", das im Museum Wyk erhalten wurde) oder auf die einstige Funktion des Schiffes deuten: Ins Heck des Holländers „De swarte Walwis" war ein Walfisch geschnitzt, abgebildet auch auf einem Grabstein der Insel Föhr. Auch bestimmte Namen weisen Schiffe als Walfänger aus: Fregatte „Grönland" von 1788 aus Altona oder das Hamburger Flutschiff „Jonas im Walfisch". Einen besonders interessanten Heckschmuck trug der Grönlandfahrer „De Goude Leeuw", 1750–61 von Hamburg aus ins Nordmeer fahrend: das geschnitzte Bild eines Löwen, der sich an einem Palmbaum aufrichtet. Reste dieser Plastik hingen noch Anfang des 20. Jahrhunderts in einem Baum vor Haus Nr. 113 in Oeversum (dem Wohnhaus des Kommandeurs Riewert Jacobs) und wurden 1907 beim Umbau des Hauses in ein Kaufhaus dem Museum Wyk geschenkt.[30]

Im Gegensatz zu reich gestalteten Heckpartien besaßen Walfänger – interpretieren wir die erhaltenen Bilddokumente richtig – nicht eben häufig eine Galionsfigur. Zu den klar erkennbaren Beispielen mit geschnitzter Figur am Vordersteven gehört die „Apollo" aus Flensburg, dokumentiert auf einem Kapitänsbild für Kommandanten Nahm Paulsen; ein anderes Beispiel ist der Dreimaster auf einem Tableau aus 25 Einzelfliesen vom Jahr 1754, abgedruckt im Bildführer 1985 des Schifffahrtsmuseums Flensburg.[31]

Mit Blick auf die Aufgaben der Schiffe viel interessanter ist ohnehin eine Einrichtung, die nur dieser Schiffstypus so ausgeprägt besitzt: die Ausgucktonne, das „Krähennest" an den obersten Rahen. Wir besitzen eine schöne Beschreibung in den Aufzeichnungen „Meine erste Reise nach Grönland" von Nickels G. Rickleffs vom Angang des 19. Jahrhunderts: „Das Krähennest ist eine mannshohe Tonne. Der Boden ist mit einer Klappluke versehen, die von unten aufgemacht wird. Oben rundherum ein eisernes Geländer, auf dem ein Schutzschirm herumgeschoben werden kann und zugleich als Stütze für das Fernrohr ist und dem Kommandeur Schutz biete. Dieses Krähennest ist für die Wache habenden Offiziere und, wenn es auf Fang geht, für den Kommandeur Station."[32] Zu erkennen sind die Krähennester auf vielen Schiffsbildern, so z. B. an allen drei Masten des Schiffes „Maria Petro-

Grönlandfahrer „De Goede Hoop", Rotterdam. Zeichnung von Gerard Groessewegen 1789. Stiftung Schleswig-Holsteinische Landesmuseen Schloß Gottorf

Blick in den Bauch des 1794/95 erbauten Walfangschiffes „Flora", Elmshorn. Querschnittmodell im Altonaer Museum in Hamburg/Norddeutsches Landesmuseum

nella" auf der Grabstele des Kommandeurs Volkert Claaßen, Friedhof St. Nikolai/Föhr. Johannes Lachs bildet in seinem Werk „Schiffe aus Bremen" die Gravur einer Jagdszene auf einem Walknochen von 1838/40 ab (heute im Focke Museum Bremen) und kommentiert die Schiffe: „Auf den obersten Rahen von Fock- und Großmast stehen Männer. Einer von ihnen zeigt mit einer vor einen Stock gebundenen Scheibe in die Richtung auftauchender Wale."[33] Laut Rickleffs haben die Tonnen während der Anfahrt ihren Platz am Großmast „oberst im Bramtop" und werden erst bei Annäherung an die nördlichen Fanggründe nach oben gebracht. Im Tagebuch von 1857 des Seemannes Jakob Thormählen, auszugsweise wiedergegeben bei Wanda Oesau[34], erleben wir diese Szene ganz authentisch:

„19. April. Heute ist ein großes Ereignis vor sich gegangen. Das ‚Krähennest' oder der ‚Auskiek' ist auf den Hauptmast gebracht. Auch alle ‚Schaluppen' sind ‚klar' gemacht; denn die Vorposten des Eises haben sich gezeigt."

Damit sind die Beiboote zur Sprache gekommen, die Walfangschiffe mit sich führten, zumeist 6–7 an der Zahl und auf keinem Kapitänsbild oder Fliesentableau fehlend. Otto Höver beschreibt 1934 sehr genau ihre Form und Fortbewegungsart: „Beiderseits der Schanzkleidung sowie über dem Spiegel des breiten, platten Hecks hingen die Fangboote in hölzernen Davits. Diese Fangboote dienten zum Jagen und Harpunieren. So plump, kurz und rund die Fangbootmutterschiffe, wie man mit einem modernen Ausdruck sagen kann, waren, so schlank und scharf sind die Fangboote gewesen . ... gesteuert wurde mit einem Riemen über Dollbord neben dem Achtersteven, auch konnte an einem losen Mast eine Art Luggersegel gesetzt werden."[35]

Hermann Melville, der um 1840 als Seemann auf einem amerikanischen Walfangschiff große Detailkenntnisse vom Leben an Bord und der gefährlichen Arbeit der Waljäger erwarb, beschreibt in seinem Buch „Moby Dick oder der Wal" eine Besonderheit der Schaluppe, die dem Harpunier diente: die „Gabel". „Sie ist ein gabelförmig eingeschnittener Stock von eigentümlicher Form, etwa zwei Fuß lang, der steuerbords nahe dem Bug senkrecht in den Dollbord eingefügt ist, und dient als Auflage für den hölzernen Schaft der Harpune, deren anderes, mit Widerhaken besetztes Ende schräg über den Vordersteven hinausragt. Auf diese Weise ist die Harpune für den Werfer stets griffbereit."[36] Ein sehr schönes Großmodell einer Schaluppe, ausgerüstet mit allem Gerät zur Waljagd, ist heute im Focke Museum zu finden.

Ausrüstung eines Walfangschiffes

Schaluppen sind die größten Ausrüstungsstücke eines Schiffes, das auf Grönlandfahrt ausläuft. Von der Reederei finanziert und von Kommandeur und den „Offizieren" zusammengestellt, füllt eine große Anzahl weiterer Gegenstände Decks und Bauch des Großseglers. Oesau und später Münzing liefern eine Übersicht über ein durchschnittliches Inventar für die Fahrt: 50 Harpunen, 6 Walrossharpunen, 50 eicherne Harpunenstöcke, 60 Walfischleinen, 50 Lanzen, 25 Eisbäume, 10 Speckmesser, 5 Bartenmesser, ferner Eisbeile, Böttcherwerkzeuge und viele andere Utensilien mehr. Die Funktion der Geräte ergibt sich zumeist aus dem Namensbegriff, wobei „Eisbäume" Peekhaken sind, die man zum Besteigen oder zum Abstandhalten von Eisschollen brauchte; „Harpunenstöcke" sind lange Hölzer, die in der eigentlichen Harpune beweglich befestigt sind, so dass sie sich nach einem Treffer, also dem Einschlag in den Wal, auch wieder lösen können. Es ist bemerkenswert, dass im 18. Jahrhundert gute Harpunen vor allem von nordfriesischen Inseln kamen: „Die friesischen Harpunen zu Föhr haben eine gewisse Berühmtheit gehabt und sind hier früher in großer Menge fabriziert worden, sowohl für die Holländer als auch für die Engländer. Es kommt bei einer guten Harpune hauptsächlich darauf an, dass dem Eisen sowohl der gehörige Grad von Festigkeit als auch eine gewisse Biegsamkeit gegeben wird. Diese Biegsamkeit ist nöthig, damit der Stiel der Harpune bei den gewaltsamen Bewegungen des Fisches nicht breche, sondern sich eher krümme und umbiege."[37]

Den Großteil der Ladung machten bei Grönlandfahrten die Fässer und Tonnen für den zu gewinnenden Speck sowie für die Verpflegung für eine Mannschaft von 35–60 Seeleuten aus. Laut Angaben des Holländers Cornelis Gisbert Zorgdrager über die Waljagd[38] transportierte ein Schiff etwa 450 Fässer durchschnittlicher Größe (Quardeele genannt), 30 große bauchige Fässer (Pipen) und 50 halbe Fässer, allesamt gedacht zur Aufnahme des vom Wal geflensten und mit Speckmessern zerkleinerten Walspecks. Ein Quardeel des 17. und 18. Jahrhunderts konnte ca. 130 Pfund Speck aufnehmen, das etwas vergrößerte Fass der Zeit nach 1800 etwa 200 Pfund. Von Aufzeichnungen der Reeder und Kommandeure wissen wir, dass ein durchschnittlich großer Wal rund 70 Fässer füllte, ein Walfangschiff hatte seine Lager- und Transportkapazität also auf 8–10 Wale ausgelegt. Als weitere Fangergebnisse können die Barten der Wale, ihre Knochen, die Felle erlegter Tiere, sogar lebende Eisbären genannt werden, die in der Heimat an Schausteller und Zoos verkauft wurden. Das Itzehoer Wochenblatt berichtete am 22. November 1833 von der Rückkehr der „Stadt Altona" nach langer Grönlandfahrt und zählte unter den „Seltsamkeiten", die das Schiff mit sich führte, „ein 20 Fuß langes Schiff von Seehundfellen, sehr künstlich gearbeitet, 2 complette Grönländische Anzüge für beide Geschlechter, 2 Eisbären" auf. So manche historischen Geräte und Kleidungsstücke der Eskimos und Samen mögen auf diese Weise in die Ethnologischen Museen Europas gewandert sein.

Von der Tatsache, dass Grönlandfahrer immer wieder auch Walknochen, z. T. gewaltige Kieferknochen, Wirbel und Rippen auf ihren Schiffen mitbrachten, zeugten in nordeuropäischen Hafenstädten und Dörfern des 18. und 19. Jahrhunderts zahlreiche aus Knochen erbaute Einrichtungen, Zäune und Tore etwa, Wegweiser, Grenzsteine, Scheuerpfähle für das Vieh auf der Weide, aber auch ein Schweinestall oder, in einem schönen Foto bei Oesau überliefert, ein bäuerlicher Ziehbrunnen.[39] Vor allem war es die erste und einzige Erforscherin der Walfangtraditionen, Wanda Oesau, die in den Jahren vor 1936 noch viele solche faszinierenden Sachzeugnisse einstiger Grönlandfahrten aufgesucht und fotografiert hat. Der Autor dieses Aufsatzes erinnert dazu noch an historische Wirtshausschilder, die aus den Schulterblättern von Walfischen gefertigt worden waren.[40]

Mit Recht weist Hans Jürgen Stöver darauf hin, dass solch begehrtes Baumaterial häufig von Walen stammte, die an den nordfriesischen Inseln oder an Schleswig-Holsteins und Dänemarks Westküste gestrandet waren. Er überliefert uns eine Fotodokumentation des sog. „Lister Tores" auf Sylt, eines Portales aus den Kinnbacken eines gewaltigen Wales, durch das ein hochbeladener Heuwagen hindurchfahren konnte, „ohne dass ein Mann, der auf dem Fuder

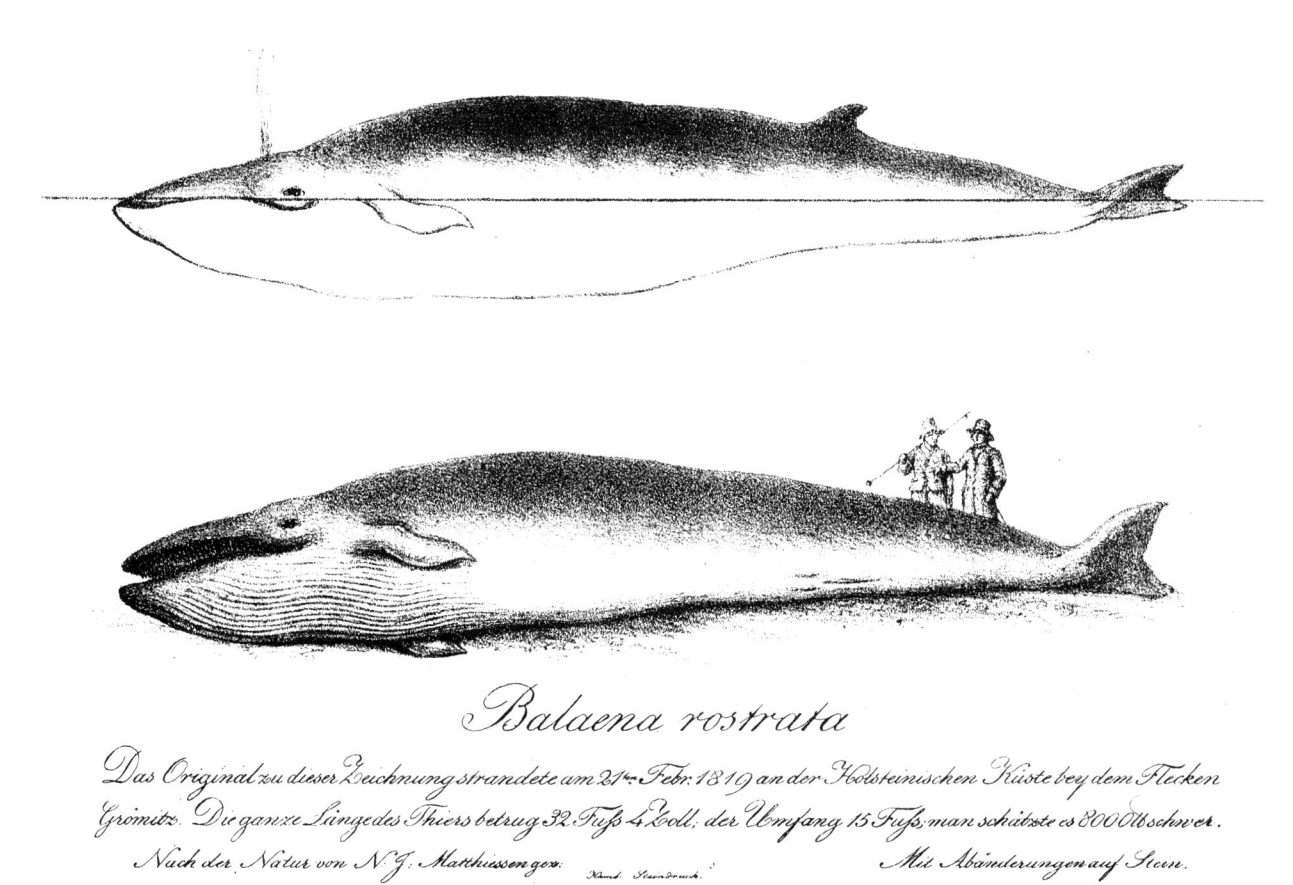

Walknochen als Säule eines Ziehbrunnens. Foto vor 1936, von Wanda Oesau auf einem Hof in Rømø aufgenommen

Darstellung eines Wales, der am 21. Februar 1819 bei Grömitz/Ostholstein gestrandet ist. Zeichnung von N.J. Matthiessen, Verlag Hamburger Steindruck. Stiftung Schleswig-Holsteinische Landesmuseen Schloß Gottorf

stand, die Spitze mit der Hand erreichen konnte."[41] Wer heute noch eine solche Rarität sehen möchte, dem sei der Besuch des Schleswig-Holsteinischen Freilichtmuseums Kiel-Molfsee empfohlen, wo vor dem Haus des Walfangkapitäns Lorens de Hahn, von Sylt ins Museum transloziert, ein Gartentor aus den bogenförmigen Unterkiefern eines Grönlandwales steht.

Aber zurück zur Ladung eines Walfangschiffes im 18. und frühen 19. Jahrhunderts. Besonders wichtig für die Moral der Mannschaft war die Mitnahme ausreichender Nahrungsmittel. Der schon erwähnte Cornelis Gisbert Zorgdrager nennt 1720 als notwendig: bis zu 40 Fässer mit verschiedenem Brot, 15 Fässer Butter, 40 Sack Erbsen, 20 Sack Grütze, 9 Tonnen Fleisch, 1300 Pfund Käse, 600 Pfund Speck, 1000 Pfund Stockfisch, 100 Pfund Sirup, ferner Brennholz und Kerzen. Als Getränke werden 30 Fass Dünnbier (für die Mannschaft), 7 halbe Fass gutes Bier (für Kommandeur und Offiziere) sowie ausreichend Branntwein als Belohnung für glücklichen Fang wie als Stärkung in Sturmesnot aufgelistet. Aus diesen Rohmaterialien das tägliche Essen für ein halbes hundert Männer herzurichten war Aufgabe des Koches, der von einem Kochsmaat und einem Jungen Hilfe bei der sicher oft undankbaren Arbeit erhielt. Werfen wir einen Blick auf die Küche eines Walfängers auf dem langen Weg nach Grönland: „Morgens um 4.00 Uhr grobe Graupen mit etwas Butter zum Frühstück, und so einen Morgen, wie den anderen. Der Mittagsküchenzettel bietet ebenso wenig Abwechslung, ebensowenig Leckerbissen dar. Am Sonntage graue Erbsen mit Pökelfleisch; Montags gelbe Erbsen mit Stockfisch; Dienstags graue und

Überwintern holländischer Walfänger im Eis. Stich von Jan Luyken, 1682. Nr. 3 von 4 Motiven: Bergung der Verpflegung. Stiftung Schleswig-Holsteinische Landesmuseen Schloß Gottorf

Fleisch; Mittwochs gelbe und Stockfisch, und so wechseln die leidigen grauen und gelben eine Woche wie die andere ... Das Brot, der Schiffszwieback, ist schlecht, und oft so alt, dass es ganz von Würmern zerfressen ist ... Das Wasser ist eben so schlecht als das Brot. Manches Fass stinkt wie eine Kloake, und dennoch darf kein Tropfen davon vergossen werden." (Ein Reisebericht von 1801).[42]

Kapitän und Mannschaft

In den bisherigen Überlegungen dieses Aufsatzes klangen bereits Dienstgrade und Berufe auf einem Walfangschiff an. In der Tat waren Arbeit und Freizeit auf Grönlandfahrten von einer klar strukturierten Hierarchie geprägt, die sich in Verantwortlichkeiten und im Lohn ausdrückte, sicher auch in der Kleidung und im zugewiesenen Ess- und Schlafplatz auf dem Schiff. Über die Kommandeure – unumschränkte Chefs an Bord – war schon an anderer Stelle die Rede, sie verhandelten auf gleicher Augenhöhe mit Reederei und Schiffseigentümer, stellten die Mannschaft zusammen und leiteten Schiff und Waljagd. Vertreter des Kommandeurs und wichtigster Mann für die Reise selbst war der Steuermann. Mit Kompass und Senkblei hielt er den richtigen Kurs, nur ein an Bord kommender Lotse konnte ihm das Steuer aus der Hand nehmen. Der Steuermann war zudem verpflichtet, ein Bordtagebuch zu führen, in das alle Daten der Reise, Windstärken, eingeschlagener Kurs, Sandbänke, Eisberge und andere Hindernisse verzeichnet wurden – als Basis für die Abrechnung und gewiss auch als Material für genauere Seekarten.

Zu den wichtigen Positionen auf Grönlandfahrern gehörten „Meister", Zimmermann und Speckschneider. Mit „Meister" ist der Chirurg, der Arzt gemeint, ein notwendiger Begleiter auf den gefahrvollen Reisen, wiewohl meist nur auf Fregatten im Personalstand fest eingeplant. Bordhandwerker und an ihrer Spitze der Zimmermannsmeister wurden dagegen als unverzichtbar angesehen. Der Schiffszimmermann war für die nie abreißenden Reparaturen an Bord zuständig: „Besonders bei Havarien – und sie waren damals nicht selten – entschieden mitunter die handwerklichen Fähigkeiten dieses Berufsstandes über das Schicksal von Schiff und Besatzung."[43] Ihm zur Seite stand der Böttcher oder „Küper", dessen Handwerksausbildung ihn für den großen Bestand an Tonnen und Fässern verantwortlich machte. Da die drei Berufe keine Spezialberufe der Seefahrt sind, wollten Kommandeure bei Anmusterung nicht dem eigenen Urteil trauen, sondern ließen Bewerber bei Meistern der entsprechenden Zunft examinieren.

Zwei besondere Positionen an Bord, die mit Aufsicht und Organisation zu tun haben, nahmen Bootsmann und „Schiemann" ein. Der Bootsmann war für die Takelage und ihren richtigen Einsatz bei Segelmanövern verantwortlich, z. T. auch für weitere Bereiche der Schiffsausrüstung (Anker); er konnte das „Unterkommando" über die Matrosen haben. Der „Schiemann" war „eine Art Magazinleiter für die Taue, Fässer und sonstigen Gerätschaften"[44], auf den Heuerlisten vor allem der großen Fregatten zu finden.

Schließlich seien noch die zwei entscheidenden Berufsbezeichnungen für die eigentliche Waljagd skizziert. Der „Harpunier" ist wohl die Gestalt an Bord eines Grönland- oder Südseefahrers, die – seit Hermann Melvilles Roman „Moby Dick" von 1851 – unsere Phantasie am meisten beflügelt. „Nur die wichtigsten Grundlagen dieser Funktion seinen genannt: Erfahrung, körperliche Gewandtheit und trainierte Wurftechnik sowie ein gehöriges Maß an Unerschrockenheit."[45] Wir erinnern uns an die abenteuerlichen Gestalten Quiquec und Stabb in Melvilles „Moby Dick", Harpuniere und Waltöter auf dem legendären Walfangschiff „Pequod". Harpuniere gehörten von Prestige wie Gehalt zu den Schiffsoffizieren; nicht selten waren Steuermänner, Bootsmänner oder der Schiffszimmermann zugleich Harpunier. – Mit der Verwertung der gejagten und getöteten Tiere hatte der Speckschneider zu tun. Er zerlegte den längsseits an der Bordwand vertäuten Wal mit Messern und füllte damit die Fässer. Das „Flensen", so heißt das Abspecken, war auf hoher See anstrengende Spezialistenarbeit und hob seinen Fachmann in die Führungsgruppe eines Grönlandfahrers. Zum Werkzeug der Speckschneider gehörten Eiskrallen für die Schuhe, die ihn auf der glatten Oberfläche des Wals nicht abrutschen ließen, lange Messer und scharf geschliffene „Walspaten". In den Sammlungen der Stiftung Schleswig-Holsteinische Landesmuseen finden sich noch einige historische Flensenmesser.

Beim „Robbenschlag" setzten die Seeleute „Robbenknappel" ein, eine Art Eisenpickel mit langem Holzstiel. Arnold Lühning hat 1954 in der ehemaligen Schlosserei Johannes Jensen in Süderende auf Föhr solche Mordinstrumente noch fotografisch dokumentiert.

Harald Voigt, dem wir sehr umfassendes und präzises Archivmaterial zur Epoche des Hamburger Walfangs verdanken, zitiert aus dem vollständig erhaltenen Schiffsbuch des Reeders Hinrich Dults eine Gehaltsliste von 1799, die Einstufung und Wertschätzung der Mannschaft eines typischen Walfangschiffes spiegeln:

Kommandeur	200 Pfund
Ob. Zimmermann	72 Pfund
Steuermann	65 Pfund
Meister (Chirurg)	60 Pfund
Speckschneider	60 Pfund
Bootsmann	48 Pfund
Koch	48 Pfund
Maat und Harpunier	45 Pfund
Harpunier	42 Pfund
Unt. Zimmermann	30 Pfund
Matrose (nach Alter)	18 – 30 Pfund
Kochsmaat	16 Pfund
Kajütwächter	16 Pfund
Junge	15 Pfund[46]

Grönlandfahrer jagen Wale, Walrosse und Eisbären. Kolorierter Kupferstich, gezeichnet von Thornten. England, um 1785. Stiftung Schleswig-Holsteinische Landesmuseen

Verzimmerung gegen das Eis

Lange Fahrten durchs Eis auf der Suche nach Walen oder das Passieren von schmalen Rinnen im Packeis legen nahe, dass Schiffe der Grönlandfahrer besonders stabil gebaut sein müssen. In der auf Schleswig-Holstein bezogenen Literatur gibt es jedoch nur wenige konkrete Hinweise auf spezielle Konstruktion des Rumpfes oder auf Verstärkungen an Bug und Flanken. Münzing schreibt über die Schiffe und ihre Ausrüstung: „Alle ‚Grönlandfahrer' wurden am besonders gefährdeten Steven mit einer eisernen Verkleidung versehen, einem Sporn oder ‚Brustfleck', wie es damals hieß, der durch eiserne ‚Maulbänder' fest mit dem Holz verbunden war."[47]

Wanda Oesau erwähnt acht Schiffe, die 1845 von Flensburg aus ins Eismeer liefen und wegen eines „tyrannischen Winters" noch nach dem 5. April durch ausgedehnte Eismassen segeln mussten, was sie „nur vermöge ihrer besonderen Bauart" wagen konnten. An anderer Stelle erwähnt Oesau die „Einigkeit von Brunsbüttel", von der grönländischen Gesellschaft Brunsbüttel auf Waljagd geschickt: 1817 wird das 20 Jahre früher in England gebaute Schiff mit seinen drei Masten und zwei Decks „stark durch Verzimmerung erneuert und zum Grönlandfahrer umgerüstet."[48] Und Dagmar Jestrzemski, die sich mit Grönlandfahrten von Altona aus befasst, berichtet von z. T. verdoppelten Außenwänden der Schiffe und von einem mit Eisen verkleideten Bug.[49]

Betrachten wir die bildlichen Darstellungen von Walfangschiffen, so sind ebenfalls nur in Einzelfällen besondere Konstruktionsmerkmale als Verstärkung für die Fahrt durch Eis zu deuten. So zeigen holländische

Fliesentableaus von Walfangszenen Schiffe mit (eisernen?) Klammern am Vordersteven – ein schönes Beispiel, 1754 im holländischen Harlingen hergestellt und einst von einem friesischen Kapitän in seinem Haus in Wyk auf Föhr als Wandfliese eingesetzt, besitzt heute das Flensburger Schifffahrtsmuseum.[50] Vor allem die Schiffsdarstellungen auf Grabsteinen nordfriesischer Walfangkapitäne, zu finden auf Föhrer oder Sylter Friedhöfen[51] und auf Grund des schwer zu bearbeitenden Steins in deutlicherer Stilisierung gehalten als gemalte Schiffsporträts, scheinen wehrhafte Verstärkungen von Rumpf und Steven anzudeuten. Genannt seien etwa der Walfänger „Maria en Petronella" des Kommandeurs Volkert Claaßen auf dem Friedhof St. Nikolai in Nieblum auf Föhr (das Schiff ging nach 1769 im Eis verloren) oder das holländische Bootsschiff „De Bailluage van Blois", zwischen 1779 und 1792 von Föhrer Kommandeuren nach Spitzbergen geführt und noch heute im Relief eines Grabsteines auf dem Kirchhof St. Laurentii/Föhr festgehalten.[52] Eine sehr frühe Darstellung eines Schiffes mit schiffsbautechnischen Verstärkungen könnten wir im 1670 gemalten Dreimaster auf einer Stubenvertäfelung im sogenannten „Lysius'schen Witwenhaus" zu Flensburg erkennen, abgebildet in der Flensburger IHK-Festschrift von 1971.[53]

Offensichtlich deutlicher geprägt von massiven Schutzvorrichtungen gegen die Gefahr von Eisbergen und in der Kälte schnell zusammenwachsender Eisrinnen sowie sich auftürmender Schollen in polaren Meeren waren amerikanische Schiffe. Otto Höver schreibt: „Einen anderen Typ von breiter und gedrungener Bauart stellten die dreimastigen Walfänger der Amerikaner dar. Sie waren in der Mehrzahl als Bark getakelt und haben sich in der besonderen breiten und plumpen Form bis zum Ende des 19. Jahrhunderts erhalten. Ihr Bug war stark gebaucht und die Achterpiek erschien wenig ausgebildet, statt dessen war das Totholz sehr vergrößert. Die Spanten standen außergewöhnlich dicht und die Beplankung war von ungewöhnlicher Dicke und Widerstandsfähigkeit gegen die Gefahren der Eispressung in den Polarregionen."[54]

Es mag bedauerlich sein, dass bisher im nordeuropäischen Raum noch kein Wrack gefunden wurde, das eindeutig als Rest eines untergegangenen oder vom Eis eingeschlossenen Walfangschiffes zu betrachten ist. Die Fortschritte moderner Unterwasserarchäologie lassen jedoch erwarten, dass in Zukunft einmal ein Schiff aus dieser historischen Epoche gefunden und geborgen wird, um am authentischen Objekt besondere Konstruktionsmerkmale von Grönlandfahrern des 17. und 18. Jahrhunderts ablesen zu können. Aus der amerikanischen Hemisphäre kennen wir bereits einen solch sensationellen Fund: In der Nähe von Red Bay, einem abgelegenen Fischerdorf an der Südküste Labradors, entdeckte 1978 ein meeresarchäologisches Forschungsteam aus Kanada in zehn Meter Wassertiefe das Wrack der „San Juan", offensichtlich ein baskisches Walfangschiff von 1565, das auch noch Fässer, Kleidungsstücke und Schuhe der Besatzung sowie Walkiefer enthielt. Bis 1984 vermaß das Team die Reste des Schiffes und initiierte eine Rekonstruktion in Originalgröße fürs Museum – besondere Verstärkungen an Bordwänden oder Bug wurden jedoch nicht festgestellt.[55]

Zerstörung und Tod im Eis

Abbildungen von Walfangschiffen, die im Eis in Not gerieten oder gar zerstört wurden, besitzen wir zahlreich, denn natürlich musste die künstlerische Darstellung so dramatischer Situationen im Gebiet um Spitzbergen Laien wie Berufsmaler besonders reizen, und Händler wie Verlage konnten mit z. T. reißerischen Motiven aus einer fernen und unerbittlichen Welt in Kälte, Meer und Packeis beim Bürger in der Sicherheit der Städte gute Geschäfte machen. Manche Bilder wirken wie genaue Dokumentationen von Unglück, Tod oder Rettung, möglicherweise gefertigt im Zuge rechtlicher Auseinandersetzungen zwischen Reedereien oder zwischen Schiffseigentümer und Kommandeur. Andere Grafiken oder Ölgemälde übertreiben das Grauen im Nordmeer und beim Kampf mit wilden Tieren und spekulieren auf die Sensationsgier der Käufer.

Die Stiftung Schleswig-Holsteinische Landesmuseen besitzt ein 40 x 60 cm messendes Blatt in Aquarell- und Deckfarbenmalerei, das drei Walfangschiffe im Treibeis zeigt, dokumentiert wohl von einem der Besatzungsmitglieder. Das Schiff in der Mitte ist mit „Baron Krag Juul" aus Kopenhagen bezeichnet, das unter Kommandeur Peter Jansen Groot „6 Fische gefangen und 4 verloren" hat und nun gegen das Eis kämpft.

Rechts im Bild steht die „St. Andreas" aus Amsterdam unter Kommandeur Jan Laurus Wallies; das Schiff links, ein schottischer Walfänger unter Kapitän William Leister, ist bereits verunglückt und von der Mannschaft verlassen (die sich unter einem Zelt auf dem Eis versammelt). Die künstlerisch naive, aber im Detail eindrucksvolle Szene wirkt – mit ihren genauen Standort- und Zeitangaben „auf der Norder Polhöhe v: 78 Gr: 40 Mt: im Jahre 1778 im Mon: Juni" – wie ein maritimes „Augenschein", eine Beweisskizze des Tatorts für einen Rechtsstreit.

Als zweites Beispiel für die Darstellung von Unglück im Eis sei eine Walfangszene vor Spitzbergen ausgewählt, 1778 von Johan Samuel Winckstern gemalt und gleich fünf Schiffe unter dänischer, holländischer und britischer Flagge aufführend. Vier Schiffe im eisschollenbedeckten Meer sind mit der Jagd auf den Wal und mit dem Flensen erbeuteter Fische beschäftigt, ein fünftes liegt quer auf einer geschlossenen Eisfläche und ist damit dem Untergang geweiht.[56] Schließlich sei noch eine lavierte Federzeichnung von 1865 des Bremer Vollschiffs „Hudson" sowie der englischen Bark „True Love" erwähnt, die beide zwischen Eisbergen im Packeis festliegen. „Die Mannschaften bergen vorsichtshalber Boote und Proviant. Rechts im Bild sind die Bark ‚Abraham' und das Vollschiff ‚Alexander', beides Engländer, bereits vom Eis zerdrückt. Ihre Besatzungen gehen auf die links im Bild sichtbare grönländischen Küste zu."[57]

Lange Phasen der Untätigkeit, wenn ein Schiff vom Eis eingeschlossen war und Kapitän und Mannschaft nur das Warten auf günstigere Wetterbedingungen und veränderte Strömung blieb, schienen zum Leben auf Grönlandfahrer wie selbstverständlich zu gehören. Man verschaffte sich, wie Wanda Oesau berichtet, Zeitvertreib, der Kommandeur ordnete Spiele an, man ging aufs Eis, um sich Bewegung zu verschaffen. Ein Kupferstich von 1774 in den Magazinen der Stiftung Schleswig-Holsteinische Landesmuseen führt uns vor, wie sich Matrosen auf dem Eis mit Bockspringen vergnügen, während im Hintergrund ihre Schiffe festsitzen.

Auch auf steinernen Grabstelen in den nordfriesischen Inselfriedhöfen erleben wir Geschichten von Not und Tod der Seeleute im Eis. In Nieblum zeigt ein Steinrelief das Amsterdamer Schiff „De Vreede", das 1773 unter dem Kommando des Föhrer Riewert Claasen vom Eis eingeschlossen und „buchstäblich begraben" wurde.[58] Ein anderes Grab erzählt im eingemeißelten Text von den alltäglichen Leiden eines Walfängers; Kommandeur Hary Jürgens, gestorben 1771 auf der Insel Föhr, hat seinen Grabspruch wohl noch zu Lebzeiten selbst formuliert: „Ich schiffte auf dem Meer / Nach Grönland hin und her, / Die Fahrt ist abgethan, / Nun bin ich in Canaan, / Wo Wellen, Eis und Wind / Nicht mehr zu fürchten sind."[59]

Besonders dramatisch klingen die geschriebenen und gedruckten Reiseberichte von Grönlandfahrern oder von beobachtenden Begleitern einer Reise nach Norden. Fast jeder Fahrtenbericht erwähnt im Eis festliegende, bereits umgestürzte oder von der Mannschaft seit langem verlassene Schiffe, die man auf der Suche nach Walen passiert, so etwa Friedrich Martens in seinem 1675 in Hamburg gedruckten und später auch in holländischer und italienischer Sprache herausgegebenen Buch über den Walfang: „Das Wetter wurde immer schlechter. Der kleinen Eisschollen wegen konnten wir schlecht segeln. In diesen Tagen wurden in der Bären- und Muschelbai viele Schiffe vom Eise blockiert. Uns gelang es, in den Südhafen zu kommen. Hier lagen insgesamt 28 Schiffe, davon acht aus Hamburg, die anderen aus Holland."[60]

In einem Bericht über „Die erste Grönlandreise des Jens Jacob Eschels" wird das holländische Walfangschiff „De Stadt Zwolle" unter Kommandeur Martinus Claasen beschrieben, wie es mit mehreren Schiffen aus anderen Nationen im Eis eingeschlossen wird, wie einige Schiffe von den Eismassen zerdrückt werden und die Mannschaften mit Jens Jacob auf dem Eis kampieren müssen. Von einem Schiff, das sich befreien kann, werden die Schiffbrüchigen zum „äußeren Eisfeld" transportiert und schließlich auf 12 dort liegende Schiffe verteilt; nach wochenlanger Fahrt, so heißt es in Eschels Aufzeichnungen, erreichen sie glücklich Amsterdam.[61] Von einem ganz ungewöhnlichen Ende eines schleswig-holsteinischen Walfangschiff im Eis berichtet schließlich Hans-Friedrich Schütt: Die 1846 gegründete Föhrer Aktiengesellschaft für Grönlandfahrer schickte das Schiff „Insel Föhr" 1854 ins Eis, wo es verbrannte.[62]

Die Verluste an Offizieren und Mannschaften europäischer und amerikanischer Walfangschiffe wären ungleich höher gewesen, wenn in den nördlichen

Zwei Grönlandfahrer im Eis. Vorn Seeleute, die sich mit Bockspringen warmhalten. Kupferstich von Johann Nussbiegel, 1774. Aus: Capt. Phipps, Voyage towards the North Pole. Stiftung Schleswig-Holsteinische Landesmuseen Schloß Gottorf

Fanggebieten Hilfeleistung im Fall eines Schiffsverlustes nicht Seefahrerpflicht und selbstverständlicher Ehrenkodex aller im Umkreis jagender Mannschaften gewesen wäre. Man stand im Wettbewerb, war in einem gefahrvollen Umfeld jedoch auch aufeinander angewiesen. So fanden auch 1777, einem Jahr mit besonders arktischer Kälte, von den 200 Schiffen, die im Packeis verloren gingen, Walfänger aus den verschiedensten Nationen auf geretteten Schiffen ihren Weg in die Heimat zurück. Und als 1821 der Glückstädter Grönlandfahrer „Frau Margaretha" unter Kommandeur G. H. Siemonsen von der Insel Amrum im Eis leckgeschlagen wurde, konnte sich die Mannschaft in den Schaluppen nach Island retten. Andere Schiffe brachten sie im nächsten Sommer gesund nach Schleswig-Holstein zurück – wo man sie längst schon totgesagt hatte.[63]

Kampf gegen den Wal

Nachdem wir Schiffe, Ausrüstung und Besatzung europäischer und – gleichsam als Randnotiz – amerikanischer Grönlandfahrt kennenlernten, sei zum Schluss anhand einiger authentischer Berichte die Waljagd selbst beschrieben. Folgen wir zeitgenössischen Schilderungen, etwa in den bereits erwähnten Büchern des Friedrich Martens von 1675 oder des Hermann Melville fast zweihundert Jahre später, so sind die größten Abschnitte der Reise von Stillstand und Langeweile geprägt: die 4–6-wöchige Hinfahrt, das endlose Kreuzen im Meer und das Warten auf Wale, Verarbeitung der Beute auf See, die lange Rückkehr in den Heimathafen, dies alles mit nahezu doppelter Mannschaft (Seeleute und Walfänger), die auf engstem Raum miteinander auskommen musste. Dramatik in diese Routine an

Bord kommt erst, wenn der Mann im Ausguck die Wasserfontänen erblickt, die Pottwale aus ihren Lungen in die Luft blasen. Unvergesslich, wie Melville den Ruf des Wächters im Krähennest beschreibt: „Wie er da schwankend, fast schwebend über uns in der Luft stand und so wild begierig nach dem Horizont spähte, hättet ihr ihn für einen Propheten oder einen Seher gehalten, der die Schatten des Schicksals erschaut und mit seinen wilden Schreien ihr Nahen kündet. ‚Da! Da! Da! ... Da bläst er! Da! ... Da-a-a blä-ä-ä-st er!' – ‚Wo?' – ‚Leewärts dwars ab, ungefähr zwei Meilen! Eine ganze Schar!' – Im Nu war alles auf den Beinen!"[64]

Schaluppen werden aufs Wasser gelassen und man versucht, mit schnellen Ruderschlägen an die Wale zu gelangen; vorne im Bug der wendigen Boote steht der Harpunier, um seine widerhakige Waffe in das Tier zu stoßen und es damit festzuhalten. Es folgt der Kampf mit dem fliehenden Wal, von Johannes Schmarje 1899 so niedergeschreiben: „Die Schaluppe schnellt zurück aus der gefährlichen Nähe des verwundeten Tieres. Dieses aber schießt in die Tiefe oder sucht Schutz unter dem Eise. Die Leine wird mit einem Schlag um den am Vordersteven stehenden Puller (eine senkrechte, drehbare Walze) etwas zurückgehalten, da der Fisch aber noch bei voller Kraft ist, so laufen die ersten vier bis fünf Leinen mit großer Geschwindigkeit ab, so dass der Puller dampft und mit Wasser begossen werden muss. Eine sofort aufgesteckte Flagge ruft die übrigen Schaluppen zur Hilfe herbei ...

Das Benehmen des angeschossenen Tieres ist sehr verschieden. Zuweilen bleibt es nahezu eine Stunde in der Tiefe, in der Regel kommt es jedoch schon nach kurzer Zeit wieder an die Oberfläche, unter den furchtbaren Schlägen seiner Schwanzflosse spritzt das Wasser hoch auf. Nach kurzer Zeit verschwindet es wieder. Gelingt es dem Wal, unter das Eis zu kommen, so ist er meistens für das Schiff verloren. Die Schaluppe kann ihn nicht weiter folgen, und will man es nicht darauf ankommen lassen, dass sie mit der Mannschaft unter das Eisfeld gezogen werde, so muss die Leine durchhauen werden. Kann aber der Fisch im Eisfeld keine Öffnung finden, um Atem zu schöpfen, so muss er umkehren.

Jagd auf den Finnwal. Zwei Schaluppen vor dem Angriff, eine dritte vom Wal zerschmettert. Englischer Bilderbogen, handkoloriert, 19. Jahrhundert. Stiftung Schleswig-Holsteinische Landesmuseen Schloß Gottorf

Darauf rechnet man, und zu dem Ende haben sich die Schaluppen am Rande des Eisfeldes verteilt. Ziemlich ermattet taucht er empor und empfängt eine zweite, vielleicht auch eine dritte und vierte Harpune. Immer kürzer werden die Zwischenpausen. Endlich liegt er da, als wäre kein Leben mehr in ihm."[65]

Grönländisches Recht, das den Wal dem Schiff zusprach, das ihn zuerst an der Harpune hat, führte doch zu manchen Händeln, wenn mehrere Schiffe den gleichen Wal verfolgten und erbeutet zu haben glaubten. Lüden erwähnt einen Rechtsstreit aus dem 18. Jahrhundert zwischen Kommandeur Marten Mooy vom holländischen Grönlandfahrer „De Beemster" und Roelof Jansen, Kommandeur des Altonaer Schiffes „De Vrijheid", die beide einen Wal als erster harpuniert haben wollten. Der stärkere war Roelof, der den Wal längsseits holen ließ und auch bei der späteren Verhandlung in Holland, trotz ungenauer Zeugenaussagen weiterer anwesender Kommandeure, obsiegte.[66] – Gütliche Einigung wurde erreicht, wenn Schiffe „in Makkerschaft" fuhren, d.h. nach Absprache zusammenarbeiteten und die Beute teilten.

Nicht immer sind Harpuniere in den Schaluppen die stärkeren. Von Martens stammt dieser Bericht von 1675: „Am 1. Juli waren zwei Walfische nahe bei unserem Schiff. Wir ließen die Slupen zu Wasser, und die Harpune traf das Weibchen. Es blieb oben, schlug aber so mit Finnen und Schwanz, dass wir nicht nahe kommen konnten. Ein Harpunier wollte schließlich einen Lanzenwurf wagen. Da grüßte ihn der Wal mit einem solchen Schwanzschlag, dass ihm der Atem stockte. In der anderen Slupe wollten sie sich nicht feige schimpfen lassen und riemten näher. Der Wal warf aber mit dem Schwanz das Boot mir Harpunier und Ruderer in die Höhe. Das Wasser war sehr kalt, und sie zitterten, als man sie schließlich aus dem Wasser zog."[67]

Haben Harpunen den Wal festgehalten und ermüdet, so sind Lanzen die eigentlichen Waffen zum Töten. Wieder stammen die wohl eindringlichsten Zeilen über dieses grausame letzte Kapitel der Jagd von Herman Melville: „Da reckte sich Stubbs weit über den Bug hinaus und bohrte seine lange scharfe Lanze bedächtig in den Wal und ließ sie stecken und bohrte und bohrte langsam weiter, als taste er vorsichtig nach einer goldenen Uhr, die der Wal etwa verschluckt haben könnte und die er zu zerbrechen fürchtete, ehe er sie herausgefischt. Doch – diese goldenen Uhr, nach der er fahndete, war des Wals innerstes Leben. Und nun ist es getroffen; denn der Riese fuhr aus seiner Erstarrung in den unsäglich grauenhaften Todeskampf."[68]

Während die Walfangschiffe der Südsee, z. T. mehrere Jahre unterwegs, ihre Beute zerteilten und bereits an Bord in speziellen Öfen einschmolzen, verarbeiteten Grönlandfahrer Wale nur zum Teil und belieferten die Trankochereien an Land zu Hause. Posselt fasst 1796 die Arbeit des Flensens auf hoher See so zusammen: „Ist der Walfisch getödtet, so schleppt man ihn mit den Schaluppen nach dem Schiffe hin und befestigt ihn mit Haken und Tauen auf solche Art, dass man ihm damit jede nötige Wendung geben kann ... Der Speckschneider tritt auf den Fisch heraus mit seinen Gehülfen; mit großen Messern lösen sie ihn den zuweilen anderthalb Fuß dicken Speck in großen Stükken vom Fleische ab; diese werden ins Schiff gewunden; wo jedermann sein angewiesenes Geschäft hat. Einige zerschneiden die großen Klumpen, andere müssen einpakken usw. Aus dem Munde werden zuvörderst die Barden hausge-

Dänische Schiffe im Eismeer auf Waljagd. Ausschnitt: Flensen eines längsseits geholten Wales. Stich von Mathias de Sallieth (1749-1791). Stiftung Schleswig-Holsteinische Landesmuseen Schloß Gottorf

Flensen eines erjagten Wales. Diorama aus dem 19. Jahrhundert. Seemannsarbeit (Ausschnitt). Flensburger Schiffahrtsmuseum. Foto: Mehl, 2002

schnitten, darauf folget die ungeheure Zunge, die bei großen Fischen sechs Quardelen mit Speck füllen kann. Zuweilen werden auch die Kinnbakkenknochen mitgenommen."[69]

Zum Schluss sei noch einmal Herman Melville zitiert, der fast hymnisch beschreibt, wie man den abgespeckten Kadaver des Wales treiben lässt: „Der abgehäutete weiße Körper des geköpften Wals leuchtet wie ein Marmorgrabmal; zwar ist seine Farbe verändert, doch an Masse hat er nicht merklich verloren. Er ist auch jetzt noch ein Koloss. Langsam treibt er weiter und weiter davon, während rings um ihn das Wasser gepeitscht und zerfetzt wird von den unersättlichen Haien und die Luft über ihn aufgerührt von den Raubflügen kreischender Meeresvögel, deren Schnäbel wie tausend höhnische Dolche in dem toten Riesen bohren."[70] Hier klingen Hochachtung vor der Kraft und Schönheit der Wale und zugleich Bedauern über ihre Vernichtung durch den Menschen an – ein Grundgefühl, das uns heute, 150 Jahre später, wohl alle erfasst hat.

Heinrich Mehl

Anmerkungen

1 Walter Lüden, Föhrer Seefahrer und ihre Schiffe. Heide i.H. 1989. S. 32.
2 Vgl. Heinrich Mehl, „Keine Flamme ohne Rauch" – Die Öllampe. In: Jutta Matz/Heinrich Mehl (Hrsg.), Vom Kienspan zum Laserstrahl. Zur Geschichte der Beleuchtung von der Antike bis heute. Husum 2000. S. 29–42.
3 Hermann Melville, Moby Dick oder Der Wal. 1851. Deutsche Ausgabe Berlin 2001. S. 494.
4 Hans Friedrich Schütt, Grönlandfahrt. In: Schiffahrt und Häfen im Bereich der Industrie- und Handwerkskammer zu Flensburg. Hrsg. anlässlich ihres 100jährigen Jubiläums von der IHK zu Flensburg. Flensburg 1971. S. 326–341. Zitat S. 329.
5 Hansferdinand Döbler, Kultur- und Sittengeschichte der Welt. Jäger – Hirten – Bauern. Gütersloh/Berlin/München/Wien 1971. S. 132.
6 Cornelis Gisbert Zorgdrager, Bloeyende Opkomst der Aloude en Hedendaagsche Groenlandsche Vischery. Amsterdam 1720. Spätere Auflage 1728. Zitiert von mehreren Autoren (Münzing, Desau etc.).
7 Joachim Münzing, Die Jagd auf den Wal. Schleswig-Holsteins und Hamburgs Grönlandfahrt. Heide i.H. 1978. S. 9.
8 Wanda Oesau, Schleswig-Holsteins Grönlandfahrt mit Walfischfang und Robbenschlag vom 17.–19. Jahrhundert. Glückstadt/Hamburg/New York 1937. S. 60 ff.
9 Lüden, wie Anm. 1. S. 35.

10 Ulrich Pietsch, Die Lübecker Seeschiffahrt vom Mittelalter bis zur Neuzeit. Hefte zur Kunst und Kultur der Hansestadt Lübeck. Lübeck 1982. S. 18.
11 Münzing, wie Anm. 7. S. 31 ff.
12 Schiffahrt und Häfen im Bereich der Industrie- und Handelskammer zu Flensburg. Hrsg. anlässlich ihres 100jährigen Jubiläums der IHK zu Flensburg. Flensburg 1971. S. 257.
13 Gerd Uwe Detlefsen, Flensburger Schiffahrt. Vom Raddampfer zum Kühlschiff. Hamburg 1983. S. 9 ff.
14 Lüden, wie Anm. 1. S. 63.
15 Schiffahrt und Häfen, wie Anm. 12. S. 106.
16 Wanda Oesau, Die deutsche Südseefischerei auf Wale im 19. Jahrhundert. Glückstadt/Hamburg/New York 1939.
17 Karl-Heinz Wirzberger, Nachwort. In: Herman Melville, Moby Dick oder Der Wal. Deutsche Ausgabe Berlin 2001. S. 657-664. Zitat S. 661.
18 Oesau, wie Anm. 16. S. 105.
19 Harald Voigt, Die Nordfriesen auf den Hamburger Wal- und Robbenfängern 1669-1839 (=Studien zur Wirtschafts- und Sozialgeschichte Schleswig-Holsteins Band 11). Neumünster 1987. S. 80
20 Münzing, wie Anm. 7. S. 33; Voigt, wie Anm. 19. S. 80.
21 Jens Jacobs Eschels, Lebensbeschreibung eines alten Seemanns. Altona 1935. S. 2.
22 Münzing, wie Anm. 7. S. 36.
23 Alexander Rost, Land der Seefahrer. Schiffahrt und Schiffbau in Schleswig-Holstein. In: Das große Schleswig-Holstein-Buch. Hamburg 1996. S. 254–261. Zitat S. 255.
24 Dagmar Jestrzemski, Altonas Blütezeit und ihr jähes Ende. Die Reederei Hinrich Dultz 1756–1807 (= Schriften des Deutschen Schiffahrtsmuseums, hrsg. von Uwe Schnall Band 52). Bremerhaven/Hamburg 2000. S. 76 ff.
25 Inv.-Nr. 1915/61 Stiftung Schleswig-Holsteinische Landesmuseen Schloss Gottorf.
26 Wolfgang Jonas, Schiffbau in Nordfriesland. Holzschiffbau in Tönning, Stahlschiffbau in Husum (= Schriftenreihe des Nordfriesischen Schiffahrtsmuseums Husum Band 1). Husum 1999. 2. Aufl. 1997. S. 113–118.
27 Theodor Musfeldt, Grönlandfahrer mit Heimathafen Elmshorn. In: Dorfbuch Raa-Besenbek 1141–1991. Gemeinde Raa-Besenbek bei Elmshorn. S. 103 ff.
28 Münzing, wie Anm. 7. Abb. 18.
29 Oesau, Grönlandfahrt, wie Anm. 8. Tafel VI.
30 Lüden, wie Anm. 1.
31 Bildführer Schiffahrtsmuseum Flensburg. Flensburg 1985. Abb. 44.
32 Oesau, Grönlandfahrt, wie Anm. 8. S. 23, Anm. 3.
33 Johannes Lachs, Schiffe aus Bremen. Bilder und Modelle im Focke Museum. Hrsg. von Jan Christiansen (= Veröffentlichungen des Bremer Landesmuseums für Kunst und Kulturgeschichte / Focke Museum Nr. 93). Bremen 1994. S. 112, Abb. 86.
34 Oesau, Grönlandfahrt, wie Anm. 8. S. 100.
35 Otto Höver, Von der Galiot zum Fünfmaster. Unsere Segelschiffe in der Weltschiffahrt 1780–1930. Bremen 1934. S. 165.
36 Melville, wie Anm. 3. S. 341.
37 J. G. Kohl, Die Marschen und Inseln der Herzogthümer Schleswig und Holstein. Dresden und Leipzig 1846. S. 128.
38 Zordrager, wie Anm. 6.
39 Oesau, Grönlandfahrt, wie Anm. 8. Tafel XXXVII.
40 Heinrich Mehl, Jagd auf den Wal. In: Sammler Journal 2/1998. S. 124–128. Hier S. 128.
41 Hans Jürgen Stöver, Festschrift 700 Jahre List auf Sylt 1292-1992. Wenningstedt 1992. S. 39/40. Ausdrücklich sei hier auch auf ein Buch hingewiesen, das die bildliche Darstellung gestrandeter Wale umfassend und vergleichend behandelt: Klaus Barthelmeß/Joachim Münzing, Monstrum Horrendum. Wale und Waldarstellungen in der Druckgrafik des 16. Jahrhunderts und ihr motivkundlicher Einfluss (= Schriften des Deutschen Schiffahrtsmuseums Bd. 29). 3 Bände. Hamburg 1991.
42 Friedrich Gottlob Köhler, Reise ins Eismeer und nach den Küsten von Grönland und Spitzbergen im Jahre 1801. Leipzig 1820. S. 24 ff.
43 Voigt, wie Anm. 19. S. 83.
44 Voigt, wie Anm. 19. S. 80 ff.
45 Voigt, wie Anm. 19. S. 85.
46 Voigt, wie Anm. 19.
47 Münzing, wie Anm. 7. S. 12.
48 Oesau, wie Anm. 8. S. 77.
49 Jestrzemski, wie Anm. 24. S. 76.
50 Abb. 4 in: Bildführer Schiffahrtsmuseum Flensburg. Flensburg 1985.
51 Zu Grabsteinen siehe u. a.: Ernst Schlee, Leben auf der Insel. In: Föhr, Geschichte und Gestalt einer Insel. Münsterdorf/Itzehoe 1971. – Theodor Möller, Der Kirchhof in Nebel auf Amrum und seine alten Grabsteine. Neumünster 1928. – Hugo Krohn, Alte Seemannsgrabsteine auf Sylt. In: Nordfriesisches Jahrbuch, N.F., Band 8 (1972). S. 6 ff. – O.C. Nerong, Die Kirchhöfe Föhrs. Dollerup 1903.
52 beide abgebildet bei Münzing, wie Anm. 7. S. 44 und 60.
53 Schiffahrt und Häfen, wie Anm. 12. S. 98.
54 Höver, wie Anm. 35. S. 165.
55 Angus Konstam, Schätze auf dem Meeresgrund. Atlas versunkener Schiffe. Augsburg 1999. S. 138 f.
56 Abgebildet in: Schiffahrt und Häfen, wie Annm. 12. S. 324.
57 Lachs, wie Anm. 33. S. 116. Abb. 98.
58 Lüden, wie Anm. 1. S. 48.
59 Döbler, wie Anm. 5. S. 131.
60 Lüden, wie Anm. 1 S. 78.
61 Lüden, wie Anm. 1 S. 80 ff.
62 Hans-Friedrich Schütt, Grönlandfahrt. In: Schiffahrt und Häfen im Bereich der Industrie- und Handelskammer zu Flensburg. Hrsg. anlässlich ihres 100jährigen Jubiläums von der IHK zu Flensburg. Flensburg 1971. S. 326–341. Hier S. 333.
63 Lüden, wie Anm. 1. S. 63.
64 Melville, wie Anm. 3 S. 256.
65 Johannes Schmarje, Unsere Grönlandfahrer. In: Die Heimat Jg. 9. 1899. S. 13 f.
66 Lüden, wie Anm. 1. S. 39.
67 Martens, wie Anm. 60. S. 77.
68 Melville, wie Anm. 3. S. 338.
69 C. F. Posselt, Grönlandfahrt. In: Schleswig-Holsteinische Provinzialberichte. Altona/Kiel 1796.
70 Melville, wie Anm. 3. S. 362.

Guineafahrer und Sklavenschiffe

Sklavenhandel ist in den Vorstellungen der meisten Menschen zwar eine Ungeheuerlichkeit, aber eine, die sich weit entfernt zugetragen hat. Wenig bekannt ist, dass sich noch fast bis zur Mitte des 19. Jahrhunderts auch Seeleute aus Schleswig-Holstein und Hamburg an dem lukrativen Handel beteiligten. Sie setzten ihn sogar fort, als er für europäische Schiffe längst verboten war.

Ein europäischer Händler übernimmt seine Ware von einem arabischen Sklavenjäger. Lithografie 19. Jh. Sammlung Eigel Wiese

Der schwunghafte Handel mit menschlicher Ware begann nicht erst mit der Besiedelung Amerikas durch Europäer. Als Kolumbus 1492 die Westindischen Inseln entdeckte, importierten europäische Länder bereits für ihren eigenen Bedarf rund 1000 afrikanische Sklaven[1] pro Jahr. Auch in späteren Jahrhunderten waren in vielen feudalen Haushalten schwarze Hausdiener beliebt, und sie waren keineswegs als Haushaltshilfen mit Arbeitsvertrag aus Afrika gekommen. Ein Ölgemälde von Johann Tischbein d. Ä. zeigt die Familie des Herzogs Friedrich Carl von Plön mit einem schwarzen Lakaien. Und Joseph Graf von Baudissin hatte schon als Knabe seinen Kammermohren.

Auch bei den schwarzen „Trommlerbuben", die später in preußischen Regimentern dienten, dürfte es sich kaum um Einjährig-Freiwillige gehandelt haben, sondern um junge Männer, die in die Sklaverei verschleppt worden waren. Einen von ihnen hatte man 1675 in Kiel mit adligen Paten auf den Namen Christian Gottlieb getauft. Er stammte angeblich vom westafrikanischen Volk der Haussa ab, kam also etwa aus dem Gebiet des heutigen Nigeria. Obrist Bertram Rantzau auf Ascheberg, der in brandenburgischen Diensten stand, hatte ihn aus Westafrika mitgebracht. Seefahrer des Königreiches Brandenburg unternahmen im 17. Jahrhundert im Auftrag des Großen Kurfürsten ebenfalls Versuche, in den Sklavenhandel einzusteigen und eigene Besitzungen in Westafrika zu gründen. Rantzau ließ seinen Afrikaner Trompete spielen lernen und in Plön zum Hof- und Feldtrompeter ausbilden. 1685 heiratete Christian Gottlieb die Tochter des Plöner Bürgermeisters gegen den anfänglichen Widerstand ihrer Familie. Die Hochzeit war allerdings erst möglich, nachdem Rantzau erklärt hatte, er betrachte den Afrikaner nicht als seinen Leibeigenen. Nach seinem Tod wurde er 1690 in der Plöner Johanniskirche begraben.

Ein anderes Beispiel liefert der gebürtige Flensburger Jørgen Carstensen, der geadelt wurde, nachdem er in den dänischen Kolonien zu Reichtum gekommen war. Er kaufte sich den Gutshof Knabstrup auf Seeland und hatte dort schwarze Diener, die aus der Karibik stammten. Man erzählte sich noch lange, wie unheimlich es den seeländischen Bauern war, wenn der Gutsherr mit einer schwarzen Kutsche, gezogen von vier pechschwarzen Pferden und begleitet von zwei schwarzen Dienern, durch die Gegend fuhr.

In europäischen Städten erlebten die Afrikaner relative Freiheiten, denn sie wurden kaum anders behandelt, als andere Hausangestellte auch. Die Zeit der Peitschen und Ketten begann erst mit dem Transport afrikanischer Sklaven in die Neue Welt. Die spanischen Eroberer hatten nach Besiedelung Amerikas schnell entdeckt, dass indianische Arbeitskräfte nicht widerstandsfähig genug waren, um im tropischen Klima harte körperliche Plantagenarbeit zu leisten. Die kräftigen Afrikaner erwiesen sich als geeigneter, und so wurden sie bald zu Tausenden insbesondere von der westafrikanischen Küste nach Amerika verschifft.[2]

Es war ein lukrativer Handel ohne Leerfahrten. Von Europa aus segelten Schiffe voller Tauschwaren nach Westafrika. Diese Waren konnten billige Stoffe, Glasperlen, aber auch eiserne Werkzeuge oder sogar Waffen sein. Von einheimischen Händlern erhielten die Seeleute dafür Sklaven, die sie nach Amerika brachten. Von dem Erlös der menschlichen Ware kauften sie Produkte der Neuen Welt, die sich in Europa gut verkaufen ließen: Zucker, Baumwolle, Edelhölzer, Tabak, um nur einige zu nennen. So brachte der Dreieckshandel, wie er bald genannt wurde, auf jedem Schenkel des Dreiecks gute Einnahmen. Wenn die Schiffe nach der ein Jahr dauernden Reise in ihre Heimathäfen zurückkehrten, blieb für jene, die sie finanziert hatten, oft ein Gewinn von mehr als 100 Prozent übrig.

Auch Dänemark beteiligte sich an dem Geschäft, und Dänemark reichte bis 1864 noch bis an die Elbe. Der dänische Sklavenhandel begann sogar auf schleswig-holsteinischem Boden. 1646 und 1649 wurden erste Seepässe für Glückstädter Schiffe ausgestellt, die von der Elbe aus an die Küste Guineas fuhren. 1651 wird eine erste in Glückstadt zu gründende Ost- und Westindische Kompanie urkundlich erwähnt. 1659 erhielt die Glückstädter Dänische Afrikanische Kompanie von König Friedrich III. das Monopol zum Handel an der westafrikanischen Küste und verpflichtete sich zum dauernden Unterhalt von Fort Carolusborg, das sie auf Geheiß des dänischen Königs den Schweden abgenommen und in Frederiksborg umbenannt hatten. Es handelt sich um das heutige Cape Coast Castle in Ghana, das jahrhundertelang unter wechselnden Besitzern Drehscheibe im Sklavenhandel blieb und die erste dänische Niederlassung auf afrikanischem Boden war.

Doch durch Verrat wurde die neu erworbene afrikanische Besitzung von den Holländern übernommen. Damit mochten sich die Dänen nicht abfinden und eroberten neue Stützpunkte, die wiederum die Holländer

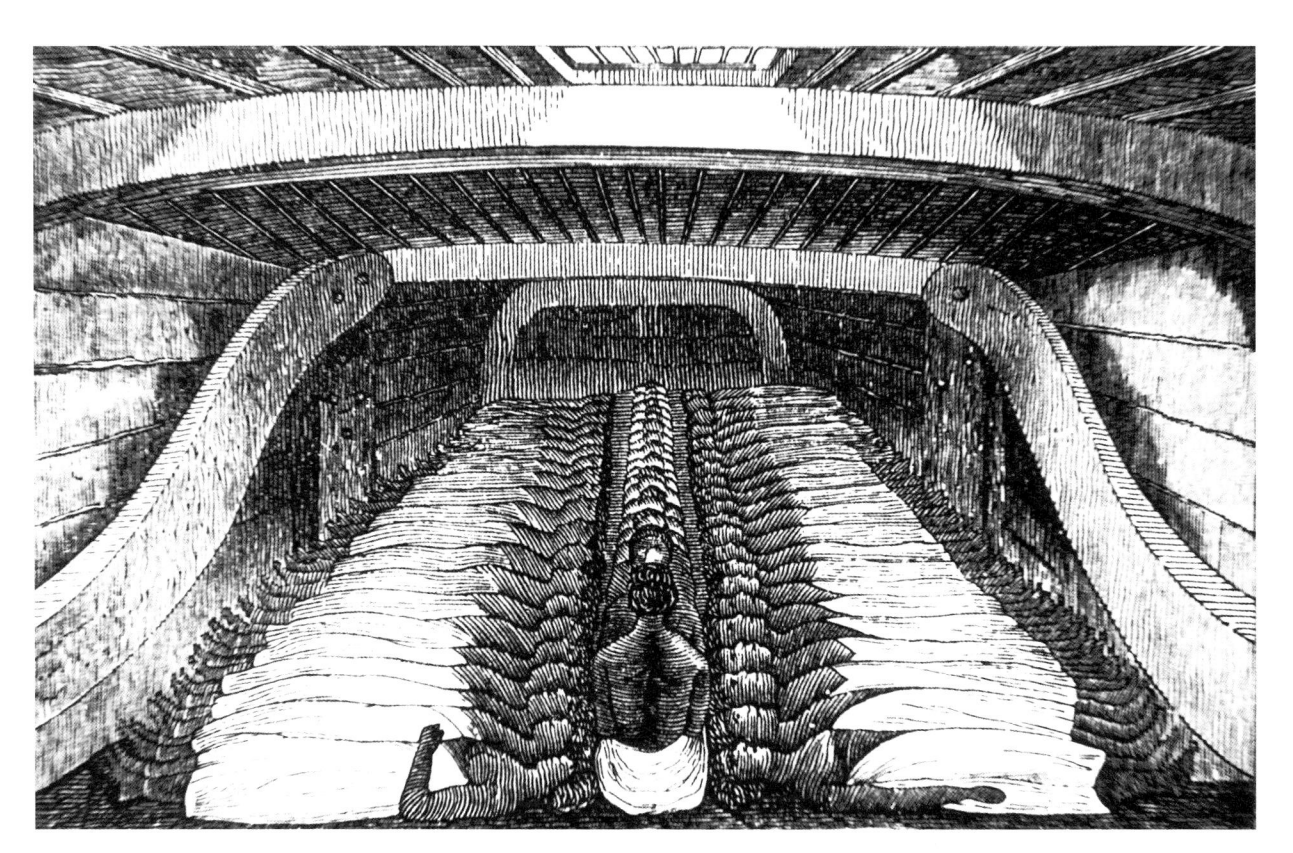

Im Bauch eines Sklavenschiffes. Schematische Darstellung einer Raumeinteilung, die möglichst vielen Sklaven Platz bietet. 19. Jahrhundert. Sammlung Eigel Wiese

Gefesselte Sklaven werden von einem dänischen Fort in Westafrika auf ein Schiff verladen. Diarama, Seemannsarbeit Ende 19. Jahrhundert. Schiffahrtsmuseum Flensburg

angriffen. Auch die Afrikaner griffen in die Streitigkeiten ein und holten schwedische Soldaten ins Land. Denen kauften die Holländer die Besitzung ab. England bekämpfte als Verbündeter Dänemarks die Holländer, und so konnte die dänische Flagge endlich auf einer afrikanischen Besitzung aufgezogen werden. Eine rechtliche Grundlage dafür aber schuf erst ein dänisch-holländischer Vertrag von 1666. Der Ort nannte sich Christiansborg, blieb bis 1850 dänisch und war Sitz der Oberkaufleute und Gouverneure. Heute heißt die Stadt Accra.

Die Bemühungen der Glückstädter ließen Hamburger Kaufleute nicht ruhen. Erste eigene Versuche, Anfang des 17. Jahrhunderts in den Sklavenhandel einzusteigen, waren fehlgeschlagen, denn die Hansestadt an der Elbe hatte zu wenig außenpolitische Macht, ihre Schiffe an fernen Küsten zu schützen. Hamburger Schiffe, die sich an die westafrikanische Sklavenküste trauten, wurden von den Flotten dieser Staaten wie Piraten behandelt und mit Geschützfeuer vertrieben.

So einfach aber ließen sich Hamburger Kaufleute nicht aus einem Geschäft drängen, das hohe Gewinne versprach. Und so scheuten sie sich nicht, die Glückstädter Compagnie mit Geld zu unterstützen. Ermöglichte sie doch den Einstieg in den gewinnträchtigen Sklavenhandel. Die Namen der Geldgeber hatten in Hamburg guten Klang. Es waren der Oberalte Erlenkamp, Gerd Burmeister, der Schwiegersohn von Bürgermeister Schulte und sein Teilhaber Johann Guhl. Gouverneur der afrikanischen Niederlassung wurde von 1662 bis 1668 ein Hamburger, Henning Albrecht. Als Prediger und Missionar setzte die Compagnie den Harburger Wilhelm Johann Müller ein.

Im Jahre 1647 gingen auf Betreiben des in Glückstadt lebenden portugiesischen Juden Gabriel Gomez zwei seiner Verwandten mit Empfehlungsschreiben des dänischen Königs zur englischen Insel Barbados, um den Handel mit Westindien zu intensivieren. Ab 1666 besaß Dänemark in Westindien selbst Kolonien, die mit Sklaven aus Afrika als Arbeitskräfte versorgt wurden. Die in Kopenhagen gegründete „Westindisch-Guineische Kompagnie" übernahm 1717 die Inseln St. Jan und 1733 St. Croix in den Kleinen Jungferninseln. 1754 folgte die Insel St. Thomas.

Doch die schwierigen Besitzverhältnisse an der afrikanischen Küste hatten dem Geschäft geschadet.

Negersklaven beladen eine wassergetriebene Zuckerrohrmühle auf einer dänischen Antillenplantage. Darstellung aus dem Rum-Museum im Flensburger Schifffahrtsmuseum

Als die Gesellschafter der Glückstädter Afrikanischen Gesellschaft sich im Juli 1672 in Itzehoe versammelten, musste ihnen der Buchhalter eröffnen, dass inzwischen ein Verlust von einer Million Mark aufgelaufen war, dem nur noch geringe Aktiva gegenüberstanden. Die Gesellschaft blieb zwar noch bestehen, doch die dänische Krone entschied, den Handel mit den Kolonien nur noch von der anderen Compagnie in Kopenhagen betreiben zu lassen. Damit war ein Versuch der Hamburger gescheitert, auf dem Umweg über Glückstadt im Sklavenhandel Fuß zu fassen.

Die Glückstädter Gesellschaft löste sich auf. Ihr Buchhalter Valentin Heins suchte sich einen neuen Lebensunterhalt und wurde Rechenmeister, also Lehrer, der Hamburger Kindern rechnen beibrachte. Dafür gab er sogar ein Lehrbuch mit Beispielrechnungen heraus. Eines dieser praktischen Beispiele stammte offensichtlich noch aus Heinsens Zeit bei der Glückstädter Gesellschaft. Sie stellt den Sklavenhandel mit all seinen Risiken als eine Rechenaufgabe dar, die trotz mancherlei Widrigkeiten am Ende den stolzen Gewinn von 100 Prozent einbringt. Eine Erwartung, die zu damaliger Zeit durchaus berechtigt war.

Bereits 1671 hatten Kopenhagener Kaufleute in der dänischen Hauptstadt eine Gesellschaft für den Westindien- und Afrikahandel gegründet. Unmittelbar nach seiner Thronbesteigung hatte König Christian IV. sie mit Priviliegien ausgestattet. Sie durfte damit nicht nur im Namen des Königs Verträge abschließen, sondern erhielt nach Auflösung der Glückstädter Gesellschaft auch das Monopol im Westindienhandel.

Schon 1754 hatte der damalige dänische König seinen Untertanen in Dänemark, Norwegen und im Herzogtum Schleswig gestattet, sich am Westindienhandel zu beteiligen, um diese Inseln mit Lebensmitteln und Bedarfsgütern zu versorgen. Da auf den Inseln Baumwolle, Zuckerrohr, Kaffee und Tabak angebaut wurden, was jeweils viele Arbeitskräfte erforderte, gehörten auch afrikanische Sklaven zu diesen „Gütern". Prämien und Zollerleichterungen sollten das Geschäft noch profitabler machen.

Der von Kopenhagen aus neu begonnene Westindienhandel stand unter einem besseren Stern und sorgte besonders in Flensburg für wirtschaftlichen Aufschwung. Nachdem die Sklavenschiffe ihre lebende, aus Afrika stammende Fracht auf den Westindischen Inseln gegen Zucker, Kaffee, Tabak, Baumwolle, Edelhölzern und Rum eingetauscht hatten, steuerten sie voll beladen Flensburg an. Wieviele Waren aus Übersee seinerzeit in der Fördestadt gelagert wurden, zeigen noch heute die Kaufmannshöfe am Hafen. Dazu gehört das mehrgeschossige Packhaus des Kaufmannes Andreas Christiansen, das immer noch Westindienspeicher genannt wird.

In Flensburg wurde der karibische Rum gelagert, veredelt oder auch auf Trinkstärke verdünnt, er wurde bald in Skandinavien zu einem beliebten Getränk. So baute die Stadt an der Förde eine Getränkeindustrie und einen Handel aus, die beide bis heute für die Stadt erhebliche wirtschaftliche Bedeutung haben. Die Firma Balle wurde 1717 gegründet, Sonnberg folgte 1781 und Pott 1848.

Die aufblühende dänische Wirtschaft mit ihren guten Verdienstmöglichkeiten zog fähige junge Kaufleute aus ganz Europa an. Zu ihnen gehörte der aus Pommern stammende Heinrich Carl Schimmelmann, ein Kaufmann und Preußischer Rat, der 1761 nach Verhandlungen mit der dänischen Regierung als Finanzberater nach Kopenhagen berufen wurde, 1767 Mitglied im Generallandesökonomie- und Kommerzkollegium wurde und 1768 als Schatzmeister für die Finanzen und den Handel des gesamten dänischen Staates zuständig war. Schimmelmann wurde Großaktionär der Asiatischen Kompanie und der Dänisch-Guineischen Kompanie, die Kaufleute jener Zeit wegen ihres eindeutigen Geschäftsschwerpunktes umgangssprachlich einfach als „Sklavenhandelssozietät" bezeichneten.

Das Unternehmen fuhr im transatlantischen Dreieckshandel gute Gewinne ein. Mit Kattun, Gewehren, billigem Tand als Tauschwaren und Schnaps, insbesondere Rum, segelten diese Schiffe an die Guineaküste, handelten dort Sklaven für Westindien ein und brachten Waren sowie Baumwolle und Zucker mit nach Europa. 1762 erwarb der mit diesem Handel wohlhabend gewordene Schimmelmann die damals auf dänischem Gebiet liegenden Dörfer Wandsbek, Hinschenfelde und Tonndorf. Er siedelte Industrie an und machte so verarmte Landgemeinden zu Industrieorten.

In diesen Orten wurde Baumwolle, die im Dreieckshandel nach Europa kam, zu Kattun verarbeitet, der wiederum zum Teil nach Afrika verschifft wurde, um

Sklaven einzuhandeln. Der fertige Kattunstoff wurde auf den Wiesen rund um die Manufakturen gebleicht. Der Straßenname „Kattunbleiche" im Hamburger Stadtteil Wandsbek hat sich bis heute erhalten.

Außerdem besaß Schimmelmann eine Gewehrfabrik und beherrschte den nordeuropäischen Zuckerhandel. Seine Reichtümer erlaubten es ihm, das nordöstlich von Hamburg gelegene Gut Ahrensburg samt seinem Wasserschloss zu kaufen.

Den Menschen in den Schimmelmannschen Dörfern war durchaus bekannt, woher die Waren stammten, die sie verarbeiteten. So dichtete Matthias Claudius[3], der Herausgeber des „Wandsbecker Boten", im Jahre 1773:

„Der Schwarze in der Zuckerplantage

Weit von meinem Vaterlande
muß ich hier verschmachten und vergehn,
Ohne Trost, in Müh und Schande;
Ohhh die weißen Männer!! klug und schön!
Und hab den Männern ohn' Erbarmen nichts gethan.
Du im Himmel, hilf mir armen Schwarzen Mann!"

Claudius lebte auf dem Gut Wandsbek, das Schimmelmann gehörte. Es verlangte sicherlich einige Courage, dieses Gedicht in einer Zeitung zu veröffentlichen, die er im Auftrage des dänischen Schatzmeisters redigierte.

So viel zu den politischen Hintergründen der Sklavenschifffahrt. So wie sich Hamburger Kaufleute nicht scheuten, wegen der hohen Gewinnspannen auch Gesellschaften zu unterstützen, die in konkurrierenden Häfen wie Glückstadt tätig waren, so scheuten sich schleswig-holsteinische Seeleute keineswegs, auf Schiffen im Dreieckshandel anzuheuern; und das waren nicht nur dänische. Sogar holländische Sklavenhändler fuhren gern an die ost-, teilweise aber auch an die nordfriesischen Inseln, um erfahrene Seeleute anzuheuern. Von Kirchenkanzeln herunter wurden nach dem sonntäglichen Gottesdienst im Rahmen der allgemeinen Bekanntmachungen für die Gemeinde auch solche Heuermöglichkeiten angeboten. So verlas der Pastor in der Kirche St.-Nikolai in Boldixum auf Föhr am 25. Mai 1782: „Gesucht werden zwei bis drei geschickte Capitains, so vorhin diese Küste befahren,

Folterszene auf einem Sklaventranporter. Kampfblatt für die Abschaffung des Sklavenhandels, 1792. Sammlung E. Wiese

und die zum Negerhandel erforderlichen Kenntnisse haben." Das Gehalt konnte sich sehen lassen: Zusätzlich zu den 24 Reichstalern für einen Kapitän sollte er auch noch einen Reichstaler für jeden in Westindien verkauften Sklaven erhalten.

Die Reisen im Dreieckshandel dauerten jeweils gut ein Jahr. Ein Kapitän erhielt also während dieser Zeit allein an monatlicher Heuer knapp 300 Reichstaler. Durchweg wurden in Westindien 500 bis 600 Sklaven verkauft. Er konnte also nach seiner Heimkehr 800 bis 1000 Reichstaler in die Tasche stecken, und dies zu einer Zeit, als der Bau eines stattlichen Gutshauses einschließlich mehrerer Badezimmer in den Kolonien 6000 Reichstaler kostete. So wundert es nicht, dass manches Kapitänshaus auf den Inseln mit allerbesten Möbeln, Standuhren, Tafelsilber und Gemälden ausgestattet war.

Auf Sylt ließ sich der Untersteuermann Meyndert Evertze anheuern und fuhr vom 26. Oktober 1740 bis zum 14. Januar 1742 auf der Fregatte „De Afrikaansche Galey" zwischen der Guineaküste und der niederländischen Kolonie Guayana vor der westindischen Küste. Ebenfalls von Sylt stammten der Matrose Meyndert Eschels, der von 1775 bis 1776 auf dem Schiff „Haast U Langzaam" fuhr und Thomas Jansen Grooth, der von November 1790 an für zwei Jahre Dritter Steuermann auf der Fregatte „De Standvastigkeit" war. Unter welchen Bedingungen die Sylter Matrosen Stofel Corneelis und Laurens Boesand auf Sklavenseglern fuhren, kann man im Flensburger Schifffahrtsmuseum nachvollziehen. Dort steht noch ein sehr schönes Mo-

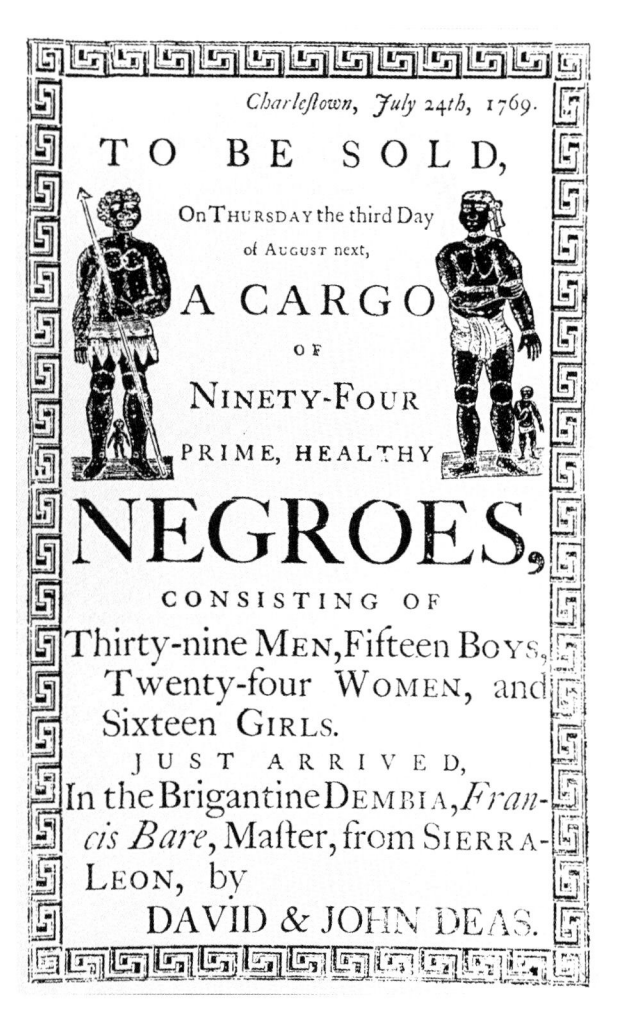

Amerikanisches Werbeinserat vom 24. Juli 1769. Angeboten werden 95 Sklaven, auf der Brigantine „Dembia" aus Sierra Leone verschifft. Sammlung Eigel Wiese

dell des niederländischen Seglers „Aurora", auf dem sie angeheuert hatten. Dass die Namen der Sylter Matrosen holländisch klingen, ist kein Zufall. Zum einen konnten sie meist weder lesen noch schreiben, zum anderen scheuten sie den Spott der holländischen Kameraden ob ihrer fremdklingenden Namen. So wurde ihr Name in holländischer Schreibweise in die middelburgischen Schiffslisten eingetragen, wie sie ihn selbst wählten bzw. wie sie ihn ausgesprochen hatten.

Sylter Seeleute verkauften nicht nur Sklaven nach Westindien, den einen oder anderen Afrikaner brachten sie auch mit in ihre Heimat. In einem Brief vom 2. Dezember 1761 wird Jan Deo erwähnt, ein junger Afrikaner, den der Sylter Steuermann Mochgel Eben mit dem Vermerk, „mein eygen Jonge" auf die Insel geschickt und für die Winterschule vorgesehen hatte. Aus Morsum auf Sylt ist der Bericht über einen neunjährigen Afrikaner erhalten, den Kapitän Jan Michelsen de Jung 1758 auf dem Sklavenmarkt in Surinam für 156 holländische Gulden ersteigert hatte und der auf der Nordseeinsel aufwuchs.

Auf dem Friedhof von Nebel auf der Nordseeinsel Amrum finden sich noch heute die Grabsteine von Kapitänen, die im Sklavenhandel tätig waren. Von ihnen kann man z. T. ganze Lebensläufe ablesen. So heißt es auf dem Stein von Harck Nickelsen: Er wurde am 12. Oktober 1806 geboren, gerade in dem Jahr, in dem sein Vater auf dem Meer blieb. Seit seinem zwölften Lebensjahr hatte er seinen Lebensunterhalt auf Schiffen verdient, war dabei 1724 von türkischen Seeräubern gefangen, versklavt und an den Bey von Algier verkauft worden. Drei Jahr später wurde er von einer der damals bestehenden Sklavenkassen freigekauft, diente sich hoch bis zum Kapitän und führte selbst Schiffe, die von Kopenhagen aus fuhren und von Guinea Sklaven nach Amerika brachten. Auch eine Passage der Grabmal-Inschrift des „Westindischen Capitäns Dirck Cramers" (1725–1769) auf dem Johannis-Friedhof in Nieblum deutet auf Teilnahme an Sklavenfahrten hin: „unter vielen Proben der Göttlichen Hülfe," so heißt es dort, wagte er es, „von 1755–1762 ein Schif nach 3 Theilen der Welt zu führen und es ward eine jede Fahrt in VI Jahren mit Seegen gecrönet."

Im Sterberegister der Insel Föhr finden sich die Berufsbezeichnungen „Guineafahrer" oder „Angolafahrer", die ebenfalls auf eine Beteiligung im Sklavenhandel schließen lassen.

Zu den schleswig-holsteinischen Schiffsbesitzern, die ihre Verdienstchance im Sklavenhandel erkannten, gehörte Heinrich Harder von der Insel Fehmarn, der am 23. März 1784 Kieler Bürger wurde, seine Schiffe auf Westindienfahrt schickte und zu den großen Schiffseignern seiner Zeit gezählt werden muss. Bilder Harderscher Schiffe aus jener Zeit zeigen einen Danebrog, die dänische Flagge im Vortopp.

Die Familie Harder scheint jedoch schon länger im Sklavenhandel tätig gewesen zu sein, denn als der pommersche Kapitän Joachim Nettelbeck[4] 1772 an der westafrikanischen Küste im Auftrag eines holländischen Auftraggebers Sklaven einkaufte, traf er einen

Kapitän namens Harder, dessen Vorname jedoch nicht erwähnt ist, und dessen Schiff zu Middelburg in Seeland ausgerüstet worden war. Elf Mann von Harders Besatzung hatten das mörderische Tropenklima am Golf von Benin nicht überstanden, vierzehn Mann waren krank und bettlägerig. Somit hatte er kaum noch fünf Mann für die tägliche Arbeit. Bislang hatte er nur 18 Sklaven eingehandelt und wusste nicht mehr weiter. Sein Wunsch war, Nettelbeck möge ihm einige seiner Leute zur Verstärkung seiner Mannschaft abstellen. Doch von dessen Mannschaft war niemand zu einem solchen Tausch des Schiffes zu bewegen, außerdem waren auch auf Nettelbecks Schiff Hände knapp. So gab er Kapitän Harder den Rat, zum Hafen St. George de la Mina zu segeln, wo sich der dortige Gouverneur sicher seiner annehme werde.

Doch Nettelbeck musste das Ende des Harderschen Schiffes mit ansehen, ohne helfen zu können – der schwach besetzte Sklavensegler legte sich in Sichtweite abends vor Anker, und während der Nacht hörte Nettelbecks Besatzung dort Gewehrfeuer und Kampfeslärm, ohne zu wissen, was genau vorging. Erst am nächsten Morgen sahen sie das Schiff auf den Strand gesetzt und von einer Menge Afrikaner umschwärmt. Nettelbeck notierte in seinem Tagebuch: „Daß sich während der zwei Tage, die wir noch hier liegenblieben, keiner von den Schwarzen zu uns an Bord traute, bestätigte hinreichend unseren Argwohn, daß sie den wehrlosen Middelburger überrumpelt, die Besatzung niedergehauen und das Schiff hatten stranden lassen, um seine Ladung bequem zu plündern."

Die Middelburgische Commercie Compagnie (MCC) war ein führendes Sklavenhandelshaus. Ihre Schiffe unternahmen über 100 Reisen auf der Dreiecksroute. Daran haben rund 140 Seeleute aus Schleswig-Holstein, Lübeck und Hamburg teilgenommen.

Überliefert sind die Namen der Schiffe „Die Schwalbe", „Die Stadt Flensburg", „Das Einhorn". Es gibt sogar noch ein Kapitänsbild eines Sklavenfahrers, der „Fredensborg", die von Kapitän Jens Jensen Berg kommandiert wurde.

Nach Heinrich Carl Schimmelmanns Tod im Jahre 1782 übernahm sein ältester Sohn Ernst einen Teil der Unternehmen, zu denen auch mehr als 1000 Sklaven auf den überseeischen Besitzungen der Familie gehörten. Ernst Schimmelmann war mit dem Gedankengut der Aufklärung und im Zeitalter der Empfindsamkeit großgeworden. So geriet er in einen Konflikt zwischen Gewinn und Gewissen. Er setzte sich zunächst auf den eigenen Pflanzungen für Bildung und Erziehung von

Die dänische Antilleninsel St. Thomas besaß Plantagen mit Sklavenhaltung. Im Hafen Schiffe des Flensburger Reeders H. C. Brodersen. Gemälde von J. Locher, 1864. Schiffahrtsmuseum Flensburg

Sklaven ein, um sie reif für eine Zeit zu machen, in der sie in Freiheit leben würden.

Da Ernst Schimmelmann jedoch wusste, dass die Plantagen kurzfristig ohne afrikanische Arbeitskräfte nicht wirtschaftlich zu betreiben sein würden und dies wiederum nachteilige Auswirkungen für den gesamten dänischen Staat haben würde, setzte er sich dafür ein, die Lebensbedingungen der Sklaven so weit zu verbessern, dass sie sich durch Geburten selbst regenerieren würden. Somit ließe sich zumindest der Sklavenhandel unterbinden. Eine Untersuchung der Bevölkerungsstruktur zeigte jedoch, dass dafür noch vor dem dänischen Verbot des Sklavenhandels im Jahre 1803 besonders intensiv Frauen aus Afrika in die dänischen Besitzungen gebracht werden müssten. Um diesen Handel zu fördern, wurde die Einfuhrsteuer für Afrikanerinnen ganz aufgehoben. Als Folge segelten während einer Übergangsfrist noch einmal Schiffe mit fast 7000 Sklavinnen von der Guineaküste auf die Inseln St. Thomas, St. Jan und St. Croix.

In allen Sklavenhandelsstaaten gab es mittlerweile immer stärker werdende Bewegungen für die Abschaffung der Sklaverei, ob in England, in den USA oder Frankreich. In Dänemark hatte sich Paul Erdmann Isert, ein Brandenburger aus der Uckermark, der als Oberarzt bei der Dänisch Westindischen und Guineischen Kompanie auf dänischen Sklavenschiffen gefahren war, in Kopenhagen für mehr Rechte der Schwarzen eingesetzt. Ihn stieß nicht nur der unmenschliche Transport auf den Schiffen ab, sondern auch die Behandlung der Sklaven auf den amerikanischen Plantagen.

Erdmann sah auch mit an, wie sich die gefangenen Afrikaner gegen die Verschleppung in die Sklaverei wehrten: „Im Jahre 1785 machten die Sklaven eines holländischen Schiffes Aufruhr an demselben Tage, an welchem sie nach Westindien segeln sollten. Sie überwanden die Europäer, und schlugen sie todt, außer dem kleinen Schiffsjungen, der sich auf die Spitze des Großmastes retirirt hatte. Ehe die Weißen ganz überwunden waren, hatten sie verschiedene Nothschüsse getan, die man im Lande gehöret hatte, und deshalb eine Menge Kähnen mit Freinegern ihnen zu Hülfe schickte. Sobald diese dem Schiffe nahekamen und die Aufrührerischen sahen, daß sie den Kürzeren ziehen müßten, überlegten sie, daß sie sich selbst aus der Welt schaffen wollten. In dieser Hinsicht lief einer mit einem Feuerbrande in die Pulverkammer, und machte es auf diese Weise auffliegen. Die Kähne fischten nicht mehr als einige 30 Negern, und den Schiffsjungen auf, die übrigen, über fünf hundert an der Zahl, wurden ein Raub der Wellen. Wenig glücklicher waren die Negern eines englischen Sklavenschiffes in dem selben Jahre, die ebenfalls an der Goldküste revoltirten. Sie hatten alle Europäer erschlagen, hieben das Ankertau ab und ließen das Schiff an Land treiben. Da es bis in die Brandung kam, sprangen alle Negern über Bord, und schwammen an Land. Zu ihrem großen Leidwesen aber standen hier die Freinegern, fischten alle auf, und verkauften sie noch einmal an die Europäer. Das Schiff und deren Ladung war eine gute Beute der Negern, an deren Land es trieb."

Um ein Haar wäre Tagebuchschreiber Isert selbst Opfer eines Sklavenaufstandes geworden. An Bord des dänischen Schiffes „Kristianssand" fielen die Sklaven am 9. Oktober 1786 plötzlich über ihn her: „Einige derselben schlugen mich mit den Handeisen, womit sie zusammengeschmiedet waren, auf den Kopfe, daß ich sogleich zu Boden fiel. Da sie aber mit den Füßen ebenfalls geschlossen waren, so kroch ich unter ihnen weg, und erreichte die Schanzthüre. Hier aber pochte ich vergebens an. Denn da man mich einlassen wollte, ergriffen eine solche Menge Negern die Thüre, daß man sie nur noch mit Mühe verschließen konnte. Es ist der Politik gemäß, lieber einige Europäer erschlagen zu lassen, als daß die Negern Meister der Thüre werden, denn dann können sie nach dem Hintertheil des Schiffes kommen, wo alles voller Waffen hängt, und es ist dann auch eine Kleinigkeit für sie sich auch zum Meister von dem Schiffe zu machen."

Mit Bajonetten und Feuerwaffen gelang es der Schiffsbesatzung den Aufstand zu unterdrücken und den schwer verletzten Isert zu befreien. Als die Sklaven sahen, dass sie verloren waren, sprangen sie über Bord. Vor den Augen des dänischen Arztes spielten sich Tragödien ab: „Es war erstaunenswürdig, wie einige Paare derselben, ohnegeachtet sie nur eine Hand und einen Fuß freihatten, mit den anderen waren sie nämlich zusammengeschmiedet, doch sehr geschickt sich über Wasser hielten. Einige waren noch selbst im Tode hartnäckig, und warfen das Seil, das ihnen vom Schiff herunter um den Leib geworfen wurde, um daran aufgezogen zu werden, trotzig wieder von sich und tauchten mit Gewalt unter. Unter anderen war ein Paar verschiedener Meinung; denn der eine verlangte gerettet zu werden, der andere aber nicht, weswegen der, der zu ersaufen begehrte, den anderen mit Gewalt mit sich unter Wasser zog, da dieser erbärmlich schrie, und mit seinem Kameraden gerettet wurde, der aber schon seinen Geist aufgegeben hatte."

War der Widerstand der Schwarzen gebrochen, begann eine zweimonatige, qualvolle Reise. In der stickigen Luft dunkler Laderäume saßen die Schwarzen dicht an dicht, wurden in den ungewohnt schwankenden Schiffen seekrank und konnten sich kaum bewegen. Schiffe, auf denen man sonst wohl 200 Soldaten transportiert hätte (und auch sie wurden fast wie Vieh zusammengepfercht), waren bei solchen Reisen mit 450 Sklaven beladen, wie alte Schiffspapiere zeigen. Dazu kamen 36 Europäer der Schiffsbesatzung.

Isert notiert auch, wie ein solcher Menschentransporter ausgestattet war: „Ein Sklavenschiff ist in der Mitte auf dem Verdeck mit einer hohen bretternden, starken Scheidewand, die man die Schanze nennt, versehen, dessen Seite, die nach dem Vordertheile des Schiffes sieht; äußerst glatt, ohne offene Fugen seyn muß, damit die Sklaven nicht mit den Fingern dazwischen klemmen können. Oben auf dieser Wand sind so viele kleine Kanonen und Gewehre angebracht, als Platz finden, die allesamt geladen jeden Abend abgeschossen werden, um die Sklaven in Furcht zu halten. Bei diesen steht allezeit Wache, die genau auf die Bewegungen der Negern acht haben muß. Im Hintertheile, oder diesseits der Schanze, befinden sich alle Weiber und Kinder und außen vor der Schanze die Mannet; die weder die Weiber sehen, noch mit ihnen zusammenkommen können. Die Männer sind allzeit zween, an Händen und Füßen zusammengeschmidet. Durch die Reihen, wie sie auf dem Verdeck sitzen, sind noch überdies schwere Ketten durch die Füße gezogen, so daß sie ohne Erlaubnis nicht aufstehen können, und weiter sich nicht von der Stelle bewegen dürfen, als wenn sie des Morgens auf dem Verdeck, und des Abends heruntergelassen werden. Da aber ihre Anzahl so groß ist, so können sie sich nur jeden anderen Tag dieser Mozion (Bewegung, Anm. d. Verf.) erfreuen, den anderen bleiben sie nämlich unten, wo sie wie Häringe zusammen gepakkt sind."

Unter solchen Umständen grassierten Krankheiten an Bord, und der Arzt vermerkt weiter: „Man hat Beispiele, daß die Schiffe nicht mehr als die Hälfte der Sklaven, die sie an der afrikanischen Küste erhandelt hatten, nach Westindien gebracht haben. Die Länge der Reise, und vorzüglich die Behandlung der Negern, sind wol zum Theil die Gelegenheit gebende Ursache der großen Sterblichkeit, die auf den Sklavenschiffen so gewöhnlich ist."

Für die Verbreitung seiner Ideen zur Abschaffung des Sklavenhandels nutzte der Arzt Paul Isert Berichte über die Erlebnisse seiner Reisen, die als Bücher erschienen. Die Zeiten für die Abschaffung der Sklaverei waren also günstig. Wenn Dänemark hier eine Vorreiterrolle einnahm, lag es daran, dass in Dänemark keine öffentliche Meinung Druck auf die Regierung ausübte, sondern die Regierung selbst auf die Initiative von Ernst Schimmelmann die Sache vorantrieb. Ihm half bei der Durchsetzung der Hinweis auf die öffentliche Meinung, die in allen Sklavenhandelsländern immer stärker die Abschaffung der Sklaverei forderte. So erließ der dänische König am 16. März 1792 die „Verordnung über den Negerhandel", wonach mit Beginn des Jahres 1803 allen Untertanen des Königs von Dänemark der Sklavenhandel verboten sei. Es war das erste Sklavenhandelsverbot eines europäischen Staates.

Doch dieser Einzelgang eines vergleichsweise kleinen Staates nützte noch wenig. Erst als große Seemächte wie England und später auch Frankreich Verbote erlassen hatten, wurde die allgemeine Durchsetzung möglich. Kaum war das englische Verbot des Sklavenhandels in Kraft getreten, da übernahm auch schon die britische Flotte die Kontrolle der afrikanischen Küste. Der Anfang war bescheiden: 1808 diente zur Überwachung eines 3000 Kilometer langen Küstenstreifens eine Fregatte mit 32 Kanonen und eine Schaluppe mit 18 Kanonen. Die Gegner der Sklaverei bemängelten jahrelang, es würden zu wenige und zu alte Schiffe eingesetzt.

Um 1820 wurden vier weitere Schiffe vor die Guineaküste beordert, was die Sklavereigegner erboste, denn zur gleichen Zeit schickte die englische Regierung zwölf Schiffe nach St. Helena, um den dort gefangenen französischen Kaiser Napoleon zu bewachen. Erst um 1840 war die Zahl der Schiffe auf 25 bis 30 gestiegen. Bis 1870 gab es zeitweise rund 50 englische Kriegsschiffe mit zusammen 1000 Mann Besatzung, die jedes Schiff aufbrachten, das sie verdächtigten, Sklavenhandel zu betreiben. Die Besatzungen dieser Schiffe zahlten für ihren befohlenen Einsatz für die Menschlichkeit einen hohen Preis – zwischen 1825 und 1845 waren die Verluste bei den vor Afrika eingesetzten Verbänden dreimal so hoch, wie in den übrigen Einheiten der britischen Flotte. Kämpfe mit Sklavenfahrern und tropische Krankheiten forderten ihren Tribut.

Um in den Regionen schwacher Winde an der Guineaküste den Sklavenschmugglern auf jeden Fall überlegen zu sein, konstruierte eine englische Werft eine

Korvette, die über der Royalrah, der üblicherweise höchsten Rah von Segelschiffen, noch „Skysegel, Mondsegel, Himmelskratzer, Engelskratzer und Wolkenfeger" fuhr.

Nachdem Frankreich ebenfalls ein Verbot des Sklavenhandels unterzeichnet hatte, unterhielt es eine etwa 20 Schiffe umfassende Flotte von Jagdschiffen in seinem Einflußbereich. Die USA[5] schickten ganze drei Schiffe an die Guineaküste, der Kongress hatte für den Patrouillendienst im Jahre 1819 100 000 Dollar bewilligt, die 1823 schon auf die Hälfte zusammengestrichen wurden.

Trotz des dänischen Sklavenhandelsverbotes waren auch nach 1803 wegen der guten Gewinnchancen noch immer Schiffe zu Risiken bereit – auch diejenigen unter dänischer Flagge. Sie steuerten nur keine dänischen Besitzungen mehr an. So traf Alexander von Humboldt noch einige Jahre danach eine dänische Brigg mit einer Ladung von Sklaven vor spanischen Inseln der westindischen Küste an.

Wer von den dänischen Kontrolleuren erwischt wurde, musste mit harten Strafen rechnen. So wurde Fritz Diederichsen aus Kiel generell die Erlaubnis zum Betrieb von Schiffen entzogen, weil er des Sklavenhandels überführt worden war. Er war ein Mann, der im Alter gern von seinen Erlebnissen in der Seefahrt schwadronierte, jedoch immer sehr kleinlaut wurde, wenn man ihn darauf ansprach, dass er wegen Sklavenhandels in einem Straflager gesessen hatte. Daraus hatte ihn erst ein naher Verwandter mit einer Ablösesumme befreit – er hieß Heinrich Harder, der schließlich auch die Schiffe von Diederichsen weiter betrieb.

Kapitän Peter Hansen aus dem kleinen Städtchen Arnis an der Schlei war der wohl letzte schleswig-holsteinische Kapitän, der sich am Sklavenhandel beteiligte. Er wurde 1810 auf Kuba Kapitän eines spanischen Sklavenschiffes. Nach einem Aufstand der in Guinea eingekauften Sklaven vor der westafrikanischen Küste rettete er sich mit seiner Mannschaft an Land und konnte sogar vor einer englischen Patrouille flüchten. In einem Dorf afrikanischer Sklavenhändler fand er einige Monate Unterschlupf, bis er 1811 für denselben spanischen Reeder wieder auf Fahrt ging. Als während dieser Fahrt auch ein spanisches Verbot des Sklavenhandels erlassen wurde, gab er sich gegenüber dem schwedischen Gouverneur der Insel St. Barthélémy als Wilhelm Parot aus, der angeblich auf Rügen als Untertan des schwedischen Königs geboren war. Bei der Rückkehr von dieser Reise lag nun auch ein schwedisches Verbot vor. Trotzdem lief Peter Hansen zu einer weiteren illegalen Sklavenfahrt aus und erreichte das Gebiet um Cap Mont an der westafrikanischen Küste:

„Das Glück lächelte mir dies Mal, denn die Sklavenhändler waren eben mit einer beträchtlichen Anzahl Neger versehen, und eine englische Fregatte hatte erst vor zwei Tagen die Küste verlassen, wo sie längere Zeit zur Verhinderung des Sklavenhandels Station eingenommen hatte."

Kapitän Peter Hansen kaufte 250 Sklaven und machte sich auf den Weg nach Kuba. Während der einmonatigen Reise starben zwölf Mann, während unterwegs acht Kinder geboren worden waren:

„Mein Rheder war hoch erfreut, als ich ihm zum 2ten Male einen so enormen Gewinn ins Haus brachte. Der Einkaufspreis variierte nämlich zwischen 7 und 10 Dollars, dagegen war das Minimum des Verkaufspreises 200 Dollars und stieg in vielen Fällen bis zu 400 Dollars pro Kopf.

Der Sklavenhandel wurde indeß jetzt von allen Seiten erschwert. Nicht lange nach meiner Ankunft auf Cuba erschien eine Publikation des spanischen Gouverneurs, wornach die afrikanischen Neger, wie überhaupt Menschen fernerhin nicht mehr verzollt werden konnten, sondern bei der Einfuhr als Contrebande angesehen und die Betheiligten zu schwerer Verantwortung gezogen werden sollten. Es wäre also eine Thorheit gewesen, sich bei einer weiteren Expedition dem unvermeidlichen Verderben preiszugeben. Überdies schien mein Rheder nicht geneigt zu sein, sein Schiff aufs Spiel zu setzen. Ich erhielt also meinen Abschied und bei der Abrechnung ein hübsches Sümmchen..."

Während Peter Hansen aus Arnis also den Sklavenhandel in den zwanziger Jahren des 19. Jahrhunderts aufgab und damit auch den illegalen Handel von dänischem Gebiet aus beendete, betrieben Hamburger Kapitäne ihn weiter und ließen sich samt ihrer Schiffe von brasilianischen und kubanischen Auftraggebern chartern. Dazu gehören die Fahrten des Hamburger Seglers „De Witte Voss", der 1801 mit rund 100 Sklaven an Bord in Buenos Aires eintraf, oder das Schiff „Die Geschwinde", das 1823 und 1824 zwischen Westafrika und Havanna unterwegs war. Besonders in Jahren schwacher Konjunktur, wenn lohnende Frachten schwer zu bekommen waren, scheinen auch hanseatische Kapitäne aus Bremen und Hamburg gern auf die lukrative Sklavenfahrt in fremder Charter gegangen zu sein.

Trotz einiger aktenkundiger Vorfälle mit Hamburger Schiffen ist später immer wieder behauptet worden, die Hansestadt hätte sich niemals an der Sklavenfahrt beteiligt. Tatsächlich aber gab der Leipziger Johann Christian Sinapius 1788 ein Buch heraus, das gewissermaßen als Lehr- und Übungsbuch praktische Beispielsrechnungen aus dem Kaufmannsleben enthielt und sich besonders an Nachwuchskaufleute in Hamburg wandte. Es war den Hamburgern Caspar Voght und Georg Heinrich Sieveking gewidmet. In einer Beispielsrechnung der Sklavenfahrt ergibt „dieser garstige Handel 100 pro Cent Gewinn." Sinapius fügt hinzu, daß seine Kalkulation die besonders günstige Konjunktur durch das neutrale Dänemark während des amerikanischen Unabhängigkeitskrieges voraussetzte. Mit seiner eigenen Meinung zu diesem Handel hielt er nicht hinter dem Berg: „Ich hasse diesen Handel von ganzem Herzen, was man auch zu seiner Beschönigung vorbringen mag. Möge ihn doch die Kaufmannschaft nicht länger in dem Register ihrer Artikel leiden!" Wenn Hamburger Schiffe sich wirklich niemals am Sklavenhandel beteiligt haben, fragt sich, weshalb ein für den Hamburger Markt gedachtes Buch einen solchen engagierten Zusatz enthielt. – Noch 1836 äußerte die Hamburger Commerz-Deputation gegenüber dem Senat Bedenken, den britisch-französischen Verhandlungen gegen den Sklavenhandel beizutreten, denn „der in Aussicht genommene Beitritt zu den Tractaten wider den Sklavenhandel sei rein commerziell betrachtet keineswegs vorteilhaft."

Erst als England die Kontrollen von Schiffen immer weiter verschärfte, unterschrieben im Jahre 1837 auch die Hafenstädte Bremen, Hamburg und Lübeck Verträge gegen den Sklavenhandel.

Doch trotz aller Verträge wurde die Hamburger Bark „Louise" noch im Jahre 1841 auf einer Fahrt von Rio de Janeiro in Ballast nach Benguela vor der angolanischen Küste von einem britischen Kriegschiff gestoppt, weil dessen Kapitän berichtet worden war, das Schiff sei im Sklavenhandel unterwegs. Die durchsuchenden Engländer fanden an Bord 18 Weinfässer voller Trinkwasser und stapelweise Bretter, die sich zum Bau von Verschlägen eigneten. Außerdem waren

Sklavenauktion in den USA, 1860. Sammelbild Nr. 167 aus dem Album „Geschichte unserer Welt", Fritz Homann AG. Stiftung Schleswig-Holsteinische Landesmuseen Schloß Gottorf

an Bord bereits 13 Schwarze, die als „Passagiere" deklariert worden waren.

Dieser und ein weiterer Vorfall lösten in der britischen Öffentlichkeit den schweren Vorwurf aus, Schiffe aus den Hansestädten würden sich trotz aller gegenteiligen Beteuerungen weiterhin am Sklavenhandel beteiligen. Es folgten einige diplomatische Verwicklungen. Der hanseatische Resident in London behauptete in einer Antwortnote: „...und keine hanseatischen Schiffe haben bisher den Vorwurf zu dulden gehabt, daß sie dem Sklavenhandel dienstbar seyen, wozu sie sich denn auch nicht eignen, da sie schwere Segler sind." Die Beteiligung von hanseatischen Schiffen an jeglichen Sklaventransporten auch in der Vergangenheit wurde gleich heftig mit bestritten.

Es waren nicht die einzigen verdächtigen Vorgänge der vierziger Jahre des 19. Jahrhunderts. So gerieten auch der Hamburger Kapitänsreeder C. A. Riedel und die gleichfalls Hamburger Firma Santos & Monteiro in Verdacht, mit Sklaventransporten Geld zu verdienen. Auf den letzten Fall wird an anderer Stelle noch besonders einzugehen sein.

International blieben die Kontrollen der Engländer nicht unumstritten. Nationen, die noch immer Sklavenhandel betrieben, kritisierten, dass die Briten selbst lange Zeit viel Geld in der Sklavenschifffahrt verdient hätten und sich nun als Weltpolizist aufspielten. So mancher argwöhnte, sie hätten dies nur getan, um die Vorherrschaft auf den Weltmeeren zu erringen und einen Vorwand zu haben, Schiffe auf den wichtigen Routen zu überprüfen.

Auch die Methoden der Wachschiffe waren nicht unumstritten. Um die international immer wieder geäußerten Vorwürfe zu überprüfen, setzte das englische Parlament 1841 ein „Select Committee on the West-Coast of Africa" ein und entsandte Dr. Richard Madden als „Commisioner of Inquiry" nach Westafrika. Zusätzlich ließ das Komitee, um das Bild abzurunden, Fragebögen an Kaufleute anderer Nationen schicken, die Erfahrung im Afrikahandel hatten. Einen solchen Fragebogen erhielt 1842 auch der Hamburger Kaufmann Ernst Caesar Hartung, der erst vor kurzem von der Guineaküste zurückgekehrt war. Er beklagte sich in seinen Antworten:

„Ich kann nur das Unrecht feststellen, welches die englischen Maßnahmen dem legitimen Handel zufügen (besonders dadurch, daß diese Herren völlig nach ihren eigenen Instruktionen oder ihrem eigenen Willen handeln). Wenn ein Kriegsschiff mir sagen kann: Wenn ich Dich da oder dort finde, dann werde ich Dich verhaften, dann ist mein Handel zerstört; denn ich kann nicht das Risiko laufen, daß er später einmal beweist, daß er im Recht oder Unrecht gewesen sei – ich kann das selbst in dem Fall nicht, daß mein Prozeß den allerbesten Ausgang nimmt. Kein Handel, der solchen Unterbrechungen unterworfen ist, kann gedeihen. Der Handel mit Afrika hat außerdem noch die Besonderheit, daß, wenn ich erst bei der Ankunft an der Küste erfahre, an welchen Plätzen ich Handel treiben darf, sich daraus für mich und die Assortierung meiner Waren die schlimmsten Folgerungen ergeben; denn ich kann nicht Artikel, die für einen Platz bestimmt waren, einfach abstoßen, auch wenn ich sie am nächsten Platz weggäbe. Diese Feststellung wird durch jeden Kaufmann, der mit Afrika zu tun hat, bestätigt werden."

Zwar behauptet Ernst Caesar Hartung, Hamburger Schiffe hätten sich nie am Sklavenhandel beteiligt, er räumte aber ein, „sie verkaufen ihre Waren ohne Ausnahme an jedermann, wenn sie dafür gute Preise erlangen und erwarten können, dass sie ihre Zahlung erhalten. Sie kümmern sich wenig darum, ob die Käufer nacher diese Waren dem Sklavenhandel zuwenden oder ob sie davon anderen Gebrauch machen."

Die Ladungsliste von Hartungs Schiffen liest sich allerdings wie die eines früheren Sklavenseglers: Eisenwaren, Messer, Leinen und Kattun, Messinggefäße, Pfannen, Rum, Genever, Perlen... Und auch die abgelaufenen Häfen waren dieselben: Elmina, Gallinas, Annamaboe, Cape Coast.

Weil sie ähnliche Waren wie Hartung in ihren Laderäumen hatten, wurden 1841 die beiden Hamburger Barken „Echo" unter Kapitän Sohst (Reederei C. L. Ballauf) und „Louise" unter Kapitän Boye (Reederei Ferdinand Blaß) sowie der Bremer Segler „Julius und Eduard" vor der Guineaküste durch englische Kriegsschiffe aufgebracht und es wurde gegen sie ermittelt, weil sie mit der Zulieferung von Tauschwaren dem Sklavenhandel Vorschub geleistet haben sollten.

Im Jahre 1841 liefen in Altona an der Elbe wilde Gerüchte um: Der dort ansässige Kaufmann Jozé Ribeiro de Santos, Teilhaber der 1838 gegründeten Firma Santos und Monteiro, war am 28. Juni mit sechs Schif-

7. Landung befreiter Sklaven in Sierra Leone.

Von englischen Kriegsschiffen befreite Sklaven landen an der Küste von Sierra Leone, 19. Jh. Sammlung Eigel Wiese

fen Kurs angolanische Küste ausgelaufen. Man wusste, daß Portugal zu dieser Zeit noch immer Sklavenhandel trieb und diskutierte hinter vorgehaltener Hand, auch de Santos wolle sich daran beteiligen. Tatsächlich wurde seine Flottille im Februar 1842 vor der brasilianischen Küste von britischen Schiffen aufgebracht und durchsucht; anschließend wurde Anklage wegen Sklavenhandels gegen de Santos erhoben. Man trug die Angelegenheit sogar im englischen Unterhaus vor, doch reichten die Indizien für eine Verurteilung noch nicht aus. Die Firma Santos und Monteiro jedoch verkraftete den Eingriff in ihre Geschäfte nicht und brach im Jahre 1842 zusammen. Einer der letzten Versuche von einem schleswig-holsteinischen Hafen aus, in der einst lohnenden Sklavenfahrt Geld zu verdienen, war gescheitert. Eigel Wiese

Anmerkungen

1 Der Ausdruck Neger stammt vom spanischen Wort negro = schwarz ab und wird etwa seit Beginn des 18. Jahrhunderts gebraucht. Aus derselben Zeit stammt der französische Ausdruck négrier für Sklavenhändler. Dies zeigt, wie eng die Begriffe Neger und Sklave im Denken europäischer Menschen verbunden waren. Im Lateinischen wurde ein Sklave als servus, etwa Diener, bezeichnet. Im Hochmittelalter verbesserten sich die Lebensbedingungen der meisten ländlichen Sklaven. In der merowingischen Zeit wurden sie zu Leibeigenen und erhielten ein Stück Land, das sie zu bearbeiten hatten. Ihre Bezeichnung lautete servus casatus, etwa schollenpflichtiger Höriger. Zur Unterscheidung nannte man die für niedere Dienste eingesetzten Leibeigenen nach ihrer überwiegenden Herkunft aus den slawischen Völkern Osteuropas slavus.
2 Die Idee, afrikanische Sklaven für die Feldarbeit in den westindischen Kolonien einzusetzen, hatte der spanische Geistliche Fray Bartolomé de Las Casas, der selbst ein Stück Land auf Kuba besaß, zu dem 100 Indianer als Leibeigene gehörten. Er unterbreitete seine Idee König Karl V. Der spanische Herrscher stimmte zu, für jeden Kolonisten zwölf afrikanische Sklaven zu importieren.
3 Matthias Claudius, Pseudonym Asmus, deutscher Dichter, * 15. 8. 1740 Reinfeld bei Lübeck, † 21. 1. 1815 Hamburg; Pfarrerssohn, 1771–1775 Herausgeber des „Wandsbecker Bothen", einer Zeitung, in der Lessing, Klopstock, Goethe u. a. veröffentlichten und die schnell eine Lesergemeinde im ganzen deutschsprachigen Raum fand. Später legte Claudius mit dem achtbändigen Sammelwerk „Asmus" seine früheren Zeitungsbeiträge, gemischt mit neuen Gedichten und Aufsätzen, vor. Die Betonung der menschlichen Existenz und des positiven Christentums lassen sein Werk als praktische Ethik erscheinen. Claudius' populäre Nachwirkung bis heute beschränkt sich auf wenige Texte („Der Mond ist aufgegangen" und „Der Tod und das Mädchen").
4 Joachim Nettelbeck * 20. 9. 1738 Kolberg, † 29. 1. 1824 Kolberg; er wurde berühmt, als er in der Funktion des Bürgeradjutanten von Kolberg die Stadt zusammen mit August Graf Neidhardt von Gneisenau, einem der Erneuerer des preußischen Heeres, und dem preußischen Offizier Ferdinand von Schill erfolgreich gegen die Franzosen verteidigte.
5 Es ist eine weit verbreitete Ansicht, der amerikanische Bürgerkrieg sei wegen der Sklavenfrage geführt worden. Tatsächliche Kriegsursache aber war, dass die Nordstaaten an der Einigkeit der USA festhalten und eine Abspaltung der Südstaaten verhindern wollten. Präsident Lincoln lag viel an der Einheit der Nation, und er war kein eingeschworener Sklavereigegner. Um die Südstaaten von der Abspaltung abzubringen, hatte er ihnen sogar zugesichert, sich im Falle der Einheit nicht in die Sklavenfrage einzumischen. Die eindeutige Ablehnung der Sklaverei entstand erst im Kriegsverlauf. Die europäischen Großmächte sympathisierten fast ausschließlich mit den Südstaaten. Um dies zu ändern, erließ Lincoln eine Verordnung, nach der ab dem 1. Januar 1863 alle Sklaven in den Nordstaaten frei waren. Damit hatte Lincoln das Weltgewissen auf seiner Seite. Aus moralischen Gründen konnte es sich danach keine europäische Macht mehr leisten, mit Staaten von Sklavenhaltern verbündet zu sein. Der Entzug der Unterstützung aus dem Ausland wurde schließlich kriegsentscheidend.

Für den Aufsatz benutzte Quellen (Auswahl):

Christian Degn, Die Schimmelmanns im Atlantischen Dreieckshandel – Gewinn und Gewissen. Neumünster 1974

C. P. Hansen, Das Schleswigsche Wattenmeer und die friesischen Inseln. Glogau 1865

Paul Erdmann Isert, Reise nach Guinea und den Caribäischen Inseln in Columbien. Kopenhagen 1788

Jørgen H. Jensen, Flensburgs enge Verbindung mit Westindien im 17. und 18. Jahrhundert. In Slesvigland 4/1984. S. 112–117

Dieter Lohmeyer (Hg.), Sklaven, Zucker, Rum. Dänemark und Schleswig-Holstein im Atlantischen Dreieckshandel (= Schriften der Schleswig-Holsteinischen Landesbibliothek Band 18). Heide i.H. 1994

Catharina Lüden, Sklavenfahrt mit Seeleuten aus Schleswig-Holstein, Hamburg und Lübeck im 18. Jahrhundert. Heide i.H. 1983

Jean Meyer, Esklaves et Négriers. Paris 1990

Des Seefahrers Joachim Nettelbeck höchst erstaunliche Lebengeschichte, von ihm selbst erzählt. Halle 1821

Hans Rühmann, Von Flensburg nach Westindien. Westindienfahrer und die Geschichte der Kaufmanns- und Reederfamilie H.C. Brodersen (= kleine Reihe der Gesellschaft für Flensburger Stadtgeschichte Heft 27). Flensburg 1997

Percy Ernst Schramm, Kaufleute zu Haus und über See. Hamburg 1949

Eigel Wiese, Sklavenschiffe – Das schwärzeste Kapitel der christlichen Seefahrt. Hamburg 2000.

Die Großsegler „Pamir", „Passat" und „Gorch Fock"

Die Viermastbark „Passat" liegt in der Travemündung mit dem Bug zur Ostsee, als wenn sie gleich wieder auslaufen wollte. Ihre Rumpfkonstruktion zeigt, dass sie kein Vergnügungssegler war, sondern mit den geraden Bordwänden zu größtmöglicher Ladefähigkeit gebaut wurde und die Weltmeere als nützlicher Frachtensegler erlebt hat. In den 20er- und 30er-Jahren des vorigen Jahrhunderts nahm sie an den sogenannten Weizenregatten von Europa nach Australien teil, an Fahrten über eine Strecke, die durchschnittlich 120 Tage dauerte und die von den Gewinnern, u. a. der „Passat" und der „Pamir", in 83–106 Tagen bewältigt wurde. Leider erfordern Großsegler zu viel Personal und sind zu sehr von Wind und Wetter abhängig, um mit modernen Schiffen konkurrieren zu können. Die Wirtschaftlichkeit hängt heute zum großen Teil von der Schnelligkeit der Transportmittel ab.

Die „Passat" wird wohl nie mehr in See stechen, aber sie dient als Wellenbrecher für den Yachthafen und hat somit noch eine maritime Aufgabe. Außerdem verdient sie sich den eigenen Unterhalt als Museumsschiff; die Führungen werden ehrenamtlich von Seeleuten durchgeführt, die einst auf ihr gefahren sind. Andere noch bestehende fahrbereite Großsegler werden als Schulschiffe eingesetzt – so können wir wenigstens noch manchmal den Anblick eines unter voller Besegelung fahrenden Windjammers genießen. Mitsegelnde Touristen dürfen bei einigen Schiffen auch selber mit Hand anlegen, weil alle Schiffe auf einen Beitrag zu den enormen Unterhaltskosten angewiesen sind.

Windjammerparaden und „Sail"-Veranstaltungen sind sehr populär. Wie beliebt die „Passat" ist, zeigt ihre Rückkehr von der letzten großen Generalsanierung im Dock der Lübecker Flender Werft 1998. Das Schiff wurde wie eine Königin gefeiert, und in Travemünde herrschte Volksfeststimmung. Die Sanierung kostete 7,2 Millionen DM und wurde zum Teil durch Spenden finanziert.

Die Geschichte der „Passat" begann 1910 auf der Werft von Blohm & Voss in Hamburg. Die „Passat" war am 25. November 1911 fertig gebaut und konnte am

Die „Passat" und die „Pamir" 1951 in Travemünde. Foto: Ingo Petersen

24. Dezember zu ihrer Jungfernfahrt nach Valparaiso auslaufen. Sie hatte eine Länge von 115 m über alles, eine Breite von 14,32 m, einen Tiefgang von 7,24 m und war auf 3091 BRT vermessen.

Gleichzeitig hatte der Reeder Laeisz die „Peking" in Auftrag gegeben, beide Schiffe sollten die 1910 im Ärmelkanal gesunkene „Preussen" ersetzen, einen riesigen Segelfrachter mit fünf Masten und einem Ladungsgewicht von 8000 BRT, gebaut 1902. Die Größe erwies sich aber als absoluter Nachteil, weil das Schiff zu viel Platz zum Manövrieren brauchte, und nicht alle Häfen für diese Größe eingerichtet waren.

Die Reederei Laeisz hatte sich aus einem Unternehmen entwickelt, das Damenhüte nach Amerika verkaufte. Ferdinand Laeisz ließ 1839 seinen ersten eigenen Segler auf der Werft von J. Meyer in Lübeck bauen, eine hölzerne Brigg von 220 BRT. 1857 gab er wieder ein Schiff in Auftrag, diesmal auf der Stülcken-Werft in Hamburg, und zwar eine Bark von 485 BRT. Diesem Schiff wurde der Name „Pudel" gegeben, Spitzname der Ehefrau seines Sohnes Carl. Damit begann die Tradition der Namensgebung der Laeisz-Schiffe mit dem Buchstaben P.

Die Flotte wurde weiter ausgebaut, und 1862 startete der Verkehr in der Salpeter- und Guano-Fahrt an die Westküste Südamerikas. Der Handel wurde in den 60er-Jahren auch auf Ostasien ausgeweitet; schließlich kamen noch Mittel- und Südamerika sowie Indien hinzu.

Das erste Schiff aus Stahl war 1874 in Kanada gebaut worden und hatte sich bewährt. Die Laeisz Reederei gab daraufhin bei Blohm & Voss in Hamburg ihr erstes Stahlschiff in Auftrag: die Bark „Potrimpos" mit 1273 BRT und einer Länge von 69,40 m. Stahl machte die Schiffe stabiler, und in diesem Material konnten sie auch größer gebaut werden. Die späteren Laeisz-Schiffe waren mindestens 90 m lang und damit doppelt so groß, wie die Vorgänger, die aus Holz gebauten ca. 45 m langen Klipper.

In den 80er-Jahren beteiligte sich Laeisz an der Gründung von Dampfschifffahrtsgesellschaften und nahm auch Dampfschiffe in seine Flotte auf; die Segelflotte aber wurde weiter ausgebaut mit Vollschiffen, die jetzt, in den 90er-Jahren des 19. Jahrhunderts, durchschnittlich 3000 BRT bewältigen konnten. Die Schiffe wurden mit allen technischen Neuerungen und praktischen Verbesserungen versehen, sie waren schnell und sicher. Dazu wurde nur ausgesuchtes Personal beschäftigt, das sich streng an die Anweisungen des Reeders zu halten hatte. In dieser Zeit sprach man international von „Flying-P-Linern", da die Segler mit den P-Namen bei fast jeder Wetterlage mit voller Besegelung über die Meere fahren konnten. Als 1910 der Auftrag für den Bau der stählernen „Passat" an die Werft Blohm & Voss in Hamburg erging, besaß die Reederei 16 Großsegler mit zusammen über 40.000 BRT.

Die „Passat" wurde in der Salpeterfahrt nach Valparaiso eingesetzt. Von Deutschland nahm man Stückgut, Zement, Koks, Maschinenteile u.a.m. mit. Den Ersten Weltkrieg überdauerte die „Passat" in den Hoheitsgewässern Chiles. Nach dem Krieg wurde die „Passat" ein Teil der Reparationsleistung an Frankreich. Sie verließ im September 1920 Chile mit einer Ladung Salpeter und traf im Januar 1921 in Marseille ein. Die deutsche Mannschaft verließ das Schiff. Aber noch im selben Jahr konnte die Reederei Laeisz das Schiff für 13.000 Pfund Sterling wieder zurückkaufen, um es erneut in der Salpeterfahrt einzusetzen. Die Geschäfte liefen allerdings nicht mehr so gut wie vorher, denn Dampfer konnten die kürzere Strecke durch den Panamakanal nehmen, der 1915 eröffnet worden war, während die Großsegler die längere Strecke um Kap Horn nehmen mussten. Zudem konnte Salpeter inzwischen chemisch hergestellt werden und musste nicht mehr um die halbe Welt transportiert werden.

1922 ließ die Reederei Laeisz ihren ersten Turbinen-Frachtdampfer bauen mit einer 100 % größeren Ladekapazität, als sie die „Passat" besaß.

Einige Jahre später wurde die Laeisz-Flotte verkleinert; da immer nautisches Personal gesucht wurde, baute man die „Passat" 1927 bei Blohm & Voss zu einem Frachtsegelschulschiff um. Auch die Schiffe „Padua", „Peking" und „Priwall" wurden zu diesem Zweck umgebaut. Die „Passat" brachte danach noch bis 1931 Salpeter nach Europa, die Fahrt war inzwischen jedoch riskanter für Großsegler geworden, da Dampferkapitäne nicht immer die Geschwindigkeit der ihnen begegnenden Segler einschätzen konnten. Zweimal, 1928 und 1929, kollidierte die „Passat" mit einem Dampfer.

Die Weltwirtschaftskrise zwang die Reederei F. Laeisz Schiffe zu verkaufen, u. a. auch die „Passat" und

Die „Passat" auf der Elbe 1927. Fotoarchiv „Rettet die Passat e.V."

die 1905 gebaute „Pamir". Beider Käufer war der dänische Reeder Gustav Erikson aus Mariehamn auf den Alandinseln: Der Heimathafen der Großsegler war nun Mariehamn. Umbauten und Reparaturen wurden in Kopenhagen durchgeführt. Erikson setzte die Schiffe jetzt für die Weizenfahrt nach Australien ein. Die seichten und von zahlreichen Riffen durchzogenen Gewässer waren nichts für tiefgehende Dampfer, und Getreide mit seiner langen Haltbarkeit war eine gute Fracht für die Großsegler mit ihrer langen Reisezeit. Der Laderaum eines typischen 3000-Tonnen-Seglers fasste über 60.000 Sack Getreide und versprach eine gute Gewinnspanne. – Eriksons Schiffe waren nicht versichert, darum wurden sie vom Reeder nach jeder Reise gründlich inspiziert und ausgebessert. Er verlor in 30 Jahren nur drei Schiffe.

Im Zweiten Weltkrieg, 1944, vercharterte der Reeder die Schiffe nach Schweden, wo sie in Stockholm als schwimmende Getreidesilos im Hafen lagen. Nach dem Krieg segelten sie wieder mit Holz oder Weizen u. a. nach Südafrika und nach Australien. Gustav Erikson starb 1947. Seine Erben stellten die „Passat" und die „Pamir" der britischen Regierung als Getreidespeicher zur Verfügung. Der Vertrag galt bis März 1951. Danach verkauften sie beide Schiffe an ein belgisches Abwrackunternehmen.

Bevor mit dem Abwracken begonnen wurde, kaufte der Reeder Heinz Schliewen die „Passat" und die „Pamir". Er ließ 1951 eine Reederei ins Lübecker Handelsregister eintragen. Die Großsegler sollten zu frachtfahrenden Schulschiffen ausgebaut werden. Der Heimathafen beider Schiffe wurde Lübeck. Im Juni 1951 lagen „Pamir" und „Passat" in Travemünde. Der Umbau erfolgte bei den Howaldts-Werken in Kiel und kostete 1.075.000 DM. Jetzt geschah auch, was die Herren Laeisz immer abgelehnt hatten: Die Segler bekamen Hilfsmotoren. Nun waren die Schiffe in der Lage, sich auch bei Flaute fortbewegen zu können, aber die einstige Segelgeschwindigkeit wurde nicht mehr erreicht. Die Um- und Einbauten entsprachen sowohl den praktischen Anforderungen an Lösch- und Ladeeinrichtungen, als auch dem Bedürfnis nach mehr Komfort, wie z. B in Form einer Warmwasserheizung. Den Vorschriften des Germanischen und des Britischen Lloyds wurde voll und ganz entsprochen. Die beiden Schiffe gingen 1952 wieder auf große Fahrt nach Südamerika. Die Reederei geriet jedoch in finanzielle Schwierigkeiten, und so wurden „Passat" und „Pamir" am 24. 4. 1954 zwangsversteigert. Für 335.000 DM fielen sie an die Schleswig-Holsteinische Landesbank in Kiel.

Da eine Ausbildung auf Großseglern für den seemännischen Nachwuchs noch immer als erforderlich angesehen wird, wurde 1954 die „Stiftung Pamir und Passat" von u. a. 40 Reedern gegründet; Sitz der Stiftung wurde Lübeck. Die Kosten für die Ausbildung, die nicht durch Frachteinnahmen gedeckt werden konn-

„Am Gangspill". Foto aus dem Bordbuch eines Schiffsjungen auf der „Passat" 1952. Fotoarchiv „Rettet die Passat e.V."

ten, wurden von Mitgliedern der Stiftung aufgebracht. Die Stiftung kaufte beide Großsegler, die „Passat" und die „Pamir", am 9. 2. 1956. Die letzten großen Reisen der „Passat" sind wie folgt dokumentiert:

- 29. 9. 1955 mit Koks nach Buenos Aires und mit Weizen am 10. 3. 1956 zurück nach Hamburg.
- 7. 4. 56 mit Ballast nach Südargentinien, zurück mit Fleischkonserven und Getreide.
- 1. 9. 56 mit Ballast nach Südargentinien, zurück mit Getreide Anfang 1957.
- 14. 2.–2. 7. 57 Montevideo.
- 18. 7.–8. 12. 57 Südamerika Buenos Aires. Auf dieser Fahrt geriet die „Passat", geladen mit Getreide, am 4. 11. nördlich der Azoren durch einen Orkan in Seenot, konnte sich aber noch selbst helfen; sie kam mit Schlagseite in Lissabon an.

Als die „Passat" nach stürmischer Reise und glücklich überstandener Seenot in Hamburg eintraf, wurde sie bejubelt. Es sollte ihre letzte Fahrt gewesen sein, denn es lohnte sich nicht mehr: Die Frachtraten waren gesunken und deckten nicht einmal mehr die Unkosten. Der letzte frachtfahrende Großsegler war die eiserne Viermastbark „Omega". Sie befuhr unter peruanischer Flagge mit 3000 Tonnen Guano die Küste Chiles und sank am 26. 6. 1958.

Die „Passat" lag nun als Blickfang im Hamburger Hafen, bis sie nach Travemünde überführt wurde. Die Stadt Lübeck hatte sie 1959 für 315.000 DM gekauft. Die Unterhaltungskosten von 300.000 DM sollten von der Stadt und dem Land Schleswig-Holstein gemeinsam getragen werden. Die Seefahrtsschule auf dem Priwall (Travemünde) besteht seit 1952, und nachdem das Schiff auf der Werft von Alfred Hagelstein umgebaut worden war (aber nicht mehr segelklar gemacht wurde), konnte es ab 1960 zur Unterbringung des seemännischen Nachwuchses dienen. 1964 zog Kiel seine Unterstützung zurück. Die Schülerzahlen waren zurückgegangen, und für die „Passat" musste eine andere Nutzung gefunden werden. Ab 1966 wurde die „Passat", verwaltet durch das Sportamt Lübeck, für Lehrgänge und Jugendarbeit unterschiedlichster Art genutzt. Auf dem Schiff waren 102 Betten in Ein- und Mehrbettkammern vorhanden, es gab genug Waschräume und Toiletten, Aufenthaltsräume und Besprechungszimmer. Außerdem waren die Räume beheizbar, man konnte das Schiff also auch im Winter nutzen. Die laufenden Kosten wurden auf diese Weise nahezu gedeckt.

Da das Alter und der Rost seinen Tribut forderten, stiegen die Unterhaltungskosten. Die Masten, eigentlich lange Eisenrohre, wiesen Korrosionsschäden auf, der Schiffsrumpf, ebenso aus Eisen, zeigte ähnliche Schäden. Die Wanten wurden brüchig und die Takelage, 16.350 m Stahlseil und 6.400 Hanf- und Manilatauwerk, musste erneuert oder repariert werden. Jetzt zeigte sich wieder, dass die „Passat" viele Freunde hatte: Der Großsegler konnte mit Hilfe von Spenden repariert werden. Sogar eine neue Mastspitze bekam das Schiff; bei einer Höhe von über 50 Metern gelang die Montage nicht ohne Hilfe eines Helikopters, der von der Firma Wiking Helikopter Service gratis zur Verfügung gestellt wurde, sozusagen als Geschenk zum 70. Schiffsgeburtstag 1981.

Der Verein „Rettet die Passat e.V.", gegründet 1979, sammelte weiter und konnte zu den Kosten einer Generalsanierung 1997–98 eine beträchtliche Summe beisteuern. 1998 bildete sich ein neuer Verein, die Fördergemeinschaft „Passat Sailing e.V.". Sie will erreichen, dass das Schiff wieder segelt. Die Stadt Lübeck begrüßt dieses Projekt, kann es aber finanziell nicht fördern. Sie spricht den Wunsch aus, dass die „Passat" in den Sommermonaten in Travemünde liegt.

Während sich die „Passat" durch wirtschaftliche Flauten und Seenot hinweg behaupten konnte und nach den geschilderten Reparatur- und Umbauphasen zumindest als ruhendes Schiff existieren und bewundert werden kann, erlitt der andere Großsegler der „Stiftung Pamir und Passat" ein dramatisches Ende. Beladen mit 4.000 Tonnen Getreide geriet die „Pamir" im gleichen stürmischen Herbst, den die „Passat" mit Schlagseite und Rückankunft in Lissabon überstanden hatte, auf dem Weg von Buenos Aires nach Hamburg nordwestlich der Azoren in einen gewaltigen Hurrikan, der unter dem Namen „Carrie" unvergessen bleiben sollte. Das frachtenfahrende Segelschiff, geführt von Kapitän Johannes Diebitsch und mit einer Besatzung von 85 Mann fahrend, konnte dem Sturm nicht ausweichen und geriet in Seenot. Es gelang nicht mehr, alle Segel einzuholen, das Schiff legte sich um mehr als 40 Grad auf die Seite, es nahm Wasser auf und wurde mehrfach von der schweren See überrollt. Mehrere Stunden kämpfte die Mannschaft gegen den Untergang, am 21. September 1957 gegen 13.00 Uhr Ortszeit ließ Kapitän Diebitsch SOS funken.

Doch eine Rettung gelang nicht. Mitten im Hurrikan „Carrie" kenterte die „Pamir", blieb – nach Angaben von Überlebenden – nur 30 Sekunden auf dem Wasser liegen, bis der Atlantik über dem Schiff zusammenschlug. Was auf den dramatischen Untergang, nachvollziehbar gemacht durch eine Reihe von Funksprüchen mit amerikanischen und norwegischen Frachtern im Umkreis, in den kommenden Stunden folgte, ging als die größte zivile Rettungsaktion in die Seefahrtgeschichte ein. 78 Schiffe aus 15 Nationen machten sich auf die Suche nach Überlebenden – gefunden wurden nur insgesamt sechs Mitglieder einer Besatzung von 86. Der Umstand, dass im Sturm auch 51 in der Seefahrt noch unerfahrene Auszubildende den Tod fanden, ließ den Untergang der „Pamir" 1957 zu einem großen Thema der Weltpresse werden; die Zeitschrift „Stern" etwa finanzierte dem Vater eines der Überlebenden die Reise nach Casablanca, um seinen glücklich geretteten Sohn in die Arme schließen zu können. Einer der geborgenen, von der Wucht des Orkans beschädigten Rettungsboote ist in einer Seitenkapelle der St.-Jakobi-Kirche zu Lübeck aufgestellt und erinnert an das Unglück.

Ausführliche Verhandlungen vor dem Seeamt im Lübecker Rathaus versuchten, die Ursachen des Untergangs zu klären. In abschließenden Urteilsversuchen wurde darauf hingewiesen, dass das Getreide nicht, wie in den Jahrzehnten vorher, in Säcken verstaut, sondern als Schüttgut den Lagerraum füllte. Neben „Stabilitätsverlust durch verrutschte Ladung" wurden Mängel an der Rettungsausrüstung sowie fehlende Vertrautheit des an sich sehr erfahrenen Kapitäns mit den besonderen Eigenschaften gerade dieses Schiffes genannt. Ob aber andere Segelführung oder ein anderer Kurs das Schiff hätte retten können, war nicht endgültig zu klären – „Carrie" hatte mehrfach und ganz unerwartet die Richtung geändert und wurde einem der letzten Großsegler zum Schicksal. Der Untergang der „Pamir" markierte damals einen Wendepunkt in der Seeschiffahrt: Der Bau neuer Segler wurde überdacht, das Halbschwesterschiff „Passat" wurde nach seiner Heimkehr außer Dienst gestellt.

Auf den Weltmeeren zuhause ist heute nur noch ein großer Lastensegler der Laeisz Reederei, die 1926 gebaute Viermastbark „Padua". 1946 an die Sowjetunion abgetreten, segelt sie jetzt als Schulschiff unter dem Namen „Krusenstern".

Die „Gorch Fock I", ein Schulschiff der deutschen Kriegsmarine, wurde 1933 bei Blohm & Voss in Hamburg gebaut. Der Schulsegler mit seinen 1.392 BRT, einer Länge von 82,10 Metern und einem Großmast von 41,30 Metern über Deck, ersetzte die „Niobe" der Reichsmarine, 1932 in einer Gewitterbö im Fehrmarn Belt verlorengegangen. Bis 1939 unternahm die „Gorch Fock I", genannt nach dem damals sehr populären See-Schriftsteller Rudolf Kinau, der unter diesem Künstlernamen veröffentlichte, ausgedehnte Reisen mit bis zu 180 Kadetten an Bord. Im Mai 1945 wurde die Bark von der eigenen Mannschaft vor Stral-

Die „Gorch Fock" nach einer Reise im Kieler Heimathafen, 1995. Foto: Mehl

sund versenkt. Drei Jahre später barg die Sowjetunion die „Gorch Fock I" aus der Ostsee und reparierte sie auf Werften in Rostock und Wismar bis 1951. Danach war das Schiff, unter dem neuen Namen „Towarischtsch", aber nahezu unverändert, als Schulschiff der sowjetischen Handelsmarine auf den Weltmeeren unterwegs und in vielen Häfen vertraut. Etwa 120.000 Kadetten absolvierten auf der „Kamerad" ihre Ausbildung – bis zum Zerfall der Sowjetunion. Seitdem dient der Segler unter der Flagge der Ukraine der Seefahrtschule Kherson am Schwarzen Meer. Noch einmal, bis zum Mai 1995, war er auf hoher See unterwegs. Dann wurde bei Überholungsarbeiten im Dock festgestellt, wie brüchig die Stahlplatten am Rumpf geworden waren. Die „Towarischtsch" musste für Jahre im Hafen von Newcastle auf Spendengelder warten – und hofft, bald in einem vierten Leben, nach Lebensphasen unter deutscher, sowjetischer und ukrainischer Flagge, wieder in See stechen zu können.

Das Segelschulschiff der deutschen Bundesmarine ist die „Gorch Fock II", 1958 bei Blohm & Voss in Hamburg gebaut. Die stählerne Dreimastbark wurde im Gegensatz zu den Laeisz-Seglern gleich mit einem Motor ausgestattet, hat aber auch eine Segelfläche von 1952 qm und eine Länge von 89 m.

Offiziersanwärtern wird auf der „Gorch Fock" eine zwei- bis dreimonatige Ausbildung geboten. Ziel der Ausbildung soll sein „mit See, Wind und Wetter vertraut zu werden, Grundlagen der Navigation zu erlernen, fremde Länder und Menschen kennenzulernen, Gemeinschaftssinn zu entwickeln."

Jährlich werden drei Ausbildungsreisen gemacht, wobei die kleinen meist zu Häfen der Nordseeküste, die größeren in den Atlantik, bis zu den Karibischen Inseln und nach New York führen. In den Wintermonaten liegt das Schiff im Heimathafen Kiel und wird für die kommenden Reisen als Werbeträger für Deutschland vorbereitet. Dienst auf dem populären Segelschulschiff der Bundesmarine bedeutet für jeden jungen Mann – und seit 1989 auch für junge Frauen – eine Prägung für das gesamte Leben. Ein Rückblick auf solch eine Begegnung mit der „Gorch Fock" sei im folgenden abgedruckt.

Hanna-Maria Schuldt

Verwendete Literatur

Hans Georg Prager, Ferdinand Laeisz. Herford 1974

Frank Grube, Gerhard Richter (Hrsg.), Das große Buch der Gorch Fock. Hamburg 1979

Wolfram zu Mondfeld, Schicksale berühmter Segelschiffe. Herford 1984

Jochen Brennecke, Karl-Otto Dummer, Viermastbark Pamir. Ihr Schicksal im Zentrum des Hurrikans „Carrie". Herford 1986

Otmar Schäuffelen, Die letzten großen Segelschiffe. Bielefeld 1990

Kurt Gerdau, PASSAT. Legende eines Windjammers. Herford 1991

Kurt Grobecker, PASSAT. Das abenteuerliche Leben eines Windjammers. Lübeck 1991

Horst Willner, PAMIR: ihr Untergang und die Irrtümer des Seeamtes. Herford 1991

Manfred Ohde, PASSAT. Neues Make-up für alte Lady. Bremen/Klein Rönnau 1999.

Als Kadett auf dem Segelschulschiff „Gorch Fock"

Meine erste Begegnung mit der „Gorch Fock" im Juli 1962 war ein ziemlicher Schock:

Denn frisch aus der Grundausbildung kommend, wo wir u. a. auch gelernt hatten, wie ein anständiger Unteroffizier aussieht und sich verhält, wurden wir bei unserer Ankunft in der Kieler Werft empfangen von einer – wie es uns verschüchterten Jungmatrosen erschien – Horde brüllender Piraten in einem Aufzug / Anzug, den wir nie zuvor gesehen hatten: Blaues Arbeitshemd mit aufgekrempelten (!) Ärmeln, Segeltuchschuhe zur weißen Takelhose, Pudelmütze und Messer am Gürtel. Unser Schiff, auf das wir für die nächsten drei Monate versetzt worden waren, lag hoch und trocken im Dock, und wir wurden provisorisch auf einem alten, engen Wohnboot, auf dem es vor Kakerlaken wimmelte, untergebracht. Zudem erwischte mich das bittere Los, zusammen mit einem anderen Kameraden die erste Woche Backschafter zu sein. Das bedeutete, dass wir unsere 12 Mann starke „Korporalschaft" (Gruppe) mit Essen versorgen und anschließend das fettige Geschirr in einer großen Schüssel mit kaltem Wasser und Spüli (hoch oben im Trockendock gab es kein warmes Wasser) abwaschen und trockenreiben mussten, und das alles immer in Hetze und Zeitdruck! Um die Werftzeit zu verkürzen (und natürlich auch um uns zu beschäftigen), durften wir Kadetten die ersten Tage das Unterwasserschiff mit Spachtel und Schmirgelpapier abkratzen und anschließend neu pönen. Später dann, nach dem Ausdocken, als wir an unserem Stammplatz an der Blücherbrücke lagen und die tägliche Bordroutine von uns Besitz ergriffen hatte, legte sich die Verzweiflungsstimmung der ersten Tage, und wir wuchsen allmählich in unsere neue, sehr eng bemessene und streng geregelte Umgebung hinein.

Eingeteilt war unsere „Crew", das heißt Ausbildungsjahrgang der Offiziersanwärter, in 12 Korporalschaften a 12 Mann. Um die erforderliche Anzahl zum Besetzen der Segelstationen vollzumachen, wurden wir noch mit einer Gruppe seemännischer Unteroffiziersanwärter aufgefüllt. Wir wohnten und schliefen in zwei großen Kadettendecks, die außerdem auch für Unterrichtszwecke genutzt wurden, also mit mehr als 70 Mann pro Deck. Abends wurden Tische und Bänke unter die Decke geklappt und statt dessen quer

Das Segelschulschiff der Marine „Gorch Fock". Sammlung Wolf Dahl

durchs Deck mehrere Drahtstander gespannt, an denen dann die Hängematten in zwei Lagen übereinander aufgehängt wurden. Es herrschte drangvolle Enge und besonders nachts ein ziemlicher Mief (dafür haben wir aber nicht gefroren!) Diese Segeltuchhängematten, in denen man wunderbar schlafen konnte, mussten jedoch schon fünf Minuten nach dem Wecken den kritischen Blicken des BdW (Bootsmannsmaat der Wache) an Oberdeck präsentiert werden, und zwar fachgerecht gezurrt. Danach konnte sich der Kadett – gleichfalls an Oberdeck – mit einer Schüssel kalten Wassers seiner Morgentoilette widmen. Ein winziger Spind, der jederzeit tadellos aufgeräumt zu sein hatte (denn vor Kontrollen war man nie sicher!), diente zur Aufnahme unserer gesamten Ausrüstung.

Fast einen Monat dauerte nun die „trockene" Segelausbildung an der Pier, ehe wir unsere erste große Seefahrt antreten konnten.

Meine Segelstation war nicht oben auf einer Rah, wo ich gern hingegangen wäre und später wiederholt auch hin musste, sondern vorn auf der Back am Innenklüver-Segel. Das war ein ziemlich undankbarer Posten, denn nach beendetem Aufklaren lag der Innenklüver immer direkt im Blickfeld des zuständigen Bootsmannes oder Topsoffiziers und musste daher allzu häufig „nachgebessert" werden.

Eine kleine, im wahrsten Sinne des Wortes beeindruckende Episode habe ich noch von dieser Ausbildungszeit an der Pier in Erinnerung. Der legendäre Graf Luckner war an Bord und hatte sich mit dem Kommandanten zu einem gemütlichen „Rees an Backbord" in die Kommandantenkammer zurückgezogen. So gegen 2 Uhr nachts – ich hatte gerade Dienst als „Posten Kajüte" – ging die Tür auf und der Kommandant und Graf Luckner kamen heraus, schon mit einiger Schlagseite versehen. Befehlsgemäß zuckte ich zusammen und machte meine Meldung. Graf Luckner aber haute mir seine mächtige Pranke auf die Schulter, dass ich einknickte und röhrte: „Na, mein Jung, passt du auch gut auf uns auf?!" Und auch eine Verabschiedungszeremonie werde ich so leicht nicht vergessen, als der alte Kommandant gemäß Marinebrauch von seinen Offizieren im Kutter von Bord gepullt wurde, während wir spalierstehenden Kadetten bei sintflutartigen Regenfällen fast bis zu den Knöcheln im Wasser standen. (Und dabei hatten wir doch gleich anschließend zum Bahnhof gewollt, um in das ohnehin schon sehr kurze Wochenende zu fahren!).

Am 30. Juli ging es dann endlich los: Durch den Nord-Ostsee-Kanal und weiter bei widrigem Wind und starkem Seegang gegenan in Richtung Dartmouth in Südengland. Um den Termin einzuhalten, mussten wir mit Maschinenkraft durch die unwirtliche Nordsee stampfen, und das führte unter uns Kadetten dann zum epidemischen Ausbruch der Seekrankheit. Erst später im weiteren Verlauf der Reise sollten auch uns allmählich die Seebeine wachsen. Von Torbay aus nahmen wir mit einigen anderen Großseglern an der „Tall Ships Race 62" teil, die uns bis zum Ausgang des Englischen Kanals und zurück nach Rotterdam führte. Die „Gorch Fock" wurde damals, auch dank unserer tätigen Mithilfe, Sieger!

Später segelten wir nordwärts entlang der englischen Ostküste bis zu den Färöer Inseln (Hafen Trangisvaag) und weiter nach Göteborg in Schweden. Ende September liefen wir wieder in unseren Heimathafen Kiel ein, und dann war auch unsere Zeit auf dem Segelschulschiff schon wieder vorbei. Diese Reise war zu einer Zeit, als Mallorca und Gran Canaria noch nicht zum Standard-Repertoire des deutschen Urlaubers zählte, etwas ganz Ungewöhnliches und wurde von uns auch als solches empfunden! Als besonders eindrucksvoll auf dieser Fahrt ist mir in Erinnerung, wie unser Topsoffizier seine Kadetten beim Passieren der englischen Kanalküste um sich versammelte und berichtete, wie er hier als junger Seekadett im Jahre 1942 den Kanaldurchbruch auf dem Schlachtschiff „Gneisenau" miterlebte. Und als wir später in den Schären nördlich von Göteborg waren, wurde ein Kutter ausgesetzt, und eine Delegation der Besatzung besuchte das Grab des Dichters Gorch Fock auf der Insel Stensholmen. Dort wurde ein Kranz niedergelegt, genau so, wie wir es schon am Niobe-Denkmal auf Fehmarn am Jahrestag des Unterganges dieses Segelschulschiffes der Reichsmarine getan hatten. Dass wir auf diese Weise ganz sacht an die Traditionen der Marine herangeführt wurden, ist mir auch erst im Nachhinein bewusst geworden.

Wie so vieles, was uns auf der „Gorch Fock" vermittelt wurde, für uns nicht direkt und gleich klar erkennbar war. Da waren zum einen die beengten Lebensumstände, denen wir ausgesetzt waren (Landgang und Freizeit wurden zudem klein geschrieben!), da war der ständige Druck von außen durch die – nicht immer nur wohlmeinenden – Vorgesetzten, da war die erlebte Erkenntnis, dass ein Mann alleine nur wenig oder gar nichts bewirken konnte: Nur in der Gemeinschaft – dem „Team" – war etwas zu erreichen. Da war die von Gleichgestellten und von Vorgesetzten erfahrene Kameradschaft (aber auch zuweilen das krasse Gegenteil davon), all dieses schweißte uns zusammen und ließ uns innerlich wie äußerlich wachsen und reifen.

Einige der beliebten Strafen für Unbotmäßigkeit oder mangelndes Wissen erschienen uns unmittelbar als Schikanen. Doch sie hatten aber zum Zwecke der Erziehung und Ausbildung durchaus ihren Sinn und ihre Berechtigung. Hierbei sei das mühsame meterweise Knüpfen von „Tausendbein" zu erwähnen (eine Art Fender um einige Stagen als Schutz gegen Durchscheuern von Tauen), das Malen einer „Flunder" (eine Draufsicht auf das Schiff mit Bezeichnung sämtlicher laufender Taue), oder das Üben des korrekten „Glasens" mit einer Pütz und einem Belegnagel in der Hand bei einem Rundgang über Oberdeck unter Aussingen und Schlagen eines 24-Stunden-Durchlaufs. Hinterher machten wir hierbei keine Fehler mehr!

Natürlich mussten wir auch täglich Logbuch führen, nach entsprechend vorgegebenen Kriterien. Alle zwei Wochen wurde es dem Ausbildungsoffizier vorgelegt und von diesem mit kritischen, ermunternden oder weniger ermunternden Kommentaren versehen zurückgereicht. Dieses Logbuch stellt heute ein wertvolles Erinnerungsstück dar; eine Doppelseite des Logbuchs Ralf Dahl von 1962 sei hier abgedruckt.

Ein besonderes Kapitel war das abendliche Singen an Oberdeck. Beinahe jeden Abend, wenn es irgend ging, durften wir das Lied von dem „weißen Schiff, das wir alle so lieben, und dessen Segel sich weiß blähen", singen und damit, wie auch mit anderen Gesängen, für ein wenig Seemannsromantik sorgen. Einer der Offiziere hatte das Lied geschrieben und wollte es nun natürlich häufig gesungen hören. Heute noch bekommen einige Crewkameraden eine Horror-Gänsehaut beim Klang dieser Melodie.

Von der Theorie und der praktischen Anwendung des Segelns haben wir eigentlich zu wenig gelernt. Während der Segelmanöver zogen wir meist nur befehlsgemäß an den uns zugewiesenen Tampen und waren froh, wenn wir unsere Arbeit zufriedenstellend durchgeführt hatten und es keine Ausstellungen durch die Vorgesetzten gab. Für Erklärungen, warum und wieso und was damit bewirkt wurde, blieb leider meistens nicht die erforderliche Zeit.

Wenn ich aber heute, aus der zeitlichen Distanz von 40 Jahren, unsere dreimonatige Zeit als Kadett auf dem Segelschulschiff betrachte, so komme ich nicht umhin einzugestehen, dass dieser Ausbildungsabschnitt für uns junge Offiziersanwärter ein ganz wesentlicher Bestandteil der charakterlichen Bildung und des Zusammenwachsens unserer Crew zu einer Gemeinschaft war, einer Gemeinschaft, die über all die Jahre Bestand gehabt hat und auch heute noch hat. Ich bin froh – und auch ein wenig stolz – auf der „Gorch Fock" gedient zu haben und möchte diese Zeit nicht missen.

Wolf Dahl

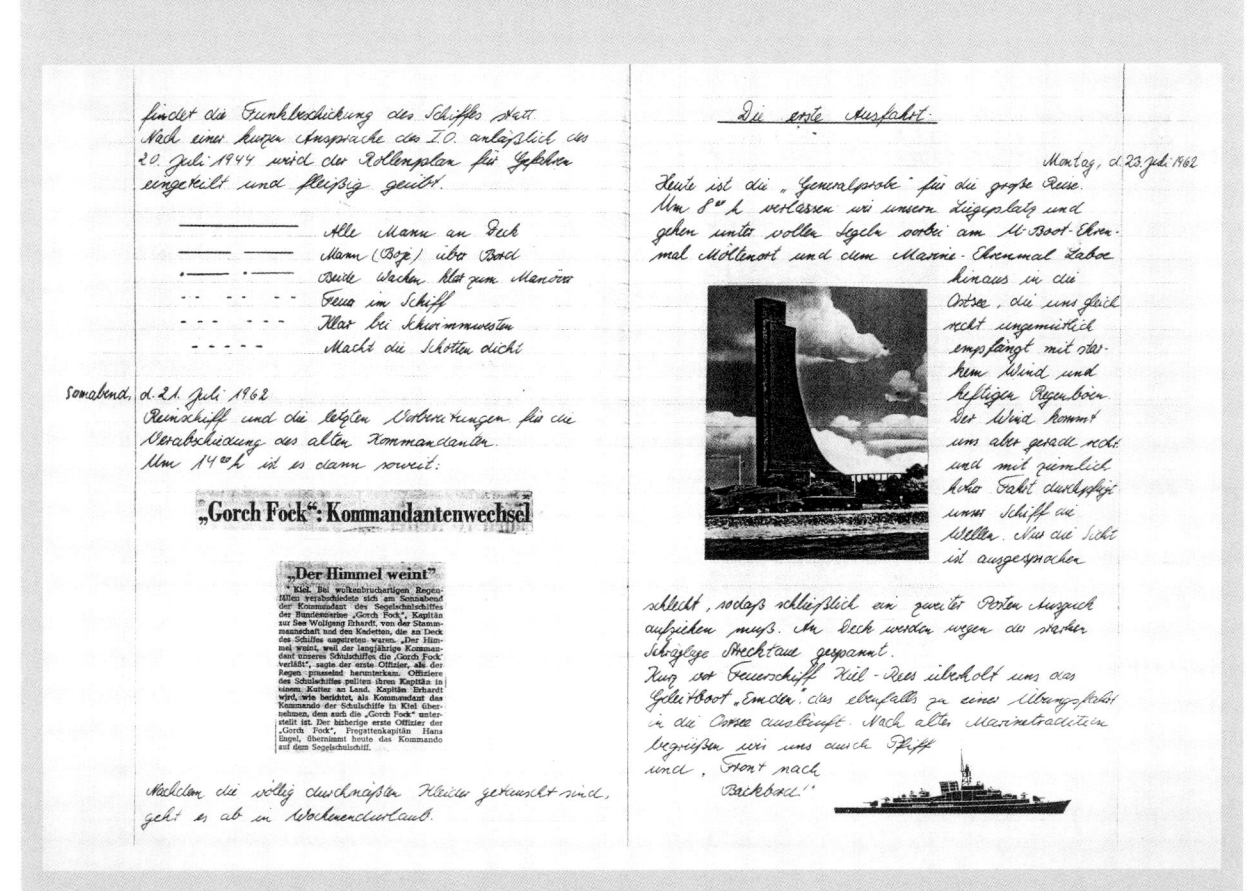

Eine Seite aus dem „Logbuch für Ralf Dahl, S. S. S. Gorch Fock" von 1962

Fischereifahrzeuge in Schleswig-Holstein

Zu allen Zeiten gehörten Fische zu den Grundnahrungsmitteln. Um den Fischreichtum der Gewässer zu nutzen, entwickelte der Mensch Fanggeräte wie Angeln, Reusen oder Netze und baute Boote. Die Ureinwohner der schleswig-holsteinischen Halbinsel waren Sammler, Jäger und Fischer. Archäologische Funde aus der älteren und jüngeren Steinzeit wie aus Knochen gefertigte Harpunen, Netzstricknadeln oder Angelhaken belegen eine teilweise intensive Fischereitätigkeit. Bekannt sind die Funde in Nordschleswig bei Flensburg, in Dänemark bei Harderslev und Tønder, im Holsteinischen bei Rendsburg und Groß-Rönnau an der Trave, in Duwensee und auf der Insel Föhr.[1]

Etwa 10.000 Jahre lässt sich die Geschichte des Schiffes zurückverfolgen. Damit dürfte es das älteste Verkehrsmittel sein, das sich der Mensch geschaffen hat. Schiff bedeutet ursprünglich „Gefäß". Zu den Urzellen zählen der hohle Baum, die aufgeblasene oder über ein Gerüst gespannte Tierhaut sowie die Tonschale.[2]

Zu den frühesten für den Fischfang genutzten Fahrzeugen gehören Einbäume, gefertigt aus Eichen- oder Weißtannenstämmen. Die Boote, seit der Steinzeit an den Küsten wie im Binnenland bekannt, bieten dem Fischer besondere Vorteile, da im Bootsinnern kein Spanten und kein Nagel die Arbeit mit dem Netz stören. Zu den ältesten zählt der 1878 in einem früheren Wasserlauf durch das Vaaler Moor am Elbenebenfluss Wilsterau gefundene Einbaum.[3]

Mit dem Aufkommen von Steinäxten und Steindechseln war es möglich, Einbäume herzustellen. Weiterentwickelt wurde dieser Schiffstyp im Setzbordschiff, einem mit einer Planke vergrößerten Einbaum. Der Kahn, ein kleines, flachbodiges Ruderboot, bildet den Übergang vom Einbaum zum Plankenboot. Er besteht aus einer Bodenfläche und zwei darauf befestigten großen Plankenbrettern. Der Kahn wurde wiederum typologisch abgelöst vom Plankenschiff, das in Klinkerbauweise mit dachziegelartig überlappenden Außenhautplanken gebaut wurde. Das älteste Plankenboot von etwa 10 m Länge stammt aus der vorchristlichen Zeit und ist im Moor von Hirschsprung auf Alsen gefunden worden. Aus der Völkerwanderungszeit, aus dem 4. Jahrhundert, stammt das Nydam Boot, ein Fund bei Sytrup im Sundewitt. Dort fand sich ein großer Netzrest, der nach Maschenweite und Garndicke wohl zum Fang größerer Fische gedient hat.[4]

Die wichtigste Voraussetzung für die Weiterentwicklung der Fischerei, das Klinkerboot, geht auf die Nordgermanen zurück und ist nach Bauweise der Wikingerschiffe gefertigt. Jene mit schmalen Steven scharfgeschnittenen Boote mit Kiel oder Kielplanke wurden im ostdeutschen flachbodigen Klinkerkahn nachgebaut.[5] Auch das norddeutsche Klinkerboot wurde – mit Ausnahme seines platten Bodens – im groben wie das Wikingerboot konstruiert, allerdings unter Verzicht auf die feinen Biegungen des Seeschiffs.[6] Das

Nordischer Kahn in Klinkerbauweise, Sylt; aus: Mitzka 1975, S. 87

Kielboot, ausgezeichnet durch Kiel, Klinker und Spiegel, wurde zu einem Allerweltstyp.[7] Diese genannten Bootstypen sind vielfach Vorläufer der Fischereifahrzeuge in der Binnen- und Küstenfischerei, wie sie im folgenden dargestellt werden.

Kenntnisse über Fischereitätigkeit und Boote in Schleswig-Holstein haben wir durch prähistorische Funde und Berichte der römischen Schriftsteller, ferner durch mittelalterliche Urkunden über Fischereirechte für die See-, Strom- und Teichfischerei sowie von Zünften. Als Quellen sind außerdem Chroniken des 16. und 17. Jahrhunderts und Berichte von Reiseschriftstellern des 19. und frühen 20. Jahrhunderts zu nennen. Darin werden der Gebrauch verschiedener Bootstypen und das Fanggebiet beschrieben, die Fangtechniken und das Fanggut benannt, ebenso die Fischarten und die Fangzeiten. Darüber hinaus sind systematische volkskundliche und historische Studien (Seehase, Mitzka, Illig) heranzuziehen wie auch Untersuchungen zum Schiffbau und zur Fischereitechnik (Schnakenbeck) sowie Bootsfunde, Modelle oder systematische Aufmessungen, die von Schifffahrtsmuseen durchgeführt wurden (Timmermann). Eine Bereicherung stellen die drei Fischerkähne aus den Ortschaften Lübeck-Gothmund, Kiel-Ellerbek und Schleswig-Holm dar, die im Zentrum der 1999 in den Volkskundlichen Sammlungen auf dem Schleswiger „Hesterberg" eingerichteten Dauerausstellung „Fischer – Boote – Netze" stehen.[8]

Das Fischereifahrzeug nimmt unter den Schiffen eine Sonderstellung ein, da es nicht nur dem Transport von Lasten (Gütern, Geräten und Personen) dient, sondern auch zum Aussetzen und Einholen sowie zum Schleppen von Fanggeräten. Der Typ des Fischereifahrzeugs ist abhängig von der Küstengestalt, von der Produktivität der Fanggebiete, von Seegang und Wellenbildung, von der gewählten Fangmethode und auch von den traditionellen Baugewohnheiten des Ortes oder der Region.

Ein weiteres Kriterium für die Art der Fanggeräte wie der Fangfahrzeuge ist die Frage des Bedarfs, ob es sich um Gelegenheits-, Klein-, Nebenerwerbs- oder Eigenbedarfsfischerei auf der einen oder um Berufsfischerei auf der anderen Seite handelt, der Fang also der Eigenversorgung des Fischers, des Ortes oder der Gegend dient oder eher für die Versorgung des Binnenlandes oder sogar für den Export bestimmt ist.

Fischereifahrzeuge sind Verkehrsmittel, den Fischer und sein Gerät an die Fangstelle zu bringen und gegebenenfalls das Fanggut zu bergen und zu transportieren. Das erfordert bestimmte Stabilitätseigenschaften besonders im Hinblick auf die verschiedenen Seegangsverhältnisse. Beim Schleppen des Netzes ist die Antriebsart des Schiffes zu berücksichtigen, ob sie durch Rudern, Segeln oder Motorkraft erfolgt, die jeweils eine bestimmte Form des Schiffsrumpfs verlangten.[9] Das gilt auch für die drei großen Gruppen von Fischereigeräten, die mit jeweils anderen Fangprinzipien ebenfalls Auswirkungen auf die Konstruktion der Boote haben: Waden, Treib- und Schleppnetze. Treibnetze wirken wie sperrende Wände, welche die dagegenschwimmenden Fische an den Kiemendeckeln fangen. Schleppnetze werden über den Grund gezogen, um so die Fische in dem bestrichenen Raum im Netzsack zu sammeln. Mit einer Wade werden in einem gewissen Gebiet die darin enthaltenen Fische eingeschlossen und dann heraufgeholt. Bei der weiter entwickelten Ringwade wird ein vorher festgestellter Fischschwarm umstellt.[10]

Das motorgetriebene Fahrzeug hat viele ältere Bootstypen verdrängt. Im Zeitalter der Industrialisierung des 19. Jahrhunderts fand eine Spezialisierung auf der einen und Nivellierung der Fischereifahrzeuge auf der anderen Seite statt. Seit 1850 erlebte die Fischerei einen bedeutenden Aufschwung, da der Nahrungsmittelbedarf durch das rasche Anwachsen der Bevölkerung stetig stieg. Das neue Transportmittel Eisenbahn brachte die empfindliche und leicht verderbliche Ware direkt in die Zentren des Fischkonsums, und mit neuen Konservierungs- und Kühlverfahren erschlossen sich weitere Absatzmärkte. Diese Entwicklungen bewirkten nachhaltige Veränderungen für die Entwicklung des Fahrzeugbaus und der Fangtechnik in allen Fischereigebieten, sowohl im Binnenland als auch in den beiden Küstengebieten.

Fanggebiete

Schleswig-Holstein erhält sein Gepräge durch die beiden Meere, Nord- und Ostsee, sowie durch die vielen Seen und Flussläufe. Die Fischerei in Schleswig-Holstein teilt sich in die Hochsee-, Küsten- und Binnenfischerei, zu der die Seen- und Flussfischerei und im Mittelalter auch die Teichwirtschaft der Klöster im südlichen und östlichen Holstein gehörten, wo edelste Fischarten gezüchtet wurden. Zu den Hauptstätten der Fischerei gehörten bis weit in das 20. Jahrhundert hinein die Elbmündung mit den Orten Blankenese und Neufeld, an der Nordseeküste die Hafenstädte Friedrichskoog, Büsum, Tönning und Husum, an der Ostseeküste die Orte Schlutup, Neustadt, Kiel-Ellerbek, Lübeck-Gothmund, Eckernförde und Flensburg, an der Schlei Schleswig-Holm, Arnis und Maasholm. Im Binnenland wurde auf den Seenplatten (Ratzeburg, Mölln, Drüsensee und Schalsee) und in Südostholstein (Segeberg, Eutin, Plön, Preetz) wie auf den Flüssen Trave, Stör und Eider eine bedeutende Fischerei ausgeübt.[11]

Binnenfischerei

Seenfischerei

Die Seen- und Flussfischerei hat eine lange Tradition. Mit Reusen, Angeln und Waden werden bis heute Aal, Hecht, Barsch, Brasse, Plötze und andere Arten gefangen. Da die Versorgung der Bevölkerung mit Fisch dabei nur noch von geringerer Bedeutung ist, sind heute eher Edelfische wie Hecht, Moräne, Aal und Zander gefragt. Von Gewässerverunreinigungen und Verbauungen der Ufer sind besonders die Flussfischereien betroffen, die in Schleswig-Holstein kaum noch existieren. Die Seenfischerei kann heute nur noch durch Fischbesatzmaßnahmen den Erhalt der Bestände sichern.[12]

Kennzeichen der Seenfischerei ist der Fang mit der Zugwade, einem sehr alten Fanggerät, das allein mit Menschenkraft oder mit einfachen Booten gehandhabt werden kann und bereits den Griechen und Phöniziern bekannt war. Waden sind Geräte, die halbkreisförmig im Bogen ausgefahren werden und lediglich eine Strecke mit den Fahrzeugen treiben. Sie werden durch das Heranziehen an den Strand oder an das Fahrzeug über den Grund geschleift. Das Offenhalten des Netzes geschieht dadurch, dass das Netz von zwei Fahrzeugen geschleppt wird oder die Leinen am Fahrzeug an verschiedenen Stellen festgelegt werden.[13]

Die Wade besteht aus den beiden Flügeln und dem Hamen, einem sackförmigen Netz, in das die Fische hineingetrieben werden. An den Flügeln sind Leinen befestigt, die in die Boote führen und mit einer Winde allmählich aufgewunden werden. Der Fang geschieht von zwei entfernt voneinander liegenden Kähnen, wobei zu je einem Boot ein Flügel gehört. Die Fischer verständigen sich durch Zurufe, wie weit schon aufgezogen wurde. Zum Schluss müssen beide Kähne eng nebeneinander liegen, um den Hamen gleichmäßig einzubooten.

Als Fangboot wird ein Kahn benutzt, der einen einfachen Kiel besitzt, sonst aber abgeflacht und aus einfachen Planken gebaut ist. Im Vorderteil befindet sich die Winde, bestehend aus Holzkörper und Wadenhölzern, zum Aufwinden der Wadenleine. In älteren Kähnen wurden die Fische in den Vorderteil des Kahns geworfen. Neuere Kähne besitzen einen Fischkasten oder Bünn zum Frischhalten des Fangs. Um ein Sinken des Bootes zu verhindern, sind die Querbretter des Fischkastens mit Pech abgedichtet. Zur Ausrüstung des Kahns gehören Ruder, ein Lateinersegel, eine Wasserausschöpfschaufel (Ösmolge) und eine Stoßkeule, um durch den entstehenden Lärm die Fische in das Netz zu treiben. Die Wade wird zwischen 50 und 200 Metern ausgeworfen. Gefangen werden Barsche, Hechte, Brassen, Rotaugen, Kaulbarsche, Rotfedern, Güstern, Schleie, vereinzelt Welse, vor allem Aale und Aalquappen.

Ferner wird der Kahn für die Stellnetzfischerei mit Fischkorb und Fischreuse und die Fischerei mit dem Senknetz, einem quadratischen Netztuch, wie auch mit der Angel genutzt.[14]

Fluss- und Stromfischerei

Schlei

Die Schlei erstreckt sich bis Schleswig. Das Wasser verliert auf dem langen Wege allmählich den Salzgehalt, so dass die Seefische ab- und die Süßfische zunehmen. Der im Frühjahr aus der offenen See in die Schlei einziehende Hering wird eifrig verfolgt, in Maasholm mit gewaltigen Netzwänden, mit Heringsreusen und mit großen Fischzäunen aus Holzgeflecht vor al-

Wadenfischerei mit zwei großen, aus einfachen Planken gebauten Wadenkähnen. Im Vorderteil befindet sich die handbetriebene Winde, bestehend aus Holzkörper und Wadenhölzern, zum Aufwinden der Wadenleine. Stiftung Schleswig-Holsteinische Landesmuseen Schloß Gottorf

lem bei Kappeln. Neben den stehenden Geräten wird der Hering noch mit Netzen, Waden und Angeln gefangen. Vor dem Holm bei Schleswig kommt noch der Fang von Süßwasserfischen hinzu.[15]

Kahn mit einem Senknetz oder „Sink" zum Aalfang. Die quadratische Netzfläche, befestigt an zwei gekreuzten Eisenstangen, wird auf den Grund gesenkt und nach einiger Zeit wieder aufgeholt. Foto: Johannes Weyh

Der Schleikahn, mit einem Plattrumpfboden versehen, diente den Fischern dazu, ihre Stellnetze und Reusen auszubringen. Auf Kurzstrecken wurde gerudert, Segeln war ebenso möglich. Der Mast führte durch eines der vorderen Bänke. Das Boot besitzt wegen des Plattbodens keinen Kiel, sondern nur einen Vorder- und Achtersteven. Die Planken sind in Klinkerbauweise angebracht. Die Boote besaßen ursprünglich ein Sprietsegel, später erhielten sie einen Motor. Untergebracht waren die Boote in kleinen Kahnstellen, am Ufer geschützt liegende Kleinsthäfen.[16]

Die Fischer von Kappeln nutzten die Boote zum Unterhalt der festen Heringszäune, die Arnisser stellten Reusen aus, die Maasholmer fuhren mit den Kähnen auf die offene See hinaus, die Holmer Fischer benutzten Netze für den Fischfang.

Die traditionelle Holmer Fangtechnik ist die Wadenfischerei, die bereits im Mittelalter betrieben wurde. Die Wade, hier Woi genannt, ist ein großes, U-förmiges Zugnetz mit einem Fangsack (Hamen) in der Mitte, das von acht Fischern auf zwei Booten gehandhabt wird. Sie bilden die Wadengemeinschaft, eine Partnerschaft beim Fang als auch beim Verkauf und Verteilen des Erlöses. Im Frühjahr werden Heringe, im Sommer Aale, im Herbst wieder Heringe und im Winter Karpfen, Barsch, Hecht, Dorsch, Brasse und Zander gefangen. Man betreibt heute Kleinfischerei mit Stellnetzen, Reusen und Aalschnüren oder „Trietzen", kleinen Waden für zwei Mann auf einem Boot.[17]

Für die Netzfischerei mit der Wade unterschied man den kleinen Beikahn und den größeren Woi-Kahn, den Wadenkahn. Mit dem Wadenboot wird die Wade ausgeworfen und der Heringsschwarm eingekreist. Gebaut wurden die Holmer Fischerkähne auf fünf, sieben oder neun Spanten in Längen von etwa sechs bis elf Metern, bei einem Verhältnis von Länge zu Breite wie fünf zu eins. Die Beplankung wurde in drei Gängen geklinkert aufgesetzt. Der Woi-Kahn war etwa elf Meter lang und wurde mit sieben Mann Besatzung gefahren. Ein weiterer Mann zog mit dem Beikahn die Wade um den vermuteten Heringsschwarm herum.[18]

Auch das Aalwadenboot auf der Schlei ist ein Plattbodentyp, das 1868 mit dem Netz, der Aalwade, aus Dänemark eingeführt wurde. Später wurden von diesen Booten auch Angeln ausgesetzt. Die Bauart entspricht den Wadenkähnen, nur sind sie etwas breiter. Auch zum Aufstellen von Reusen und anderen Stellnetzen benutzt man plattbodige Kähne.[19]

Trave

Seit dem 12. Jahrhundert ist die Fischerei auf der Trave urkundlich belegt. Die Hauptfangarten waren neben der Stellnetz-, Reusen- und Schnurfischerei wie auf der Schlei auch die Fischerei mit der Wade.[20]

Der Fischerkahn hatte einen flachen Boden, war aus Eichenplanken gezimmert und braunschwarz geteert. Der Kahn hatte zwei Mann Besatzung und konnte mit einem viereckigen Sprietsegel und einer Fock gefahren werden.[21]

Die Fischer in Lübeck-Gothmund besaßen – wie bei den Holmer Fischern bereits beschrieben – ebenfalls zwei Kähne, den großen Wadenkahn und einen kleinen Kahn, den Lüttkahn. Die fortschreitende Industrialisierung hatte Auswirkungen auf den Fahrzeugbau, auf den Einbau der Motoren und die Verwendung neuer Materialien wie auch auf die Fischereitechnik. Die Wadenfischerei erfuhr eine Erweiterung durch die Ringwade in den 1920er Jahren, wenn auch nur mit kurzzeitigem Erfolg durchgeführt.[22]

Der kleine Kahn wurde zudem für die Fischerei mit dem Zughamen und für die Schnur-, Stellnetz- und Reusenfischerei gebraucht. Vor allem Aale, aber auch Weiß- und Köderfische wurden damit gefangen. Die Stellnetze, treibende Netzbahnen, werden zum Fang von Fischschwärmen genutzt.[23]

Belegt ist der Lüttkahn des Gothmunder Fischers Hans Jürgen Hinrich Witt (GOT 35), einer der drei Fischerkähne in den Volkskundlichen Sammlungen auf dem Schleswiger „Hesterberg". Es ist ein Blockkahn, der sich in seiner Konstruktion auf Einbäume zurückführen lässt. Vorder- und Achtersteven sind aus einem Eichenholzblock gefertigt und mit Boden- und Seitenplanken miteinander verbunden. Der Kahn ist ein Flachbodenfahrzeug, das sich leicht an Land ziehen lässt und mit dem der Fischer über Untiefen hinwegfahren kann. Der Kahn besteht aus drei Teilen, dem Vorderkahn zum Aufbewahren von Kleidung, Proviant und Papieren, dem Mittelkahn zur Lagerung des Fangs, der bei Bedarf zum Frischhalten der Fische geflutet werden konnte, und dem Achterkahn mit Sitzbrett, Steuerruder und Motor.[24]

Eider, Stör

Während auf der Trave ebenso wie auf den Seen mit ähnlichen Fangmethoden gefischt wird, unterscheidet sich die Fischerei auf der Eider, Stör, Treene und in den Sielzügen und Gräben der Marsch erheblich von der übrigen Binnenfischerei in Schleswig-Holstein. Die Wade, Charakteristikum der Trave- und Seenfischerei, ist auf Stör und Eider, wie überhaupt an der Nordseeküste, unbekannt.[25]

Die Fischerei auf der Eider wurde vom Störfang geprägt. Die Boote der Eiderfischer waren mit Rudern ausgerüstet. Sie kamen ohne Mast und Segel aus und konnten im Bugbereich eine zeltartige Überdachung aufschlagen, unter dem die Fischer bei mehrtägigen Fangfahrten schlafen konnten.[26] Der Stör wird mit einem 20 bis 30 m langen Netz gejagt, das durch Pimpel

(Holzstückchen) eine treibende Wand bildet, in die sich der Stör oder Lachs verfängt.[27]

Das Störfischerboot auf der Eider gehört zu den plattbodigen Typen, das an die Wadenkähne der Ostsee von Flensburg bis Mecklenburg erinnert. Selbst die Beplankung war im Gegensatz zu der an der Nordsee üblichen Karweelbauart in Klinkerart, mit dachziegelartig überlappenden Planken, ausgeführt. Die Boote hatten eine Länge von etwa 4,50 m. Zum Aufwinden der 3 bis 4 m langen Netzpfähle besaßen die Störboote eine Winde mit Handspaken.[28] Dieser Bootstyp starb 1935 aus, als mit dem Bau der Schleuse bei Drage/Nordfeld in den Jahren 1933/36 die Störfischerei auf der Eider allmählich zurückging. In den 1930er Jahren sind die Eiderboote kaum noch bekannt, stattdessen wurden gewöhnliche Boote gebräuchlich. Seit der Eiderabsperrung bei Tönning im Jahre 1973 ist kein Stör mehr gefangen worden.[29]

Neben diesen bekannteren Fahrzeugtypen gab es gerade im Bereich der Klein-, Neben- oder Gelegenheitsfischerei für besondere Fanggeräte eine Vielzahl kleiner Spezialfahrzeuge. Es sind primitive Kastenformen, Handkähne mit gut 4 m Länge und 1,40 m Breite, wie beispielsweise im Gebiet der Stör. Achtern war ein Spiegel angebracht, vorn konnte man gegen das Ufer fahren und den Kahn über das Vorschiff verlassen oder besteigen. Daneben findet man noch große Kielboote, karweel- oder klinkergebaut. Diese Boote hatten eine Bünn, konnten gerudert oder mit einem Luggersegel (Lateinersegel) gefahren werden. Dies ist ein unregelmäßig viereckig geschnittenes Segel, das an einer schräg gestellten, zu einem Drittel aufgehängten, Querstange angebracht ist. Später wurden diese Kleinfahrzeuge motorisiert.[30]

Küstenfischerei

Ostsee

Im schleswig-holsteinischen Teil der Ostsee unterscheidet man die Fischereigebiete von Flensburg bis Schleswig über Maasholm, ferner Kiel und Eckernförde sowie die Orte um die Kieler Bucht, Heiligenhafen und Fehmarn.

Im Vergleich zur Nordseefischerei ist die Überlieferungslage weitaus günstiger. Die Fischersiedlungen Holm bei Schleswig, Alt-Ellerbek in Kiel, die Neustädter, Schlutuper und Gothmunder bei Lübeck sind seit dem 12. Jahrhundert belegt. Verkaufsordnungen über den Absatz von Heringen und Dorschen durch den Lübecker Rat im Jahre 1360 dokumentieren die volkswirtschaftliche Bedeutung der Ostseefischerei. Einen weiteren Beweis für ihren hohen Entwicklungsstand liefern die Zunftrollen aus dem 15. Jahrhundert. In der Amtsrolle der Neustädter Fischerzunft von 1474 wird neben dem Herings- auch der Krabbenfang erwähnt. Im 16. Jahrhundert erreichte die schleswig-holsteinische Ostseefischerei ihren Höhepunkt, Fischplätze wie Flensburg und Eckernförde kamen hinzu.[31]

Früh belegen Quellen die Fangtechnik, die als typisch für die Ostsee- und Binnenfischerei gilt: die Wadenfischerei. Im 13. Jahrhundert wurde in der Lübecker Bucht mit Kähnen und Netzen, wahrscheinlich Waden, gefischt. In der Folgezeit wurde diese Netzart an der gesamten Küste beim Herings- und Krabbenfang – wie in Urkunden aus dem 14. Jahrhundert überliefert – am beliebtesten. Aus dem 16. Jahrhundert wird die Wadenfischerei an der Kieler Förde in einem Bericht und in einem Kupferstich in der Eckernförder Bucht belegt.[32] In der Lübecker, Neustädter, Kieler, Schleswiger und Eckernförder Fischerei wurden hauptsächlich Herings-, Butt- und Dorschfang mit der Wade betrieben. Ferner findet sich auch die Krabbenfischerei, wobei die Krabbenwade aus engeren Maschen bestand. Wadenfang, Korbfischerei und Aalstechen geschahen vom Kahn aus, zu dem Dollen (Ruderstützen) und Ruder gehörten und der mit einem Segel ausgestattet war.[33] Der Begriff Kahn gehört im deutschen Küstengebiet der Ostsee zu den ältesten urkundlich bezeugten Bootsbezeichnungen, belegt in der Anklamer Zollrolle von 1302.[34]

Als ältestes Fischereifahrzeug an der schleswig-holsteinischen Ostseeküste gilt der Einbaum, der hier auch am längsten in Gebrauch war. Je ein Einbaum wurde zu Anfang des 20. Jahrhunderts bei Neustadt und 1957 in Alt-Bürk (Strande) an der Kieler Förde gefunden. Einbäume mit zwei Masten und Sprietsegeln waren reine Fischereifahrzeuge, die Mitte des 19. Jahrhunderts in großer Anzahl auch an anderen Küstenabschnitten der Ostsee anzutreffen waren, wo sie allmählich durch plattbodige Kahntypen ersetzt worden sind.[35]

Der letzte Einbaum aus Kiel-Ellerbek mit zwei Masten und je einem Sprietsegel. Beides konnte beim Rudern und Aussetzen der Netze leicht eingeholt werden; aus: Timmermann 1939, S. 42

Aus Planken gebaute Fangboote der Ellerbeker Fischer mit einem Sprietsegel; Stiftung Schleswig-Holsteinische Landesmuseen Schloß Gottorf

Noch bis weit in das 19. Jahrhundert hinein diente der Einbaum den Ellerbeker Fischerfrauen an der Kieler Förde als Transportmittel, den Fang in einem Hütefass zum Markt nach Kiel zu bringen.[36] Als Fangboote dienten den Ellerbeker Fischern jedoch bereits die aus Planken gebauten Boote, mit denen sie innerhalb der Kieler Förde eine jahreszeitlich bedingte Küstenfischerei betrieben, im Winter und Frühjahr auf Hering, Sprott und Dorsch, im Sommer auf Aal, Makrele und Butt. Daneben gab es noch Krabbenfischerei und Muschelzucht. Als Fischereigeräte dienten Stellnetze, Waden, Reusen und Angeln. Die Boote, offene Jollen und Kähne, waren nur im unmittelbaren Küstenbereich einsatzfähig.[37]

Der letzte Einbaum der Ostsee, ein Ellerbeker Segler mit drei Masten, war bis 1898 in Gebrauch und bereicherte danach die Fischereiabteilung des Altonaer Museums.[38]

Nach der Umsiedlung der Ellerbeker Fischer nach Wellingsdorf im Jahre 1902 besaßen sie noch 12 Quasen (Segelfahrzeuge mit einer Bünn) und 103 Boote, Jollen und Kähne.[39] Der Einbaum verschwand im 19. Jahrhundert, aber seine alte Form blieb an mehreren Fischerplätzen im Bretterschiff erhalten, kastenförmige oder an beiden Enden schmaler werdende Bootskörper.[40]

Außer diesen Kähnen, die nur in kurzer Entfernung von der Küste der Fischerei dienen konnten, gab es auch größere Fahrzeuge. Sie waren in Klinkerbauweise hergestellt, vergleichbar den Booten an der skandinavischen Ostseeküste.[41]

Verschiedene Bootstypen lassen sich für den Ostseeküstenbereich anführen. Das Sandboot ist ein größerer Flachkahn und wurde in Eckernförde gebaut, aber bis nach Travemünde gebraucht. Zwei Mann ruderten diesen Kahn im Stand, während ein dritter am Heck das Boot mit der Pinne steuerte. Der Achtersteven war, wie im westlichen Ostseegebiet üblich, rund.

Im Wadenboot, das mit einer Segeleinrichtung, einem eingebauten Steuerruder und einem Kiel versehen ist, befindet sich außerdem eine Winde zum Heraufholen der Wade, die in dem Winnblock ruht.[42]

Für die Heringsfischerei mit der Heringswade hatte man klinkergebaute Spitzgatfahrzeuge sowohl an der Flensburger wie an der Eckernförder Bucht. Diese Boote führten an zwei Masten je ein Sprietsegel. Drei Duchten zum Rudern und zum Bedienen der Haspel für die Wadenleine erleichterten die Arbeit. Solche Boote zeigt bereits ein Plan der Stadt Eckernförde aus dem Jahr 1657.[43]

Bis zur Mitte des 19. Jahrhunderts sind keine tiefgreifenden Zäsuren in der Entwicklung des Fahrzeugbaus zu verzeichnen, erst in seiner zweiten Hälfte und dann um die Jahrhundertwende. Um 1870 wurde die Fischerei in Schleswig-Holstein nur mit offenen Booten betrieben, auch im Fürstentum Lauenburg und in der Hansestadt Lübeck gab es um 1870 nur offene Segelboote.[44]

Wesentliche Veränderungen im Fahrzeugbau erfolgten erst, nachdem sich die Absatzverhältnisse für den Fang in den großen Städten durch das neue Transportmittel Eisenbahn und durch geeignete Verarbeitungs- und Konservierungsmittel entscheidend verbessert hatten. Die Fischräuchereien erfuhren einen bedeutenden Aufschwung, doch sie nahmen nur Fische ab, die vom gleichen Tag stammten. Die Wadenfahrzeuge der Fischer waren offene Klinkerboote ohne Bünn, ohne Seewasserbehälter zur Lebendhaltung der Fänge. Sie zogen einen Fischbehälter, ein Hütefass oder Hüttfass hinter dem Boot her, in welchem der Butt lebendig blieb, das jedoch ein Hemmschuh für die Boote und eine Gefahr bei schlechtem Wetter war. So war es naheliegend, in die Boote eine Bünn einzubauen, wie es in den dänischen Quasen bereits üblich war. Obwohl der Fischraum für Lebendfisch in allen nordeuropäischen Ländern, an der deutschen Nordseeküste und auch an der westlichen Ostseeküste lange bekannt war, wurde er erst um 1875 an der schleswig-holsteinischen Ostseeküste eingeführt. Neben einer gewissen Schwerfälligkeit der Fischer kann Grund hierfür sein, daß größeren Fahrzeuge wegen der notwendigen Investitionen eine feste Eignergemeinschaft voraussetzten.[45] Die Übernahme der Quasen kann für die Intensivierung der Butt-Fischerei als ebenso bedeutsam bewertet werden wie um 1900 der Einbau von Motoren in die Fahrzeuge.[46]

Die Eckernförder halbgedeckten und gedeckten Quasen hatten eine Länge von 8 bis 10 m und eine Breite von 2,8 m bis 3,2 m. Sie waren mit einem eingebauten Steuerruder und einem Kiel versehen.[47] Beide Typen besaßen ein Großgaffelsegel, ein Gaffeltoppsegel, eine Stagfock und einen Klüver. Sie fischten mit

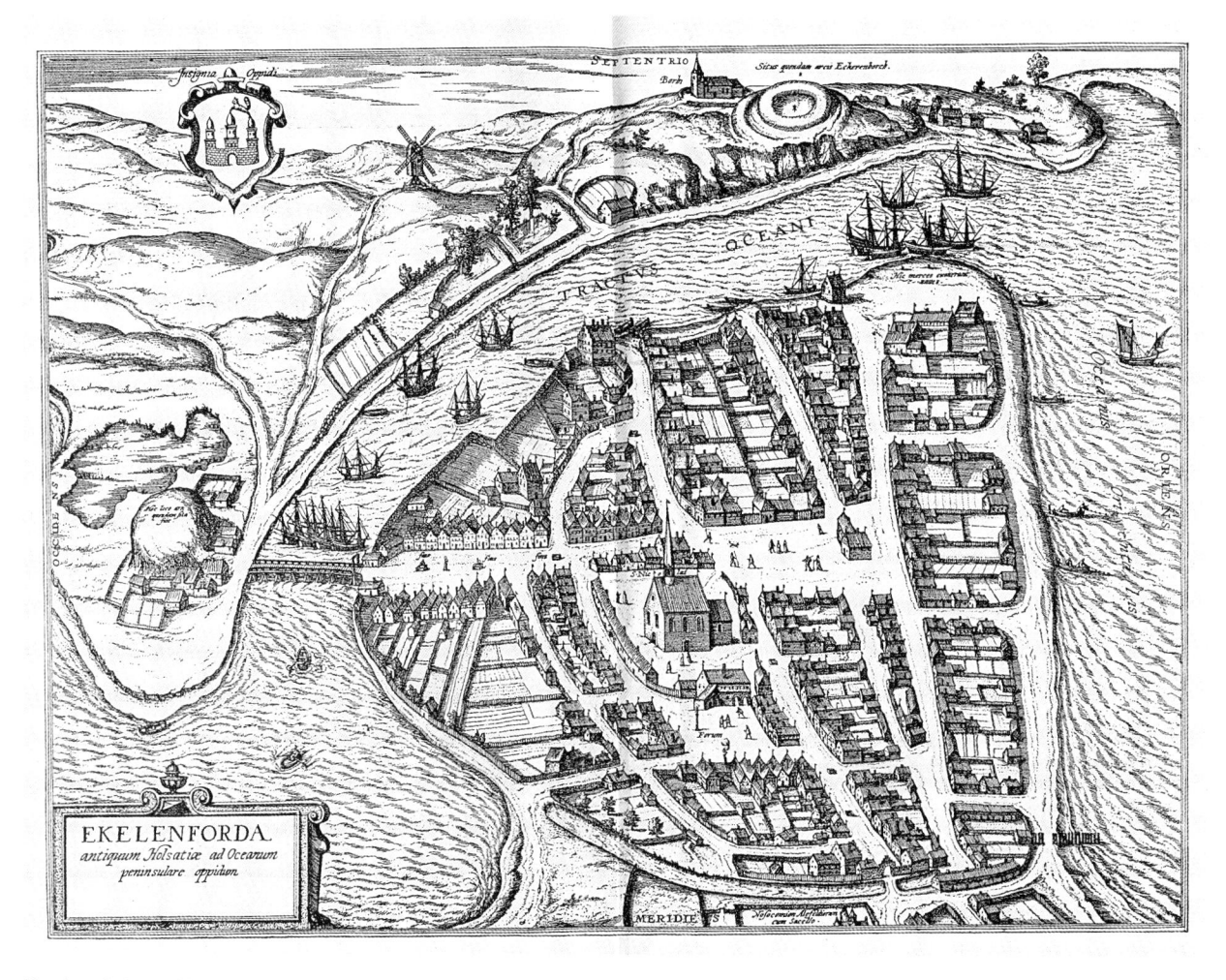

Kupferstich von Eckernförde um 1580 mit der Abbildung von vier Fischerbooten, die ihre Wadennetze aufziehen, rechts ein Heringswadenboot, ein klinkergebautes Spitzgatfahrzeug, für die Heringsfischerei; aus: Christian Kock, 1898, S. 59

Treibnetzen und Stellnetzen zwischen Aarø und Fehmarn im Fehmarnbelt außerhalb der dänischen Hoheitsgrenze.[48] Um 1890 gab es in Schleswig-Holstein 428 Quasen und fast dreimal so viele Boote, Jollen und Kähne, wobei die Kähne zur Schlei, zu Ellerbek und Neustadt gehörten.[49] Noch bis zum Ende des 19. Jahrhunderts waren besonders in der Kieler und Flensburger Förde zwei- bis dreimastige Quasen von 9 m bis 10 m Länge und 3 m Breite mit Sprietsegeln gebräuchlich.[50]

Nach 1890 wurde die Zeesenfischerei, die innerhalb der Dreimeilenzone verboten war, von pommerschen Fischern in Schleswig-Holstein eingeführt. In Verbindung mit der Motorisierung der Fahrzeuge konnte so der Fang auf Plattfische intensiviert werden.[51] Die Besonderheit der Zeesenfischerei besteht darin, dass vorne und hinten am Fahrzeug je ein Baum, Zeesenbäume, ausgesteckt werden, an denen die Schleppleinen befestigt werden, um das Flügelnetz offenzuhalten. Bei der anderen Fangmethode in der Gespannfischerei[52] wurde das Netz von zwei Fahrzeugen geschleppt.

Bedeuteten die Einführung der Quasen und die Zeesenfischerei einen Entwicklungsschub in der schleswig-holsteinischen Ostseeküstenfischerei, so kam als dritte Zäsur die Motorisierung der Fahrzeuge hinzu. Bis zur Mitte des 19. Jahrhunderts reichten die Boote, gemessen an der Versorgungsfunktion, vollkommen aus. Der 1870 gegründete „Deutsche Fischerei-Verein" machte es sich zur Aufgabe, die Fischereifahrzeuge zu verbessern, vor allem Hochseefischkutter zu entwickeln und sie mit Motorantrieb auszustat-

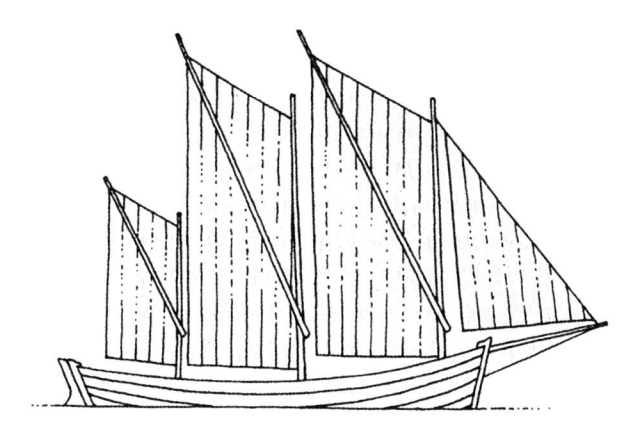

Quase um 1885 mit Spriettakelung; aus: Dudszus 1983, S. 205

ten.[53] Der technische Fortschritt, und hier insbesondere die Entwicklung der Verbrennungskraftmaschine um die Jahrhundertwende, verlangte, diese Antriebsart auch für Fischereifahrzeuge zu verwenden. Ab 1902 setzte sich der Deutsche Seefischerei-Verein für die Motorisierung der Fischereifahrzeuge ein und beteiligte sich daran, Motorentypen auf Kuttern testen zu lassen. Vorzüge des Motors waren, neben einem besseren Fangergebnis, eine größere Manövrierfähigkeit in den Häfen und auch beim Aussetzen des Fanggeschirrs zu erlangen. Vorbild war wiederum die dänische Fischereiflotte, die bereits in großem Umfang mit Motoren ausgerüstet war, die ihr im Wettbewerb um die Absatzmärkte Vorteile verschafften.[54]

1908 veranstaltete der Deutsche Seefischerei-Verein daher eine Ausschreibung mit dem Ziel, Motoren und Winden für deutsche Fischereifahrzeuge zu entwickeln. Ein Petroleum-Motor wurde in die Laboer Quase „Willi" eingebaut und ein Rohölmotor in die Eckernförder Quase „Ida". Ein Deutz-Motor, der Sieger der Ausschreibung, erhielt seine Erprobungsphase auf einem Nordseekutter. Wenngleich diese ersten Motoren eher als Hilfsmotoren zu bezeichnen waren, rüstete man bis 1914 an der Ostsee 529 Kutter und kleine Strandboote mit Motoren sowie kleine, offene Boote, die kein Ruderhaus hatten, aber über ein Segel verfügten, mit einem Benzinmotor aus.

Ein anderes, mächtiges Gerät hatte in Eckernförde seinen Ausgangspunkt, die Ringwade. Die erste Ringwade mit dem dazugehörigen Fahrzeug wurde nach dem Ersten Weltkrieg aus Dänemark beschafft. Die einheimischen Handwadenfischer fürchteten für ihre angestammte Fangmethode eine schwere Konkurrenz, so dass zunächst die Ringwade hier keine An-

Motorgetriebene Quase am Strand von Stakendorf mit eingebautem Fischbehälter, links Motorboot ohne Bünn, eine Strandwinde und Pfahlreihen zum Netzetrocknen; aus: Henking 1929, Abb. 18

wendung fand. Das Fanggerät gelangte nach Lübeck, und man fischte damit von Travemünde aus mit großem Erfolg. In der Folge wurden doch in Eckernförde Ringwaden eingeführt, ebenso in Kappeln, Arnis, Maasholm und Kiel. Sehr bald bildeten sich die Orte Travemünde und Eckernförde als Zentren der Ringwadenfischerei heraus.[55]

Die Ringwade ist eine Netzwand von 45 m Höhe und 360 m Länge und bedeckt etwa die Fläche von 1,5 ha.[56] Sie besitzt keinen Fangsack wie die Zugwade, sondern besteht aus einer großen Netzwand, die zu einem Ring geschlossen wird. Das Netz wird am Untersimm zugezogen, so dass es einen geschlossenen Beutel bildet. Das Gerät fischt in oberflächigen Wasserschichten, man setzt es da aus, wo das Peilboot einen Fischschwarm festgestellt hat. Die Ringwade stammt aus Nordamerika und ist in Maine 1837 von einem Fischer erfunden worden. Von dort aus gelangte das Fanggerät über die skandinavischen Länder um 1880 an die deutsche Ostseeküste,[57] von Dänemark 1918 in die Eckernförder Bucht. Nach anfänglichen Erfolgen wurde die Ringwadenfischerei Ende der 1920er Jahre wegen des Preisverfalls und der ausbleibenden Heringsschwärme wieder eingestellt.[58]

Das neue Netz führte zur Konstruktion eines neuen Fahrzeugtyps. Es setzte ein Schiff voraus, mit dem man das Fangobjekt gut umkreisen konnte. Die Bootswerft Mundt in Niendorf entwickelte ein Ringwadenmotorboot, bei dem man auf Mast und Segel verzichtete. Die Motorboote besaßen einen Laderaum, in den der Fang aus dem geschlossenen Ringwadenbeutel mit einem großen Kescher hineingefüllt wurde. Die Netzwinde für die Wadenleinen befand sich auf der Backbordseite und wurde vom Hauptmotor angetrieben.[59]

Der größere Typ hatte eine Länge von 14 m, der Laderaum fasste 20.000 Pfund Heringe, der kleinere Typ konnte 10.000 Pfund Heringe laden. Die Maschine stand hinten, mit festem und geschlossenem Ruderhaus, der Laderaum befand sich in der Mitte, vorn war ein Logis für die Mannschaft. Die Boote besaßen keine Bünn, waren aus Eiche oder Kiefer karweel, mit außen glattem Plankenverband, gebaut.[60] Vorne im Boot befand sich die Trommel mit der Stahldrahttrosse zum Zusammenziehen der an der Unterseite der Ringwade

Motorkutter für die Ringwadenfischerei in der Lübecker Bucht um 1930; Foto: Kirchner

befindlichen Eisenringe, um die Ringwade zu schließen. Bei Nichtgebrauch war das Netz vor dem Deckshaus in einem großen Haufen aufgeschichtet.[61]

Nordsee

Wie bereits für das Ostseegebiet festgestellt, gilt auch der Einbaum an der Nordseeküste als das älteste Fahrzeug. Sein Gebrauch wird von den römischen Schriftstellern Plinius und Vellejus Paterculus für die Elbmarschen und Süderdithmarschen beschrieben. Der Einbaum wurde vom Langschiff abgelöst, das der Seeräuberei und Kriegszügen diente und wegen der vielen Ruderer für Fischereizwecke ungeeignet war.[62]

Vom 5. bis zum 13. Jahrhundert fehlen genauere Kenntnisse, obwohl die Fischerei nicht unbedeutend war, wie die Abfallhaufen unter den Dünen von List auf Sylt beweisen, wo große Mengen von Schollen- und Schellfischgräten und Angelhaken gefunden wurden.[63]

Mit dem Aufkommen der Heringsfischerei zu Beginn des 15. Jahrhunderts entwickelten sich Helgoland, Sylt und Amrum zu bedeutenden Fischereiplätzen. Von 1425 an – für etwa 200 Jahre bis zum Anfang des 17. Jahrhunderts – fand die Heringsfischerei, wie auch der Fang von Kabeljau, Schellfisch und Makrele, vor Helgoland in offenen Ruderbooten statt, betrieben mit 300 m langen Leinen, an der sich bis zu 300 Vorfächer mit Haken befanden. Die Langleinenfischerei fand ihr Ende, als die Heringsschwärme vor Helgoland ausblieben und die Fischerflotten in den zahlreichen Stürmen des 16. Jahrhunderts verlorengingen.[64]

In den Quellen finden sich lediglich Angaben über die Anzahl der Boote und die Stärke ihrer Besatzung, nicht jedoch über Art und Größe der Fischereifahrzeuge. Sie werden urkundlich erwähnt, aber nicht weiter beschrieben. Das gilt auch für die Überlieferung von Nachrichten über verunglückte Fischer-Ewer zu Beginn des 17. Jahrhunderts, die auf Sylt beheimatet waren. Für den Rochenfang mit Netzen benutzte man um

Heringsfänger in der Nordsee. Büsen, dreimastige Schiffe mit einem mittelgroßen Fockmast und einem kleinen Besanmast, werden von offenen Ruderbooten begleitet; aus: Schmidt 1942, S. 21

1665 ebenfalls offene Boote, die als „Fischer-Jolle" bezeichnet wurden, die jedoch, im Gegensatz zu den plattbodigen Ewern, wohl Kielboote waren. Als sich die Rochenfischerei nach 1748 mit den großen Booten nicht mehr lohnte, ging man zur Pieptaufischerei über, einem besatzungslosen Fanggerät, das auf Sylt noch bis 1910 in Gebrauch war.

Bis zum Ende des 19. Jahrhunderts wurde auf Sylt, wie auf Helgoland und Norderney auch, Schellfischfang mit Langleinen mit zweimastigen Booten durchgeführt, die südlich von Westerland zu Wasser gelassen wurden und bei Nichtgebrauch in einem Schuppen lagerten.

Auch bei der Verwendung nordischer Jollen für die Treibnetz- und Angelfischerei und für eine „Chaloupe" für den Rochenfang bei Föhr finden sich in den Quellen keine Angaben über das Aussehen der Fahrzeuge oder über ihre Größe.[65]

Der Niedergang der Heringsfischerei an der schleswig-holsteinischen Nordseeküste und damit der Verlust einer Einkommensquelle wurde nach dem 30jährigen Krieg und nach der Großen Sturmflut von 1634 mit dem Wechsel in die arktische Hochseefischerei aufgefangen. Mit der Beteiligung am Walfang und Robbenschlag vor Island und Grönland konnte ein großer Teil der männlichen Bevölkerung der Westküste, vor allem der Inseln und Halligen, ein gutes Auskommen finden und es zu Wohlstand und Ansehen bringen. Ein Anreiz, in der örtlichen Fischerei zu arbeiten oder sie sogar zu einer Erwerbsfischerei weiterzuentwickeln, fiel somit fort, so dass die Wattenfischerei bis zum 19. Jahrhundert im wesentlichen eine Eigenbedarfsfischerei blieb und ihre volkswirtschaftliche Bedeutung erst mit dem Aufkommen der Berufsfischerei, vor allem mit dem Garnelenfang, wiedererlangte.[66]

In Nordfriesland blieben solche Fangmethoden vorherrschend, bei denen ein kleines Boot ausreichte oder sogar keines benötigt wurde, da die Fanggeräte im Wattenmeer durch Trockenfallen bei Ebbe erreicht werden konnten. Der Fischfang beruhte auf der Ausnutzung von Ebbe und Flut. Den im Gezeitenwechsel wandernden Tieren wurden Zäune (Gaarden) oder Netze (Hamen) in den Weg gestellt, in die sich die Tiere verfingen und dann aufsammeln ließen. Neben den stehenden Fanggeräten (Reusen, Fischzäune) wurden die Tiere auch mit beweglichem Gerät wie Schiebeha-

Fischer beim Reusensetzen, Bongsiel um 1930; Foto: Theodor Möller

men (Gliep) oder Stecheisen gefangen. Doch findet man als Übergangsphase vom Einsammeln des Fangs bei Ebbe zum Fischen mit Schleppnetzen vom Boot aus, dass die kleinen Fahrzeuge bei auflaufendem Wasser zum Einsammeln und Transport der Muscheln oder Garnelen genutzt wurden.[67]

Das von der Elbe bis nach Husum gebräuchliche Boot war die „Quatsche" oder der Schlickrutscher, ein flacher Kahn. Der Boden war in der Länge gewölbt, damit das Schiff sich beim Aufliegen auf dem Watt nicht festsaugte. Um trotzdem gut Kurs halten zu können, war ein keilförmiges Brett, Sog genannt, was Kiel bedeutet, unter den Boden genagelt.[68]

Im 16. Jahrhundert hatte sich die Nordseefischerei zu einem bedeutenden Wirtschaftszweig entwickelt, der sich auf alle größeren Städte erstreckte: Von Husum bis nach Kiel, von Helgoland bis in das südliche Holstein wanderte der Fang des Nordseefischers.[69] Während in Nordfriesland die Fischerei stagnierte, entwickelte sich Büsum in Dithmarschen zu einem Hauptort der Fischerei, als der Ort landfest wurde (1604).[70] Neokorus berichtet in seiner Chronik um 1590 über eine Wattenfischerei mit Ewern, die mit Netzen auf Kabeljau, Stör, Rochen, Schollen, Butt, Stint und Aal betrieben wurde. Eine Fangtechnik, die sicherlich nicht von der einheimischen armen Küstenbevölkerung, sondern von wohlhabenden Blankeneser Fischern von Büsum aus in den Mündungen von Elbe und Eider durchgeführt wurde.[71]

Vor diesem Hintergrund stellt das 17. Jahrhundert eine wichtige Zäsur in der Entwicklung der Fischerei

Miesmuschelfischerei vom Boot aus mit einer Forke. Haeberlin-Friesen-Museum, Wyk

und im Bootsbau dar. Der Heringsfang verlagerte sich von der Küste auf die hohe See und wurde zuerst von Blankeneser Fischern betrieben. Sie übernahmen auch weitgehend die Versorgung der Küstenbevölkerung mit frischem Seefisch. Als wichtigstes Fahrzeug entwickelte sich der Ewer und später der Pfahlewer. Die von der einheimischen Bevölkerung betriebene Wattenfischerei verblieb dagegen auf dem Stand des 17. Jahrhunderts, war regional und besonders auf den Halligen bis zur Mitte des 20. Jahrhunderts noch so anzutreffen, wie sie Chronisten wie Petreus (1597) von Nordstrand und Stephanus von Schonevelde von der Elbe- und Eidermündung an der Küste Dithmarschens (1624) beschrieben und wie sie Reiseschriftsteller des 19. und beginnenden 20. Jahrhunderts als zeitgenössische Fangmethoden bestätigt haben.[72]

Erst mit Übernahme des Schleppnetzes als neuer Fangtechnik um die Mitte des 19. Jahrhunderts und der Motorisierung der Fischereifahrzeuge um 1900 kam Bewegung in den Fahrzeugbau, in der in rascher Folge sowohl die Segeljollen als auch die Fischewer durch einen neuen Kuttertyp abgelöst wurden sowie die Garnelenfischerei zu einem bedeutenden Wirtschaftsfaktor an der Nordseeküste vorangetrieben wurde.

Im Bau der Fischereifahrzeuge trat an die Stelle der flachen, breiten, rund aufgezogenen Ewer und Schaluppen mit Seitenschwertern der gedeckte Kutter. Dieser war durch seine schärfere Bauart manövrierfähiger, seetüchtiger und schneller und erlaubte durch den Fortfall der Seitenschwerter ein leichteres Einholen der Fanggeräte. Bünn und Eisraum konnten wegen der küstennahen Fischerei entfallen.

Vorläufer des Kutters war die nach der Mitte des 19. Jhs. von England aus eingeführte Fishing-Smack, aus der sich 1883 der Kuttertyp entwickelte. Lange Zeit herrschte der von Blankeneser Fischern gebrauchte Finkenwerder oder Altenwerder Fischewer vor. Nach Einführung des Schleppnetzfangs wurde der Ewer noch einige Zeit eingesetzt, dann aber von den Smacks sehr schnell verdrängt. Eine Übergangsform stellte der um 1880 für kurze Zeit gebaute Kutterewer dar. Das Unterwasserschiff entsprach weitgehend dem Ewer, während es über Wasser dem Kutter ähnelte. Der senkrechte Vordersteven führte dazu, dass die Spanten im Vorschiff eine scharfe Form erhielten, was der Fahrt gegen eine von vorn kommende See zugute kam, der flache Boden erlaubte den Einbau einer geräumigen Bünn. Das Überwasserschiff prägte ein überhängendes Heck, das mit einem schrägen, leicht gewölbten Spiegel abschloss und als Arbeits- und Ladefläche diente.[73] Daraus entwickelte sich vor allem an der schleswig-holsteinischen Westküste der kleinere Krabbenkutter von 8 m bis 15 m Länge.[74]

Der Übergang von der Wattenfischerei zum Fangbetrieb mit Fahrzeugen vollzog sich in den Küstenorten im Westen Schleswig-Holsteins nicht gleichmäßig. Es ist ein Gefälle zu verzeichnen von Süd nach Nord und von Ost nach West. Um 1880 gingen Fischer dazu über, die Garnelen mit Booten planmäßig und in großem Umfang zu befischen. Die Küstenorte Büsum und Tönning wurden zu Pionieren in der Fahrzeug- und Schleppnetzfischerei. Den Hauptanteil an dieser Entwicklung hatten die seit 1884 eingewanderten Fischer aus Ostpreußen und Pommern, die um 1914 etwa die Hälfte der Büsumer Fischer ausmachten und besonders den Garnelenfang vom Boot aus betrieben.[75] Ab 1900 entstand hier wie an den Hauptfischereiplätzen in Eiderstedt und Dithmarschen wie Tönning, Friedrichskoog, Heide und Marne eine leistungsfähige Fischindustrie.[76] Die Versandmöglichkeiten zu den Absatzmärkten der großen Städte, die mit den neuen Eisenbahnverbindungen Hamburg-Altona über Itzehoe, Meldorf, Heide und Husum bis zur dänischen Grenze unter Anbindung älterer Streckenverbindungen gegeben waren, machten Fang und Vermarktung größerer Mengen von Krabben lohnend.

Mit Unterstützung des Deutschen Seefischerei-Vereins wurde der Krabbenfang ab 1880 in Büsum und Tönning besonders gefördert und ausgebaut. Das Modellschiff, das Garnelenfahrzeug SH 2956 aus Olversum bei Tönning, hatte eine Länge von 13 m, eine Breite von 3 m und war mit einem baumlosen Gaffelsegel an einem Pfahlmast, einer Stagfock und einem

Bau eines Krabbenkutters auf der Werft in Tönning, Juni 1936. Foto: Max Broders

Klüver an einem Klüverbaum getakelt. Es fehlt eine Winde zum Hieven der Kurre, so dass diese Arbeit vermutlich mit einer mehrscheibigen Talje ausgeführt wurde. In die Ladeluke hatte man einen Kochherd mit einem Kessel eingemauert zur Verarbeitung des Fangs an Bord. Hinten stand oder saß der Fischer am Ruder in einer kleinen Plicht. Es war ein primitives Segelschiff, zu dessen Ausrüstung, neben dem seemännischen Gerät und der Krabbenkurre, ein Sieb zum Aussieben der Krabben gehört.[77] Die Krabbenkurre lag an Deck und ragte mit dem Ende etwas über das Heck hinaus.[78]

Im Fahrzeugbau schritt die Entwicklung rasch weiter. Kleinere Ruder- oder Segelboote von 5 m bis 8 m Länge wurden bald abgelöst von größeren halb- und ganzgedeckten Fahrzeugen. Hatte man zunächst für die Garnelenfischerei keine spezialisierten Fahrzeuge gebaut, sondern einfache Spitzgatfahrzeuge mit Gieksegel, Stagfock und Klüver genutzt, so führte kurz vor 1900 der Pionier auf dem Gebiet des Kutterbaus, die Werft von Gustav Junge in Wewelsfleth, einen Kuttertyp aus der Hochseefischerei für den Krabbenfang ein. Den ersten Krabbenkutter mit breitem Heck baute Junge 1898/99 mit einer Länge von 10 m. Der Kutter „Anna Margaretha" SH 3858 fuhr mit einem Giek- und einem Focksegel und war mit zwei Mann besetzt, die vorn im Logis Unterkunft fanden.[79] Der eiserne Kessel mit Feuerung zur Verarbeitung der Krabben stand auf dem Vorderdeck. Die hölzernen Winden wurden 1898 durch eiserne ersetzt.[80] Die Krabbenkutter waren etwa 10 m lang und 3,75 m breit und hatten einen Tiefgang von 1 m. Da es noch keine Winden zum Aufholen des Fangs auf das Deck gab, kescherte der Fischer die Krabben aus dem Steert auf das breit überhängende Spiegelheck, das als Lagerplatz diente. Von dort wurden die Krabben im Kochkessel, der zunächst im Pottloch, dem Ruderstand, aufgebaut war, weiterverarbeitet. Anfang der 1920er Jahre setzte sich im Kutterbau für Fahrzeuge über 60 PS das Kreuzerheck durch, später das Rundheck.[81]

Neben dem Kutter behauptete sich weiterhin die flachere und im allgemeinen kleinere Jolle, ein meistens gedecktes, kutterähnliches Fahrzeug, das sich zum Befahren besonders flacher Wasserrinnen vorzüglich eignete und in Süderdithmarschen und im nordfriesischen Wattenmeer vorherrschte. Im Vorderteil des Schiffes befand sich das Schlaflager, in der Nähe des Hecks oder beim Mast war ein eiserner Kessel zum Krabbenkochen eingemauert. Am Mast befand sich auch die Netzwinde. Etwa mittschiffs, etwas näher zum Heck, wurde später der Motor eingebaut.[82]

Ursprünglich diente er nur zum Antrieb der Netzwinde, später erst der Schraube. Das Schleppen des Netzes wurde zunächst weiterhin mit Segelkraft betrieben, mit dem Motor wurden das Fanggeschirr, die Krabbenkurre, an Bord geholt oder Windstille oder widrige Stromverhältnisse überwunden. Später erwies sich der Motor mit eingebauter Schraube als zweckmäßigste Konstruktion. Wegen der Feuergefährlichkeit wurden die Benzinmotoren für den Antrieb mit Petroleum umgebaut.[83]

Zur Ausrüstung der Krabbenkutter gehörten Glühkopf- und Dieselmotoren. Bis in die 1950er Jahre hinein fuhren eine Reihe von Kuttern unter 10 m mit Glühkopfmotoren, was für die solide und wirtschaftliche Bauweise der Maschinen spricht. Der übrige Teil fuhr mit Dieselmaschinen. Mit der Motorisierung erfolgte auch der Aufbau des Ruderhauses mit Bedienungseinrichtung für den Motor, der im Raum darunter stand.[84]

Nach dem Zweiten Weltkrieg diente die Motorleistung weniger zum Erreichen von Geschwindigkeit, als vielmehr zum Schleppen der neu eingeführten zweiten Krabbenkurre, die sich nun beide an den seitlich ausgeschwungenen Ladebäumen befanden.[85]

Erwähnenswert sind noch zwei weitere Fahrzeugtypen in der Nordseeküstenfischerei, die eine partielle Bedeutung hatten. Das Austernfischerfahrzeug von Sylt ist nur als Modell aus dem Jahre 1890 im Altonaer Museum bekannt. Danach war es etwa 12 m lang und gut 3 m breit. Die Form war die eines flachbodigen Wattenschiffes, das beim Trockenfallen aufrecht liegen blieb. Gesegelt wurde mit einem Gieksegel mit Gaffeltoppsegel, einer Stagfock und einem Klüver am losen Klüverbaum. Ein paar breite Seitenschwerter kennzeichneten den Typ als ewerartig. Mit gehievten Schwertern trieb das Schiff mit geringem Tiefgang quer, wobei es bis zu vier Austernbügel an der Steuerbordseite über die Bänke schleppte. Später haben eingebaute Motoren die Schleppkraft verbessert. Nach 1914 betrieb man die Austernfischerei mit einem Raddampfer von Föhr aus, auf dessen Heck ein Galgen-

Austernschlepper, kleines Bild: Austernkratzer. Stiftung Schleswig-Holsteinische Landesmuseen Schloß Gottorf

gerüst mit sechs Winden zum Aussetzen und Einholen der Austernnetze angebracht war.[86]

Zur Ernährungssicherung im Ersten Weltkrieg wurde die Miesmuschel bei höher gelegenen Bänken zunächst vom Boot aus mit einem Kescher, einer langstieligen großen Harke mit einem Drahtnetz an der Unterseite oder einer einfachen Forke gewonnen. Bei tiefer gelegenen Muschelbänken benutzte man Schleppnetze mit Kratzeisen nach Art der Austernkratzer, die von Motorfahrzeugen geschleppt wurden.[87] Von Föhr aus wurden nach holländischem Vorbild Spezialschiffe eingesetzt, die mit zwei oder vier Muscheleisen fischten.[88] Die Fischereifahrzeuge waren gewöhnliche Frachtmotorschiffe mit genügend Laderaum, die mit Muschelkurren nach Art der Austernkurren über die Unterwasserbänke fuhren. Auch fischten die Krabbenkutter, deren Spezialisierung auf den Krabbenfang eine späte Entwicklung der 1970er Jahre war, bis dahin jahreszeitlich unterschiedliche Meerestiere, darunter im Dezember und Januar auch Miesmuscheln.[89]

Elbe

Im Gebiet der Elbe waren für die vielfältigen Fanggeräte unterschiedliche Fangfahrzeuge erforderlich. Soweit es sich um Ruder- oder Segelschiffe handelte, kamen flache oder platte Schiffsformen in Frage. Der älteste Schiffstyp ist der Ewer, der sich im Laufe der Jahrhunderte oder Jahrtausende aus dem dreibrettigen Kahn entwickelte. Der Name stammt vom holländischen „envarer", Einfahrer, ab, was wahrscheinlich friesischen Ursprungs ist und ein Schiff bezeichnet, das von einem Mann geführt wird. Der Bootstyp lässt sich bis in das 13. Jahrhundert zurückverfolgen.[90] Für Fischereizwecke auf der Oberelbe waren die etwa 8 m langen und 2 m breiten Kähne, die sich nur rudern ließen, mit einer Bünn versehen. Dagegen konnten die kleineren Ewer auch segeln und waren mit einem Mast und einem Sprietsegel ausgerüstet, an der Leeseite war ein Schwert angebracht. Diese Fahrzeuge besaßen eine kleine Bünn.

Für die Fischerei mit Hamen und für die Garnfischerei auf der Unterelbe waren diese Ewer zu klein. Es wurden fast doppelt so große Ewer konstruiert, die Pfahlewer – was auf eine einfache Mastbauweise hinweist – mit einer Länge von fast 14 m und einer Breite von 4,5 m. Als Plattbodenschiff hatte der Pfahlewer Seitenschwerter und wurde von zwei bis drei Mann gesegelt. Hinter dem Mast befand sich die Bünn, der Seewasserbehälter für den Frischfisch.

Im 18. Jahrhundert war der Pfahlewer auf der Elbe das weitest verbreitete Fischereifahrzeug und konnte mit Ankerhamen und Treibnetz fischen. Die größten Pfahlewer waren bis zu 17 m lang und bis zu 5 m breit. Gesegelt wurde mit einem Schratsegel und einem Vorsegel. Im 19. Jahrhundert fischten die Blankeneser und Finkenwerder Fischer mit einer Baumkurre. Um für das Schleppen einen größeren Vortrieb zu erreichen, ging man zum Gaffelsegel und einem zweiten Mast, dem Besan, über (Besanewer).[91]

Während die Blankeneser und später die Finkenwerder Fischer sich der Hochseefischerei zuwandten, ersetzten die Altenwerder Fischer für die Hamenfischerei den Pfahlewer durch den Giekewer. Gieksegel, Gaffeltoppsegel, Stagfock und Klüver erforderten eine völligere Rumpfform mit einem breiten Spiegelheck. Im Gegensatz zum Pfahlewer waren diese Fangfahrzeuge mit einem farbigen Anstrich versehen, und das Unterschiff wurde geteert. Außer zur Hamenfischerei verwendete man sie ab 1900 auch für den Krabbenfang und zur Schleppnetzfischerei im Mündungsgebiet der Elbe. In den 1920er Jahren wurden diese Ewer auch mit Motoren ausgestattet, die bis etwa 1940 mit einigen Exemplaren in Betrieb waren. Aber seit 1891 erhielt dieser Typ einen Konkurrenten durch den von Gustav Junge gebauten Elbkutter, der dem Krabbenkutter entsprach. Mit dem Einsatz der Elbkutter wurde der Elbewer weiter verdrängt, so dass 1931 in Altenwerder nur noch sieben Ewer in Gebrauch waren.[92]

Helgoland

Die Helgoländer Fischerei unterscheidet sich von der übrigen in Schleswig-Holstein durch den Hummer-

Fischewer SB 36 „Brigitta" aus Blankenese, gebaut 1885 in Cranz, mit frischem Seefisch im Husumer Hafen, vor 1914. Bildarchiv Nissenhaus Husum

Hummerfischerei auf Helgoland, um 1924. Repro Max Broders, aus: Die Nordsee und ihre Küsten, Oldenburg 1924, S. 18

fang. Zum Aussetzen der Fangkörbe dienten Hummerboote, die rein äußerlich den Aalschaluppen glichen. Sie wurden auf der Insel gebaut, die neueren Boote wurden von Festlandswerften übernommen. Am Fangplatz wurde gerudert, es gab eine Mastducht für ein kleines Luggersegel. Nach 1904 bekamen die Boote einen Motor, so dass sie nicht nur der Hummerfischerei, sondern auch den Badegästen dienten, die mit diesen Fahrzeugen von den Seebäderschiffen ausgebootet wurden.

In der Geschichte Helgolands spielte die Angelfischerei auf Schellfisch eine bedeutende Rolle. Sie wurde mit zwei von einem größeren Mutterschiff am Fangplatz ausgesetzten Jollen betrieben. Als Mutterschiffe dienten Galioten, Pinken, Schniggen und Kuffen. Die Helgoländer Kuffen waren gedeckte Fahrzeuge von runder, völliger Form, 20 m lang und 5,50 m breit. Sie hatten den Vorzug, ruhig auf den steilen und kurzen Wellen der Küstengewässer zu liegen und so ein angenehmeres Arbeiten an Deck zu gewährleisten. Die Takelung war anderthalbmastig mit einem Gaffelgroßsegel, Gaffeltoppsegel, Besan, Stagfock und Klüver. Die Schiffe dienten neben ihrem Zweck als Mutterschiff für die Jollen auch dem Transport des Fangs zum Festland.[93]

Ab Anfang des 18. Jahrhunderts wurde bei der Langleinenfischerei als Fangfahrzeug die Schaluppe verwendet, ein friesisch-holländischer Typ mit fast plattem Boden und runden Schiffsenden.[94] Im Gegensatz zum plattbodigen Ewer sind sie mit einem niedrigen Balkenkiel versehen. Ihre völlige Spantenform gestattet eine verhältnismäßig große seitliche Belastung, ohne stark zu krängen. Diese Eigenschaft macht sie für die Angelfischerei besonders geeignet. Die Helgoländer Angelschaluppen waren etwas schärfer gebaut, bis zu 9,33 m lang und 2,83 m breit.[95] Die Takelung bestand aus einem spitzen Sprietsegel, einer Stagfock und einem Klüver. Die Schaluppe war offen, Wohnraum, Laderaum und Bilge wurden lediglich durch lose Bretter abgedeckt. Im Mannschaftsraum befanden sich eine Schlafkoje und ein kleiner Kochofen. Schaluppen wurden später durch Motorboote ersetzt.[96]

Helgoländer Angelschaluppe; aus: Timmermann 1962, S. 51

Schlussbetrachtung

Die Verschiedenheit der Fischereifahrzeugtypen, die bestimmend für einen Ort oder eine Region waren, lässt sich vor dem Hintergrund der Tradition und Erfahrung der Fischer, dem Fanggebiet, der Fangtechnik und dem Fanggerät, dem Fanggut und dem Versorgungsbereich betrachten. Die Motorisierung der Fischkutter und die von den Schiffskonstrukteuren entwickelten Bootsypen können als Beginn des ingenieurtechnischen Baus der Fischereifahrzeuge angesehen werden. Der traditionelle handwerkliche, regional verankerte und mündlich überlieferte Schiffbau trat mehr und mehr in den Hintergrund.[97] Dies gilt insbesondere für den Bau von hölzernen Fischereifahrzeugen, der bis in das 20. Jahrhundert hinein als volkstümliches Handwerk erfolgte.[98] Je mehr die Fischerfahrzeuge der Berufsfischerei zu modernen Produkten der Schiffbauindustrie wurden, auf dem Reißbrett entworfen und nach Schleppversuchen und mathematischen Berechnungen konstruiert, je schneller verschwanden die verschiedenen Bootstypen. Am ehesten hielten sich die alten Bauregeln in der Neben- und Kleinfischerei mit Garnen, Waden und Reusen, da sich hier eine industrielle Umgestaltung nicht lohnte.[99] Mit der ingenieurtechnischen Bearbeitung der Fischereifahrzeuge war auch der Übergang vom traditionellen Klinker- zum Karweelschiffbau an der Ostsee verbunden.[100]

Die Entwicklung in der Fischerei, im Fahrzeugbau, in der Fangtechnik und in der Verarbeitung (Kühlen, Konservieren, Weiterverarbeiten und Vermarkten) und damit in der Entwicklung der Berufsfischerei in Schleswig-Holstein weist ein Gefälle auf zwischen Ostsee

Schiffszimmerleute arbeiten auf der Werft bei Altenfeldsdeich nach der Winterruhe ein Fischerboot mit neuen Planken auf, um 1920. Foto: Max Broders

und Nordsee und innerhalb des Nordseegebietes zwischen Dithmarschen/Eiderstedt im südlichen und Nordfriesland im nördlichen Teil. Eine nicht zu unterschätzende Innovation erfolgte durch den Transfer von Fischern und Booten von Ost nach West, durch den Zuzug pommerscher Fischer in die Fischerorte zwischen Flensburg und Schleswig, von ostpreußischen Fischern an die Westküste nach Büsum. Ein weiterer Einfluss auf die Entwicklung von Fahrzeugbau und Motorisierung erfolgte durch den Konkurrenzdruck seitens der angrenzenden skandinavischen Länder.

In der kleingewerblichen Küstenfischerei konnten sich die kapitalintensiven, von mehreren Fischern oder Unternehmern unterhaltenen Fahrzeuge nicht durchsetzen, wie das Schicksal der Quasen und der Ringwadenfischerei an der Ostseeküste zeigt. Der auf dem Familienverband und der Selbstständigkeit der Fischer basierende Kutterbetrieb blieb auch nach der Gründung von Genossenschaften, Fischgroßhandel und international arbeitenden Abnehmerfirmen bis heute der erfolgreichste Schiffstyp. Noch ist der Fischer Eigner seines Kutters, aber die Entwicklung zum Angestellten der Großunternehmen, welche die Produktionsmittel liefern, zeichnet sich ab, zumal jüngere Fischer in der Selbstständigkeit und auch im Genossenschaftsgedanken kaum noch einen Wert sehen. Zudem müssen sich die heute an der Nord- und Ostseeküste beheimateten 280 Kutterbetriebe immer stärker im Spannungsfeld von Naturschutz und ökonomischer Nutzung der sinkenden Fischbestände behaupten.

Brigitta Seidel

Anmerkungen

1 Heinz Seehase, Die Fischerei in Schleswig-Holstein. Ein Beitrag zur deutschen Volkskunde und zur schleswig-holsteinischen Heimatforschung (Sprache und Volkstum 4). Hamburg 1935. S. 21.
2 Gerhard Timmermann, Die nordeuropäischen Seefischereifahrzeuge, ihre Entwicklung und ihre Typen (Handbuch der Seefischerei Nordeuropas, Band XI, Nachtragsband, Heft 4). Stuttgart 1962. S. 2.
3 Alfred Dudszus/Ernst Henriot, Das Schiffstypenlexikon. Hamburg 1983. S. 255.
4 Wie Anm. 1, S. 22.
5 Walther Mitzka, Deutsche Fischervolkskunde, Neumünster 1940. S. 7.

6 Walther Mitzka, Deutsche Bauern- und Fischerboote. Grundfragen aus einem Sachkreise der Volkskunde. Heidelberg 1933. Reprint Nendeln/Lichtenstein 1975. S. 110.
7 Wie Anm. 6, S. 91 ff.
8 Heinrich Mehl/Doris Tillmann (Hrsg.), Fischer, Boote, Netze. Geschichte der Fischerei in Schleswig-Holstein. Heide 1999.
9 Wie Anm. 2, S. 5 ff.
10 Werner Schnakenbeck, Schleppnetze, Waden (Handbuch der Seefischerei Nordeuropas, Band IV, Die wichtigsten Fanggeräte, Heft 1/2). Stuttgart 1942. S. 43.
11 Wie Anm. 1, S. 3.
12 Information zur Fischerei in Schleswig-Holstein, hrsg. vom Ministerium für ländliche Räume, Landwirtschaft und Tourismus des Landes Schleswig-Holstein. Kiel 1996. S. 5 f.
13 Wie Anm. 10, S. 6 f.
14 Wie Anm. 1, S. 7 ff.
15 Hermann Henking, Die Ostseefischerei. Handbuch der Seefischerei Nordeuropas. Bd. 5 H. III, hrsg. von H. Lübbert und E. Ehrenbaum. Stuttgart 1929. S. 16 f.
16 Helmut Ihrens, Schley Stroem: Ein eingehendes Exposé über die Schlei, Bd. 3: Die Fischerei in der Schlei. Probsteierhagen 1998; Bd. 5: Schiffer, Fährgerechtsame und Bootstypen. Probsteierhagen 1999. S. 47 ff.
17 Holger Rüdel, Der Holm. Schleswigs alte Fischereisiedlung. Husum 2000. S. 40 ff. Segelregatta restaurierter Holmer Fischerkähne. S. 48.
18 Friedemann Ohms, Einmal im Jahr mit Knabberzeug und Köm: Die Woi-Kähne der Holmer Fischer. In: Alte Schiffe 6 (1992). S. 26 ff.
19 Wie Anm. 1, S. 18.
20 Jens Peter Kranz, Auf Heringfangreise mit den Wadenfischern aus Gothmund und Schlutup. In: Köhlers Flottenkalender. Herford 88, 2000 (1999). S. 56–63.
21 Fischerei im Travegebiet. Sonderdruck aus den Schleswig-Holstein-Hamburg-Lübeckischen Monatsheften. 5/27. Lübeck 1927. S. 8.
22 Stefanie Hose, Waden, Wörns und Westen. Erste Erkundungen der Lebenswelt der Gothmunder Fischer Anfang des 20. Jahrhunderts. In: Maritime Volkskultur. Beiträge der Herbsttagung 1997 der Gesellschaft für Volkskunde in Schleswig-Holstein e.V. Großbarkau 1999. S. 36–58 (Die Ringwadenfischerei wird weiter unten im Abschnitt Ostsee beschrieben).
23 Wie Anm. 22, S. 49 f.
24 Stefanie Hose, „Dor kannst du Snoor setten". Der Gothmunder Fischermeister Hans-Jürgen Witt (1873–1962), seine Arbeit und sein Gerät. In: Heinrich Mehl/Doris Tillmann (Hrsg.), Fischer, Boote, Netze. Geschichte der Fischerei in Schleswig-Holstein. Heide 1999. S. 89–111.
25 Wie Anm. 1, S. 11 f.
26 Heinrich Mehl, Störfischer auf der Eider. In: Heinrich Mehl/Doris Tillmann (Hrsg.), Fischer, Boote, Netze. Geschichte der Fischerei in Schleswig-Holstein. Heide 1999. S. 59 f.
27 Wie Anm. 1, S. 14.
28 Wie Anm. 2, S. 42.
29 Brigitta Seidel, Küstenfischerei in Nordfriesland (= Schriftenreihe des Nordfriesischen Schiffahrtsmuseum Husem 3, hrsg. von Klaus Lengsfeld). Husum 1999. S. 26 f.
30 Wie Anm. 2, S. 47.
31 Wie Anm. 1, 27 f.
32 Christian Kock, Schwansen: Historisch und topographisch beschrieben. Kiel 1898. S. 59.
33 Wie Anm. 1, S. 34 f.
34 Wie Anm. 3, S. 149 f.
35 Wie Anm. 2, S. 11.
36 Wie Anm. 2, S. 11; wie Anm. 1, S. 22.
37 Doris Tillmann, „Vom echt Ellerbeker Menschenschlag" – Entstehung und Wandel eines Fischerklischees. In: Heinrich Mehl/Doris Tillmann (Hrsg), Fischer, Boote, Netze. Geschichte der Fischerei in Schleswig-Holstein. Heide 1999. S. 112 f.
38 Gerhard Timmermann, Kurzer Abriss der deutschen Seefischerei. Ein Führer durch die Fischereiabteilung des Altonaer Museums, Hamburg 1939. S. 42, Abb. 22.
39 Wie Anm. 2, S. 27.
40 Wie Anm. 5, S. 41.
41 Wie Anm. 2, S. 11.
42 Wie Anm. 1, S. 18.
43 Wie Anm. 2, S. 27 f.
44 Wie Anm. 15, S. 121.
45 Wie Anm. 37, S. 113 ff.
46 Wie Anm. 15, S. 26.
47 Wie Anm. 1, S. 18.
48 Wie Anm. 2, S. 31.
49 Wie Anm. 15, S. 121.
50 Wie Anm. 3, S. 205, dort auch eine Abb. einer Quase.
51 Wie Anm. 15, S. 17 ff.; Abb. 24, S. 37.
52 Wie Anm. 13, S. 22.
53 Wie Anm. 2, S. 28 f.
54 Wie Anm. 15, S. 27.
55 Wie Anm. 15, S. 20 f.
56 Wie Anm. 21, S. 11.
57 Wie Anm. 13, S. 51 f., Tafel VI, Abb. 13–15.
58 Wie Anm. 24, S. 93.
59 Wie Anm. 2, S. 36 ff.; Abb. 134; wie Anm. 15, S. 126 und Abb. 136.
60 Wie Anm. 15, S. 128.
61 Wie Anm. 15, S. 21, Abb. 12.
62 Rudolf Illig, Die Entwicklung der Seefischerei an der Nordseeküste Schleswig-Holsteins. In: ZGSH, Bd. 52, Leipzig 1923, Band I. S. 8.
63 Wie Anm. 1, S. 26 f.
64 Wie Anm. 38, S. 14; wie Anm. 29, S. 23.
65 Wie Anm. 2, S. 41.
66 Wie Anm. 62, S. 12.
67 Wie Anm. 29, S. 44; Wilhelm Stock, Chronik der Gemeinde Friedrichskoog. Meerland am Gestade der Nordsee. Friedrichskoog 1979. S. 215
68 Wie Anm. 2, S. 41.
69 Wie Anm. 1, S. 26 f.
70 Wie Anm. 62, S. 15 f.
71 Wie Anm. 1, S. 35f; wie Anm. 62, S. 13.
72 Wie Anm. 29, S. 9 und 17 ff.
73 Herbert Karting, Schiffe aus Wewelsfleth. Bd. III: Die Fischerei- und Sonderfahrzeuge der Junge-Werft. Itzehoe 1985. S. 19.
74 Wolfgang Jonas, Schiffbau in Nordfriesland. Holzschiffbau in Tönning, Stahlschiffbau in Husum (Schriftenreihe des Nordfriesischen Museums Husum, hrsg. von Klaus Lengsfeld, Bd. 1). Husum 19972. S. 58 ff.
75 Wie Anm. 29, S. 70.

76 Wie Anm. 62, Band II, S. 138 f.
77 Wie Anm. 39, S. 20.
78 Wie Anm. 2, S. 43.
79 Siehe dazu den Hinweis Krabbenkutter „Delphin", S.H. 3583 Büsum, wie Anm. 73, S. 116 f.
80 Wie Anm. 2, S. 42.
81 Wie Anm. 29, S. 60 f.
82 Wie Anm. 62, S. 159.
83 Wie Anm. 62, S. 160 ff.
84 Wie Anm. 2, S. 42 f.
85 Wie Anm. 2, S. 43 f.
86 Wie Anm. 38, S. 21; Werner Schnakenbeck, Die Nordseefischerei (Handbuch der Seefischerei Nordeuropas Band V. Die deutsche Seefischerei Heft 1). Stuttgart 1928. S. 31, Abb. 25 Austerndampfer.
87 Gerhard Timmermann, Kurzer Abriss der deutschen Seefischerei. Ein Führer durch die Nordseefischerei des Altonaer Museums, 2. Auflage. Hamburg 1959. S. 23.
88 Wie Anm. 29, S. 43 ff.
89 Wie Anm. 29, S. 61 ff.
90 Wie Anm. 3, S. 97.
91 Peter Danker-Carstensen, Die Fischerei auf und von der Elbe. In: Heinrich Mehl/Doris Tillmann (Hrsg.), Fischer, Boote, Netze. Geschichte der Fischerei in Schleswig-Holstein. Heide 1999. S. 63–86, S. 75 f.
92 Wie Anm. 2, S. 45 ff.
93 Wie Anm. 2, S. 52 f.
94 Hans Joachim Kühn, Gestrandet bei Uelvesbüll. Wrackarchäologie in Nordfriesland. Husum 1999. S. 12 ff.
95 Wie Anm. 39, S. 14.
96 Wie Anm. 87, S. 25; wie Anm. 2, S. 51, Abb. 20.
97 Wie Anm. 74, S. 58 ff.
98 Wie Anm. 2, S. 2 f.
99 Wie Anm. 2, 40.
100 Wie Anm. 2, S. 40.

Das Wrack von Karschau

Die Bergung eines hochmittelalterlichen Frachtseglers aus der Schlei

Bei archäologischen Ausgrabungen in der Schleswiger Altstadt sind eine Reihe von Schiffsteilen des hohen Mittelalters gefunden worden, doch ließ sich daraus keines derjenigen großen hochseetüchtigen Frachtsegler rekonstruieren, ohne die der Warentausch zwischen den rohstoffreichen Ostseeanrainern und den städtischen Zentren Westeuropas nicht funktioniert hätte und ohne die Schleswig nach dem Niedergang Haithabus nicht zu einer der bedeutendsten Hafenstädte und Handelszentren des Ostseegebietes geworden wäre.

Diese Fundlücke schloß sich erst am 30. Januar 2000. An diesem Tag floß dank einer seltenen meteorologischen Konstellation eine erhebliche Menge Schleiwasser in die Ostsee ab. Kurzfristig sank der Wasserspiegel in der Schlei um mehr als einen Meter und ufernahe Gewässerboden wurden begehbar. So auch der einer Flachwasserzone vor Karschau nahe der kleinen Stadt Arnis. Hier entdeckte ein Anwohner, Herr Gerd Pieper, aus dem Schleiboden ragende Wrackteile eines hölzernen Schiffes, die sich nach einer taucharchäologischen Voruntersuchung im Mai 2000 als Reste eines großen Lastschiffes des 12. Jahrhunderts entpuppten.

Unterwasserausgrabung und Wrackbergung folgten in den Monaten Juni und Juli 2001 durch die AG Wrackforschung des Archäologischen Landesamtes Schleswig-Holstein in Zusammenarbeit mit der Arbeitsgruppe für maritime und limnische Archäologie und der wissenschaftlichen Tauchgruppe der Christian-Albrechts-Universität zu Kiel sowie dem Marinarchäologischen Forschungszentrum des dänischen Nationalmuseums in Ribe. Die geborgenen Wrackhölzer wurden nach der zeichnerischen Dokumentation im Maßstab 1:1 von der Zentralwerkstatt des Archäologischen Landesmuseums in Schleswig zur Stabilisierung und Konservierung in PEG (Polyethylenglykol) übernommen.

Trotz Schiffbruch, Abwracken, Erosion und Befall durch den sog. Schiffsbohrwurm (teredo navalis) ist von dem ursprünglich etwa 25 m langen und mindestens 6,60 m breiten Frachtsegler neben zahlreichen Losfunden ein 12,50 m langer Torso erhalten geblieben, insgesamt 15 im Verband sitzende Plankengänge mit Bodenwrangen, massivem Kiel und dem unteren Teil des Achterstevens. Dieses nach dem dendrochronologischen Befund um oder nach 1138 im westlichen Ostseegebiet gebaute Lastschiff zählt somit mit einem Ladevermögen von 50 bis 60 Tonnen zu den größten uns bekannten Frachtern des Mittelalters. Nach Größe und Zeitstellung vergleichbar ist nur ein einziger Lastsegler: das in Südwestschweden gebaute und nördlich von Seeland gesunkene Lynæsschiff. Schiffe dieses Typs waren reine Handelsschiffe, die allenfalls noch zur logistischen Unterstützung großer Kriegszüge eingesetzt werden konnten.

Das Karschau-Schiff ist in Klinkertechnik gebaut. Die aus radial gespaltenem Eichenholz gebeilten Planken sind durch Eisenniete miteinander verbunden, als Kalfatmaterial ist in Teer getränkte Schafwolle eingelegt. Mit den Spanten sind die bis zu 29 cm breiten Planken durch Holznägel verbunden. Mehrfach sind Bodenwrangen mit Resten der darüber angebrachten Biten (Querbalken) und Bitenknie im Verband erhalten geblieben. Die Bodenwrangen standen auf einem kräftigen, Y-förmigen Kiel, an den ein runder Achtersteven angeschäftet war. Obwohl der Steven abgebrochen ist, reicht die erhaltene Rundung zur Rekonstruktion des Stevenschwunges des Achterstevens und somit auch des Vorstevens.

Besondere Beachtung verdienen drei kunstvoll gefertigte W-förmige Bodenwrangen, in deren erhabenem Mittelteil das Zapfloch für eine Balkenstütze eingelassen ist. Zwei vollständige, unterschiedlich ausgeformte Balkenstützen sind erhalten geblieben, eine davon sogar mit zugehörigem Querbalken, ein bislang einzigartiges Fundensemble.

Ungewöhnlich für ein Schiff des 12. Jahrhunderts ist auch die Verzierung der Schiffshölzer: Fast alle freien Kanten der Planken, Spanten und des Kiels sind durch Rillenprofile verziert, die oft zusätzlich durch eine zweite, parallel in einem Abstand von 3 cm verlaufende Rille begleitet werden.

Mit dem genieteten geklinkerten Plankenverbänden, dem Kalfatmaterial aus Tierhaar, der Rillenzier und dem Nachweis von Biten zeigt das Karschau-Wrack noch eindeutige Merkmale der traditionellen nordischen Bautradition. Als Antrieb hat ein großes, an einem mittschiffs platzierten Mast gefahrenes Rechtecksegel gedient, einige wenige Ruderpaare halfen beim Manövrieren, taugten aber nicht für längere Fahrt. Nach den genannten Merkmalen, der vorzüglichen Machart, der Zeitstellung und dem Fundort zählt das Wrack zu den für die vorhansische Schiffbau- und Schifffahrtsgeschichte des Ostseeraumes wichtigsten Funden.

Trotz schlechter Sicht sind während der Unterwasserausgrabung zahlreiche Kleinfunde entdeckt oder besser gesagt: ertastet worden, weiteres Fundgut fand sich in dem durch einen pumpenbetriebenen Ejektor aus dem Schiffsinnenraum abgesaugtem und durch ein Feinsieb geleiteten Spülgut. Von der Ausrüstung des Schiffes sind aus Lindenbast gefertigte Taureste unterschiedlicher Dicke sowie ein scheibenloser Block geblieben, außerdem zahlreiche Holznadeln, zum Teil mit durchlochtem Kopf, Reste von Keramik- und Holzgefäßen und, vom persönlichen Besitz der Besatzung, mehrere Spielsteine und ein mit Ringaugen verzierter, einseitiger Dreilagenkamm. Zahlreiche Speisereste geben einen vorzüglichen Überblick über die Essgewohnheiten der hochmittelalterlichen Schiffsbesatzung. Überliefert sind Knochen von Rind, Schwein, Schaf/Ziege und Haushuhn. Die Fischreste lassen sich 10 verschiedenen Arten oder Artengruppen zuordnen, verzehrt wurden sowohl marine Arten als auch Süßwasserfische. Schließlich sind die zahlreichen Großpflanzenreste zu erwähnen, demnach waren besonders Haselnüsse und getrocknete Schlehen an Bord beliebte Zwischenmahlzeiten.

Mit dem Karschau-Wrack ist ein hochseetüchtiges Lastschiff aus der mittelalterlichen Blütezeit Schleswigs überliefert, die im frühen 13. Jahrhundert zu Ende ging. Die Gründe für die Auflassung des Fernhandelsweges über die Schleswiger Landenge und über die Schlei und somit auch für die Abkopplung Schleswigs vom Ost-Westhandel sind vielfältig. Eine entscheidende Rolle haben sicherlich die Gründung und der Ausbau Lübecks 1142 bzw. 1159 gespielt, aber auch der Bau von frühen Koggen seit etwa 1150 und die mit Erstarken des Hanse-

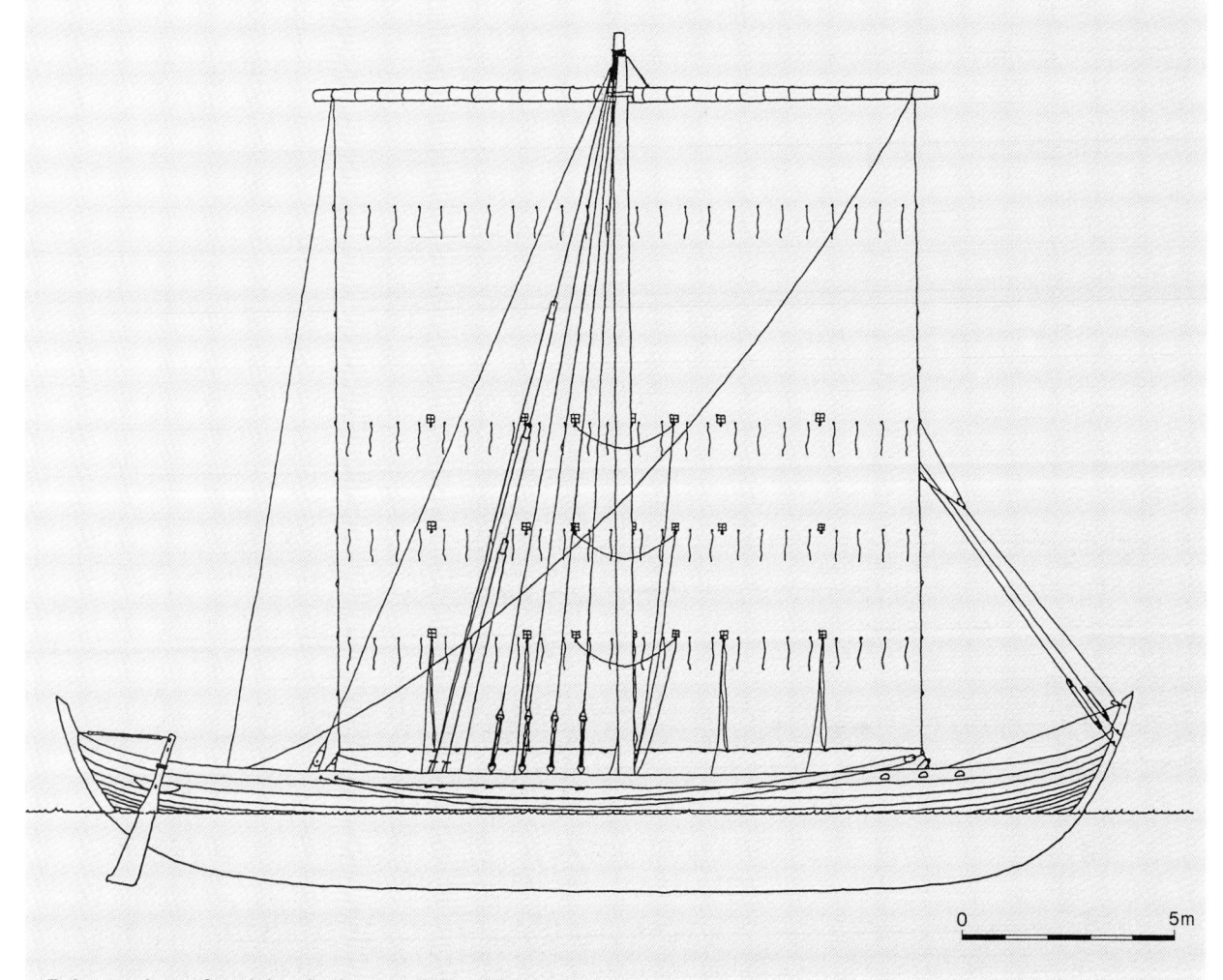

Rekonstruierter Segelplan des Lynæsschiffes, eines dem Karschauschiff ähnelnden Schiffsfundes aus Dänemark. Zeichnung M. Gøthche, Nationalmuseets Marinarkæologiske Forskningscenter i Roskilde

Bundes einsetzende Ablösung der Schiffe nordischer Bauart durch die Koggetypen. Nachteilig für Schleswig hat sich ebenso die seit dem 13. Jahrhundert einsetzende Umlandsfahrt, also die Fahrt um Nordjütland herum, ausgewirkt. Letztere war auch für Koggen sehr gefährlich, mussten sie doch die gefürchteten Legerwallküsten der nordfriesischen Westküste und Jütlands passieren, die bis in die Neuzeit hinein tausenden von Schiffen zum Verhängnis geworden sind.

Dass man im Laufe des Mittelalters trotzdem diese Route und somit einen über 700 km langen Umweg wählte bzw. wählen musste, mag auch mit bislang als Ursache kaum berücksichtigten Landschaftsveränderungen im Mündungsgebiet von Treene und Eider zusammenhängen. Diese wurden ausgelöst durch ansteigenden Meeresspiegel und durch an Frequenz und Vehemenz zunehmende Sturmfluten. Im 12./13. Jahrhundert wurde so die ohnehin durch den Tideeinfluss eingeschränkte Schiffbarkeit beider in ihrem Unterlauf mäandrierenden Flüsse durch Verlandung so weit erschwert, dass die geregelte Zufahrt bis Hollingstedt, Schleswigs Nordseehafen, verloren ging.

Hans Joachim Kühn

Taucher bergen am 15. 3. 2000 das Mastbite des Wracks von Karschau. Foto: L. Hermannsen

Das Schiff vom Hedwigenkoog

Es hatte nach einer Routineangelegenheit ausgesehen: Der Deich- und Hauptsielverband Norderdithmarschen plante während des Sommers 1969 eine große Wehle, die 1720 während der „Sylvesterflut" bei einem folgenschweren Deichbruch entstanden war, in ein Speicherbecken umzuwandeln. Dazu sollte die Wehle vertieft werden; mit dem Boden wollte man eine südlich gelegene, kleinere Wehle auffüllen. Ein ganz normaler Akt der Flurbereinigung also. Zuvor jedoch versuchte der Grundeigentümer die kleine Wehle leer zu pumpen, um die darin befindlichen Fische abzusammeln. Und bei diesem Versuch, die Wehle trocken zu legen, ragten in den letzten Julitagen 1969, neben einem sehr jungen Autowrack, plötzlich Teile eines fast kompletten Schiffsrumpfes aus dem Schlick.

Mit diesem Rumpf tauchten auch die alten Überlieferungen vom niederländischen Frachtschiff wieder auf, das angeblich Weihnachten 1717 mit einer Ladung Fliesen (!) durch ein Loch im Deich ins Landesinnere gespült und dort versunken sei. Diese Überlieferung war auch immer wieder von Beobachtungen beim Fischstechen in dieser Wehle bekräftigt worden, wobei man schon öfter bemerkt haben wollte, dass ein Schiff in der Wehle läge.

„Carte von dem im Nordertheil Dithmarschen belegenen Hedwigen-Koog", 1725. Der Fundort des Schiffes war die südliche der beiden Wehlen; der Deich wurde 1723 westlich um die alten Bruchstellen herumgeführt (Pfeil)

Das Schiff vor der Freilegung (3. Oktober 1969). Foto: Dithmarscher Landesmuseum

Glücklicherweise konnte der Deich- und Hauptsielverband, wenn auch in engen Grenzen, mit Gerät und Arbeitern aushelfen, um eine Notbergung der sichtbaren Schiffsteile zu ermöglichen. Aber schon drei Wochen nach dem Schiffsfund konnte die Dithmarscher Landeszeitung titeln: „Die Historie scheitert am Geldmangel."[1] Das Kultusministerium sagte jedoch schon bald dem nun mit der Bergung des Schiffes beauftragten Leiter der Abteilung Marschenforschung am Landesmuseum für Vor- und Frühgeschichte, Albert Bantelmann, finanzielle Hilfe zu für eine Ausgrabung nach wissenschaftlichen Maßstäben. Die Bergung wurde unverzüglich in Angriff genommen; eine Tiefbaufirma senkte das Grundwasser ab, ein Bagger wurde eingesetzt, um das Wrack freizulegen, und die Ausgräber des Landesmuseums befreiten das Schiffsinnere von Sand und Klei.

Schon zu diesem Zeitpunkt gab es einige Gewissheiten. Wohl inspiriert von der lokalen Überlieferung wurde das Schiff als „niederländisch" bezeichnet, und übereinstimmend datierten es die Fachleute ins 17. Jahrhundert. Das lag nahe, denn der Fundort, der Hedwigenkoog, war erst 1696 eingedeicht worden. Bis 1717 hatten seine Deiche allen Angriffen der Nordsee standgehalten, obwohl der Koog wie ein Balkon nördlich von Büsum ins Meer ragte. Besonders die schnurgerade, über 2,5 Kilometer lange westliche Deichlinie des Kooges und die Südwestecke waren bei den vorherrschenden Südwest- und Westwinden den Angriffen der Wellen ausgesetzt.

Am 25. Dezember 1717, in der berüchtigten Weihnachtsflut, die die gesamte Nordseeküste von der Rheinmündung bis weit nach Jütland hoch heimsuchte, brach auch hier der Deich – auf einer Strecke von mehreren hundert Metern war er schwer beschädigt. Zahlreiche Menschenleben, große Mengen an Vieh und die meisten Häuser des Kooges standen auf der Verlustliste.[2]

Nicht genug damit: Im Februar 1718 folgte die sogenannte Eisflut ud 1720 richtete die Sylvesterflut erneut schwerste Schäden an den nur notdürftig reparierten Deichen an. Erst 1723 war die Deichlinie wieder

Nach der Entleerung des Schiffsinneren. Foto: Dithmarscher Landesmuseum

zufriedenstellend instand gesetzt. Irgendwann zwischen 1717 und 1723 also musste die Wehle entstanden und das Schiff in ihr untergegangen sein.

So lange die Finanzierung der Ausgrabung nicht gesichert war, wurden nur die zugänglichen Teile, Planken und Spanten, geborgen und an verschiedene Institute in den Niederlanden und Dänemark zur Begutachtung gesandt; Ergebnisse dieser Untersuchungen liegen jedoch nicht vor.

Anfang Oktober 1969 begann also die erste wissenschaftliche Ausgrabung eines neuzeitlichen Schiffes in Schleswig-Holstein, nachdem die Finanzierung der Arbeiten gesichert war. Mit der Absenkung des Grundwassers konnten Albert Bantelmann und seine Mitarbeiter das Schiffsinnere Stück für Stück freilegen. Bei der Entdeckung hatte das Schiff mit dem Bug in Richtung Deich gelegen, also nach Westen, wobei der Bug zugleich den höchsten Punkt markierte, 2,20 Meter über N.N. Der Achtersteven lag allerdings 6 Meter tief, unterm Klei verborgen wie der größte Teil des Schiffes, das mit Schlagseite nach Backbord in der Wehle ruhte. Die Außenhaut auf der Steuerbordseite war zum Zeitpunkt der Entdeckung noch vollständig; die aus dem Schlamm ragenden Decksplanken jedoch hatte man schon vor der Wiederauffindung abgebaut. Leider hat man es versäumt, vor der Ausgrabung des Rumpfes Befundzeichnungen anzufertigen, aus denen die Lage des Schiffes in Bezug auf seine Umgebung eindeutig hervorginge. Es gibt nur Fotos aus verschiedenen Blickwinkeln. Auch die Notizen und Skizzen zum frisch ausgegrabenen Schiff gelten als verschollen. Das Gleiche trifft unglücklicherweise auf die Originalzeichnungen des freigelegten Schiffes von der Hand des Museumszeichners Kühn zu.

Besser als zu erwarten war jedenfalls der Zustand des Holzes. Alle heute im Dithmarscher Landesmuseum in Meldorf befindlichen Teile sind gesund und sehr hart – ohne jede konservierende Behandlung.

Genauso wie die Decksplanken der Steuerbordseite fehlten auch andere Hölzer: der Mast, das Schanzkleid am Bug, das Ruder, dazu alle metallenen Decksbeschläge. Offensichtlich hatte man alles, was nicht fest mit dem Schiff verbunden war, schon früher entfernt. Im Schiffsinneren fanden sich, anstelle der erhofften Fliesenladung, nur wenige, vereinzelte Funde, darunter Scherben von fünf Keramikgefäßen und einer Wandfliese, der Kopf einer Tonpfeife, die rindsledernen Sohlen zweier linker Schuhe, eine Belegklampe, ein ovales hölzernes Gefäß, Deckel- oder Bodenteile von mindestens sechs Packfässern, ein Fässchen (oder Eimer), zwei Stücke von Besenstielen, ein Löffelbrett, andere hölzerne Geräte und sechs Stück Torf in der Nähe des Herdes. Und schließlich erwiesen sich die Skelette von mindestens sechsundfünfzig Schellfischen als außerordentlich bedeutsam für die Interpretation des gesamten Schiffsfundes.

Außerhalb des Rumpfes – und deshalb dem Schiffsfund nicht unbedingt zuzuordnen – stießen die Ausgräber noch auf das Gefäß (Griffstück) eines Hirschfängers und das Blatt eines hölzernen Spatens. Während das Vorhandenseins des Spatenstückes in der Wehle durch die Deicharbeiten bis 1723 leicht erklärlich ist, fällt die Würdigung des Hirschfängers schon schwerer. Von Form und Dekor her durchaus „um 1700" zu datieren, könnte er durchaus zur Bewaffnung des Schiffsführers gezählt haben. Genauso gut kann er jedoch auch bei der Jagd oder während der Bergungsversuche nach dem Untergang ins Wasser gefallen sein.

Die Gesamtlänge des Schiffrumpfes betrug 14,45 m, also gut 50 Fuß. An seiner breitesten Stelle maß er 4,52 m. Auffallend an der Konstruktion war der markante Kiel in Verbindung mit einem sehr flächigen Vorder- und Achtersteven. Ansonsten ist an den Holzquerschnitten eine materialsparende Bauweise zu bemerken; große Querschnitte kommen bei den verwendeten Hölzern nicht vor, dafür viele sehr unterschiedliche, selbst bei identischen konstruktiven Elementen – wie etwa bei den Decksbalken.

Die konstruktiv bedeutsamen Teile bestanden aus Eiche, dazu zählen Kiel, Steven, Spanten, Decksbalken, die Knie, die Schandecks und die beiden Decksplanken links und rechts der Mittschiffslinie, ebenso die Planken der Außenhaut. Alle restlichen Hölzer wie Wegerung, die Planken des Decks, die Schotten und der Fußboden in der Kajüte stammen von Nadelhölzern.

Die Schiffskonstruktion mutet aus heutiger Sicht recht eigenartig an, denn es gibt keine durchgehenden Spanten, die querschiffs von innen die Planken der Außenhaut aussteifen. Stattdessen wurden auf den Kiel mit Holznägeln Bodenwrangen genagelt, an denen die Planken des Schiffsbodens befestigt wurden – ebenfalls mit Holznägeln, den einzigen beim Bau dieses Schiffes verwendeten Holzverbindern. „Kimmstücke" unterschiedlicher Länge und Stärke hielten die Planken im Übergang vom Boden zur Bordwand (der „Kimm") und kurze Auflanger hielten die der Bordwand; zum Teil verbanden sie nur zwei Planken miteinander. Als Resultat ergibt dieses Verfahren eine stabile Konstruktion, aber während des Baues haben möglicherweise dünne Hilfsspanten, die später wieder entfernt wurden („Mallen"), als Stabilisatoren gedient.

Über die Bodenwrangen wurde eine 5 cm starke, 51 cm breite und 9 m lange Eichenbohle genagelt, das „Kielschwein", darauf der 3 m lange, aber 8,5 cm dicke Mastschuh mit einer Öffnung von 29 x 24 cm zur Aufnahme des Mastfußes, der „Mastspur". Links und rechts schlossen sich an das Kielschwein auf den „Spanten" je 8 Gänge Innenbeplankung (die „Wegerung") an, 4 cm dick, in der Kimm sogar 5 cm.

Die eichene Außenhaut bestand aus je 7 Plankengängen von bis zu 50 cm Breite bei einer Stärke von 5 cm, oben von je einem starken „Bargholz" eingefasst. Die Planken stießen stumpf aufeinander, die Fugen waren mit Torfmoos abgedichtet. Die Außenhaut war also „karweel" gebaut.

In den obersten Gang der Wegerung waren die Decksbalken eingelegt; sie wiesen Stärken von ca. 6 x 3,5 bis 14 x 17,5 cm (Höhe x Breite) auf. Die kräftigsten fanden sich mit 11 cm Höhe und 24 cm Breite vor und hinter dem Mast. Die stärkeren Decksbalken wurden zudem von naturkrummen „Knien" unterstützt. Auf die Mitte dieser Decksbalken waren zwei eichene Planken von 40 cm Breite und 5 cm Dicke aufgenagelt. Sie fassten in 4,16 m Entfernung vom Vordersteven eine Mastöffnung von ca. 40 cm Durchmesser ein. Links und rechts schlossen sich dann vier Nadelholzplanken von 4 cm Dicke an, zur Bordwand von je einem eichenen „Schandeck" von 4,5 cm x 9,60 m eingefasst. Erhalten waren noch zwei Pumpenrohre mitschiffs und an Backbord, die den Kielraum über Deck entwässerten. Ein drittes Pumpenrohr war an Steuerbord zwar nicht mehr erhalten, aber nachweisbar. Der Innendurchmesser der hölzernen Rohre betrug 11,5 cm.

Das Achterschiff war durch ein Nadelholzschott vom Laderaum abgetrennt; ein Durchstieg führte in die Achterkajüte mit Fußboden und zwei je 1,30 m langen und 30 cm hohen Bänken. Außer diesen Sitzgelegenheiten wies die Kajüte noch die einzig definierbare Koje von 1,80 m Länge und 40 cm Höhe auf. Eins der hübschen, mit geschnitzten Akanthusranken eingefassten Kajütfenster ist erhalten geblieben. Unter dem Nadelholzfußboden lagen dreißig Feldsteine von je etwa 20 Kilo Gewicht als Ballast und Ausgleich des weit vorlich wirkenden Mastgewichtes. Die lichte Höhe der Kajüte war mit 1,07 m geringer als die des Laderaumes von 1,39 m.

Zugänglich war dieser Laderaum über eine große Luke Mittschiffs (1,55 m lang und 1,28 m breit); eine weitere kleine Luke von 77 cm Breite ermöglichte den Zugang zur winzigen Kombüse, die ebenfalls durch ein (nachweisbares) Schott vom Laderaum abgetrennt war. Hier befand sich, etwas nach Backbord versetzt, der Herd: ein Eichenholzkasten, abgedeckt mit zwei Lagen Ziegelsteinen. In der Mitte der oberen Lage befanden sich zwei größere Bodenfliesen.

Quer ab vom Mast ließen sich an Back- wie Steuerbord die Spuren je dreier senkrechter Rüsteisen nachweisen, an denen die Wanten, also die seitlichen Masthalter, befestigt waren.

Die Mastposition lässt auf ein großes Gaffel- oder Sprietsegel schließen, ergänzt durch ein oder zwei Vorsegel. Die aufgefundene Belegklampe für Tauwerk für ca. 16 mm Durchmesser kann am Mast oder an Deck befestigt gewesen sein. Sie diente zum Belegen der für die Segelführung nötigen Fallen und Schoten. Unter Umständen stand achtern auch noch ein kleinerer Besanmast auf dem Deck. In diesem Fall mag man das Schiff vom Hedwigenkoog wohl als „Schmack" bezeichnen, als Einmaster käme es der Tjalk am Nächsten. Beide Arten von Küstenseglern waren im 17. und 18. Jahrhundert außerordentlich häufig.

Eine Herkunfts- oder auch Altersbestimmung des Schiffes aufgrund seines Äußeren scheidet demnach aus. Datierungsmöglichkeiten bieten sich aber durch die nicht eben zahlreichen Beifunde. An erster Stelle kämen hier die Keramikscherben in Frage. Leider sind die Zeiträume, in denen Gefäße der vorgefundenen Art verwendet wurden, recht groß. Jütetöpfe zum Beispiel wurden vom 17. bis zum frühen 20. Jahrhundert produziert. Der Teller aus roter Erdenware, der in der Kajüte ausgegraben wurde, ist zum Kreis der sogenannten Werra-Ware zu rechnen, die im 17. und 18. Jahrhundert im Weser- Elbe- Mündungsgebiet populär war. Die gefundene Wandfliese, wohl Harlinger Herkunft, kann aufgrund ihres Dekors um 1700 bis 1750 datiert werden. Ein irdener Pfannengriff, der zudem noch Außenborde gefunden wurde, entsprach Formen, die vom 16. bis frühen 19. Jahrhundert in eben diesem Gebiet verwendung fanden. Einzig der Tonpfeifenkopf erlaubt eine einigermaßen präzise Datierung. Durch seine Form und eine Herstellermarke ist er auf 1715 (oder wenig später datierbar); die niederländischen Städte Gouda oder Alphen kommen als Herstellungsorte in Frage.

Bleiben also die naturwissenschaftlichen Methoden zur Altersbestimmung des Bauholzes. Bei einem Stück Eichenholz aus dem Kiel ließ sich mit der Jahresring-Analyse das Fällungsdatum auf 1690 festlegen; damit ist zugleich das früheste denkbare Baudatum des Schiffes gegeben. Da es irgendwann zwischen 1717 und 1723 in die Wehle geraten sein muss (danach war der Deich wieder geschlossen), ist es 27 bis 33 Jahre alt geworden – für damalige Zeiten ein altes Schiff.

Außer dem Fällungsdatum ließ sich die Herkunft zum Schiffsbau verwendeten Holzes bestimmen: Es ist irgendwo zwischen Niederelbe und Eider gewachsen. Das bedeutet nicht zwangsläufig, dass das Schiff auch in dieser Region auf Stapel gelegt worden ist. Denkbar, weil nicht unüblich, wäre auch der Export des Eichenholzes in die notorisch holzarmen, aber holzhungrigen Niederlande. Für diese Überlegung sprechen sehr deutlich die Tiefgangsmarkierungen am Vordersteven, kleine Bohrungen in bestimmten Abständen (ca. 27,6 cm), die die Tauchtiefen des Rumpfes in Fuß angeben. Das verwendete Fußmaß ist aber das der Städte Edam und Hoorn nördlich von Amsterdam. Es spricht also einiges dafür, dass das Schiff vom Hedwigenkoog 1690 oder wenig später in dieser Region vom Stapel gelaufen ist.

Bei aller Ähnlichkeit zu den Schiffstypen der „Schmacken" oder „Tjalken" kann der Fund vom Hedwigenkoog aber keinem dieser Typen zugeordnet werden, nicht zuletzt deshalb, weil dieses Schiff im Gegensatz zu den meisten seiner „Verwandten" ohne Seitenschwerter gesegelt wurde.

Über den alltäglichen Betrieb des Schiffes verrät seine Ästhetik ohnehin nicht viel. Hierzu bieten die messbaren (oder doch errechenbaren) Daten wie Tiefgang, Verdrängung und Tragfähigkeit konkretere Anhaltspunkte. Beladen wiesen Schiffe dieser Art meist nur noch einen sehr niedrigen Freibord auf; schon bei vier bis fünf Grad Krängung spülte die See über das Deck. Anton Englert, der Verfasser der einzigen wissenschaftlichen Studie über das Schiff vom Hedwigenkoog und gelernter Bootsbauer, geht bei seinen im folgenden herangezogenen Berechnungen von etwa 20 cm Freibord aus; das wären noch weitere 16 cm über der letzten Tiefgangsmarke, der Fünf-Fuß-Marke.[3]

Bei einem Tiefgang von 1,5 m errechnet Englert eine Verdrängung von 54,5 Tonnen; bei einem angenommenen Eigengewicht von 16 Tonnen und einem Leertiefgang von 0,67 m betrug die Tragfähigkeit des Schiffes also maximal 38,5 Tonnen. Bei Zuladung nur bis zur Fünf-Fuß-Tiefgangs-Marke waren es immerhin noch 30,8 Tonnen, ein Wert, der vielleicht der Alltagspraxis näher kommt. Nach den Maßen seiner Zeit trug das Schiff 15,5 Lasten zu je viertausend oder zwölf „Kommerzlasten" zu fünftausendzweihundert Amsterdamer Pfund – auf der Grundlage der dänischen Vermessung; nach dem niederländischen Maß wären es 19,5 Lasten.

Das auffallende Fehlen von Seitenschwertern bedeutete eingeschränkte Möglichkeiten, hoch am Wind zu segeln und erhebliche Abdrift. Die großen Seitenflächen von Vorder- und Achtersteven und die Fläche der Kielbalkenseiten mögen diesen Nachteil etwas ausgeglichen haben. Bei günstigen Bedingungen, also frischen achterlichen Winden, konnte dieses Schiff etwa 5,4 Knoten laufen und damit eines Tagesleistung von 130 Seemeilen erbringen: die Entfernung von der niederländischen Insel Terschelling bis zur Eidermündung. Legt man aber hervorragende Bedingungen zu Grunde, d. h. starke westliche Winde von achtern, dann schaffte dieses Schiff in 24 Stunden die etwa 160 Seemeilen von der nördlichen Zuidersee bis in die Eider bei einer Durchschnittsgeschwindigkeit von 6,5 Knoten. Dafür genügten zwei bis drei Mann Besatzung.

Diesem Fahrtgebiet – die geschützten niederländischen Gewässer, die Watten der friesischen und schleswig-holsteinischen Westküste – waren solche breiten Schiffe mit ihrem flachen Boden, der großen Ladefähigkeit und dem dennoch geringen Tiefgang vorzüglich angepasst. Schiffe von der Größe des Hedwigenkoog-Typs konnten gerade noch gut in den Watten hinter den Inseln fahren. Hier war es im Nordischen Krieg (1700–1721) nicht nur vor Wind und Seegang geschützter, da die kriegführenden Parteien Schiffe ohne bewaffnete Begleitfahrzeuge häufig angriffen. Dabei beförderten die unzähligen kleinen Schiffe meist niederländischer Herkunft, die den Handel zwischen den Nordseeanrainern aufrecht erhielten (für sich genommen) gar keine Reichtümer. Sie fuhren meist mit Holz oder Getreide, wenn sie nicht sogar zum Fischfang verwendet wurden.

Es gibt einige starke Indizien für die Annahme, dass das Schiff vom Hedwigenkoog in den Tagen vor seinem Untergang zum Fischfang ausgelaufen war. Schließlich hatten die Ausgräber im Schiffsrumpf 56 Skelette von Schellfischen gefunden. Da zudem bei der Bergung das Schiffsinnere rasch und ohne detaillierte Untersuchung des herausgeschaufelten Aushubs geleert worden war, darf man davon ausgehen, dass in diesem Klei-Sandgemisch ein Vielfaches an Fischresten enthalten war, ohne dass es bemerkt worden wäre. Wahrscheinlich hatte das Schiff also am Ende seiner Reisen eine Ladung Schellfische an Bord.

Aus der Größe der Fischskelette ergab sich verlässlich das Alter der Tiere: 4–5 Jahre. Bekannt ist, das der Schellfisch dieses Alters aus dem Norden in die südliche und östliche Nordsee zieht, in die deutsche Bucht, vor allem in das Gebiet um Helgoland. Besonders in den Herbstmonaten von Oktober bis Dezember fing man darum im 18. Jahrhundert große Mengen an Schellfisch in den Gewässern um Helgoland. Am Ende des Jahrhunderts pflegte man das umfangreiche Fanggerät (Schellfisch wurde geangelt) und einen Teil der Mannschaft auf der Insel abzusetzen, ehe man Hamburg, den bevorzugten Markt für diesen Fang, ansteuerte.

So könnte man denn die letzte Fahrt des Schiffes, zwar nicht mit Gewissheit, aber doch mit Plausibilität, vielleicht so beschreiben: Nach dem Ende des Fischens vor Helgoland nahm der Schiffer Kurs auf die Elbmündung, weil er seinen Fang möglichst schnell in Hamburg verkaufen wollte. Der (überlieferte) schwere Süd-West-Sturm am 25. Dezember 1717 trieb jedoch das Schiff nach Nordosten – in Richtung auf den Hedwigenkoog. Dort wurde das Schiff von der See auf den schon geschwächten Deich geworfen, durchbrach ihn und versank schließlich in der hinter der Bruchstelle entstandenen Wehle. Von solchen Fällen berichtet 1788 der Wesselburener Pastor Wolf; es kam also öfter vor, dass Schiffe bei Grundbrüchen von der Strömung durch das Loch getrieben „und in den großen Wehlen zugrunde gingen". Und zum Beweis führt er ein Ereignis an, das mit ziemlicher Sicherheit mit dem Schiff vom Hedwigenkoog zu tun hat: „Noch vor wenigen Jahren, als bei einer langen anhaltenden Dürre das Wasser außerordentlich gefallen war, ward im benachbarten Hedwigenkoege ein Theil eines solchen Schiffes sichtbar."[4]

Pfarrer Wolf schildert auch die Geschwindigkeit, mit der solch ein Schiff versank: Rasch „schlägt sich" eine Wehle um das gestrandete Schiff. „Bald sinkt das ... Schif so sehr, das von dem auffstehenden gut fast nichts mehr zu sehen ist." Ebbe und Flut füllen dann das Schiff mit Sand und Schlamm bis es gänzlich begraben ist. Die Wiederherstellung des Koogdeiches an dieser Stelle im Jahr 1723 hat allerdings dieses Schiff vor dem völligen Verschwinden bewahrt.

Sechsunddreißig Stunden blieben einer Schiffsbesatzung nach dem schleswig-holsteinischen Strandrecht nach einer Strandung, alle Ladung, aber auch alle Holzteile, Beschläge, das laufende Gut, Mast und was auch immer zu bergen, ehe die Anwohner sich – im Rahmen des Strandrechtes – ihren Anteil holen durften. Das würde hinreichend den Zustand des Schiffes bei seiner Auffindung erklären, das Fehlen aller Ausrüstungsgegenstände, von Ladung, vom Mast und sogar Teilen der Planken.

Es gibt jedoch auch andere Mutmaßungen über den Hergang der Geschichte. Der Ausgräber Bantelmann war davon überzeugt, dass das Schiff, beladen mit Sand und Klei, in der Deichbruchstelle versenkt worden sei, um diese schließen zu können. Dagegen spricht freilich die Lage des Schiffes (Bug zum Deich) und vor allem das Fehlen jeglicher Beschädigungen des Rumpfes, derer es bedurft hätte, um das Schiff zu versenken.

Für Bantelmanns Überlegung spricht wiederum der Umstand, dass im Schiff eine andere Bodenzusammensetzung beobachtet worden ist als in seiner Umgebung. Aber bei der Ausgrabung ist auch diesem Sachverhalt nicht systematisch nachgegangen worden.

So bleibt trotz allen Scharfsinns der Archäologen ein Restgeheimnis um das gesunkene Schiff. Prosaischer verlief die Geschichte des Schiffes, nachdem es nur noch „Fund" war. Am 23. Oktober 1969 zog man

Das Schiff wird aus der Wehle gezogen. Foto: Dithmarscher Landesmuseum

es, ausgesteift durch eine innere Hilfskonstruktion, aus dem Schlamm der Wehle, wobei die Festigkeit des Rumpfes ziemlich litt. Aus Witterungsgründen war 1969 kein Transport nach Schleswig mehr möglich, wo es unter einem Zelt aufbewahrt werden sollte. Stattdessen lag es bis zum Frühjahr 1970 im Freien, als das Kultusministerium entschied, das Schiff nicht im Lande zu erhalten, sondern es dem im Aufbau begriffenen Deutschen Schifffahrtsmuseum in Bremerhaven anzubieten, wo man allerdings ebenfalls abwinkte. So wurde der Fund schließlich (in Teilen!) nach Schleswig überführt: besonders Spantenteile, Knie, die Steven blieben erhalten, dazu die Mastführung an Deck und der Mastschuh. Die „Reste", vor allem fast alle Planken, die Pumpenrohre, Schotten usw. warf man zurück in die Wehle, die daraufhin verfüllt und planiert wurde. Wiederum einen Teil der Teile präsentierte das Dithmarscher Landesmuseum 1979 in einer (stark verfälschenden) Rekonstruktion. Der damalige Ministerpräsident Stoltenberg taufte das seltsame Schiff bei dieser Gelegenheit auf den naheliegenden Namen „Hedwigenkoog".

Mittlerweile befinden sich alle geborgenen Teile im Dithmarscher Landesmuseum, wo nicht nur ein Modell im Maßstab 1:10, sondern auch die Rekonstruktion der vorderen Backbordhälfte zu sehen ist. Nicht nur der Herd in der Kombüse, sondern auch die eigenartige Konstruktion ist hier gut zu beobachten. Der seitlich offene Schiffsrumpf dient gleichzeitig als Vitrine für all` die Dinge, die mit solchen Schiffen nach Dithmarschen transportiert wurden.

So hinterlässt das Schicksal, das dieser erste neuzeitliche Schiffsfund hierzulande erlitten hat, ein ungutes Gefühl. Letztlich hat der Journalist recht behalten, der schon im August 1969 schrieb: „ Ein nicht unbedeutendes Stück Dithmarscher Geschichte blieb im Schlamm zurück."[5]

Wolf-Dieter Könenkamp

Anmerkungen

1   Dithmarscher Landeszeitung Nr. 191 vom 19. August 1969.
2   „... ein mit starkem Regen verbundener Sturm aus Südwesten, ..., welcher die ganze Nacht über anhielt." Im Hedwigenkoog gab es durch die Überschwemmung nach den Deichbrüchen 36 Tote, 28 Häuser wurden weggerissen; außerdem gingen 320 Pferde und 580 Schafe und Schweine verloren. Nach Johann Adrian Bolten, Dithmarsische Geschichte. 4 Theil. Flensburg/Leipzig 1788. S. 330 ff.
3   Anton Englert, Das neuzeitliche Wrack aus dem Hedwigenkoog, Kr. Dithmarschen (= Universitätsforschungen zur prähistorischen Archäologie, Bd. 41). Bonn 1997. Das Buch ist die Grundlage des vorliegenden Textes.
4   Heinrich Wolf, Berichte aus Norderdithmarschen und der Nachbarschaft. In: Schleswig-Holsteinische Provinzialberichte 2, 1788. 2. Bd. S. 241–263.
5   Wie Anmerkung 1.

Die Konstruktion nach Entfernen der Wegerung: An die Bodenwrangen schließen sich auf beiden Seiten Auflanger an, dazwischen die Kimmstücke. Foto: Dithmarscher Landesmuseum

Ein Frachtsegler niederländischer Bauart aus dem Uelvesbüller Koog

Für Frachtsegler war der Seeweg entlang der nordfriesischen Westküste eine gefahrvolle Strecke. Anders als heute, wo vor Nordfriesland die westlichsten Ablagerungen der vorletzten Eiszeit infolge zunehmenden Meereseinflusses weitgehend erodiert sind und die in Richtung Osten driftenden Außensände fast auf einer Linie liegen, ragten noch im 18. Jahrhundert Untiefen

Frachtsegler im Husumer Hafen, um 1598; nach dem Städtebuch von Braun und Hogenberg, Bd. 5, Ausschnitt

weit in die Nordsee hinein. Das zeigen die frühen Seekarten trotz vieler Ungenauigkeiten mit aller Deutlichkeit.[1] Wer hier oder vor der nicht minder gefährlichen sandigen Westküste Sylts auf Leegerwall geriet und sich nicht wieder freisegeln konnte, war meist unrettbar verloren. Die Schiffe stießen hart auf, sprangen leck und gerieten in Seenot.

Nach einer noch unvollständigen Strandungskartei sind vom Jahre 1600 bis zum Jahre 1900 zwischen Eiderstedt und Sylt etwa 800 hölzerne Frachtschiffe und Fischereifahrzeuge verunglückt. Trotz dieser großen Zahl ist für die Archäologie nicht viel geblieben, hölzerne Schiffsrümpfe wurden in der Westbrandung meist innerhalb weniger Tage zerlegt und zu Strandgut. Nur dort, wo Havaristen durch die Seegate in das hinter den Sandbänken und Geestinseln liegende Wattenmeer getrieben, in einem der großen Wattströme gesunken und unter Sediment geraten sind, haben größere Wrackteile oder fast komplette Rümpfe Jahrhunderte überdauert. Die ständig in den tidebeeinflussten Gebieten ablaufenden morphologischen Veränderungen können bewirken, dass derartige Schiffsreste wieder zum Vorschein kommen, um dann endgültig zu zerfallen oder wieder unter Sediment begraben zu werden.

Wo das Watt bei Ebbe für wenige Stunden trocken fällt, sind schiffsarchäologische Untersuchungen auch ohne Einsatz von Tauchern möglich, weitaus besser sind die Arbeitsbedingungen aber dort, wo ehemaliger Meeresboden nach Gewinnung eines neuen Kooges zu festem Land geworden ist und die unter Sedimenten begrabenen Wracks im Rahmen von Landgrabungen freigelegt werden können.

Das ist an der schleswig-holsteinischen Westküste bisher erst zweimal geschehen, zuerst 1969 im Dithmarscher Hedwigenkoog, wo ein im frühen 18. Jahrhundert gesunkener Küstensegler nach Trockenlegung einer Wehle dokumentiert und zum Teil geborgen worden ist,[2] und zuletzt 1994 im Uelvesbüller Koog auf Eiderstedt, wo das Wrack eines Frachters aus der Zeit um 1600 komplett gehoben werden konnte.[3] Hier hatte der Neubau eines Sieles im Deich zwischen dem Uelvesbüller Koog und dem Adolfskoog zur Entdeckung

Das Wrack ist in der erweiterten Sielbaugrube freigelegt. Foto: L. Hermannsen 1994

des ungewöhnlichen Fundes geführt. Beim Durchgraben des Deiches war der Bagger mehrmals auf hölzerne Konstruktionen gestoßen, zum einen auf die Anker und Bohlenwände zweier hintereinander liegender Stackdeiche und zum anderen auf die Spantköpfe eines hölzernen Wracks, das dank der Umsicht des Baggerfahrers keinen Schaden nahm.

Obwohl das Wrack bis zu vier Meter Höhe durch Meeresablagerungen und jüngere Deichaufträge überlagert war, gelang es der Grabungsmannschaft des Archäologischen Landesamtes, den Schiffsrumpf innerhalb von nur neun Wochen freizugraben, fotografisch und zeichnerisch zu dokumentieren und für die Hebung in einem Stück vorzubereiten.

Das Wrack

Als das Wrack und die Deichfront freigelegt waren, ließ sich schon vor Ort nachvollziehen, wie es zu dem Schiffbruch gekommen sein könnte. Nach einem großen Loch, das achtern in der Bordwand der Backbordseite durch Gewalteinwirkung entstanden ist, dürfte das Schiff bei schwerer See gegen die Bohlenwand des Stackdeiches geworfen worden, leck geschlagen und in einem vor dem Deich liegenden, teilweise verlandeten Tief, einem Rest der ehemaligen Norder-Eider, gesunken und schnell zusedimentiert worden sein.

Ein an Bord gefundener Stockanker mit gebrochenem Schaft lässt das dramatische Geschehen, das sich vor der Strandung abgespielt hat, erahnen. Denkbar ist, dass der Frachtsegler im Sturm auf der Hever nach Mastbruch oder Ruderverlust manövrierunfähig geworden ist. Der Versuch, das auf die Küste zutreibende Schiff mit dem Anker zu halten, misslang, der Anker brach und der Schiffbruch war nicht mehr abzuwenden. Was aus der wohl zweiköpfigen Besatzung geworden ist, wissen wir nicht.

Geblieben ist ein zum größten Teil erhaltener Schiffsrumpf sowie Schiffsausrüstung und persönlicher Besitz der Besatzung. Wie deutlich erkennbare Beilspuren verraten, war das Wrack bei Ebbe noch eine Zeitlang zugänglich. Küstenbewohner haben die Gelegenheit genutzt, den Vorsteven, das Deck, die Decksbalken und einige Planken der Backbordseite sowie Teile der Wegerung abzubergen.

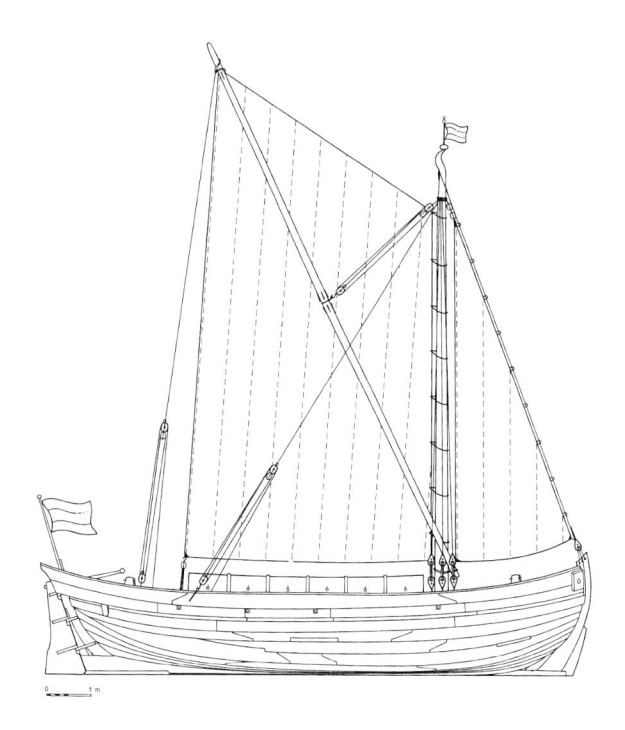

Rekonstruktion des Uelvesbüller Schiffes. Zeichnung: H. Hammon

Der Havarist war ein über Steven etwa 12 m langer und bis zu 3,70 m breiter Frachter mit gebogenem Vorsteven, weit nach vorn gesetztem Mast und großer Laderaumöffnung. Getakelt war er mit Sprietsegel und Stagfock. Nach am Achtersteven erhaltenen Tiefgangsmarken hat der größtmögliche Tiefgang 4,5 Fuß betragen. Der Rumpf war aus karveel gesetzten Eichenplanken gebaut und innen vollständig gewegert. Zusätzliche Stabilität verliehen dem Rumpf zwei mächtige, durch eine Fülleiste getrennte Berghölzer. Das obere der beiden Berghölzer bildete achtern mit der Schanzverkleidung eine Art Heckwerk mit dreieckiger Öffnung, Hennegat genannt, durch die die Ruderpinne nach innen geführt worden ist. Mittschiffs war der Rumpf im Querschnitt fast rechteckig, nach vorn ging er in einen löffelförmigen Bug über, achtern war dagegen das Unterwasserschiff gepiekt, also schärfer gebaut.

Nach zahlreichen mit kleinen Holzstiften verschlossenen Nagellöchern ist der Rumpf auf niedrigem Balkenkiel in Schalenbauweise, d. h. ohne gebaute Spanten errichtet worden. Bei dieser typischen niederländischen Bauweise wurden die auf Stoß gesetzten Planken vorläufig durch aufgenagelte hölzerne Klampen zusammengehalten. Erst in einem zweiten Arbeitsgang hat man dann den Innenraum „voll Holz" gesetzt, also mit Bodenwrangen, Krummhölzern und Auflangern versteift und die Klampen wieder entfernt. Abschließend wurde die innere Auskleidung des Rumpfes, die Wegerung, angebracht und das Deck aufgelegt. Alle Bauteile sind durch hölzerne Nägel miteinander verbunden. Festen Halt erhielten die aus Eichen- und aus Weichholz gefertigten Nägel durch in die Schmalseiten eingetriebene hölzerne Pflöcke mit viereckigem Querschnitt. Die Nähte zwischen den Planken sind mit Moos kalfatert.

Anhand erhaltener Bauteile und noch sichtbarer Abdrücke auf der Innenhaut des Rumpfes ließ sich die Gliederung des Innenraumes rekonstruieren. Der Standort des Mastes ist nach der in die Kielschweinplanke geschnittenen Mastspur eindeutig belegt. Zu beiden Seiten des Mastes war je eine Lenzpumpe fest eingebaut, deren Saugrohre bis in die Kimm reichen. Unmittelbar vor dem Mast hat ein Querschott gestanden, das Laderaum und Vorunter trennte. Im Vorunter, das als Logis und Kombüse genutzt wurde, war eine mit Ziegelsteinen gefüllte Holzkiste als Feuerstelle aufgestellt. Auf der aus glasierten Bodenfliesen gelegten Herdplatte hat bei Bedarf ein offenes Feuer gebrannt. Die Brandgefahr wurde durch eine mit farbigen niederländischen Wandfliesen verkleideten Rückwand etwas gemildert. Das Brennmaterial, Torfsoden und Holz, sowie Feuerschlagsteine wurden bei der archäologischen Untersuchung neben der Herdkiste gefunden.

Der Schiffstyp

Ein baugleiches Schiff ist an der gesamten Nordseeküste noch nicht gefunden. Nur ein einziges archäologisch untersuchtes Schiff lässt sich nach Zeitstellung, Form, Machart und Ausstattung dem Uelvesbüller Küstensegler zur Seite stellen. Es ist das um 1620 in der Zuidersee gesunkene sog. Beurtschiff (Fährschiff) von Lelystad, das aber im Vorschiff völliger gebaut ist.[4]

Auch durch die Druckgraphik der ersten Hälfte des 17. Jahrhunderts ist der Schiffstyp nicht eindeutig bildlich überliefert.[5] Die meisten Übereinstimmungen zeigt das durch Reinier Nooms alias Zeeman abgebildete „Schmalschiff". So dürfte das Uelvesbüller Schiff vor dem Schiffbruch ausgesehen haben, wenn es auch nach dem archäologischen Befund ohne Seitenschwerter gefahren ist. Nach der bereits beschriebenen Bauweise ist es in den Niederlanden gebaut, nach dem für die Tiefgangsmarken verwendeten Groninger Fußmaß wahrscheinlich in einer der nördlichen Provinzen. Dem dendrochronologischen Befund zufolge ist es um 1600 auf Kiel gelegt worden. Vermutlich wurde es vor 400 Jahren als „Karveel" bezeichnet, mit großer Sicherheit ist mit dem bei Uelvesbüll gestrandeten Schiff ein Vorläufer der späteren Hecktjalken überliefert.

Wenn auch die nächsten Verwandten überwiegend Binnenfahrer waren, so ist der bei Uelvesbüll gescheiterte Frachtsegler auch über See gefahren, wie Fundort, Navigationsmittel und das hohe Schanzkleid beweisen. Es war ein Küsten- und Überwattfahrer, der trotz der geringen Ladekapazität von etwa 10 Lasten, also etwa 20 to, mit Profit gefahren sein dürfte. Zum einen waren die Unkosten wegen der Mannschaftsstärke und den nach Schiffsgrößen gestaffelten Gebühren gering, zum anderen lohnte sich im frühen 17. Jahrhundert wegen der steigenden Preise für landwirtschaftliche Güter der Transport kleiner Mengen. Von Vorteil waren auch der flache Boden und der geringe Tiefgang, die das Anlaufen der zahlreichen Sielhäfen im Nordseeküstengebiet ermöglichten, wo die kleinen Frachter die Konkurrenz größerer Frachtschiffe nicht fürchten mussten.

Was das Uelvesbüller Schiff auf seiner letzten Fahrt geladen hatte, ist nicht mit Sicherheit belegt. Da es aber keinen Ballast führte und im Laderaum zahlreiche Getreidekörner ausgeschlämmt worden sind, dürfte die letzte Fracht Saathafer gewesen sein.

Das Fundgut

Bei der archäologischen Untersuchung des Schiffsinnenraumes kamen über 130 Einzelfunde zum Vorschein, die trotz Schiffbruch und Strandraub an Bord geblieben sind. Es sind komplett oder nur fragmentarisch überlieferte Gegenstände, die zur Schiffsausrüstung zu zählen sind, wie zum Beispiel Tauwerk unterschiedlicher Stärke, Spaten, Kalfathammer,

Kalfateisen, Marlspieker, Bohrer, Schleifstein und Vorhängeschloss oder auch Navigationsmittel wie Kompass, Sanduhr und Signalhorn. Vollständig scheint das Kombüsengeschirr erhalten geblieben zu sein, das in norddeutschen und in niederländischen Töpfereien gefertigt worden ist. Neben der Feuerstelle fanden sich zwei Teller und eine Schüssel mit Malhornverzierung, weiterhin ein Durchschlag, ein Stieltopf, eine Pfanne, ein Kochtopf sowie drei Stielgrapen. Auch zwei Zinnlöffel, der eine mit gekrönter Rose und den Gießerinitialen AE gemarkt, der andere mit Engelsköpfen verziert, wurden an Bord gefunden sowie weiterer persönlicher Besitz der Besatzung. Dazu zählen unter anderem Reste von Schuhwerk und wollener Kleidung, Gürtel, Kamm und vierzehn Knöpfe, einige davon in einem hölzernen Schiebekästchen bewahrt. Weiterhin kamen vier ungemarkte Tonpfeifen des frühen niederländischen Typs zum Vorschein. Eine lag in einem hölzer-

Ein Schmalschiff nach R. Nooms alias Zeeman, um 1623–1664

nen, kunstvoll schnitzverzierten Futteral mit Schiebedeckel und Inschrift, bestehend aus den noch nicht identifizierten Initialen des Besitzer, die eine Eigentumsmarke einrahmen und einer leider nur zur Hälfte erhaltener Jahreszahl (16..). Außerdem ist als besonderer Fund ein kleiner Dudelsack, ein sog. Hümmelchen, nachgewiesen, von dem Aufnahmestutzen und Spielpfeife geblieben sind.

Will man das Leben an Bord des frühneuzeitlichen Küstenseglers anschaulich machen, so geben Speisereste, die sich in der Bilge angesammelt hatten, wertvolle Hinweise. Bestimmt werden konnten Knochen von Pferd, Rind, Haus- und Wildschwein, Huhn und Grau- oder Hausgans. An Fischen sind Scholle, Schellfisch, Kabeljau, Hering und Karpfen verzehrt worden, dazu Eier, Hasel- und Walnüsse, Sauerkirschen, Birnen und Quitten. Diese Vielfalt ist nicht verwunderlich, gab es doch in der Küstenfahrt zahlreiche Möglichkeiten, Lebensmittel zu beschaffen. All diese Forschungsergebnisse werden im Museum Husum gezeigt.

Die Konservierung

Nach der anfänglichen Freude über einen derart großen archäologischen Nassfund stellte sich sehr bald die Frage nach der Stabilisierung und dauerhaften Konservierung der Hölzer. Unbehandelt würden die Wrackhölzer nach dem Austrocknen schnell Form und Konsistenz verlieren, und das Wrack würde zu einem unansehnlichen Gebilde ohne musealen Wert verkommen.

Bei der Suche nach einem kostengünstigen und technisch unkomplizierten Verfahren bot sich die Stabilisierung des Schiffsrumpfes in Zuckerlösung an, die in Zusammenarbeit mit dem Deutschen Schifffahrtsmuseum in Bremerhaven riskiert wurde. Das in einem 91 Kubikmeter fassenden Stahltank gelagerte Wrack wurde etwa zwei Jahre lang in gesättigter Zuckerlösung getränkt. Dafür musste die Grabungsmannschaft über 100 000 kg handelsüblichen, weißen, kristallinen Rübenzucker in Wasser lösen und diese Lösung in

Das Wrack in der Ausstellung des Schifffahrtsmuseums Nordfriesland, Husum

festen Abständen umwälzen und kontrollieren. Nach dem Volumen war es das größte Unternehmen dieser Art, das je gewagt wurde – und es ist gelungen. Es dauerte nur knapp zwei Jahre, bis das im Holz gebundene Wasser durch die Zuckerlösung verdrängt war. Nach dem Durchtrocknen füllten Zuckerkristalle die Hohlräume und verhinderten ein Kollabieren des Holzes. Das Aussehen der Holzoberflächen erwies sich nach der Trocknung als ästhetisch sehr befriedigend. Damit war das Wrack für die dauerhafte museale Präsentation hergerichtet.

Die Ausstellung

Für die Präsentation des Wracks ergab sich eine glückliche Lösung. Nach dem Angebot des Fördervereins und des Trägervereins des Schifffahrtsmuseums Nordfriesland e.V. in Husum, das konservierte Wrack und seine Beifunde zu übernehmen, für deren Erhalt zu sorgen und sie der Öffentlichkeit zugänglich zu machen, wurde dem bereits bestehenden Schifffahrtsmuseum eigens für den Uelvesbüller Fund eine klimatisierte Schiffshalle angefügt. In diesem Neubau hat der Frachtsegler seinen letzten Liegeplatz gefunden, nur einen Steinwurf von der Anlegestelle entfernt, wo er vor fast 400 Jahren mehrfach beladen und gelöscht worden sein dürfte.

Hans Joachim Kühn

Anmerkungen

1. Arend W. Lang, Historisches Seekartenwerk der Deutschen Bucht. Neumünster 1969. Z. Bsp. Nr. 30, Helgoland, Elbe, Weser, Eider und Hever, 1762; Nr. 32, H. F. Rosencrantz, Hever nebst Mündungen der Eider, Elbe und Weser, 1776; Nr. 35, J. D. Trock, Weser, Elbe, Eider und Hever 1778.
2. Anton Englert, Das neuzeitliche Wrack aus dem Hedwigenkoog, Kr. Dithmarschen. Bonn 1977. Siehe auch den Beitrag von Wolf-Dieter Könenkamp in diesem Band.
3. Hans Joachim Kühn, Gestrandet bei Uelvesbüll. Wrackarchäologie in Nordfriesland. Husum 1999.
4. Fred Hocker, The Lelystad beurtship: A preliminary report on the hull remains. In: Flevobericht Nr. 322. Lelystad 1991. Das Wrack ist ausgestellt im einem separaten Pavillion auf dem Gelände der Batavia Werft und des Niederländischen Instituts für Schiffs- und Unterwasserarchäolgie (NISA) bei Lelystad, NL.
5. Lothar Eich u. Johannes Wendt, Aus dem Zeitalter der Segelschiffe. Ausgewählte Blätter der Druckgraphik des 15. bis 17. Jahrhunderts. Hamburg 1985 – A. J. Hoving, Nicolaes Witsens Scheeps-Bouw-Konst Open Gestelt. Franeker 1994. – Heinrich Stettner (Hrsg.), Bilder verschiedener Schiffe der Holländer für den hauptsächlichen Gebrauch auf Binnengewässern, gesehen von dem überaus berühmten Schiffszeichner Johannes Porcellis, Anno 1627. Bremen 1996.

Die „Christian VIII." in der Bucht von Eckernförde

Nur wenige Schiffe haben einen so von Mythos geprägten Stellenwert in der schleswig-holsteinischen Geschichte, wie das dänische Linienschiff „Christian VIII.". Am 5. April 1849, während der schleswig-holsteinischen Erhebung 1848–50, mussten das Schiff und ein weiteres dänisches Kriegsschiff, die Fregatte „Gefion", die Flaggen streichen, nachdem sie stundenlang von zwei feindlichen Strandbatterien in der Bucht von Eckernförde unter Beschuss genommen worden waren. Die Fregatte fiel fast unversehrt in die Hände der Schleswig-Holsteiner und wurde nach Kriegsende der neu gegründeten preußischen Kriegsmarine einverleibt. Dem Linienschiff wurde ein ganz anderes Schicksal zuteil: Rund anderthalb Stunden, nachdem die Kampfhandlungen beendet worden waren, und noch bevor die ganze Besatzung von Bord gekommen war, wurde das Schiff ganz unerwartet von einer Explosion erschüttert und völlig zerstört. Die Explosion war so heftig, dass der Lichtschimmer angeblich noch von der Insel Fünen, also aus ungefähr 75 Kilometern Entfernung, gesehen werden konnte.

So dramatisch das Ende des Linienschiffes „Christian VIII." vor den Stränden bei Eckernförde auch ausgesehen haben mag, die militärische Bedeutung der Schlacht war äußerst gering. Die wichtigsten Kämpfe des Feldzuges von 1849 fanden im nördlichen Teil des

Explosion der „Christian VIII." Neuruppiner Bilderbogen: „Das merkwürdige Jahr 1849". Verlag Gustav Kühn, Neubrandenburg. Stiftung Schleswig-Holsteinische Landesmuseen Schloß Gottorf

Kopf der Galionsfigur vom Linienschiff „Christian VIII." Das überlebensgroße Bild des Königs, aus der Bucht von Eckernförde geborgen, wird heute auf Schloss Gottorf gezeigt

Herzogtums Schleswig statt, bei Sonderburg, Apenrade und Hadersleben, und die beiden Schiffe, die auf der dänischen Seite als Verlust gebucht werden mussten, konnten schnell von zwei bei Kopenhagen bereitliegenden Schiffen ersetzt werden. Das Paradoxe an der Geschichte der „Christian VIII." ist, dass das Schiff als Waffe und Machtfaktor eine sehr kleine Rolle spielte. Eine Darstellung über das Linienschiff Christian VIII. darf sich also nicht auf eine nüchterne Auflistung dessen beschränken, was Schiff und Besatzung auf ihrer Mission in der Bucht von Eckernförde erreichten oder nicht erreichten – eine Erforschung der Geschichte des Linienschiffes „Christian VIII." sollte immer untersuchen, was nach der Explosion passierte, also nachdem das Schiff aufgehört hatte, eine Kriegswaffe zu sein. Sie sollte in erster Linie eine Auseinandersetzung mit dem Mythos sein, der nachträglich um die Ereignisse entstand: Wie kam dieser Mythos zustande, und wie wurde er von der Nachwelt interpretiert bzw. genutzt? Es kann kaum bestritten werden, dass der Mythos „Christian VIII." eine große Rolle für die schleswig-holsteinische regionale Identität gespielt hat. Wie groß diese Bedeutung gewesen ist, kann man bei Betrachtung der Erinnerungskultur der Monumente, der Ausstellungen in den Museen und nicht zuletzt der umfangreichen schleswig-holsteinischen Literatur zu diesem Thema feststellen.

Im Vergleich mit schleswig-holsteinischen Verhältnissen ist die Erinnerung an das Linienschiff „Christian VIII." in Dänemark heute fast ausgelöscht. Trotzdem – oder vielleicht gerade deshalb – soll im Folgenden der Versuch gemacht werden, den Spuren nachzugehen, die die katastrophale Niederlage und die zerstörerische Explosion der „Christian VIII." trotz aller Verdrängungsbestrebungen in der dänischen Geschichte hinterlassen hat.

Der zweite dänische Feldzug 1849

Der erste Waffenstillstand zwischen Dänemark und Preußen wurde am 26. August 1848 in Malmö unterzeichnet. Im Laufe des Winters verhandelten die Parteien darüber, den Krieg durch eine Teilung des Herzogtums Schleswig zu beenden. Die dänische Seite wies diesen Gedanken jedoch kategorisch zurück und kündigte schließlich den Waffenstillstandsvertrag. Die Wiederaufnahme der Kriegshandlungen wurde von dänischer Seite für den 3. April 1849 festgesetzt. Zu diesem Zeitpunkt war die militärische Situation wie folgt: Die dänischen Hauptstreitkräfte waren auf 41.000 Mann erhöht worden. Der größte Teil davon befand sich auf der Insel Alsen auf der nördlichen Seite der Flensburger Förde, ein kleinerer Teil nördlich der Königsau, der Grenze zwischen dem Herzogtum Schleswig und dem Königreich Dänemark. Die dänische Flotte war im Laufe des März ausgerüstet worden, und ab dem 16. dieses Monats hatten die dänischen Schiffe ihre Blockade der schleswig-holsteinischen und norddeutschen Küsten wiederaufgenommen. Im Herzogtum Schleswig standen den dänischen Truppen eine schleswig-holsteinische Streitmacht von 19.000 Mann gegenüber. Weiter südlich befanden sich die Truppenkontingente Preußens und des norddeutschen Bundes mit insgesamt 47.000 Mann. Letztere befanden sich zum größten Teil südlich der Eider in Holstein.

Vom dänischen Standpunkt aus galt es also, den Kontakt mit den Truppen Preußens und denen des norddeutschen Bundes zu vermeiden, und stattdessen den Schleswig-Hosteinern in einer Situation entgegenzutreten, in der sie allein auf sich gestellt waren. Kurz: man rechnete damit, dass die preußische und deutsche Unterstützung der Schleswig-Holsteiner aufhören würde, nachdem sie geschlagen waren. Der Operationsplan des dänischen Oberkommandos für die Wiedereröffnung der Kampfhandlungen lief daher in groben Zügen darauf hinaus, den Hauptteil der Truppen auf Alsen nach Westen vorrücken und seine Flankenstellung auf den größten Teil der Halbinsel Sundeved ausweiten zu lassen. Von Norden sollte ein kleineres Korps über die Königsau nach Hadersleben vorrücken, während die Flotte die Stadt Apenrade in Besitz nehmen sollte. Außerdem sollte sie einen Teil der feindlichen Streitkräfte so weit südlich wie möglich – bei Kiel, Schleimünde und Eckernförde – durch Ablenkungsmanöver, sogenannte Alarmierungen, festhalten. Für den 5. April war geplant, die beiden dänischen Heeresabteilungen zu vereinen und das schleswig-holsteinische Heer in einer einzigen Schlacht zu vernichten. Diese sollte nördlich von Flensburg stattfinden und möglichst rasch vollendet sein, so dass die deutschen Hilfstruppen nicht rechtzeitig eintreffen konnten.

Der dänische Kriegsminister, Generalmajor C. F. Hansen (1788–1873), hatte indessen heimlich einen alternativen und wesentlich ambitiöseren Operationsplan ausgearbeitet, den er dem Oberkommando erst unmittelbar vor der Wiederaufnahme des Krieges vorlegte. Nach diesem Plan sollte die Flotte dazu benutzt werden, einen größeren Teil der dänischen Truppen weiter südlich, z. B. bei Eckernförde, an Land zu setzen, um so das schleswig-holsteinische Heer zu umringen. Das Oberkommando verwarf diesen Plan, willigte jedoch ein, die Flotte für ein starkes Ablenkungsmanöver einzusetzen und in der Eckernförder Bucht zwei feindliche Strandbatterien angreifen zu lassen. Der Feind sollte glauben, dass es sich um eine Ausschiffungsoperation handeln würde.[1]

Anfangs sah es so aus, als ob der Feldzug, der am 2. April begann, ganz nach Plan verliefe. Der Vormarsch von Alsen nach Westen ging so glatt, dass man schon einen Tag später den größten Teil der Halbinsel Sundeved unter Kontrolle hatte. Am 3. April rückte das Jütland-Korps über die Königsau ins Herzogtum Schleswig vor und nahm noch am gleichen Tag die Stadt Hadersleben ein. Auch die Bestrebungen der Flotte, Apenrade in ihren Besitz zu bringen, fielen erfolgreich aus. Alles deutete also darauf hin, dass die gesamten dänischen Landstreitkräfte am 5. April nördlich von Flensburg vereint würden, wo die vernichtende Schlacht gegen die zahlenmäßig nur halb so starken Schleswig-Holsteiner wie geplant ausgetragen werden sollte. Es sollte jedoch ganz anders kommen.

Am 3. April empfing der dänische Kriegsminister die falsche Nachricht, dass der preußische König das Angebot des Paulskirchenparlaments, deutscher Kaiser zu werden, akzeptiert hätte, und dass weitere deutsche Truppen auf dem Weg nach Schleswig-Holstein wären. Die beiden dänischen Truppenteile, die von Norden und Osten her auf dem Weg nach Flensburg waren, erhielten den Befehl, den Vormarsch abzubrechen und mehr zurückgezogene Stellungen einzunehmen. Die Offensive war gestoppt, und somit hatte auch das Ablenkungsmanöver in Eckernförde seinen Sinn verloren. Der Befehl wurde jedoch nicht annuliert. Die Nachricht von den schrecklichen Ereignissen in Eckernförde, über die im folgenden zu berichten ist, schickte eine Schockwelle durch die dänischen Reihen. Am 6. April wurde der gesamte Operationsplan aufgegeben, und die dänischen Truppeneinheiten mussten dorthin zurück, woher sie gekommen waren, nach Jütland und Alsen. Die Initiative lag nun auf der schleswig-holsteinischen Seite.[2]

Die Operation in Eckernförde

Was geschah eigentlich an jenem Gründonnerstag im Jahre 1849 in der Eckerförder Bucht? Wie konnte es zu einer so vollkommenen und demütigenden dänischen Niederlage kommen? Warum explodierte das Linienschiff „Christian VIII." anderthalb Stunden, nachdem die Kampfhandlungen aufgehört hatten? Diese Fragen hängen mit dem Mythos des Schiffes zusammen.

Der Flottenverband, der dafür ausersehen war, die Operation in der Eckernförder Bucht durchzuführen, bestand außer dem Linienschiff mit 84 Kanonen aus der Fregatte „Gefion" mit 48 Kanonen, den Dampfschiffen „Hekla" und „Geiser" mit zusammen 15 Kanonen und drei Jachten mit einer Kompagnie Infanteristen. Die Operation sollte dem Plan nach in der Nacht vom 4. auf den 5. April durchgeführt werden. Wegen des Ostwindes, der es den Schiffen erschweren würde, sich notfalls zurückzuziehen, ging man in der Eckernförder Bucht in Höhe des Gutes Noer vor Anker, um die Situation bis zum nächsten Morgen abzuwarten. Dadurch ging das Überraschungsmoment zwar verloren, unter den Offizieren der Besatzungen herrschte jedoch Einigkeit, dass dies die Chancen für einen glücklichen Ausgang nicht nennenswert verringern würde. Man sah es nicht als eine unüberwindliche Aufgabe für eine Flottenabteilung der genannten Größe an, die zwei Strandbatterien schnell niederzukämpfen.[3]

Laut Memorandum, das der Chef der Operation, Kommandeurkapitän Paludan (1792–1872) während seiner Gefangenschaft in Rendsburg drei Tage nach der Affäre schrieb, begann der Tag wie folgt:[4] „Um 7.30 Uhr Vormittag hielt ich von der Küste ab und lief mit Marssegeln nach innen. Sobald sie von der Batterie A [Nordbatterie, AJ] das Linienschiff erreichen konnten, und wir sie, begann die Kanonade, die von unserer Seite beim Vorbeipassieren der Batterie fortgesetzt wurde, wonach ich den für mich bestimmten Platz einnahm." Die beiden Schiffe gingen in der Weise vor Anker, dass sie ihre beiden Breitseiten gegen die Batterien einsetzen konnten. Der Wind erfasste jedoch die Fregatte, sodass sie sich der Länge nach in die Schussrichtung der Batterie legte und das Feuer nicht mehr mit Breitseiten beantworten konnte.

Kommandeurkapitän Paludan schildert den weiteren Verlauf: „Das Schießen ging danach lebhaft weiter, jedoch mit den notwendigen Pausen, um den Pulverdampf abziehen zu lassen, damit man gut auf beide Batterien zielen konnte. Die bei A war bald zum Schweigen gebracht, wohingegen die bei B [Südbatterie, AJ] ihr Feuer mit Heftigkeit besonders gegen die Fregatte richtete. Ungeachtet des starken Angriffs von Seiten des Linienschiffes war sie nicht zum Schweigen zu bringen. Kapitän Meyer [„Gefion", AJ] signalisierte dem Dampfschiff „Geiser", der Fregatte zu Hilfe zu kommen, um ihr Heck so weit gegen den Wind ziehen, dass man den Warpanker werfen könne. Das Dampfschiff hatte jedoch kaum die Trosse strammgezogen, als sie durchschossen wurde. Ich sah dies und dass der Kapitän die Absicht hatte, das Abschleppen von vorne durchführen zu lassen, um die Fregatte hinaus zu bugsieren – ein Vorgehen, dem ich umso mehr zustimmen musste, als Kapitän Meyer mir signalisiert hatte, dass er Hilfe von Leuten brauche, um die Schlacht fortzusetzen. Aber es war, als wenn uns an diesem Tag auch das kleinste bisschen Glück, das man braucht, um aus einem Angriff wohlbehalten davonzukommen, versagt war. Denn kaum hatte Kapitänleutnant Wulff [„Geiser", AJ] die Trosse der Fregatte festgemacht, als ich sah, dass er sie abwarf und den Kurs aus der Bucht nahm, signalisierend, dass „Geiser" einen Maschinenschaden bekommen habe, und dass dieser so umfangreich sei, dass er nur in einem Hafen repariert werden könne. Ich gab ihm deshalb die Order, sich aus dem Feuer zu ziehen." Zur gleichen Zeit, als die „Gefion" darum bat, abgeschleppt zu werden, signalisierte das Linienschiff der „Hekla", hinausgeschleppt zu werden. Die „Hekla" antwortete, das Schiff habe einen Schaden bekommen und könne unmöglich ins Feuer gehen. Da der Wind immer noch ungünstig war, gab es nur einen Ausweg – zu versuchen, die beiden Schiffe hinaus zu warpen, d. h. man schickte eine Jolle voraus, die einen Warpanker auswarf, zu dem die Schiffe sich dann mit Handbetrieb hinhieven mussten. Dies war eine sehr mühsame Arbeit, und man musste auf irgendeine Weise Zeit gewinnen. In seinem Memorandum aus der Gefangenschaft in Rendsburg berichtet Kommandeurkapitän Paludan weiter: „Inzwischen war es nach Mittag geworden, und da es uns trotz eifrigster Anstrengung nicht gelungen war, mehr als eine Kanone der Batterie B zu demontieren, wußte ich mir, um die Schiffe hinauszubringen, keinen besseren Rat als die Parlamentärflagge zu hissen, das Schießen zu beenden und Leutnant Ulrich an Land zum Oberstkommandierenden zu schicken. Er sollte ein Schreiben übergeben mit dem Bescheid, dass ich den Angriff auf die Batterien beenden würde, wenn das Feuer von da aufhören würde; dass ich aber im entgegengesetzten Falle Granaten in die Stadt, die ich bisher verschont hatte, werfen lassen würde. Dies bewirkte auch, dass der Beschuss von Land gegen 1 Uhr nach Mittag bis ungefähr 4 Uhr aufhörte. Da erhielt ich die Antwort, dass man nicht geneigt war, die Schiffe unbeobachtet sich zurückziehen zu lassen; würde ich die offene Stadt

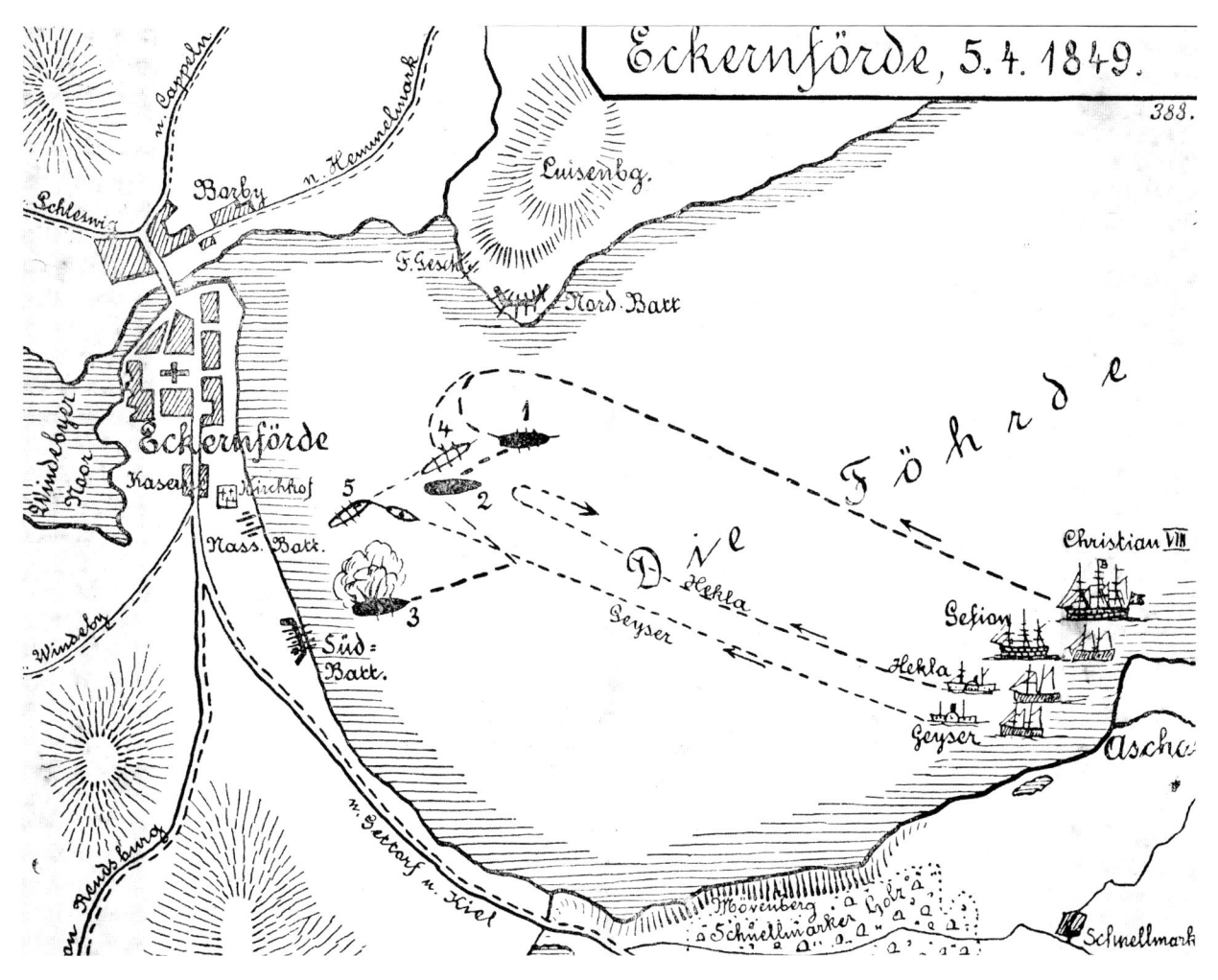

Karte über das „Land und Seetreffen bei Eckernförde am 5. April 1849". Erkennbar sind die beiden schleswig-holsteinischen Strandbatterien sowie die Bewegungen der dänischen Schiffe. Stadtmuseum Eckernförde

beschießen, wäre dies ein Wandalismus, der mir zur Last gelegt werden würde."

In der Zwischenzeit wurde mit Hochdruck daran gearbeitet, die „Gefion" hinauszuwarpen. Aber wegen des auffrischenden Ostwindes gab es nur geringe Hoffnung, dass dies gelingen würde. Von den Batterien wurde nun mit glühenden Kugeln geschossen, die an mehreren Stellen in den Schiffen und an den Bespannungen Brand verursachten. Als nun auch noch von neu hinzugekommenen Feldbatterien geschossen wurde, musste Paludan erkennen, dass die „Gefion" nicht zu retten war, und dass das Linienschiff die Schlacht ohne Fregatte verlassen musste. Die Fregatte strich nun die Flagge, und an Bord des Linienschiffes bereitete man sich darauf vor, die Bucht zu verlassen. Im selben Augenblick, als das Schiff die Segel gesetzt hatte, wurde es von so kräftigen Granatfeuer beschossen, dass große Teile der Takelage beschädigt wurden. Das Schiff konnte nun nicht mehr manövrieren, es begann, an Land zu treiben und ging schließlich cirka 400 Meter von der südlichen Strandbatterie entfernt auf Grund. Diese setzte ihren Beschuss mit unverminderter Stärke fort.

An Bord der „Christian VIII." war die Situation jetzt verzweifelt. Kommandeurkapitän Paludan berichtet: „Ungefähr eine halbe Stunde nachdem Christian VIII. auf Grund gelaufen war, und ich ohne Warpanker, und auch wenn ich noch so viele gehabt hätte, jegliche Hoffnung aufgeben musste; als jeder Schuss der feindlichen Batterien traf, glühende Kugeln im Rumpf und Granaten sowohl dort als auch in der Takelage, wodurch viele Männer getötet und verletzt wurden, und als man mir gleichzeitig meldete, dass bei der Wasserlinie unter den beiden Rüsten, Storen und Fockmasten und an äußeren Stellen weiter oben an Steuerbord sowie unten im Großladeraum Feuer ausgebrochen war, das mit Hilfe der gesamten arbeitsfähigen Mannschaft nicht gelöscht werden konnte, [...] rief ich den ersten Offizier, Kapitänleutnant C. Krieger, den 3. Kapitänleutnant Marstrand und den auf Achterdeck und bei den Kanonen auf der Back angestellten Premieleutnant Wedel-Jarlsberg zusammen, um ihre Meinung über die Situation, in der das Schiff sich befand, zu hören. Und diese Offiziere waren sämtlich der Ansicht, dass jegliche Hoffnung, das Schiff zu bergen, aufgegeben werden musste, und dass es nur eine rücksichtslose Opferung von vielen Menschenleben wäre, den Kampf weiter hinauszuziehen; weshalb sie nicht einsahen, dass anders zu handeln wäre, als sich zu übergeben; und als ich mit tief betrübtem und schwerem Herzen nicht anders konnte, als ihre Meinung teilen, gab ich den traurigen Befehl, die Flagge ungefähr um 6 Uhr nachmittags zu streichen. Das Schießen von der Küste blieb danach noch einige Minuten bei, hörte dann aber auf. Ich gab die Order, alle Hähne zu öffnen, um das Schiff voll Wasser laufen zu lassen, und das Pulver über Bord zu werfen sowie alle Männer beim Pumpen, Spritzen und Wassertragen einzusetzen, um überall das Feuer zu löschen. Hiermit war es in gutem geregelten und ordentlichen Fluss, sodass ich beruhigt war, dass das Feuer nicht die Überhand gewinnen würde..." Um 18.30 Uhr kam eine Ordonanz des deutschen Oberbefehlshabers, Herzog von Sachsen-Coburg-Gotha, mit einem Bescheid für Paludan an Bord, er möge sich unverzüglich an Land begeben, so schnell wie möglich gefolgt von der Besatzung. Paludan weigerte sich zunächst, das brennende Schiff zu verlassen, bevor das Feuer überall gelöscht war und die Verwundeten von Bord gebracht waren. Da aber die Ordonanz auf keine Verhandlung eingehen wollte, musste Paludan schließlich gehorchen. Bevor er von Bord ging, beriet er sich mit seinen Offizieren, die ihm mitteilten, dass das Feuer überall unter Kontrolle gebracht war. Paludan wurde an Land geführt und vorläufig in einem Hotel in Eckernförde untergebracht, von wo aus er um 20.00 Uhr die Explosion der „Christian VIII." mitanhörte.

Von dem Zeitpunkt an, als der Kapitän sein Schiff verließ, haben wir nur ganz wenige Zeugnisse darüber, was weiter an Bord geschah. Wir wissen, dass das Feuer unter Kontrolle und dass die knapp 700 Mann starke Besatzung größtenteils an Land gebracht worden war. Aber 91 Besatzungsmitglieder konnten sich nicht mehr retten, unter ihnen ein großer Teil des Offizierskorps, das weiterhin die Verantwortung für die Löscharbeiten und die Pflege der 30 Verwundeten trug, die noch nicht an Land gebracht worden waren. Die dürftigen Quellen erschweren es der Nachwelt, eine sichere Erklärung dafür zu finden, was in den anderthalb Stunden zwischen 18.30 Uhr und 20.00 Uhr geschah. Nicht zuletzt kann die Frage, was das Schiff explodieren ließ, nicht mit Sicherheit beantwortet werden. Die allgemein akzeptierte Erklärung ist, dass man eine glühende Kugel im Innern des Schiffes übersehen hatte. Wie wir später sehen werden, wurde diese Erklärung noch einmal in dänischen Militärkreisen zur Debatte gebracht und in Frage gestellt, nachdem deutsche Truppen am 9. April 1940 Dänemark besetzt hatten.

Die Nachwelt

Auf dänischer und auf schleswig-holsteinischer bzw. deutscher Seite wird das Ende des Linienschiffes „Christian VIII." ganz unterschiedlich bewertet. Südlich der Grenze scheint man sich in erster Linie zu fragen, wie es geschehen konnte, dass ein Gefecht zwischen zwei so unterschiedlichen Gegnern mit der totalen Niederlage der Übermacht endete. Betrachtet man die Bedeutung, die die Eckernförde-Affäre in schleswig-holsteinischer Tradition einnimmt, so bekommt man den Eindruck, der deutsche Sieg hing allein davon ab, dass die Mannschaften der Strandbatterien ungewöhnlich tüchtige Kanonenschützen waren. Dies ist eine Einschätzung, die hier nicht in Frage gestellt werden kann oder soll. Auf der anderen Seite aber darf man nicht übersehen, dass die Erklärung gut zur Bildung schleswig-holsteinischer Identitätsgefühle passte, die sich nach 1848 stark entwickelten. Es gab großen Bedarf, den Schleswig-Holsteinern Hoffnung zu machen, und hier konnte man darauf hinweisen, dass es möglich war, der großen dänischen Übermacht ernsthafte und schmerzliche Verluste zuzufügen, wenn man sich auf sich selbst verließ und die Sache richtig anpackte.

Vermutlich ist es diese Auslegung der Ereignisse in der Eckernförder Bucht, die auf der schleswig-holsteinischen Seite die Erinnerung an den „Tag von Eckernförde" und damit an das Linienschiff „Christian VIII." wachgehalten hat. Zeugen dieser besonderen Erinnerungskultur sehen wir heute in den zahlreichen schleswig-holsteinischen und deutschen bildlichen Darstel-

Nach dem Untergang der „Christian VIII." entwickelte sich ein Reliquienkult um geborgene Schiffsteile: Schreibgarnitur, gedrechselt aus Eichenholz des Wracks. Stadtmuseum Eckernförde

lungen und bei einem Spaziergang durch Eckernförde. Hier zeugen eine Reihe von Gedenksteinen, Grabsteinen und Straßennamen davon, welche Bedeutung das Geschehen für die Bildung einer regionalen Identität gehabt hat.[5] Am bemerkenswertesten ist dabei der sogenannte „Reliquienkult", der in den Jahren nach der Schlacht entstand. Vielerorts, sowohl in Privatbesitz als auch in dänischen und deutschen Museen – besonders im Grenzland –, findet man mehr oder weniger kunstvoll verarbeitete Eichenholzstücke, von denen behauptet wird, sie seien am Strand von Eckernförde gefunden bzw. aus dem Wrack entstanden, das noch während des Krieges geborgen wurde. Es gibt Briefbeschwerer, Kästchen, Kerzenhalter, Tische und Stühle, oft versehen mit einer mehr oder weniger glaubwürdigen Echtheitsgarantie: „Holz von dem dänischen Linienschiffe Christian VIII..." oder nur „Eckernförde 5. April 1849." Diese vielen Trophäen zeugen ebenfalls von der enormen symbolischen Bedeutung, die die „Christian VIII." für das schleswig-holsteinische Selbstverständnis jener Zeit und vieler Jahre danach bekam.[6]

Die „Christian VIII." in der dänischen Geschichte

Die zweite Frage, die sich mit der „Christian VIII." verbindet, ist: Warum explodierte das Linienschiff, obwohl anderthalb Stunden früher erklärt worden war, das Feuer sei unter Kontrolle? Diese Frage ist in erster Linie auf dänischer Seite gestellt worden, vermutlich deshalb, weil der Verlust von so vielen Menschenleben nach der Schlacht nach einer Erkärung verlangte. Für die Öffentlichkeit und nicht zuletzt für die Hinterbliebenen war es schwer einzusehen, welchen Sinn der Verlust so vieler Menschenleben für die dänische Seite haben sollte, wollte man die Opfer der Eckernförde-Schlacht nicht als Teil des gesamten dänischen Opfers dieses Krieges betrachten.

Es wäre falsch zu behaupten, dass die Schlacht bei Eckernförde Dänemarks nationale Identität in irgendeiner Weise geprägt habe – besonders nicht im Vergleich mit der Rolle, die die Schlacht für Schleswig-Holstein gespielt hat. In Dänemark wurde das lärmende Echo von Eckernförde schnell von den nachfolgenden Siegen bei Fredericia, Idstedt und Friedrichstadt übertönt. Diese Schlachten führten zum endgültigen dänischen Sieg über die Schleswig-Holsteiner, und im nationalen Siegesrausch, der in dieser Zeit in Dänemark entstand, hatten Selbstkritik und Selbsterkenntnis äußerst schlechte Bedingungen. Kurz und gut: Der Krieg war nun gewonnen, und es gab keinen Grund, allzu sehr an die Fehler und Niederlagen, die es unterwegs gegeben hatte, zu denken. Deshalb würde heute eine Umfrage bei einem repräsentativen Ausschnitt der dänischen Bevölkerung vermutlich ergeben, dass man vieles über die Schlacht bei Bau am 9. April 1848 oder die Schlacht bei Idstedt am 25. Juli 1850 weiß, aber den allerwenigsten wäre bekannt, dass überhaupt bei Eckernförde gekämpft wurde, und dass ein Schiff mit dem Namen „Christian VIII." dabei war.

Wie wenig man sich in der Vergangenheit in Dänemark an Eckernförde erinnerte, erkennt man z. B., wenn man in der Tageszeitung Berlingske Tidende blättert. Man wird bemerken, dass der 25. Jahrestag 1874 mit Schweigen übergangen wurde. Erst vier Tage später, am 9. April 1874, wurde das Ereignis erwähnt, jedoch nur indirekt und verbunden mit einem scharfen Angriff auf den Herzog von Sachsen-Coburg-Gotha, den früheren Oberbefehlshaber in Eckernförde: „Am 5.April [...] wurde in Eckernförde ein Gedenkfest veranstaltet, zu dem sich etliche ‚Kampfgenossen' aus verschiedenen Städten eingefunden hatten. Auch in Gotha gab es aus Anlass des Tages Festlichkeiten. Der Herzog nennt sich nämlich gerne ‚Sieger von Eckernförde'. Dabei erzählt man sich, dass seine größte Leistung während der Kämpfe am 5. April 1849 darin bestand, um das Windebyer Nor zu reiten."[7] Der Gerechtigkeit halber soll erwähnt werden, dass Berlingske Tidende zum 50. Jahrestag eine längere Zusammenfassung der Geschehnisse von 1849 brachte.

Ganz spurlos ist die Affäre von Eckernförde also nicht über die Geschichte Dänemarks hinweggegangen. Hier und da finden sich bei genauerem Hinsehen kleine, aber doch ganz interessante Zeichen dafür, dass die furchtbare Niederlage von Eckernförde im Gedächtnis behalten, bearbeitet und diskutiert worden ist, immer dann nämlich, wenn sie im Laufe der kommenden Jahrzehnte in irgendeiner Weise wieder Aktualität erhielt. Hier soll auf einige Beispiele näher eingegangen werden.

Ein historisches Gemälde, das niemals gemalt wurde

Es gibt ein reichhaltiges Bildmaterial, das die Ereignisse vom 5. April 1849 in der Eckernförder Bucht darstellt. Weitaus der größte Teil entstand auf schleswig-holsteinischer bzw. deutscher Seite. Hier wurde unmittelbar nach dem Geschehen eine Unzahl von Zeichnungen, Lithografien und Holzschnitten herausgegeben, die in ihrer Qualität unterschiedlich waren und es

Vilhelm Petersen (1820–1859): „Slæbetrossen mellem Gefion og Geiser overskydes" (Die Schlepptrosse zwischen Gefion und Geiser wird zerschossen). Gemälde undatiert. Det Nationalhistoriske Museum på Frederiksborg

mit der Genauigkeit in Bezug auf Verlauf und Topografie des Ereignisses nicht immer ganz genau nahmen. Einige Drucke sind von Fantasievorstellungen geprägt, vermutlich weil der Hersteller es eilig hatte, als erster mit den spektakulären Bildern in den Handel zu kommen und sich deshalb nicht die Mühe gegeben hatte, genaue Auskünfte einzuholen.[8]

Auf dänischer Seite hingegen ist das Bildmaterial sehr sparsam. Das bekannteste Bild – d. h. das Bild, das in dänischen Geschichtsbüchern am häufigsten benutzt wird – ist Vilhelm Petersens (1820–59) „Slæbetrossen mellem Gefion og Geiser overskydes" (Das Schlepptau zwischen Gefion und Geiser wird durchschossen). Das Gemälde ist eines der ganz wenigen dänischen „Augenzeugendarstellungen". Der Künstler erlebte die Schlacht als Sekondleutnant an Bord der Gefion und soll angeblich schon während seiner Gefangenschaft in Segeberg 1849 einen Entwurf für das Bild gemacht haben. Es befindet sich heute im historischen Museum im Schloss Frederiksborg auf Seeland.[9] Vilhelm Petersens Schilderung ist typisch für die „offizielle" dänische Auffassung davon, was in Eckernförde schief ging. Der Künstler hatte sein Bild von jeglicher Dramatik zu reinigen: Es gibt keine Anzeichen dafür, dass sich die Schiffe in ernsthaften Schwierigkeiten befinden. Die Gegner der Schiffe, die Strandbatterien, spielen eine so untergeordnete Rolle, dass sie auf dem Bild nicht einmal zu sehen sind. Das einzige Zeichen für eine feindliche Aktivität sind einzelne Kugeleinschläge auf dem Wasser. Das Entscheidende in Vilhelm Petersens Auslegung der Schlacht ist also nicht das Feuer der Strandbatterien, sondern das Unglück, das die Dänen an diesem Tag verfolgte.

In einer der meist verbreiteten volkstümlichen Geschichtsdarstellungen, A. D. Jørgensens „Fyrretyve fortællinger af Fædrelandets Historie" (Vierzig Erzählungen der vaterländischen Geschichte) von 1882 finden wir die literarische Parallele zu Vilhelm Petersens berühmtem Gemälde. Bemerkenswert ist, dass das Wort „Unglück" ganze fünfmal im folgenden kurzen Auszug vorkommt: „Im darauffolgenden Frühjahr (1849) brachen die Feindlichkeiten von neuem aus, weil Dänemark keinen zufriedenstellenden Frieden bekommen konnte. Wir wurden sofort von einem trauri-

Christian Mølsted (1862–1930): An Bord der Fregatte Niels Juel während des Kampfes bei Helgoland am 9. Mai 1864 – Schwarzenberg brennt. Gemälde von 1898. Det Nationalhistoriske Museum på Frederiksborg

gen Unglück getroffen, indem die beiden Kriegsschiffe, die ‚Christian VIII.' und die ‚Gefion' sich unter sehr unglücklichen Umständen in die Bucht von Eckernförde wagten, wo die Deutschen zwei Strandbatterien aufgebaut hatten. Unglück folgte auf Unglück; der Wind war gegen sie, und dem Dampfschiff, das sie wieder hinausführen sollte, wurden die Taue durchschossen; die Christian VIII. geriet in Brand, das Schiff explodierte, und die Gefion musste die Flagge streichen. Dieses Unglück machte einen niederdrückenden Eindruck auf alle …"[10]

Im Schloss Frederiksborg befindet sich auch eine der berühmtesten Darstellungen einer dänischen Seeschlacht. Es ist Christian Mølsteds (1862–1930) „Ombord på fregatten Niels Juel under kampen ved Helgoland den 9. maj 1864 – Schwarzenberg brænder". Es wurde auf Bestellung des Museums in den Jahren 1897–98 gemalt. Das Bild hat zwei Berührungspunkte mit der Affäre von Eckernförde: Zum ersten diente Mølsteds Helgoland-Gemälde dem gleichen Zweck wie die begeisterte Beschäftigung der Deutschen mit der Eckernförder Schlacht: Beide Ereignisse – oder die Erinnerung daran – wurden als Trost und moralische Rückenstärkung nach einem verlorenen Krieg benutzt. Mølsteds Gemälde von der Schlacht bei Helgoland hat aber vermutlich eine andere und mehr praktische Verbindung zur Schlacht bei Eckernförde. Diese Verbindung zeigte sich im Oktober 2000, als in einem Kopenhagener Auktionshaus eine kleine und bisher nicht erwähnte Ölskizze zum Verkauf angeboten wurde. Das Bild befindet sich heute im Museum Schloss Sonderburg. Die undatierte Skizze stammt aus der Hand von Christian Mølsted und trägt den Titel „An Bord des Linienschiffes Christian VIII. bei Eckernförde". Sie stellt die Situation auf dem oberen Deck des Linienschiffes wenige Sekunden vor der Explosion dar. Im Vordergrund links sind zwei Offiziere und ein Kadett zu sehen, die mit entblößten Häuptern und gefalteten Händen auf ihr Schicksal warten, wohl wissend, was gleich geschehen wird. Rechts springt die übrige Besatzung des Schiffes in Panik über Bord. Im Hintergrund sind Flammen zu sehen, die aus den Öffnungen im Steven schlagen. Nach den vorliegenden Hinweisen hat Christian Mølsted niemals sein Eckernförde-Gemälde verwirklicht. Im Gegenteil deutet vieles daraufhin, dass er stattdessen Motiv und Komposition der Skizze als Vorlage wählte, als er vom historischen Museum im Schloss Frederiksborg den Auftrag erhielt, ein Gemälde von der siegreichen Schlacht bei Helgoland zu malen. Die Perspektive, die Platzierung der Masten, Kanonen, Wanten und der großen Gruppe von drängelnden Besatzungsmitgliedern auf der rechten Seite des Bildes erlauben diese Vermutung.

Das Auffallendste an Mølsteds Eckernförde-Skizze ist, dass die Offiziere im Vordergrund fest entschlossen zu sein scheinen, sich nicht selbst vor der Explosion zu retten. Anscheinend wissen sie, dass sie zusammen mit dem Schiff in wenigen Minuten in die Luft fliegen werden. Die Offiziere hätten sich über verwundete Besatzungsmitglieder beugen oder Wasser zum Feuerlöschen bringen können; dies wäre in Übereinstimmung mit der offiziellen Erklärung über die letzten Vorgänge gewesen. Dies ist jedoch nicht der Fall. Stattdessen hat Mølsted die Offiziere zu einer kleinen Andacht versammelt. Der Künstler hat möglicherweise die „Elite" glorifizieren wollen, die ihrer Verantwortung bewusst die schwere Last der Niederlage auf ihre Schultern nimmt, während die gemeine Besatzung, die nicht daran teilhat, über Bord springen darf. Auf Mølsteds Helgoland-Bild ist die Situation genau umgekehrt. Hier wird der „Sieg des Volkes" geschildert; den Offizieren ist eine stark zurückgezogene und fast zuschauerartige Rolle auf der Kommandobrücke zugeteilt worden. Es ist nicht von der Hand zu weisen, dass dieser Aspekt die Ursache dafür gewesen sein mag, dass das Eckernförde-Bild nie ausgeführt worden ist: Nach der Niederlage 1864, mit der das Dänische Königreich stark reduziert worden war, bedurfte es einer Geschichtsschreibung, die mehr Wert auf die Taten des Volkes legte als auf die aristokratischen Ehrbegriffe der Elite.

Das Bild kann aber auch auf andere Weise ausgelegt werden. Der Künstler hat möglicherweise seine alternative Sicht der letzten Geschehnisse an Bord der Christian VIII. skizzieren wollen, eine Deutung, die in aller Kürze besagt, dass eine Gruppe verschworener Offiziere sehr wohl wusste, dass das Schiff explodieren würde, weil sie ja selbst dafür gesorgt hatte. Diese Vermutung ist nie bewiesen worden, dennoch hat sie in Flottenkreisen immer ihre Fürsprecher gehabt – vermutlich in der Meinung, dass damit die Gefallenen in ein ehrenvolleres Licht gestellt würden.

Christian Mølsted (1862–1930): „Ombord på Linieskibet Christian VIII ved Eckernførde" (An Bord des Linienschiffes Christian VIII. bei Eckernförde). Ölskizze undatiert. Museet på Sønderborg Slot

Ein Beispiel zur Nachahmung?

Die Frage, wie sich eine militärische Einheit verhalten soll, nachdem sie sich übergeben hat, ist vermutlich so alt wie die Kriegskunst selbst: Hat der Gefangene weiterhin die Pflicht, zu versuchen, dem Feind so große Verluste wie möglich zuzuführen, oder soll er wenigstens die Kriegsbeute des Feindes begrenzen? Nicht zuletzt die Geschichte der Seekriege ist voller Beispiele für dieses Dilemma, weil die Übergabe eines oder mehrerer intakter Kriegsschiffe an den Feind ernste Folgen für die weitere Kriegsführung nach sich ziehen konnte. Hier ein paar Beispiele: Nach der Schlacht bei Møn 1677 im Krieg zwischen Dänemark und Schweden wurde der Chef des schwedischen Schiffes „Calmar Castel" vor ein Kriegsgericht gestellt, weil er, nachdem die Flagge gestrichen worden war, zwei Kugeln hinunter in den Laderaum geschossen hatte.[11] Im April 1715 entstand eine ähnliche Situation in einer Schlacht bei Fehmarn, ebenfalls zwischen dänischen und schwedischen Kriegsschiffen. Eine schwedische Flottenabteilung, die bei Bülk zwischen der Eckernförder und der Kieler Bucht auf Grund gelaufen war und deshalb die Flagge gestrichen hatte, versuchte, sich selbst zu versenken. Der dänische Kapitän Peter Wessel befahl jedoch der Mannschaft, mit der Vernichtungsarbeit aufzuhören, und dadurch konnte eines der besten Schiffe der schwedischen Flotte, die „Vita Örn", unbeschädigt der dänischen Flotte einverleibt werden.[12] Ein letztes Beispiel stammt von der englischen Belagerung Kopenhagens 1807: Die dänische Seite fasste Beschlüsse über die Versenkung der gesamten dänischen Flotte, um sie nicht in die Hände der Engländer fallen zu lassen. Der Plan wurde jedoch aufgegeben, und die Engländer kehrten mit 44 Schiffen, darunter

15 Linienschiffen und 10 Fregatten, nach Hause zurück.¹³

Nachdem deutsche Truppen am 9. April 1940 Dänemark besetzt hatten, war die dänische Flotte in großer Gefahr, in eine ähnliche Situation zu geraten. Die Stimmung beim Flottenpersonal war auf dem Nullpunkt. Frustration hatte sich ausgebreitet, weil man – im Gegensatz zum Heer, das trotz allem am Tag der Besetzung einen gewissen Widerstand geleistet hatte, – keine Gelegenheit gehabt hatte, zu kämpfen. Für die Marine war es darüber hinaus stark demoralisierend, ein Leben auf Gnaden einer fremden Besatzungsmacht zu fristen. Die Situation musste zu prinzipiellen Überlegungen führen, welchen Sinn die Existenz der Flotte überhaupt hatte, wenn sie nicht eine eindringende fremde Macht bekämpfen durfte. Der Gedanke lag nahe, selbst die Schiffe zu vernichten, bevor die Besatzungsmacht die Auslieferung verlangte. Gegen eine solche Handlung sprach die Rücksicht auf die Regierung. Diese versuchte, indem sie ihren Willen zur Zusammenarbeit mit der deutschen Besatzungsmacht zeigte, möglichst große Handlungsfreiheit in den inneren Angelegenheiten des Landes zu bewahren. Eine Vernichtung der dänischen Schiffe würde diese Politik der Zusammenarbeit in Gefahr bringen.

Mitten in dieser angespannten Stimmung wurde der Mythos der „Christian VIII." aus der Versenkung geholt und zum Gegenstand einer erneuten Debatte gemacht.¹⁴ Die Geschichte und das Ende des Schiffes waren plötzlich in Flottenkreisen zu einem höchst aktuellen Thema geworden. Den Anfang der Debatte machte eine Artikelreihe des Kapitänleutnants Thorkel Bjerre (geb. 1906) in „Tidsskrift for Søvæsen" (Zeitschrift für das Seefahrtswesen) 1940. Im gleichen Jahr gab der Verfasser seine Artikel in einem selbstständigen Buch heraus mit dem Titel „Eckernförde – Seemilitärische Abhandlung über den Kampf am Gründonnerstag, dem 5. April 1849 in der Eckernförder Bucht".¹⁵ Thorkel Bjerre kam nach seinen Untersuchungen der Kriegsgerichtsakten und des später erschienenen Erinnerungsmaterials zu dem Schluss, dass die „Christian VIII." auf Befehl der Offiziere vorsätzlich zerstört worden sei, nachdem der Kapitän das Schiff verlassen hatte. Eigentliche Beweise für seine These brachte Thorkel Bjerre nicht, er hob aber eine Reihe von Indizien hervor, die nach seiner Meinung zusammen gesehen einen haltbaren Wahrscheinlichkeitsbeweis darstellten. Ins Zentrum der Aktion stellte er Kapitänleutnant O. J. Marstrand, einen der umgekommenen Offiziere. Nach Bjerres Untersuchungen hat dieser „mit Hilfe einer Reihe anderer Männer der mutigen Besatzung des Linienschiffes das Feuer regelrecht vorbereitet und im entscheidenden Augenblick das Schicksal selbst in die Hand genommen und – möglicherweise sogar nach einem Handgemenge – das Feuer in die Pulverladung geschleudert". Was dieser Einsatz für Dänemark bedeutet hatte, war für Thorkel Bjerre offenbar völlig klar. Er fuhr fort: „Marstrand opferte sein Leben – und mit ihm viele andere. Sie retteten Dänemarks Ehre und verschonten die Mitwelt vor dem traurigen Anblick, das Linienschiff „Christian VIII.", den Stolz des Landes, unter der Trikolore der aufrührerischen Schleswig-Holsteiner zu sehen."¹⁶

Zweifelsohne war Bjerre von der Richtigkeit seiner These überzeugt. Seiner Meinung nach hatte er ein wichtiges Korrektiv für die Geschichtsschreibung geliefert. Aber das Vorwort des Buches lässt gleichzeitig eine andere und weitreichendere Absicht seiner Schrift erahnen. Hier behauptet der Verfasser, dass die vermutliche Selbstmordaktion der Besatzung der „Christian VIII." als historisches Vorbild für das Flottenpersonal in der aktuellen Situation, in der sich das von Deutschland besetzte Land befand, dienen sollte. In Bjerres Vorwort heißt es unter anderem: „In diesen Tagen, wo Dänemarks Söhne und Töchter trauern, und die Zukunft unseres Landes düster aussieht, kann man Stärkung in unserer Geschichte finden. Sie lehrt uns, niemals zu verzweifeln. Immer hat es in Dänemark Dänen gegeben, die nicht vor dem letzten Einsatz für das Wohl ihres Vaterlandes zurückwichen und ihr Leben gaben, damit andere leben konnten. Solche Männer kämpften bei Eckernförde."¹⁷

Die Ausführungen von Thorkel Bjerre befanden sich wahrscheinlich im Grenzbereich dessen, was sich ein diensttuender dänischer Marineoffizier unter den gegebenen Umständen zu sagen erlauben konnte. Sein Buch war im Grunde genommen eine Aufforderung an seine Kollegen, zum rechten Zeitpunkt die dänischen Kriegsschiffe zu versenken, wenn nötig unter Aufopferung des eigenen Lebens – genau wie Marstrand es 94 Jahre zuvor angeblich vorgemacht hatte. Die Veröffentlichung solcher Gedanken führte zweifelsohne ein erhebliches Risiko für den Autor mit sich. Aber Bjerres Ausführungen waren auch in anderer Hinsicht ein Spiel mit dem Feuer. Es bestand nämlich die Gefahr, dass die Loyalität der dänischen Marine in Frage gestellt und damit auch das Vertrauen der deutschen Besatzungsmacht zur dänischen Regierung beeinträchtigt werden konnte. Nicht nur Thorkel Bjerres Buch muss aus dieser Perspektive gesehen werden, sondern auch eine bald danach erschienene Widerlegung. Schon in der nächsten Folge von „Tidsskrift for Søvæsen" bezeichnete der Marinehistoriker Preben Holck (1888–1966), ein pensionierter Korvettenkapitän, Bjerres Huldigung einer behaupteten Selbstmordaktion von Kapitänleutnant Marstrand nicht nur als unwahrscheinlich, sondern auch beschämend für die Ehre eines gefallenen dänischen Offiziers. In den darauffolgenden Ausgaben von „Tidsskrift for Søvæsen" wurden Widerlegungen widerlegt, neue Beweismittel und neue ballistische Sachkenntnis mit einbezogen.[18] In dem Federkrieg wurde unter anderem diskutiert, ob die Besatzung auf der „Christian VIII." eine der glühenden Kugeln übersehen haben könnte. Vielleicht hatte eine dieser Kugel die Außenbespannung, nicht aber die Innenbespannung durchdrungen, so dass sie im Hohlraum dazwischen stecken blieb, und hatte dort das Feuer verursacht?

Die Intensität und Ernsthaftigkeit, mit der diese sehr technische Debatte geführt wurde, basierend obendrein auf einer schwachen Quellengrundlage, deutet darauf, dass die beiden Historiker sich in Wirklichkeit um ein ganz anderes und viel brisanteres Thema stritten – ein Thema, mit dem man sich in einer Besatzungssituation nur sehr vorsichtig und indirekt öffentlich beschäftigen konnte. Es war die grundsätzliche Frage, ob man die dänische Flotte versenken sollte, bevor die deutsche Wehrmacht ihre Aushändigung verlangen würde. Die Debatte zwischen Bjerre und Holck wurde wahrscheinlich Anfang 1942 abgeschlossen. Preben Holck bekam das letzte Wort, indem er behauptete, dass Bjerres Ausführungen der dänischen Marine geschadet habe – sowohl der Marine, die bei Eckernförde gekämpft hatte, als auch der jetzigen, die seit 1940 versucht hatte, die Fassade als loyale Waffengattung aufrecht zu erhalten. Holck schrieb: „Obwohl es Meinungsverschiedenheiten geben kann darüber, ob Kapitänleutnant Bjerre seine Absicht erreicht hat, Marstrand einen schöneren Nachruf zu geben, glaube ich, dass die meisten mit mir einig sind, dass die Mittel nicht mit Bedachtsamkeit gewählt worden sind. Mit einem merkwürdigen Mangel an Rücksichtnahme darauf, was die Marine in den Augen der Allgemeinheit herabwerten kann, wird eine Reihe von ehrverletzenden Aussagen abgegeben. [...] Kapitänleutnant Bjerre hat zweifelsohne in der besten Absicht gehandelt. Es wäre anerkennungswürdiger gewesen, hätte er es vermieden, die Erinnerung an so viele hervorragende Männer zu kränken.[19]

Der Federkrieg zwischen Thorkel Bjerre und Preben Holck soll als Ausdruck dafür gesehen werden, dass es in der Geschichte der „Christian VIII." Aspekte gab, die in einer aktuellen Debatte verwendet werden konnten. Es war eine Auseinandersetzung darüber, ob militärische Ehre, Zuverlässigkeit und Rücksicht auf Menschenleben zu jeder Zeit den Vorrang haben sollen vor Taten, die von Intuition und unmittelbarem Rechtsgefühl bestimmt sind. Auf die Situation 1940–45 übertragen, war es eine Auseinandersetzung mit dem Dilemma: Kollaboration oder Widerstandskampf – ein Thema, das im besetzten Dänemark ganz oben auf der Tagesordnung stand. Die Geschichte der „Christian VIII." konnte also als eine Art geschütztes Versuchslabor verwendet werden, in dem verschiedene Gesichtspunkte für die aktuelle Besatzungssituation auf ihre Haltbarkeit geprüft werden konnten, bevor sie in die Tat umgesetzt wurden. Und es war eine Auseinandersetzung, die sowohl innerhalb als auch außerhalb der Marine an Aktualität gewann. Die deutsche Besatzungsmacht begrenzte immer mehr den Spielraum der dänischen Regierung und verwandelte nach und nach die Vorstellung von einer souveränen dänischen Staatsmacht in eine Fiktion, in der die Marine nur noch symbolische Bedeutung hatte. Erst als die dänische Allparteienregierung im August 1943 zurücktrat, weil sie nicht auf eine Reihe neuer deutscher Forderungen eingehen wollte, wurde auch die dänische Flotte von ihrem Loyalitätskonflikt befreit, der sie seit 1940 geprägt hatte. Am 29. August 1943 wurden die Schiffe der dänischen Flotte von ihren eigenen Besatzungen versenkt.[20] Kapitänleutnant Thorkel Bjerre flüchtete übrigens 1943 nach Schweden, wo er sich – vermutlich mit seiner Interpretation von Kapitänleutnant Marstrand als Vorbild – der Dänischen Brigade in Schweden anschloss, einer militärischen Kampfeinheit, bestehend

Foto des von der dänischen Flotte selbst versenkten Kriegsschiffes „Peder Skram", aufgenommen nach dem 29. August 1943.
Orlogsmuseet

aus geflüchteten Dänen, die bei einer Befreiung Dänemarks eingesetzt werden sollten.[21]

Die Debatte zwischen Thorkel Bjerre und Preben Holck in den Jahren 1940–42 über die Explosion des Linienschiffes ist ein gutes Beispiel für das bekannte Phänomen, dass nachfolgende Generationen versuchen, sich der Geschichte zu bemächtigen, um diese für bestimmte politische Zwecke zu benutzen. Die Geschichte über die Schlacht vor Eckernförde im Jahre 1849, und besonders die Geschichte über das Linienschiff „Christian VIII.", ist für solche Zwecke wie geschaffen. Alle Faktoren, die notwendig sind, um ein Ereignis in den Bereich des Mythischen zu bringen, waren am 5. April 1849 in der Bucht von Eckernförde vorhanden: Es war eine Schlacht, in der die scheinbar unterlegene Seite einen überraschenden und grandiosen Sieg errang; es gab verhältnismäßig viele Gefallene; auf beiden Seiten wurden Heldentaten begangen; es wurde mit militärischem Stolz und nach ritterlichen Prinzipien gekämpft. Und noch etwas spielte eine wichtige Rolle: Es konnte nie mit Beweisen geklärt werden, wieso das Schiff plötzlich explodiert war.

Axel Johnsen

Anmerkungen

1. Ole L. Frantzen in: Claus Bjørn (Hrg.), „1848 – det mærkværdige år". Kopenhagen 1998, S. 166.
2. Frits Holst und Axel Larsen, Felttogene i vore første Frihedsaar. Kopenhagen 1888, S. 37–51.
3. Thorkel Bjerre, Eckernförde. Sømilitær Afhandling om Kampen Skærtorsdag den 5. April 1849 i Eckernførde Fjord. Kopenhagen 1940, S. 36.
4. Nach A. D. Cohen, Krigen 1848–50 og de Faldnes Minde. Odense1853, 2. Teil, S. 9–13.
5. Z. B.: Gerd Stolz, Kriegsgräber aus den deutsch-dänischen Kriegen von 1848/51 und 1864 im Kreis Rendsburg-Eckernförde. Eckernförde 1982 und Gerd Stolz, Das Seegefecht vor Eckernförde vom 5. April 1849. Eckernförde 1986.
6. Heinrich Mehl in: Jahrbuch der Heimatgemeinschaft Eckernförde, Heft 3, 1999, S. 51–69.
7. Berlingske Tidende 09.04.74.
8. Heinrich Mehl, wie Anm. 6, S. 54.
9. Jørgen Paulsen, Billeder fra Treaarskrigen 1848–49–50. Det nationalhistorikse Museum på Frederiksborg 1952, S. 101, 262.
10. A. D. Jørgensen, „40 fortællinger af fædrelandets historie". Kopenhagen 1981, S. 340–41.
11. Victor Hansen, „Vore Søhelte. Historiske fortællinger" Kopenhagen 1898, S. 166 ff.
12. Halfdan Barfod, „Vor Flaade i Fortid og Nutid" I, 1941, S. 242–245.
13. Halfdan Barfod, „Vor Flaade i Fortid og Nutid" II, 1942, S. 373–377.
14. Troels Rasmussen in: Pluk – fra forskning i Sønderjylland, 1996, 3., S. 1–10.
15. Kopenhagen 1940.
16. Thorkel Bjerre, wie Anm. 3. S. 98.
17. Thorkel Bjerre, wie Anm. 3. S. 4.
18. Tidsskrift for Søvæsen 1941: S. 465–485, S. 486–489 und 1942, S. 24–36.
19. Preben Holck, Gensvar angaaende „Kampen i Eckernførde" i: Tidsskrift for Søvæsen 1942, S. 36.
20. Hans Chr. Bjerg in: „Flådens Oprør", Marinehistoriske Skrifter 23, Kopenhagen 1993, S. 9–15.
21. S. E. Pontoppidan, Danske søofficerer 1933–1982. Kopenhagen 1984, S. 51–52.

Der Brandtaucher des Wilhelm Bauer

„Am Strande der Ostsee lehnte im Jahre 1849 ein Kanonier sinnend auf seinem Stück. Er blickte finster in sich, denn er suchte nach einem neuen Mittel zur Vertilgung des übermüthigen Feindes. ‚Hund und Fisch' lagen im Kampfe, und der Fisch hohnlachte. Die Kugeln der unerreichbaren feindlichen Schiffe hatten arg in den Reihen der heimischen Kämpfer gewüthet. Aber trotzdem die erste junge deutsche Flotte des Jahrhunderts damals noch nicht dem Hammer des Bundestags verfallen war, konnte sie den Truppen an diesem Strande keine Hülfe gewähren.

Eben sandte der Kanonier einen Blick des Zornes zum Meere, da sprang unfern von ihm ein Seehund in die Fluth. Mit diesem Sprung war ein Geistesblitz durch ein Haupt gefahren; der Kanonier war zum Erfinder geworden. Tag und Nacht sann und zeichnete und schnitzte er, nicht achtend der Spötteleien der Cameraden und des vornehmen Kopfschüttelns der Seeleute, bis ihm das Modell zu einem Boote gelungen war, mit dem er in die Tiefe der See tauchen und unter den Wogen sich frei bewegen wollte, um gegen den Feind einen unterseeischen Minenkrieg zu beginnen." [1]

Dillingen an der Donau: Hier wird am 23. Dezember 1822 der oben beschriebene Kanonier Wilhelm Bauer geboren. Nach der Schulzeit durchläuft Bauer eine Drechslerlehre, bildet sich an der Fortbildungsschule und der Latein-Vorschule weiter aus und geht als Drechslergeselle auf Wanderschaft. Diverse Stationen führen ihn u. a. an die Nordsee: Dort wird die Liebe des Bayern zur Seefahrt und zum Meer geweckt.

Im ersten deutsch-dänischen Krieg um Schleswig-Holstein ab 1848 marschiert Bauer als kriegsfreiwilliger Korporal der 10. Feldbatterie des 1.kgl. bayer. Artillerie-Regiments „Prinz Luitpold" mit dem bayerischen Hilfskorps nach Schleswig und erlebt am 13. April 1849 das Gefecht zwischen den Truppen des Deutschen Bundes und der Dänischen Armee bei Düppel. Die Überlegenheit der dänischen Kriegsschiffe gegenüber den bayerischen 6-Pfünder-Kanonen lässt in ihm die Idee reifen, mit Hilfe eines „submarinen Apparates" den dänischen Schiffskordon über den Alsensund unbemerkt anzugreifen und so die Nachschubwege zu zerstören:

„Wie wäre es, fuhr es in mir zu denken fort, wenn man unter Wasser, unter diesem Spiegel, der das Auge blendet, im Dunkel, das unsichtbar macht, mit der Tarnkappe des Tauchers an die Brückenpfeiler gelangen könnte? In schwimmenden Hüllen Sprengladungen an den Pfeilern zu befestigen, davonzuschwimmen und sie durch galvanische Batterien zu entzünden oder auch – es war, als zuckte mein Gedanke vorwärts und

Wilhelm Bauer (1822–1875). Aus: Klaus Herold, Der Kieler Brandtaucher. Bonn 1993

vorwärts wie ein Fisch im Wasser, ich fühlte das beinahe körperlich – sogar unter die feindlichen Schiffe zu tauchen und ihnen die Brandwunde zu versetzen – wie wäre das alles? Über dem, dass mir mein Gedanke selber wie ein Fisch erschienen war, hängte er sich nun an alles, was Fisch hieß, was schwamm, was unter Wasser leibte und lebte. Ich suchte nach einer Schwimmgestalt, aber sie wollte sich lange nicht einstellen." [2]

Was folgt, sind Experimente und Versuchsreihen außerhalb der täglichen Dienstzeit mit Waschzuber, Schrotkörnern und ausgeblasenen Eiern – was den Autodidakten Bauer auf die heute noch gültige Konstruktionsidee zum U-Boot-Bau bringt, ihm zunächst jedoch nur den beißenden Spott seiner Kameraden sichert.

Angeregt durch die Form eines Seehundes beginnt Bauer mit konkreten Konstruktionszeichnungen und entsprechenden Berechnungen zur beweglichen Unterwasserfahrt. Da beendet der am 10. Juli 1849 geschlossene Waffenstillstand zwischen Preußen und Dänemark sein Engagement und seine Dienstzeit in Schleswig-Holstein: Die Truppen des Deutschen Bundes ziehen ab – Bauer marschiert zurück nach Bayern. Beseelt vom Gedanken an ein unterseeisches Gefährt ist er jedoch am Fuße der Alpen am denkbar schlechtesten Standort. So versucht er bereits vor Ablauf seiner Dienstzeit in der bayerischen Armee seine Versetzung bzw. seinen Übertritt in den schleswig-holsteinischen Militärdienst zu erwirken. Doch das bayerische

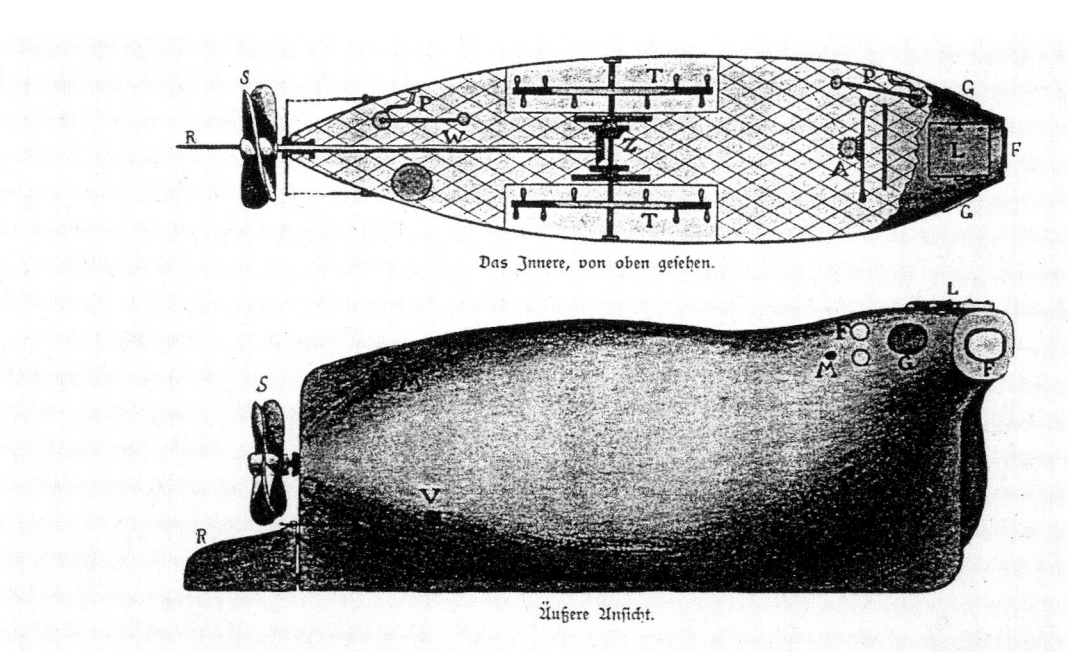

Das Innere, von oben gesehen.

Äußere Ansicht.

Das Innere, von der Seite gesehen.

Der Bauersche Brandtaucher.
Länge: 7,90 m. Breite: 2,00 m. Höhe: 3,00 m.

S Archimedische Schraube.
W Schraubenwelle.
R Steuerruder.
A Steuerapparat.
T Treträder.
Z Zahnradsystem.
P Pumpen.
K Verschiebbares Balanciergewicht.
B Eisenballast.
V Ventile für das einzulassende Wasser.
M Öffnungen für das auszupumpende Wasser.
F Mit Glas verschlossene Fenster.
G Mit Gummi verschlossene Öffnung zum Hinausgreifen, um Sprengminen an den feindlichen Schiffen zu befestigen.
L Einsteigeluke.

Ansicht und Schnitte des Brandtauchers: Die Grundform des Seehunds wird deutlich; aus: Die Deutsche Marine

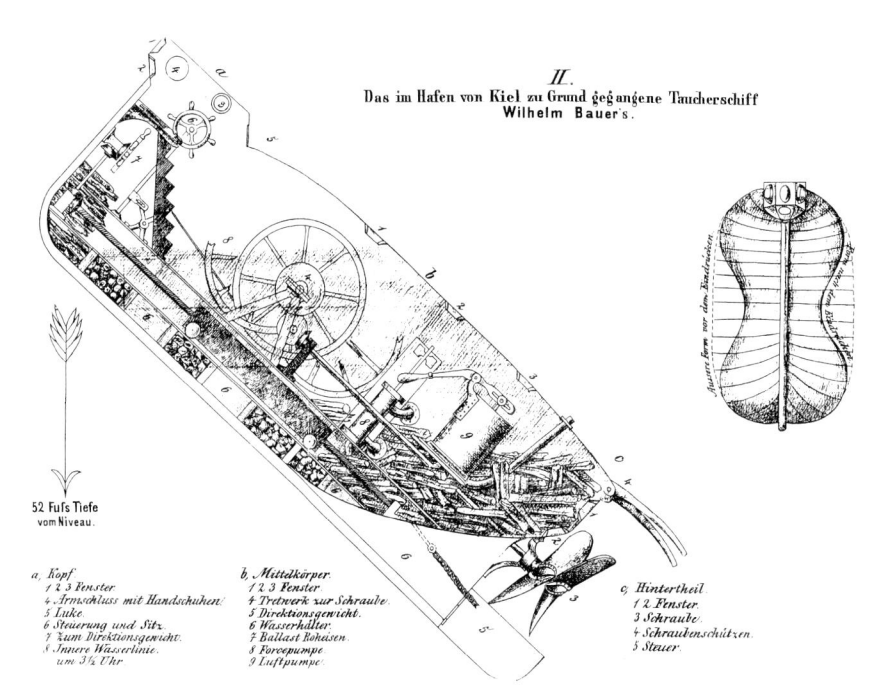

Längsschnitt durch den am 1. Februar 1851 gesunkenen Brandtaucher; nach: W. Hauff, Bamberg 1859

Kriegsministerium bleibt hart und entlässt Bauer erst nach Ablauf seiner zweijährigen Dienstzeit am 23. Januar 1850 aus der Armee. Bereits eine Woche später tritt Wilhelm Bauer als „Ausländer im Rang eines Unteroffiziers II. Klasse" in die schleswig-holsteinische Armee ein. Dienstort: die 3. Festungsbatterie in Rendsburg, im Herzen des Landes am dänischen Grenzfluß der Eider gelegen.

Die für Bauer charakteristische Zielstrebigkeit ist Erklärung dafür, dass er bereits nach wenigen Tagen seine Pläne zum Bau eines „Brand-Tauch-Apparates" seinen Vorgesetzten zur Prüfung vorlegt. Kurz danach erhält er seine Abkommandierung nach Kiel zur Marine-Kommission mit dem Auftrag, ein maßstabsgetreues Modell seines Bootes herzustellen. Dafür erhält er 30 preußische Taler (heute etwa 550 €) aus der Marinekasse zur Deckung der Materialkosten.

Für Bauer bedeutet dieser Auftrag vordergründig eine wahrnehmbar positive Reaktion auf bislang eher kritische zeitgenössische Einschätzungen, die zum großen Teil mentalitätsgeschichtlich zu begründen sind: Die Weltmeere sind unerforschte Tiefen, in denen Fabelwesen, vielarmige Riesenkraken, Mensch und Maschine verschlingende Meerungeheuer und andere Gefahren auf Eindringlinge in die Unterwasserwelt lauern. Erste Versuche, mit einem Fahrzeug unter die Wasseroberfläche und hinab in die Dunkelheit vorzustoßen, lagen mehrere Jahrhunderte zurück – so soll bereits Alexander der Große um das Jahr 332 v. Chr. in einer gläsernen Glocke in die Tiefe getaucht sein; und auch der Genius eines Leonardo da Vinci (1452–1519) nahm sich dieser Idee an, ohne jedoch der Nachwelt die Unwissenheit über elementare physikalische Zusammenhänge zu nehmen.

Tatsächlich ist anzunehmen, dass die Marine-Kommission nicht von vornherein auf den technischen Durchbruch der Bauerschen Konstruktionszeichnungen setzt – vielmehr geht sie auf ‚Nummer sicher' und lässt mit vergleichsweise geringem finanziellen Aufwand Wilhelm Bauer ein Modell bauen, um die vermutete Absurdität des Vorhabens im Normalfall nachgewiesen zu bekommen bzw. die technische Revolution bei Erfolg für militärische Projekte gegen Spionage zu sichern.

Einen Monat später – Anfang April 1850 – stellt Bauer sein Modell der eigens dafür gegründeten sechsköpfigen Kommission unter Leitung des Direktors der Seekadettenschule der schleswig-holsteinischen Marine, Hauptmann Amynt Liebe, vor. Dieses „Spielzeugschiff" (so Bauer) im Maßstab 1:12 und in den Ausmaßen 64,5 cm L / 16,7 cm B / 26,3 cm H sollte von einem Uhrwerk angetrieben werden, welches eine dreiflügelige Schiffsschraube in Bewegung setzte. Zwei im Boot befindliche Zylinder waren für die Aufnahme und das Herauspressen von Wasserballast vorgesehen; zudem sorgte ein bewegliches Bleigewicht im Boot für den richtigen Trimm.

Eingehende Prüfungen des Modells sowie beigefügter technischer Zeichnungen und Erläuterungen folgen – mit einem im Ergebnis positiven Gutachten der Bauerschen Idee durch die Kommission, die schlussendlich so formuliert:

„Wenn nun die Ansicht der Commission schließlich dahin geht, dass das projectirte Taucherfahrzeug wohl practisch ausführbar ist, doch nur unter sehr günstigen Umständen wird mit Erfolg angewendet werden können, so kann dieselbe nicht umhin noch darauf aufmerksam zu machen, dass das bloße Vorhandensein solcher Apparate dem Feind wohl Besorgnisse einflössen könne, die ihm zu großer Vorsicht und Zurückhaltung nöthigen möchten.
Kiel den 23ten April 1850
Die Commission zur Begutachtung des vom Unteroffizier Bauer projectirten Taucherfahrzeuges. Liebe – G. Karsten – Jac. Diederichsen – Kier – von Schirach – Pierau"[3].

Wilhelm Bauer wird – da der Bau des Modells und die Prüfung desselben durch die Kommission abgeschlossen ist – zu seiner Batterie nach Rendsburg zurückbeordert. Dort meldet er sich am 30. April 1850 und wartet auf den Fortgang der obrigkeitlichen Überlegungen, die allerdings nicht lange auf sich warten lassen. Ende Mai empfiehlt der kommandierende General der schleswig-holsteinischen Armee, General von Willisen, den mit etwa 9.000 Mark Courant (heute etwa 66.000 €) kalkulierten Bau des Tauchbootes hauptsächlich aus Kostengründen zurückzustellen. Prinzipiell scheint man an der Bauerschen Erfindung jedoch starkes Interesse zu haben, denn weiter heißt es bei v. Willisen:

„Uebrigens empfiehlt das General-Kommando den Unterofficier Bauer – insofern man seine Erfindung auch derzeit zurücklegen möchte – durch irgend eine Auszeichnung an den hiesigen Dienst zu fesseln und wird dem Kommando der Artillerie Brigade aufgegeben, darüber zu berichten, ob es etwas angemessen sei den p.p. Bauer unter die Avantgadisten aufzunehmen, eventuell zum Officier zu befördern."[4]

Das Ziel war klar – man wollte Wilhelm Bauer und seine Konstruktion eines „unter-seeischen Zerstörungswerkzeugs" exklusiv an die schleswig-holsteinische Armee binden, um bei veränderter Großwetterlage mit dem Bau beginnen zu können. Und diese Großwetterlage sollte sich ändern, denn sowohl die dänische, als auch die schleswig-holsteinische Armee bereiteten sich auf eine erneute militärische Konfrontation vor. Erste Seegefechte bei Heiligenhafen am 19. Juli und vor der Kieler Hafenmündung am 21. Juli bildeten zusammen mit der Versenkung des schleswig-holsteinischen Kanonenbootes „Von der Tann" durch zwei dänische Fregatten in der Neustädter Bucht den Auftakt; die Schlacht bei Idstedt folgte wenige Tage darauf mit der vernichtenden Niederlage der schleswig-holsteinischen Armee. Militärisch auf sich allein gestellt, stand man mit dem Rücken zur Wand – finanziell allerdings auch. So wurde auf Initiative des Leutnants Söndergaard, Kommandeur der Ostsee-Division der schleswig-holsteinischen Marine, zu einer Spendenaktion für den Bau des Bauerschen Tauchbootes innerhalb der eigenen Streitkräfte und in allen Bevölkerungsteilen des Deutschen Bundes aufgerufen. So hieß es u. a. im Heimatland Bauers in der „Außerordentlichen Beilage zum Bayerischen Landboten vom 26. September 1850":
„Für Schleswig-Holstein.

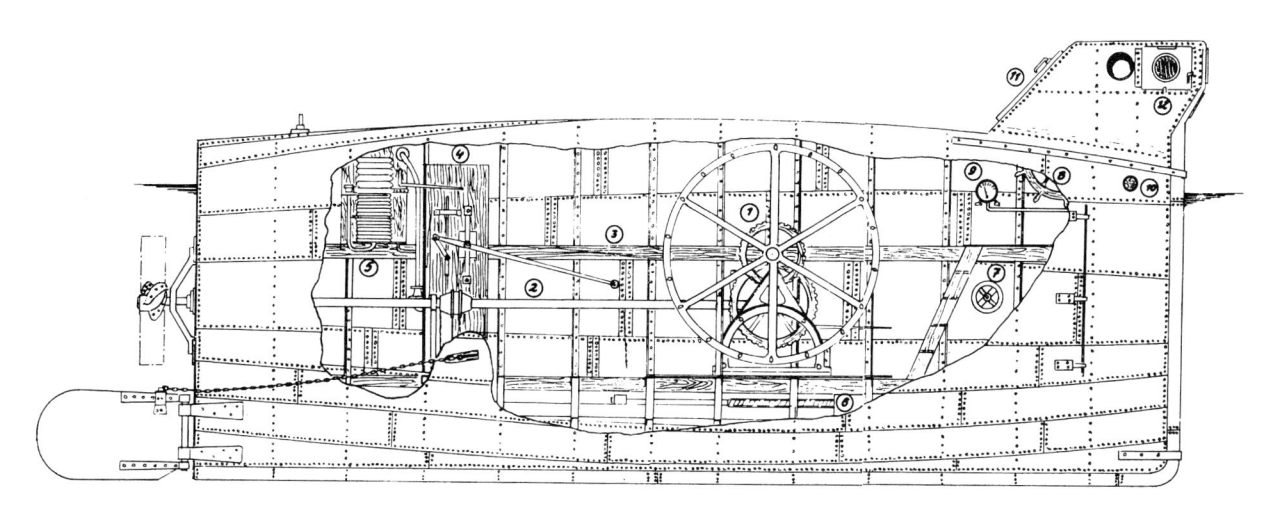

Konstruktionszeichnung des Brandtauchers; nach H. G. Bethke, 1968

In allen Gauen unseres deutschen Vaterlandes finden sich Herzen, die warm für die Erhaltung seiner Größe und Ehre schlagen. Jeder Deutschgesinnte bemüht sich, unseren bedrängten Brüdern im Norden behülflich zu seyn. Die Einen senden ihnen so viel sie vermögen an Kriegsbedarf. Andere tragen ihnen Blut und Leben entgegen, und unter diesen ist ein Bayer, der schon im vorigen Jahre als Artillerie-Unteroffizier freiwillig mit in den Kampf für die deutsche Sache zog. Aber heuer will er dem Lande durch mehr als die Weihung des einzelnen Lebens nützen.

Er erfand nämlich eine Kriegsmaschine, die dem Feinde einen größeren Schrecken einzujagen vermag, als Tausende von Spitzkugeln.

Holsteins Regierung ist vorläufig nicht im Stande die Herstellung und Anschaffung dieser Maschine aus ihrer Kasse zu bestreiten; deßhalb verabredeten sich mehrere Mitglieder jener Kommission, die auf Regierungsbefehl die Anwendbarkeit des Apparats zu prüfen hatte, durch Subscription freiwilliger Beiträge aus ganz Deutschland dem Erfinder zur Vollendung des bereits begonnenen Werkes zu verhelfen.

Und wirklich ward dieses ihre Vorhaben schon gleich Anfangs mit Erfolg gekrönt: schleswig'sche Soldaten haben bereits eine nicht unbedeutende Summe zusammengesteuert; doch ist diese noch lange nicht zureichend. Darum scheint es uns nöthig, dass auch wir das Möglichste zur schleunigen Herstellung dieses trefflichen Werkzeuges beitragen.

Deutschland und insbesondere Bayern hat doch schon so vielfältig seine Liebe für Schleswig an den Tag gelegt; Bayern hat Schleswig diesen Mann gegeben, möge Bayern es demselben auch möglich machen, Deutschland nicht nur den Willen, sondern auch die That zu zeigen.

Wir erwarten zuversichtlich, dass die bei der Expedition dieses Blattes (Perusagasse Nr. 4) hinterlegte Subscriptionsliste, in welcher auch Näheres über die Maschine selbst nebst Gutachten enthalten ist, recht bald viele Geber zeigt."[5]

Das Ergebnis der seinerzeit nicht unüblichen privaten Spendenaktion für die verarmte Staatskasse brachte rund ein Drittel der veranschlagten gesamten Baukosten von etwa 9.000 Mark Courant ein; und während noch Spenden weiter eingeworben wurden, begann der Bau des Brandtauchers in der Hollerschen Carlshütte in Büdelsdorf vor den Toren Rendsburgs. 1827 durch Marcus Hartwig Holler gegründet, galt die Carlshütte bis zu ihrer endgültigen Schließung im Jahr 1997 als Pionierbetrieb für die Industrialisierung in Schleswig-Holstein – und bis heute wird von Lokalhistorikern mit entsprechendem Heimatkolorit der Baubeginn des Bauerschen Tauchbootes auf der Carlshütte über Gebühr heroisiert. Festzuhalten bleibt, dass im Sommer 1850 in der Carlshütte mit dem Bau begonnen wurde, dieser sich aber zunächst nur auf vorbereitende Arbeiten des in Rendsburg stationierten Unteroffiziers Bauer bezog und dieser sich dafür vier Wochen Urlaub vom Generalkommando hatte genehmigen lassen.

Der eigentliche Baubeginn sollte etwa Mitte September 1850 bei Schweffel & Howaldt in Kiel erfolgen, denn nach Aussage von Bauer war ihm die Carlshütte bei Rendsburg mit seinem nachgewiesen hohen dänenfreundlichen Anteil an Hüttenarbeitern nicht ganz geheuer. Zudem hatte die Gießerei und Maschinenfabrik Schweffel & Howaldt bereits Erfahrungen beim Ausrüsten von Schiffen der schleswig-holsteinischen Marine sammeln können und lag mit seinem Gelände in Sichtweite zur Kieler Förde.

Der Bau verlief durch immer wieder auftretende finanzielle Engpässe sehr schleppend. Erst im November wurde das private Spendenvolumen durch die Zahlung von weiteren 3.000 Mark Courant seitens des Generalkommandos erhöht. Am 18. Dezember 1850 war es jedoch soweit – wie wir der Schilderung des Augenzeugen Jacob Peter Theodor Heesch, Besatzungsmitglied des im Hafen liegenden Kriegsdampfschiffs „Löwe", entnehmen können:

„Die Mannschaft unseres Schiffes wurde kommandirt, den in der Kesselschmiede von Schweffel & Howaldt erbauten ‚Brandtaucher' zu Wasser zu bringen. Auf Gleitbahnen aus der Fabrik auf den Eisenbahndamm gezogen, wurde der Apparat vermittelst eines großen, hart an der Quaimauer aufgestellten Baues unter Leitung von Bauer in Gegenwart einer zahllosen Menschenmenge seinem Element übergeben. Noch ohne Ballast, ragte der ‚Brandtaucher' einige Fuß aus dem Wasser hervor und bot mit dem gewölbten Rücken und dem mit Ochsenaugen versehenen eigenartig geformten Kopf die Erscheinung eines echten Seeungeheuers. Es ist derselbe die erste Erfindung dieser Art für den unterseeischen Krieg, welche in unserem Schleswig-Holstein zur praktischen Ausführung gekommen ist, um durch Anbringung eines Branders unter dem Kiel des feindlichen Blockadeschiffes und Entzündung durch Electricität von dem Taucher aus den schwimmenden Feind in die Luft zu sprengen. Mit Spannung sieht man dem Erfolg dieser Erfindung entgegen."[6]

Die Bauausführung sah nicht nur für damalige Zeiten furchteinflößend aus: Mit 8 m Länge, 2 m Breite und 3,5 m Höhe, pechschwarzem Anstrich, zwei Bullaugen in der erhöhten Bugsektion sowie zwei behandschuhten Greifarmen sollte es der Brandtaucher mit allen unterseeischen Mächten sehr wohl aufnehmen können! Und tatsächlich konnte bereits unmittelbar nach erfolgreich abgeschlossener Wasserung in der Ferne ein sich vorsichtig auflösender Sperrgürtel dänischer Schiffe beobachtet werden, ohne dass der Brandtaucher überhaupt erste Tauchversuche, geschweige denn Angriffsfahrten unternommen hatte. Konkrete Sorgen seitens der Dänen angesichts dieser neuartigen Bedrohung versanken jedoch buchstäblich und weitgehend geräuschlos ausgerechnet an Wilhelm Bauers 28. Geburtstag am 23. Dezember 1850 im Kieler Hafenbecken. Ob durch Nachlässigkeit oder gar durch Sabotage – die Ursachen für das überraschende Versinken des Brandtauchers auf knapp 8 m Tiefe sind bis heute ungeklärt geblieben.

Sechzehn Tage später war das Boot gehoben und einsatzklar. Ventile, Manometer, zwei Pumpen, eine Anlage zum Luftaustausch sowie verschiebbare Trimmgewichte aus Roheisen bildeten die technische Voraussetzung für die anstehende Jungfernfahrt; zudem sollten 20 Tonnen Ballast aufgenommen werden. Der Antrieb erfolgte über zwei durch Menschenkraft bewegte Treträder, an deren Welle eine Schiffsschraube befestigt war. Gemeinsam mit dem Zimmermann Friedrich Witt und dem Heizer Wilhelm Thomsen – beide vom Kriegsdampfschiff „Löwe" – unternahm Wilhelm Bauer am 1. Februar 1851 die erste Tauchfahrt. Wohl aus Kostengründen war auf den ursprünglich im Modell vorgesehenen Einbau von Tauchzellen oder Ballasttanks sowie auf eine dickere Eisenhaut verzichtet worden: Bauer ließ das Wasser frei in den Innenraum laufen, um den Restauftrieb zu beseitigen und den Tauchvorgang kontrolliert einzuleiten. Den nötigen Trimm versuchte er gemeinsam mit Witt und Thomsen durch das Verschieben des Eisenballasts erreichen zu können – doch das Unheil nahm bereits seinen Lauf. Das aufgenommene Wasser sammelte sich achtern, überspülte eine Pumpe und ließ das Boot achterlastig in die Tiefe kippen. Zudem hatten sich die eisernen Ballastblöcke selbständig gemacht und folgten den Gesetzen der Schwerkraft. Schließlich war die Höllenfahrt nach Erreichen von etwa 13 m Wassertiefe beendet: Fast waagerecht lag der Brandtaucher auf dem Grund des Kieler Hafenbeckens und in völliger Dunkelheit. Die Außenhaut zeigte Risse; Wasser drang unkontrolliert in das Boot ein. Da Bauer von Thomsen und Witt teilweise handgreiflich daran gehindert wurde, die Flutventile zum Druckausgleich zu öffnen (erst dann wäre ein Ausstieg durch die Luke möglich gewesen), mussten die drei Havaristen über sechs Stunden bei stetig steigendem, eisigen Wasser auf das langsame Verfüllen des Schiffskörpers warten. Als schließlich Witt die Luke öffnen konnte, wurde er mit der nun schnell aufsteigenden Luftblase bis an die Wasseroberfläche mitgerissen. Bauer schwamm mit dem völlig entkräfteten Thomsen nach oben; alle drei wurden jedoch weitestgehend körperlich unversehrt von den an der Unglücksstelle seit Stunden verharrenden Schiffen aufgenommen. Weber's „Illustrirte Zeitung" aus Leipzig schrieb dazu am 8. März 1851:

„Die Versuche, das Schiff an den herabgelassenen Ketten und Tauen heraufzuziehen, waren, wie bereits gesagt, nach langem vergeblichen Arbeiten aufgegeben worden, und es blieben Bauer und seinen Gefährten jetzt nur noch Mittel der Selbsthülfe übrig. Die zwei Stärksten versuchten, die obere Luke zu öffnen, aber vergeblich; der Druck des Wassers war zu stark, um sie auch nur einen Zoll zu heben, und so blieb denn nur eine Art der Rettung möglich, die freilich nicht gleich auszuführen war, sondern eine ziemliche Geduldsprobe erforderte. Nur mit Mühe konnte Bauer seine Kameraden bewegen, sich ruhig zu verhalten und von allen vergeblichen Kraftanstrengungen abzusehen; diese konnten sich nicht mit seinem Plane befreunden, der dahin ging, ruhig das Steigen des Wassers abzuwarten, bis der Druck der dadurch comprimirten Luft stark genug sei, um die Luke zu öffnen. Mit der größten Kaltblütigkeit wickelt Bauer sich in seinen Mantel und setzte sich ruhig im Obertheil des Schiffs hin, um nicht von der Kälte des Wassers erstarrt zu werden. Erst als das Schiff so weit mit Wasser angefüllt war, dass die drei Taucher bis an den Hals im Wasser standen, und das Athmen in der comprimirten Luft fast unmöglich geworden war, gab Bauer dem stärksten seiner Gefährten die Weisung, einen Versuch zum Oeffnen der Luke zu machen. Mit Leichtigkeit konnte er dieselbe jetzt aufheben, und wurde vom Druck der Luft auch schon im selben Moment aus der Oeffnung heraus und an die Oberfläche des Wassers geworfen. Natürlich folgte Bauer mit seinem zweiten Gefährten, der schon beinahe ohnmächtig war, und alle Drei kamen glücklich an die Oberfläche des Wassers, wo sie von den herbeigeeilten Booten in Empfang genommen und von allen Anwesenden mit einem lauten Hurrahruf empfangen wurden."[7]

Um trotz der Havarie über die durch die Spendenaktionen zusammengekommenen Mittel weiter verfügen zu können – denn die Baurechnungen für den soeben gesunkenen Brandtaucher waren noch längst nicht beglichen – wurde von der schleswig-holsteinischen Marine-Kommission von Bauer ein ausführlicher Bericht über die Ursachen und den Verlauf des Desasters eingefordert. Dieser kam nur zu gern dieser Aufforderung nach, um bei dieser Gelegenheit der Kommission schriftlich die Gründe für den Untergang aufzulisten: Einzig die fehlenden Finanzmittel und die damit verbundenen Einsparungen bei der Realisierung des Projekts, nicht aber konstruktive Irrtümer seien dafür verantwortlich zu machen. So sei bewusst auf den Einbau von Ballasttanks verzichtet, die Querspanten nicht in geforderter Anzahl und zudem noch in schwächerer Ausführung verbaut und die eiserne Außenhaut nicht in berechneter Stärke ausgeführt worden.

Die Kommission konnte nach eingehender Prüfung keinen Konstruktionsfehler erkennen und akzeptierte den Bericht Bauers über die Ursachen des Verlusts. Das hatte zur Folge, dass das Tauchboot trotz seines Versinkens auf den Kieler Hafengrund offiziell in den Schiffsbestand der schleswig-holsteinischen Marine übernommen wurde – allerdings als Totalverlust. Die noch offenen Baurechnungen konnten beglichen werden. –

Erst 36 Jahre später wurde der gesunkene Brandtaucher bei Baggerarbeiten im Kieler Hafen entdeckt und geborgen. Eine Rekonstruktion des zerstörten Bootes erfolgte in den Jahren 1963–65 auf der Rostocker Neptunwerft. Nach Abschluss der Arbeiten wurde der Brandtaucher zunächst in Potsdam und in der Folge im Militärhistorischen Museum in Dresden präsentiert. Knapp 150 Jahre nach seiner ersten Tauchfahrt kehrte der Brandtaucher im Sommer 1999 wieder an die Kieler Förde zurück und konnte bis Juli 2002 als Leihgabe im dortigen Schifffahrtsmuseum besichtigt werden. Jetzt ist das technische Denkmal wieder in Dresden.

Damit endet die Geschichte des Brandtauchers, der mit Recht als erstes konstruktiv funktionsfähiges Tauchboot gelten kann. Seinem Bauprinzip sollten weitere Entwicklungsstufen folgen – bis hin zum aktuellen U-Boot-Bau unserer Tage. Die Person Wilhelm Bauer steht jedoch bis heute für die Hartnäckigkeit eines akademisch ungeschulten Autodidakten, dessen Idee und die darauf folgende Beharrung auf Umsetzung des Gedachten ganze Staatsapparate in Zeiten politisch-territorialer Neuordnungen ab der Mitte des 19. Jahrhunderts in Europa in Bewegung bringen sollte. Bauer selbst gab dabei durch seine mangelnde Erfahrung auf diplomatischem Verhandlungsparkett eine nicht eben glückliche Figur ab. Die zeitgenössische Einschätzung traf demnach auch eher auf einen Sonderling und Querkopf zu – die heutige Klassifizierung als eigenbrötlerischer Genius und Pionier der Unterwasserfahrt wird der Person Wilhelm Bauers eher gerecht.

Bauer starb bereits mit 52 Jahren am 20. Juni 1875 in München – sein Brandtaucher ist jedoch ein unbestrittener Teil der schleswig-holsteinischen Landes- und Technikgeschichte.

Martin Westphal

Anmerkungen

1 Die Gartenlaube, Jg. 1861, Nr. 41. S. 648–651.
2 Hans Arthur Thies, Der eiserne Seehund, München 1941. S. 30.
3 in: Klaus Herold, Der Kieler Brandtaucher, Bonn 1993. S. 23 f.
4 Herold, wie Anm. 3, S. 27.
5 Herold, wie Anm. 3, S. 33.
6 Herold, wie Anm. 3, S. 55.
7 Herold, wie Anm. 3, S. 131.

Das Schicksal des U 995

Es war am 18. Oktober 1965, als aus dem Dunstkreis der Ostsee die schlanke Silhouette eines deutschen Weltkrieg-II-U-Bootes auftauchte. Nach über 20-jähriger Abwesenheit kehrte nach einer langen Odyssee das letzte der „grauen Wolfs-U-Boote" der ehemaligen Kriegsmarine, mit denen das größte und zugleich dramatischste Kapitel deutscher Seekriegsgeschichte geschrieben wurde, in seinen Heimathafen Kiel zurück.

Die Lebensgeschichte von U 995[1], das Deutschland als einziges von 1171 U-Booten der Kriegsmarine verblieben ist, begann damit, dass es unter der Baunummer 195 im Rahmen der 7. Auftragsreihe des Kriegsjahres 1941 bei der Hamburger Schiffswerft Blohm & Voss in Auftrag gegeben wurde. Seine Kiellegung fand am 25. November 1942 statt, als die von den U-Booten geführte Schlacht im Atlantik und in anderen Weltmeeren ihrem Höhepunkt zustrebte. Es ist eines der insgesamt 703 von der Kriegsmarine in Dienst gestellten Einheiten des legendär gewordenen U-Bootstyps VII, darunter 658 des Typs VIIC, und gehört damit zu der größten Schiffbauserie, welche die Welt bis heute gesehen hat.

Am 22. Juli 1943 erfolgte der Stapellauf von U 995. Für die neu zusammengestellte Besatzung war es ein bewegender Moment, als in ihrem Beisein der Bootskörper dem poseidonischen Element übergeben wurde. Das Kommando über U 995 war dem Oberleutnant zur See Köhntopp übertragen worden, der seine U-Bootausbildung von Juni bis November 1941 absolviert hatte, ehe er als Erster Wachoffizier und Kommandantenschüler auf den beiden im Mittelmeer operierenden Typ-VIIC-Booten U 77 und U 371 zum Einsatz gekommen war. Von April bis Juni 1942 folgte dann für ihn der obligatorische Kommandanten-Schießlehrgang bei der 24. und 29. U-Flottille in der Danziger Bucht. Anschließend bewährte er sich ein Jahr lang bis Juli 1943 als Schulboot-Kommandant auf dem in Gotenhafen bei der 22. U-Flottille stationierten Typ-II-B-Boot U 14.

Mit dem Niedergang der U-Boote auf den Weltmeeren im Jahre 1943 hatte eine dramatische Wende im U-Boot-Krieg eingesetzt. Die Zeit der „Wolfsrudel" in den ersten Kriegsjahren, als die grauen deutschen U-Boote mit zahlreichen Versenkungserfolgen und Siegeswimpeln in ihre Stützpunkte heimkehrten, war aufgrund der erstarkten U-Bootsabwehr der alliierten Streitkräfte vorbei. Der Krieg wurde nunmehr auch in verstärktem Maße nach Deutschland hineingetragen. Am Abend des 24. Juli 1943 stiegen von südenglischen Flugplätzen 791 Kampfflugzeuge zur Operation „Gomorrha" auf, formierten sich zu einem bis dahin nicht gekannten riesigen Bomberpulk, der die Stadt Hamburg anflog, um sie einem flächendeckenden Bombardement auszusetzen.

Nach diesem Feuerregen musste sich der Kommandant von U 995 auf die Suche nach seinen versprengten Männern begeben. Vor den verschlossenen Toren des im Stadtteil Steinwerde gelegenen Nassbunkers „ELBE II" fand er sein Boot in einem stark beschädigten Zustand vor. U 995 hatte einen Bombentreffer erlitten. Das Achterschiff lag tief abgesackt unter der Wasseroberfläche. Bombensplitter hatten zudem das Oberdeck durchlöchert, die Seitentanks und die Tauchzelle 5 durchschlagen sowie den Druckkörper erheblich deformiert. Noch weitaus schlimmer hatte es das Schwesterboot U 996 getroffen, dessen Weiterbau sistiert werden musste.

Am frühen Morgen des 28. Juli 1943 erschienen 739 britische Bomber am nächtlichen Himmel, um das Vernichtungswerk fortzusetzen. Hamburg versank endgültig in einer Feuerhölle. Auch am 30. Juli und 3. August suchten die Bomberverbände die Stadt heim. Insgesamt wurden von ihnen in den wenigen Tagen 9000 Sprengbomben und die bis dahin kaum vorstellbare Anzahl von 1,3 Millionen Brandbomben abgeworfen. Man zählte 60.000 Tote, Frauen und Kinder darunter. Ganz Rothenburg und Wilhelmsburg waren zerstört, eine Gebäudefront von zusammengerechnet fast 100 Kilometern war in Schutt und Asche zusammengefallen. Vor diesem Hintergrund fiel es dem Oberbefehlshaber der Kriegsmarine, Großadmiral Dönitz, nicht schwer zu begründen, weshalb er die U-Boote und ihre Besatzungen weiterhin hinaussandte; die draußen stehenden, mittlerweile technisch hoffnungslos unterlegenen U-Boote, die kaum mehr Schiffe versenkten, sollten auf See gleichsam als Lockvögel einen Teil der gegnerischen Flugzeugverbände binden, welche die U-Boote dort aufspüren und bekämpfen mussten und somit nicht gegen die Heimatstädte eingesetzt werden konnten.

In Massenangriffen zerstörten die alliierten See- und Luftstreitkräfte in kurzer Zeit nahezu 40 Prozent der U-Bootswaffe. Allein im „schwarzen Mai" 1943 gingen 43 Boote unter. – So viele Boote auf der Verlustseite, das bedeutete ein bis zwei Bootseinheiten mehr, als auf den heimatlichen Werften neu entstanden; das hieß aber auch: Tod für mehr als zweitausend hoffnungsvolle, relativ junge Menschen in einem einzigen Monat allein auf der deutschen Seite.

Am 24. Mai 1943 meldete Großadmiral Dönitz dem Reichsführer, dass er die U-Boote aufgrund schwerster Verluste aus dem nördlichen Teil des Atlantischen Ozeans abziehen musste. Doch der Aderlass der U-Boot Waffe sollte auf anderen Seekriegsgebieten ohne Unterlass weitergehen, von Monat zu Monat. Im Juni 1943 sollten 17 Boote zu beklagen sein, im Juli 38, im August 25, im September 11, im Oktober 26, im November 19, im Dezember neun. Auf die Untergangsliste für das gesamte Jahr 1943 sollten 237 U-Boote – und größtenteils auch ihre Besatzungen – gesetzt werden. Die angelsächsische Gegnerseite beschäftigte in dieser Kriegsphase allein 10.000 Personen mit der Dechiffrierung der deutschen U-Boots-Funksprüche. Ihr entging kein einziges Funksignal, das die U-Bootsfunker in den Äther schickten; auch nicht die vorsichtig von den U-Booten abgegebenen Kurzsignale, die man auf deutscher Seite noch als absolut uneinpeilbar hielt. Unaufhörlich zog sich das alliierte Radar- und Überwachungsnetz über die deutschen U-Boote zusammen. Jeder Winkel des gesamten Ozeans wurde von den gegnerischen Peilstrahlen abgetastet. Einmal von ihren Gegnern geortet, hatten die deutschen U-Boote kaum eine Chance zu entkommen. Sie waren angewiesen, fünf Stunden über Wasser zu laufen, um ihre für die Unterwasserfahrt benötigte Batterie-Kapazität auf 80 Prozent aufzuladen. Sie mussten – ähnlich wie Atem holende, flüchtende Wale – auftauchen, sobald ihre Blei-Akkumulatoren erschöpft waren. Es bahnte sich an, dass die Boote nicht mehr als drei Feindfahrten überstehen würden, ohne versenkt zu werden.

Indes stellte die Werftleitung von Blohm & Voss Überlegungen an, auch das arg zerstörte U 955 abzu-

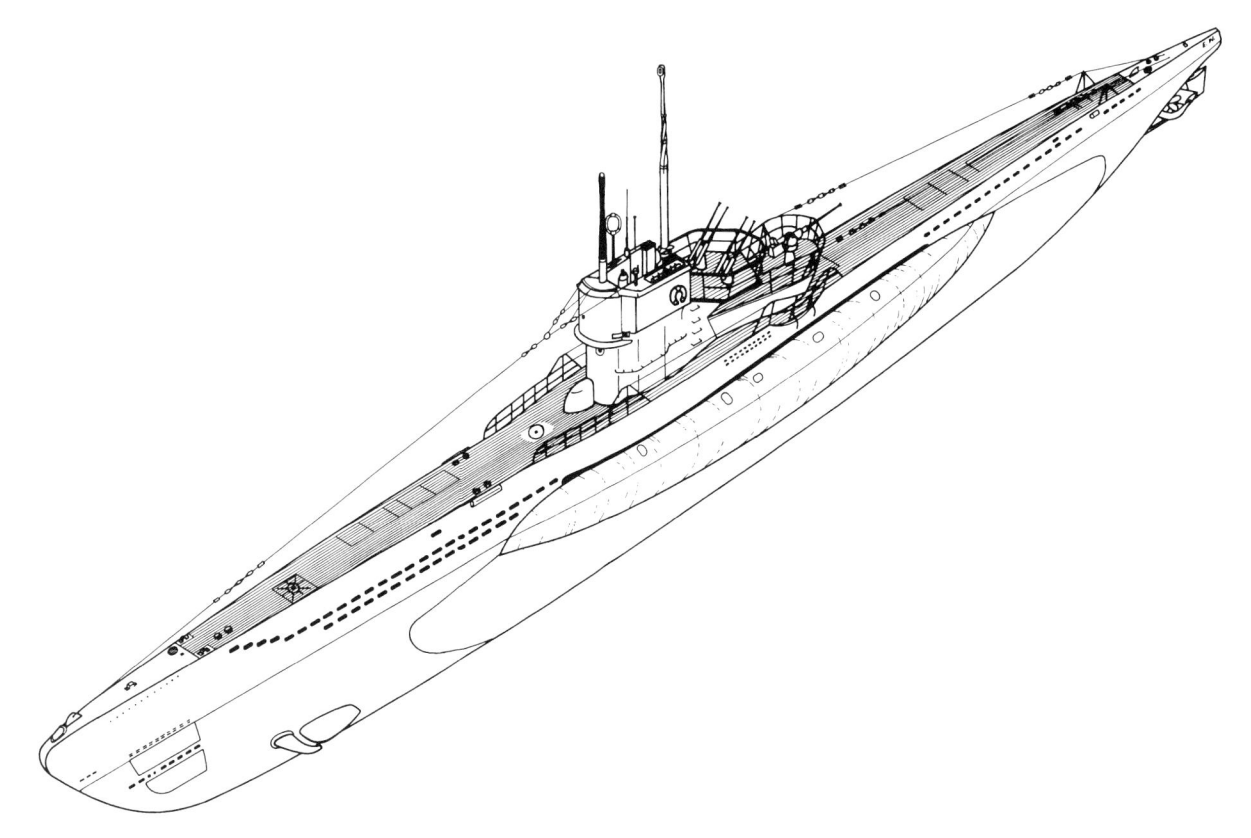

Zeichnung des in großer Serie gebauten U-Boot-Typs VII. U 995 wurde 1942/43 bei der Schiffswerft Blohm & Voss in Hamburg gebaut. Sammlung Eckard Wetzel

schreiben und die brauchbare Inneneinrichtung für einen Neubau zu verwenden. Doch der Kommandant ließ nichts unversucht, um die Werftleute zur beschleunigten Reparatur zu bewegen. So konnte am 16. 9. 1943 die eigentliche Indienststellung von U 995 erfolgen. Das Boot wurde der 5. U-Flottille in Kiel zugeteilt. Ein steifer Ostwind pfiff dem Boot entgegen, als es am 18. September 1943 von Kiel aus seine Fahrt nach Hela zur Ausbildungsgruppe für Frontboote antrat.

Nach dem Torpedoschießen schloss sich für U 995 die vortaktische Übung an. Als letzter Ausbildungsabschnitt folgte vom 10. bis zum 20. Februar 1944 die gefürchtete Übung bei der Taktischen Flottille. Hier wurde das Können von Boot und Besatzung nunmehr auf eine harte Probe gestellt. Während dieser taktischen Abschlussübung gingen oftmals Boote durch Kollisionen oder Tauchpannen mit ihren Besatzungen verloren. In den zehn Tagen bei der „Taktischen" verließ U 995 zusammen mit anderen Booten die Danziger Bucht, um im mittleren und östlichen Ostseeraum eine Geleitzugschlacht gegen einen eigens zusammengestellten Flottenverband unter kriegsnahen Bedingungen zu proben.

Am 21. 2. 1944 suchte U 995 die Werft in Gotenhafen auf, um dort Restarbeiten erledigen zu lassen. Das Ausbildungsprogramm für U 995 und seine Männer war nun abgeschlossen. Die Schulflottillen in der Ostsee hatten auch in diesem Falle für neues Menschenpotential gesorgt, das nun mit vorgegebenem guten Gewissen „an die Front geworfen" werden konnte. Vom 21. bis zum 24. April 1944 lag U 995 zwecks Restausrüstung im Stützpunkt Kiel-Wik. Hier bei der 5. U-Flottille, der Ausrüstungsflottille für die Kampfboote, lautete die Parole: Auslaufen zur Feindfahrt!

Am 25. April 1944 trat der Flottillenchef zur Abschiedsmusterung vor die im grauen „Lederpäckchen" angetretene Mannschaft und vergatterte sie dazu, sich des in sie gesetzten Vertrauens würdig zu erweisen. Er endete mit dem oft zitierten Leitspruch des Befehlshabers der U-Boote Dönitz: Angriff, ran, versenken! Die Realität auf den Seekriegsschauplätzen offenbarte indes eine Fortsetzung der Verlustraten: ... im Januar 1944 waren 16 U-Boote gesunken, im Februar waren es 20 Boote ...; die Todeslisten der U-Bootsfahrer wurden unaufhörlich mit weiteren Namen gefüllt.

Als U 995 zu seiner ersten Unternehmung auslief, waren die Verluste ebenfalls hoch; im Juni 1944 standen 17 U-Boote auf der Verlustliste; im Juli sollten 37 verloren gehen, im Laufe des gesamtes Jahres 1944 nicht weniger als 225 U-Boote. In der Heimat rekrutierte man unterdessen immer jüngere Männer für den Dienst auf den U-Booten. In den deutschen Wochenschauen erklangen mit Beethovens Ouvertüre zu Egmont Opus 84 nach wie vor forsche Klänge zu den Bildern durch die schäumende See pflügender, anscheinend sieggewohnter U-Boote.

U 995 trat seinen Verlegungsmarsch im Geleit von Sicherungsschiffen zur südnorwegischen Küste an. Die Besatzungsangehörigen von U 995 hatten sich an das harte Bordleben gewöhnt. Die angetretene Kriegsfahrt erlaubte nur wenigen unter ihnen, vorwiegend

Brückenposten auf dem Turm von U 995. Eines der wenigen Fotos aus dem Einsatz. Sammlung Eckard Wetzel

dem seemännischen Personal, den freien Himmel zu sehen. Das fortan zu den Frontbooten zählende U 995 und seine Männer bildeten ein neues Glied in der langen Traditionskette der U-Bootswaffe, deren Anfänge im norddeutschen Raum lagen:

Im nördlichen Zipfel Deutschlands hatte bereits Mitte des 19. Jahrhunderts der bayrische Korporal Wilhelm Bauer seinen „Brandtaucher" erfunden. Dieses erste brauchbare Unterwasserfahrzeug, das alle Wesensmerkmale späterer U-Boote aufwies, war im Landkreis Rendsburg-Eckernförde bei der Hollerschen Carlshütte auf Kiel gelegt und bei Schweffel & Howaldt in Kiel weitergebaut worden. Im Sommer 1903 unternahm sodann die „Forelle", das wegweisende Versuchs-U-Boot der Kieler Germaniawerft, die ersten Tauchfahrten in der Eckernförder Bucht. Noch bevor die Kaiserliche Marine ein U-Boot besessen hatte, baute die Germaniawerft für Russland die drei U-Boote, die vor Eckernförde erprobt wurden. Am 14. Dezember 1906 stellte die Kaiserliche Marine das auf der Germaniawerft gebaute U 1 in Dienst und verlegte es zum Stützpunkt Eckernförde, wo die erste U-Bootsschule mit dem Mutterschiff „Vulkan" ins Leben gerufen wurde, aus der das deutsche U-Bootswesen erwuchs.

Namhafte schleswig-holsteinische Werften waren mit dem deutschen U-Bootsbau aufs Engste verknüpft. Bis zum Ausgang des I. Weltkrieges 1918 prägte, außer der Kaiserlichen Werft in Danzig, die Germaniawerft in Kiel die Entwicklung auf dem U-Bootssektor, auf deren Helgen bis Kriegsschluss neben 16 Export-U-Booten 84 U-Boote unterschiedlichster Typenreihen für die Kaiserliche Marine fertig gestellt wurden. Ab 1935 bis zum Ende des II. Weltkrieges waren neben der Germaniawerft, die in dieser Zeitspanne 130 U-Boote, davon 90 des Typs VII, an die Kriegsmarine ablieferte, weitere Werften zwischen Nord- und Ostsee vorwiegend mit dem Bau von U-Booten des Typs VII betraut worden. Die Deutsche Werke AG in Kiel lieferte in dieser Zeit 73, die Lübecker Flender-Werke AG 42, die Kieler Howaldtswerke AG 31 und die Flensburger Schiffbau-Gesellschaft 29 U-Boote ab.

Doch zurück zu U 995. An einer einsamen Pier im Flekkefjord bezog es als Bereitschaftsboot der Gruppe „Mitte" Stellung. Insgesamt beorderte die U-Bootsführung 20 Boote in norwegische Küstengebiete, da mit einer angelsächsischen Invasion auf Jütland zu rechnen war.

Mitte Mai 1944 konnte die Bereitschaftsstelle aufgegeben werden. U 995 trat seinen Verlegungsmarsch nach Narvik an. Auf dem Weg gen Norden wurde das Boot mit drei anderen vom Führungsstab per Funk angewiesen, vor dem Westfjord der Lofoten zu patrouillieren. Auf der Nordmeerroute liefen die von der schottischen Küste oder Island ausgehenden alliierten Geleitzüge, die Rüstungsgüter für die Sowjetunion transportierten. Gesichert wurden die Dampferkolonnen von vielen Geleitfahrzeugen, darunter Kreuzer, Schlachtschiffe und Flugzeugträgerverbände. Den wenigen deutschen U-Booten, ausnahmslos Kampfboote des Typs VIIC, fiel die schier unlösliche Aufgabe zu, der starken gegnerischen Übermacht zu trotzen und den Nachschubtransport für die Deutschlands Ostfront bedrohende Rote Armee unter allen Umständen zu verhindern.

Britische Kryptologen, die längst den von der Kriegsmarine-Führung für sicher gehaltenen Funkschlüssel der U-Boote dechiffriert hatten und ihre Operationsbefehle mithörten, versetzten die Royal Navy in die Lage, ihre Konvois um die Aufstellungen der U-Bootsgruppen herumleiten zu können. Nirgendwo entging ein U-Boot den Radar- und Ortungsgeräten der Geleitschiffe sowie der ständigen, nahezu allgegenwärtigen Luftüberwachung durch Flugzeuge.

Die Männer von U 995 wussten, dass auch im Nordmeerraum gegnerische Flugzeuge ständig auf der Jagd nach deutschen U-Booten waren. Ihr inzwischen zum Kapitänleutnant beförderter Kommandant Köhntopp hatte ihnen von Anbeginn klargemacht, dass das Nordmeer kein Meer von Blüten war, und ihnen daher immer wieder äußerste Wachsamkeit eingeschärft. Schließlich wurden Mitte Mai 1944 U 240 und U 241 von Flugbooten ungefähr an der Stelle der Norwegensee vernichtet, die U 995 passieren musste. Sowohl von U 240 als auch von U 241 überlebte keiner der Besatzungsangehörigen.

Mit der harten Kriegswirklichkeit wurde die U-995-Besatzung erstmals konfrontiert, als sie mit ihrem Boot vor einem gesichteten Flieger abtauchte, wobei der Auftrieb von 150 Tonnen des über Wasser fahrenden Bootes in Sekundenschnelle durch Öffnen der Tauchzellen eliminiert werden musste.

Kurz nachdem U 995 wieder aufgetaucht fuhr, befand sich erneut eine feindliche Maschine der Royal Air Force (R.A.F.) im Anflug. Der Kommandant war diesmal nicht gewillt, sich unter Wasser drücken lassen, zumal er nur wenig Energiereserven in der Fahrbatterie hatte. Das der 210. Squadron R.A.F. zugehörige Catalina-Flugboot „M" flog von achtern an. Kommandant Köhntopp ließ Zickzackkurse steuern, um den gegnerischen Piloten zu irritieren. Als die Maschine auf 3000 Meter herangekommen war, wurde Feuererlaubnis erteilt. Nach dem fünften Schuss fiel wegen eines Rohrkrepierers die 3,7-cm-Bord-Flak aus. Nur die beiden leichten Zwillings-Flugabwehrkanonen von U 995 eröffneten ein Sperrfeuer. Als sich die Distanz zu dem Flugboot auf 300 bis 400 Meter verringert hatte, wurden zahlreiche Einschläge in dessen Rumpf erzielt. Aber auch das

Flugboot hielt, während es die Linkskurve einleitete, mit seinen Bordkanonen dagegen. Auf der oberen Turmplattform von U 995 war die Flak-Bedienung bar jeglichen Schutzschildes. Doch auch die wagemutigen britischen Piloten in ihrem ungepanzerten Cockpit flogen durch einen Wall von himmelwärts geschleuderten Geschossen.

Bei 500 Meter Entfernung ließ Köhntopp die Dieselmotoren auf äußerste Fahrt gehen. Im rechten Moment gab er den Befehl, das Boot durch Hartruderlage in den Wind zu drehen. Das Flugboot, das mit feuernden Bordwaffen angriff, war nicht in der Lage, die augenblickliche Kursänderung des wendigen VIIC-Bootes nachzuvollziehen. Der Wind drückte seine Tragflächen zur Leeseite ab.

Die Catalina klinkte im Tiefflug fünf Wasserbomben aus, die etwa 40 bis 50 Meter hinter dem Heck von U 995 detonierten und hohe Wassertürme aufwarfen. 13 Minuten waren nach dem Angriff verstrichen, als U 995 die durch eine starke Regenböe hervorgerufene Sichtverschlechterung nutzte, um von der Bildfläche zu verschwinden.

Zur Mittagszeit wagte es U 995, wieder über Wasser zu fahren. Urplötzlich tauchte voraus das in Schottland gestartete Sunderland-Flugboot „S" der 4. Squadron Coastal Operational Unit auf, flog das Boot nicht sogleich direkt an, sondern holte nach Backbord aus und griff dann schräg von vorn an. Auf U 995 musste man es wegen der nahezu leeren Batterien auf ein erneutes Gefecht ankommen lassen. U 995 gelang es, sich mit seinen noch intakten Bordwaffen des Angriffs zu erwehren. Aus einem Motor der Sunderland quollen Flammen hervor, sie erhielt weitere Treffer in Kanzel, Rumpf und Tragfläche. Aber am Backbord-Zwilling brach ein Bootsmaat mit vier Schulterschüssen und schweren Kopfverletzungen zusammen. Vier Brückenposten erlitten leichtere Verwundungen.

Als die Maschine herangekommen war, warf sie Wasserbomben ab. Zwei Bomben fielen direkt an der Backbordseite von U 995 nieder, zwei weitere neben die Bordwand in Höhe zwischen dem Torpedoluk und der Vorderkante des Turms. In großer Bedrängnis gelang es Köhntopp, das Tauchmanöver einzuleiten. Er entschloss sich, den Verlegungsmarsch zu unterbrechen und unverzüglich Drontheim anzulaufen, um die Verwundeten abzugeben. Das vereinbarte Treffen vor Kristiansund mit der Seenotmaschine verlief ohne Zwischenfälle. Die Verwundeten wurden übernommen und ins Lazarett geflogen. Im Morgengrauen erreichte das stark ramponierte U 995 den U-Stützpunkt Drontheim.

Dort begann am darauf folgenden Tag für U 995 eine einmonatige Werftliegezeit. Auf dem Oberdeck und den Turmaufbauten zählte die Besatzung 254 Einschussstellen von den Bord-MGs der Flugboote. Die durch die Bomben hervorgerufenen Schäden erwiesen sich als wesentlich größer, als ursprünglich angenommen.

Ab Juni 1944 wurde U 995 der 13. U-Boot-Flottille in Drontheim zugeteilt. Ende des Monats wurden die Reparaturarbeiten abgeschlossen. Das Boot lief wieder aus. Zwei Tage verweilte es im Nordmeer-Stützpunkt Narvik. Am 3. Juli 1944 verließ es nach kurzem

Die Besatzung von U 995, nach dem Einlaufen in Drontheim auf dem Achterdeck angetreten. Sammlung Eckard Wetzel

Aufenthalt den Einsatzhafen und schloss zu der U-Boot-Gruppe „Trutz" auf, mit der es in der Nähe von Jan Mayen einen Vorpostenstreifen gegen die alliierten Geleitzüge bildete, die Kriegsmaterial nach Murmansk beförderten. Ständig musste sich das Boot gegen Überraschungsangriffe feindlicher Bombenflugzeuge mit seinen Bordwaffen zur Wehr setzen, fand selten eine Gelegenheit, ausreichend lange über Wasser zu bleiben, um seine Batterien aufzuladen.

Am späten Abend des 17. Juni 1944 erschütterten vier Detonationen, je zwei kurz aufeinander folgende, nahe U 995 das Seegebiet westlich von Narvik. Wenig später wurden in U 995 weitere schwache Detonationen aus der Ferne wahrgenommen. In unmittelbarer Nähe stehende Boote der Gruppe „Trutz" fielen den feindlichen Bombenangriffen zum Opfer. Eine Liberator-Maschine der 86. Squadron R.A.F. versenkte das am nächsten zu U 995 befindliche U 347, und nur acht Minuten später erlag U 361 der Attacke einer Catalina-Maschine der 210. Squadron der R.A.F. Überlebende von beiden vernichteten Booten gab es – wie im Nordmeer meist üblich – keine; bei acht von zehn versenkten Booten handelte es sich dort immer um Totalverluste.

Kaum war U 995 wieder an die Wasseroberfläche gelangt, musste es erneut vor angreifenden Fliegern in die Tiefe flüchten. Das Schicksal wollte es, dass außer U 347, dessen Untergang eine Lücke in die Phalanx der U-Bootsaufstellung gerissen hatte, am 18. Juli mit U 742 auch das Nebenboot an der anderen Seite von U 995 von der Bildfläche der Norwegensee getilgt wurde. Dafür sorgte die Catalina „Z" von der 210. Sqadron R.A.F., die das aufgetauchte U-Boot sichtete und, obgleich sie unter Beschuss der Flaks von U 742 geriet, vernichtend mit Wasserbomben eindeckte. An die 40 Männer retteten sich aus dem untergehenden Boot und hielten sich noch auf dem ölbedeckten Wasser, wie von Flugbesatzung der Catalina beobachtet wurde. Nach und nach versanken sie, Mann für Mann – nicht unweit von U 995. Während U 347, U 361 und U 742 vernichtet wurden, blieb aus ihrer Mitte nur U 995 übrig.

Der 21. Juli 1944 hatte gerade begonnen, da begann die Liberator „Z" des 59. R.A.F.-Geschwaders ihren Angriff auf U 995. Das starke und präzise Abwehrfeuer von U 995 zwang die anfliegende Maschine zu einem Ausweichmanöver nach Steuerbord. Mit der funktionsfähigen 3,7-cm-Flak wurden Treffer im hinteren Rumpf der Liberator zwischen Heckkanzel und Leitwerk erzielt. Auch die Schützen an den leichten Zwillings-Flaks bemerkten am Rumpf der Liberator Einschläge. Mündungsfeuer flackerte aus der vorderen und hinteren Schützenkanzel der Feindmaschine auf. Beim Abdrehen des Flugzeuges erfolgte aus dessen Heckstand ein heftiger Bordwaffenbeschuss, der U 995 eindeckte.

Kurz darauf ließ der Kommandant tauchen. Die Liberator schwenkte bereits zum erneuten Vernichtungsangriff ein. Der Kommandant sah, ehe er das Turmluk schloss, wie sie sich bereits im direkten Anflug auf das Boot befand. Es fielen sechs Wasserbomben in die Nähe des abtauchenden U 995. Glücklicherweise hatte es bereits eine Wassertiefe von 65 Metern erreicht, als die Detonationsschläge den Bootsrumpf erschütterten. Tonnenweise schoss Wasser durch den in Mitleidenschaft gezogenen Funkpeilerschacht ins Bootsinnere. Mit Bordmitteln konnte jedoch der Wassereinbruch auf ein vertretbares Maß reduziert werden.

Schweren Herzens entschloss sich der Kommandant, einen Funkspruch herauszugeben: „Wassereinbruch durch Funkpeiler, nur noch beschränkt tauchklar. U 995". Vier Stunden später erhielt das Boot die Rückmeldung vom Stützpunkt, den Rückmarsch über den Andfjord nach Narvik anzutreten.

Das Unternehmen „Trutz" war ein Fehlschlag. Via Narvik musste U 995 zur Reparatur den U-Bootsbunker in Drontheim anlaufen. Wieder nach Narvik zurückbeordert, rüstete sich das wiederhergestellte Boot zu einer Minenunternehmung aus. Ende August verließen die als Gruppe „Dachs" zusammengefassten Boote U 636, U 425, U 956, U 968, U 992 und U 995 die Reede von Hammerfest und drangen auf dem sibirischen Seeweg bis 60 Grad nördlicher Länge vor. Vollbeladen mit Minen geriet U 995 in eine Falle, die ihm mehrere Kriegsschiffe einer der gefürchteten alliierten U-Jagd-Gruppen stellten.

Mit knapper Not konnte sich U 995 den Gegnern unter Wasser entziehen. Südlich von Nowaja-Semlja legte es am Abend des 4. September 1944 quasi vor des Gegners stark bewachter Haustür eine Minensperre in der Jugor-Straße, einer Durchfahrt zur

Kara-See. Nachdem die erste Ladung der TMC-II-Minen die Torpedorohre verlassen hatte, wurde fieberhaft nachgeladen. Die letzte Magnetmine fiel eine Stunde nach Mitternacht auf den Meeresboden. Nach dieser seemännischen Kraftanstrengung kehrte U 995 am 14. September 1944 unbehelligt nach Narvik zurück.

Alsbald stand U 995 wieder mit weiteren Booten der Gruppe „Zorn" im Nordmeer auf Position, um den westwärts laufenden Murmansk-Konvoi RA 60 abzufangen. Am Abend des letzten Septembertages 1944 wurde über das Horchgerät von U 995 ein ähnliches Geräusch wie am Vormittag aufgenommen, das auf ein Suchfahrzeug schließen ließ, das laufend seine Umdrehungen änderte und hin und wieder stoppte.

Kapitänleutnant Köhntopp hatte es sich nie nehmen lassen, immer auf der Brücke von U 995 zu stehen, wenn über Wasser gefahren wurde. Seine Männer wussten, dass er unablässig persönlich dafür sorgte, dass sich niemand sinnloser Gefahr auslieferte und sich keine Unachtsamkeit einschlich. Aber er musste dafür Tribut zahlen, sich trotz der Warnungen des an Bord befindlichen Sanitätsmaates unablässig den Witterungsunbilden ausgesetzt zu haben. Gerade als seine Wachoffiziere ihm abverlangten, aufzutauchen und zum Befreiungsschlag auszuholen, war er gesundheitlich schwer angeschlagen. Köhntopp wusste, die erfolgshungrigen Offiziere konnten es kaum abwarten, endlich ihre ständig gewarteten Torpedos abschießen zu können. Aber er ließ sich, nur weil es ihnen offensichtlich nach Meriten gelüstete, auf gar keinen Fall dazu hinreißen, ein unnötiges Risiko einzugehen und das Leben seiner ihm anvertrauten Männer in einem Vabanquespiel zu opfern – zumal es damals am Nordmeerhimmel zahlreiche von Flugzeugträgern aufgestiegene Kampfflugzeuge gab.

Die auf den gemeldeten Geleitzug angesetzten Boote kehrten bis auf U 921 nach Narvik zurück. U 921 blieb westlich der Bäreninsel verschollen. Sehr wahrscheinlich hatten die Männer von U 995 zwei Tage zuvor das Ende des Kameradenbootes belauscht, als sie mehrere Detonationen über ihr Horchgerät aufgenommen hatten.

Die letzten fehlgeschlagenen U-Bootseinsätze im Nordmeer waren für Fregattenkapitän Suhren, den Führer der U-Boote Nordmeer, alles andere als befriedigend; denn er stand gegenüber Großadmiral Dönitz unter einem erheblichen Erfolgsdruck. Erfolgsmeldungen konnte er ihm nur wenige liefern. Es kam ihm gelegen, dass ein Offizier von U 995 – möglicherweise aus persönlichem Ehrgeiz heraus oder aber aus einer kürzlich erlittenen Kränkung herrührend – den Kommandanten Köhntopp anschwärzte und ihn glauben ließ, in seinem ältesten Kommandanten einen vermeintlichen Sündenbock ausgemacht zu haben, an dem man ein Exempel für alle jüngeren nachfolgenden Kommandanten statuieren konnte.

In der Stellungnahme des Führers der U-Boote Nordmeer zum Kriegstagebuch von U 995 heißt es: „Die Operation auf den mehrfach gemeldeten Geleitzug entspricht in keiner Weise auch nur den einfachsten Gesetzen des U-Bootskrieges. Es hat vielmehr den Anschein, als hätte der Kommandant nur mühsame Entschlüsse fassen können und als sei ihm nicht das Gebot der Stunde klar geworden, nämlich auf die Geleitzugmeldungen sofort, ohne Rücksicht auf ungünstige Verhältnisse, unter Ausnutzung aller Anhalte und mit allen Mitteln zu operieren. Statt dessen hat er an den beiden entscheidenden Tagen unverständlich lange, trotz fehlender Feindluft, selbst auf Hinweise seiner Wachoffiziere auf eine als Geleitzug gemeldete Geräuschpeilung nichts veranlasst, hat auf diese Weise nur einen Bruchteil der Wege sämtlicher anderer Boote hinter dem Geleitzug her zurückgelegt und sich somit einer Feindberührung entzogen, während Führung und andere Boote auf seine befehlsgemäße Mitwirkung am Geleitzug vertrauten. Er hätte, wie auch ein anderes Boot, Fühlung gewinnen, diese bei dessen baldigen Verlust halten, die entfernten Boote heranführen und so entscheidend zu einem gemeinsamen Erfolg verhelfen können. Jedem Kampfgeist spottend hielt er sich dagegen in Sicherheit, seinen Anteil der zu erwartenden Abwehr den in selbstverständlicher Einsatzbereitschaft vorstoßenden Kameraden überlassend. Der Kommandant wird seiner Dienststellung enthoben und hat diese Pflichtverletzung vor dem Kriegsgericht zu verantworten."

In der Heimat wurde die verzweifelte Gattin des Kommandanten in dem tief in einem Waldstück bei Berlin gelegenen Stabsquartier der Seekriegsleitung vorstellig. Sie beabsichtigte persönlich beim Großadmiral Dönitz vorzusprechen, wurde jedoch von dem

Chef des Stabes, Admiral Godt, mit dem Hinweis abgewiesen, ihr Mann habe sich wegen Feigheit vor dem Feind nach dem Marinestrafgesetz schuldig gemacht, was mit dem Erschießungstod zu ahnden sei. Im Fall Köhntopp verwendeten sich mehrere Crewkameraden sowie Admiral von Friedeburg, bei dem Frau Köhntopp Gehör fand, so dass der drohende Urteilsspruch ausgesetzt wurde.

Der nur 21 Jahre alte Oberleutnant zur See Hess, der zuvor zwei Jahre lang als Wachoffizier auf U 466 im Einsatz gewesen war und eine zweimonatige vortaktische Ausbildung bei der in Pillau stationierten 20. U-Flottille durchlaufen hatte, übernahm das Kommando über U 995. Vormals wurde niemand unter 25 Jahren die Führung eines U-Bootes anvertraut, doch über frühere Grundsätze der U-Bootswaffe wurde mit dem Fortschreiten des Kriegsgeschehens vielfach hinweggesehen. – Die moderaten Umgangsformen, die der alte Kommandant pflegte, galten nicht mehr. Die anderen im Stützpunkt befindlichen U-Bootsbesatzungen sahen mit Befremden, dass fortan die Männer von U 995 vor jedem Auslaufen ein entwürdigendes Strafexerzieren an Land über sich ergehen lassen mussten. Als der „Neue", ob seiner Einstellung mit dem Spitznamen „Hitlerjunge Quex" belegt, am 14. Oktober mit U 995 zur Unternehmung auslief, konnte er darauf vertrauen, eine erprobte Besatzung übernommen zu haben, die allen Unwägbarkeiten gewachsen war.

Als Boot der U-Boot-Gruppe „Panther" versuchte U 995 während einer Konvoi-Operation in Höhe der Bäreninsel vergeblich auf einen Flugzeugträger-Verband zum Schuss zu gelangen. Anschließend steuerte U 995 befehlsgemäß die Ein- und Auslaufwege von Murmansk an. In der Nacht vom 26. und 27. Oktober überraschte es in der Barents-See die britische 15. Eskort-Gruppe, bestehend aus fünf Fregatten der „Captain"-Klasse. Um Punkt null Uhr feuerte U 995 einen akustisch-zielsuchenden Hecktorpedo auf die zuerst gesichtete Fregatte ab und schoss einen zweiten Torpedo dieser Art auf eine weitere Fregatte ab. Obwohl es nach dem Tauchen die Torpedo-Detonationen hörte, waren keine Sinkgeräusche zu vernehmen. Die britischen Seefahrzeuge hatten Geräuschbojen nachgeschleppt, denen sich die akustisch-zielsuchenden Torpedos zugewendet hatten. Obgleich von den Fregatten anschließend Wasserbomben geworfen wurden, geriet U 995 nicht ernsthaft in Gefahr.

In Erwartung eines Geleitzuges bildete U 995 mit anderen Booten der Gruppe „Panther" erneut einen Vorpostenstreifen nördlich von Murmansk, ohne jedoch Feindkontakte zu bekommen. Am 11. November 1944 machte es wieder am Stützpunkt Narvik fest.

Bereits Ende des Monats lief das Boot wieder aus, um das Küstengebiet bei Murmansk anzusteuern. Am 4. Dezember 1944 verfolgte es östlich der Rybatschi-Halbinsel ein vom Kola-Fjord nach Petsamo laufendes sowjetisches Küstengeleit, bestehend aus einem Handelsdampfer und zwei Wachfahrzeugen. Bevor das Geleit den Zielhafen erreichen konnte, machte U 995 einen Torpedo-Dreierfächer auf den Dampfer los, der getroffen wurde, doch wider Erwarten schwimmfähig blieb.

In den ersten Morgenstunden des 5. Dezember 1944 tauchte U 995 in der Murman-See auf und sichtete in knapp 3500 m Entfernung drei große Dampfer, die von mehreren Bewachern eskortiert wurden. Drei sogenannte flächenabsuchende Torpedos verließen die Bugrohre von U 995. Ein etwa 6000 BRT großer Dampfer erhielten einen Treffer am Achtersteven und sackte hinten ab. Der Geleitzug kam in spitzer Lage auf, voraus drei Geleitfahrzeuge und ein Kanonenboot der „Lenin"-Klasse. Das Ende des Konvois sicherten zwei weitere Bewacher, die als Torpedoboote ausgemacht wurden. Die Flanken der in doppelter Kiellinie fahrenden Dampferkolonne deckten mehrere Motorboote ab.

U 995 nahm zuerst einen Bewacher ins Fadenkreuz seiner Zieloptik, der mit einem Dampfer in Deckung lag, und schoss aus seinem Heckrohr einen Wendeschuss. Es lief mit langsamer Fahrt dem Geleit voraus, ließ die seitlich des Konvois fahrenden Sicherungsboote passieren. Drei Minuten nach dem Heckschuss folgte ein zweiter Wendeschuss aus einem der vier Bugrohre auf einen 7000 BRT großen Dampfer, der als „Liberty"-Schiff klassifiziert wurde. Obgleich ein Bewacher den Angriff bemerkte und sofort seinen Bug in Richtung des deutschen Bootes wendete, feuerte U 995 einen dritten Wendeschuss ab und suchte Schutz in der Tiefe. Als das Meer unter der Torpedodetonation erbebte, stieß U 995 in 160 Metern Tiefe auf den Grund der Barents-See.

Eine Stunde nach der Grundberührung tauchte das Boot mit nachgeladenem Heckrohr wieder auf, um das Gebot der Stunde zu nutzen. Mit dem aus achterem Ausstoßrohr abgeschossenen Torpedo erzielte es auf den bereits zuvor torpedierten Dampfer einen vernichtenden Treffer.

Am 21. Dezember 1944 operierte U 995 vor Nukujew. Im Glast der Winternacht wurde in nordwestlicher Richtung, etwa 4000 m entfernt, ein langsam fahrendes Kleinfahrzeug ausgemacht. Da nicht genau erkennbar war, ob es sich um einen Motorfischer oder einen Küstensegler handelte, wurde vorgesetzt und auf der Hundekurve herangefahren. Das Fahrzeug hob sich kaum gegen die Küste ab. Beim Näherkommen auf wenige hundert Meter ließ es sich als kleines Fischereifahrzeug identifizieren, das keinen Angriff lohnte. Die wenigen Männer auf dem kleinen Fahrzeug hatten ihrerseits das U-Boot erkannt, wollten zur Küste entkommen, die kaum bewohnt zu sein schien. Eine Beobachtung eines Feuerüberfalls von Land aus hielt Kommandant Hess für unwahrscheinlich und erteilte den Befehl, den Kutter mit der Bugschneide zu rammen.

Das Deck des Kutters wurde vollends unter die Wasseroberfläche gedrückt. Ein von Todesängsten getriebener Mann kletterte auf die Back des U-Bootes und wurde gefangen genommen. Nach dem Kentern des Kutters war vom Rest der Besatzung nichts mehr zu sehen. U 995 lief mit verbogenem Bugsteven ab. Im Mannschaftslogis gab es unter einigen Besatzungsmitgliedern einen Disput, ob die Versenkung gerechtfertigt war.

Am 23. Dezember 1944 setzte U 995 zwei Mann der Besatzung mit einem Schlauchboot zur Erkundung auf einer der Küste vorgelagerten Inseln ab. Am Zweiten Weihnachtstag versenkte U 995 einen bewaffneten Fischdampfer namens „Som", der auf den Kieler Howaldtswerken gebaut worden war. Drei Tage darauf führte es im dichten Schneetreiben einen erfolgreichen Angriff auf einen Munitionsdampfer aus.

Anfang Januar 1945 wurde die U-Boot-Gruppe „Stier", darunter auch U 995, in der Bäreninsel-Enge vergeblich auf den Konvoi JW 63/RA 63 angesetzt. Einen Monat später stand U 995 wieder im Operationsgebiet vor der Murman-Küste. Am 8. Februar 1945 schlich sich das Boot nachts mit vorgefluteten Tauchzellen, so dass lediglich der Turm aus dem Wasser ragte, in den Fjord von Kirkenes, legte sich dort vorübergehend auf Grund, um die Helligkeit abzuwarten. Am Abend schoss U 995 in Kirkenes Hafen zuerst einen Zweierfächer und anschließend einen Einzeltorpedo auf den an der Kohle-Pier liegenden norwegischen Frachter „Idefjord" ab.

Für diesen wagemutigen Einsatz wurde dem Kommandanten das Ritterkreuz verliehen. Die „Idefjord" blieb jedoch vollkommen unversehrt und dampfte am 10. Februar 1945 in Richtung Liinahamari. Die von U 995 abgefeuerten Torpedos waren allesamt, mehr als dreißig Meter vom Bug des anvisierten Schiffes entfernt, am Strand detoniert.

Ende Februar 1945 befand sich U 995 nördlich der Kola-Küste in Warteposition. Im März 1945 versenkte es das sowjetische Geleitboot „BO 223". Das nach dem Angriff abgetauchte U 995 wurde von anderen gegnerischen Geleitfahrzeugen mit Wasserbomben belegt. In seiner Bedrängnis stieß U 995 als allerletztes Mittel über eine kleine Schleuse am Heck einen „Bold" aus. Die darin enthaltene Kalziumhydrit-Füllung erzeugte Wasserstoffblasen, die dem Gegner an der Wasseroberfläche Scheinziele vorgaukelten. Somit konnte das angeschlagene U 995 entkommen. Das Kriegstagebuch weist aus: „13.34 Uhr bis 17.20 Uhr 107 nahe bis mittelnahe Wabos von drei Fahrzeugen". Eine knappe, kriegstagebuchgerechte Eintragung, die wenig über die Torturen aussagte, welcher die Männer von U 995 sich hatten aussetzen müssen.

Am 5. März 1945 erreichte U 995 Narvik, wo der Erste Wachoffizier abkommandiert wurde, um ein neues Boot zu übernehmen. Der bisherige Zweite Wachoffizier, Oberleutnant zur See Böhm, avancierte zum neuen „Ersten". Sie nannten ihn den „HJ-Jungen" infolge seiner besonderen im „Dritten Reich" erfahrenen Prägung. Ein neu hinzugekommener, frischgebackener Offizier übernahm dessen alte Dienststellungen an Bord. Als die Besatzung nach einer Exerzierstunde an Land mit U 995 zur neuen Unternehmung auslief, bestand die Bootsführung ausnahmslos aus fanatischen „Quexen", allesamt über Gebühr durchdrungen vom obwaltenden „großdeutschen Geist".

Am Morgen des 20. März 1945 meldete U 995 zwei Dampfer als torpediert. Ein dritter, die unter amerikanischer Flagge laufende „Horace Bushnell", wurde nach dem Treffer von U 995 von seiner Besatzung auf den

Strand gesetzt. Das havarierte Schiff konnte nicht geborgen werden, lediglich seine wertvolle Ladung wurde von russischer Seite gelöscht.

Am 23. März 1945 kehrte U 995 von seiner letzten Feindfahrt wohlbehalten nach Narvik zurück. Es wurde zweck Einbau eines Klapp-Schnorchels nach Drondheim verlegt. U 995 war aller Wahrscheinlichkeit nach das letzte deutsche VIIC-Frontboot, das ohne Schnorchel, einem Luftmast, der unter der Wasseroberfläche einem U-Boot die Luftzufuhr ermöglicht und zugleich den Gebrauch seiner Dieselmotoren gestattet, zum Einsatz gekommen ist.

Die deutschen U-Boote standen einer immer erdrückender werdenden feindlichen Materialübermacht gegenüber. Was nutzte alle Einsatzbereitschaft der Männer in den Booten, die noch an die Front geschickt wurden, wenn ihre Gegner durch Funkaufklärung alle ihre Marschrouten, ihre Standorte und ihre Operationsabsichten bis ins Detail kannten? Der Krieg im Atlantik war längst durch die Aktivitäten der alliierten Geheimdienste entschieden worden. Eine moderne elektronische Kriegsführung sowie „Special Intelligence"-Abteilungen der Kriegsopponenten bestimmten mehr denn je auch das tragische Geschehen für die zum alten Eisen zählenden U-Boote. Die Briten gaben seit Monaten jedem deutschen Boot nur eine Überlebenschance von höchstens vierzig Tagen – und statistisch gesehen, hätte auch U 995 längst versenkt sein müssen.

Der U-Boot-Krieg war bis zur letzten Stunde den Booten des Typs VIIC und ihren Besatzungen vorbehalten. Während die alliierte Bomberoffensive deutsche Städte und Menschen vernichtete, die Mobilisierung für den „Endkampf" und die Reichsverteidigung anliefen, fuhren bis zum bitteren Ende die U-Boote hinaus.

Kurz bevor das Kriegsringen beendet wurde, setzte das letzte große Sterben der „grauen Wölfe" ein. In den Häfen und an den Küsten Norddeutschlands versenkten etwa 200 Kommandanten unter dem Losungswort „Regenbogen" ihre Boote selbst, um sie den heranrückenden Siegermächten zu entziehen.

Der zum Reichspräsidenten und Staatsoberhaupt ermächtigte Großadmiral Dönitz befahl, keine Selbstversenkungen in Norwegen durchzuführen; er wollte nach wiederholten Bekundungen dort „noch ein Schwert in der Hand halten", das ihm Verhandlungsspielraum gegenüber den Siegermächten gewährleisten sollte. Vor allem einen Vorsatz schärfte Dönitz seinen ihm ergebenen Offizieren wiederholt energisch ein: Härte und Disziplin in den eigenen Reihen aufrechtzuerhalten, um zu verhindern, dass der Marine erneut der Vorwurf einer „Dolchstoßlegende", wie nach dem Ersten Weltkrieg, gemacht werden könnte. – Einige deutsche Führungsoffiziere in Norwegen sahen sich „in diese Pflicht genommen".

So wurden am 7. Mai 1945 – Deutschlands Teilkapitulation für den Norddeutschen Raum und Norwegen war bereits erfolgt – in Kristiansand drei junge U-Bootsmänner vom dortigen Stützpunktleiter verhaftet, weil sie mit Norwegern in den Straßen deren Befreiung gefeiert hatten. Die der Aufrührerei verdächtig gemachten drei U-Bootsmänner sollten noch in derselben Nacht standrechtlich hingerichtet werden. Die Stützpunktleiter befragte die angetretenen U-Bootsmannschaften, ob sie die Urteile im Sinne der Anklagen für richtig hielten. Keiner aus ihren Reihen erhob Einspruch. Von jähem Entsetzen getrieben, versuchten die drei Delinquenten ihr Heil in der Flucht, wurden aber vor aller Augen von den Wachsoldaten gnadenlos niedergestreckt; ihre Leichname wurden anschließend in den Fjord geworfen.

Einige Tage nach Kriegsende hatte sich bei Drontheim der zur Besatzung von U 995 gehörige österreichische Maschinenmaat Karl Brachmann unerlaubt abgesetzt. Ein Trupp Soldaten spürte ihn bei seiner norwegischen Freundin auf. Man brachte ihn zurück und sperrte ihn in einer abseits des Mannschaftslagers auf einem kleinen Hügel stehenden Holzhütte ein. Am Abend dieses Tages begaben sich die beiden Oberleutnante zur See Hess und Böhm sowie ein Unteroffizier mit umgeschnallter Pistole zur Hütte.

Am nächsten Morgen wurde Verdunklungsstoff von Fensterläden gesucht, um den erschossen aufgefundenen Brachmann darin einzuwickeln. Der Tote wurde mit einem Kübelwagen an den Strand gebracht und anschließend mittels eines aus den Kufen eines Wasserflugzeuges gebastelten schwimmenden Untersatzes im Fjord versenkt. Das Gros der U-995-Besatzung hielt es für rechtens, dass ein Deserteur liquidiert worden war, obwohl er ihnen ein verlässlicher Kamerad auf See gewesen war. Nur der Jüngste aus der Besatzung von U 995 wird später dem Verfasser schreiben: „An diesem besagten Morgen hat Olt.z.S. Hess die Besatzung antreten lassen und mitgeteilt, dass in der Nacht der Maschinenmaat Brachmann auf der Flucht erschossen worden sei, obwohl jedermann wusste, dass dies gelogen war. Danach mussten wir schwören, Stillschweigen gegenüber jedermann zu bewahren. Dieser von den Offizieren zu verantwortende Mord hat mich ein Leben lang bewegt und mich veranlasst, den Besatzungstreffen nach dem Krieg fernzubleiben."

Aus Wilhelmshaven, Kiel, Horten, Kristiansand, Stavanger, Bergen und Drontheim überführte man die übrigen Boote zu britischen Sammelplätzen, wo sie wenig später im Rahmen der „Operation Deadlight" versenkt wurden, mit Ausnahme einiger neuerer Bootstypen, die unter den Siegermächten aufgeteilt wurden.

Da sich U 995 nach der deutschen Kapitulation in keinem fahrbereiten Zustand befand, konnte es die Fahrt nach England nicht antreten. Es verblieb zusammen mit U 310 und U 315 in Drontheim. Die Besatzungsangehörigen von U 995 hatten ein ehemaliges Nachschublager bei Flöan in der Nähe Drontheims bezogen, wo sie bis zu ihrer Rückkehr nach Deutschland interniert waren. Die Kommandoverhältnisse blieben zunächst unverändert. Die siegreichen Briten duldeten erstaunlicherweise, dass Nazi-Offiziere weiterhin ihr Regiment in Norwegen führten und so ungehindert Strafmaßnahmen gegen deutsche und österreichische Truppenangehörige durchführen konnten, die eine antinazistische Haltung einnahmen. Im Lager bei Flöan waren ausschließlich alle Offiziere von U 995 als extrem regimetreu verschrien. Vor allem der dort tonangebende Oberleutnant zur See Böhm, der unvermindert nazistische Vorträge hielt, wurde von den Mannschaftsdienstgraden äußerst gefürchtet.

Am 30. Mai kam ein weiteres österreichisches Besatzungsmitglied von U 995 ums Leben. Laut einem

Zwei Schwimmkräne setzen U 995 am 25. 9. 1970 auf die Pier des Marinearsenals Kiel, um das Boot für Laboe instand zu setzen. Sammlung Eckard Wetzel

Schwimmkräne transportieren das „Museumsschiff" U 995 an den endgültigen Standort am Strand von Laboe. Foto: Eckard Wetzel

kurzen Registervermerk der Wehrmachtsauskunftsstelle wurde der Dieselmaat Eduard Malik im Mai 1945 bei einer Minenexplosion getötet.

Im Jahre 1947 konnte sich Norwegen die drei VII C-Boote U 926, U 995 und U 1212 als Kriegsbeute auswählen. Im Herbst desselben Jahres entfernte man von U 995 die Artilleriewaffen und änderte den Turmanbau. Am 6. Dezember 1952 hisste man erstmals die norwegische Flagge an Bord von U 995. Aus U 995 wurde KNM „Kaura" (NATO-Bezeichnung S 309).

Nach größeren Umbauten im Herbst 1957 auf ex U 995 setzte man das Boot mit einer Besatzungsstärke von 45 Mann als ein Glied in der Küstenverteidigung ein. Es nahm an vielen großen NATO-Flottenübungen teil, besuchte unter norwegischem Kommando England, gegen das es vormals hinausgefahren war. Im Dezember 1962 erklärten norwegische Marineexperten die Kondemnation des in Haakonsvern bei Bergen aufliegenden ex U 995.

Im Jahre 1965 beschloss die norwegische Marine, U 995 als sichtbares Zeichen einer Freundschaftbekundung der Bundesmarine zum Geschenk zu ma-

U 995 als touristische Attraktion am Strand von Laboe. Die dunkle Seite des Bootes – Erschießungen nach Kriegsende – bleibt den Besuchern verborgen. Sammlung Eckard Wetzel

chen. Im Typ VII spiegelt sich wie in keinem anderen Triumph und Tragik der deutschen U-Boote, die von Jägern zu Gejagten wurden. Nach langem innerpolitischen Tauziehen konnte U 995 im Jahre 1972 vor Laboe zur musealen Verwendung aufgestellt werden. Das letzte deutsche Frontboot des Zweiten Weltkrieges dient fortan sowohl als Gedenkstätte für über 30 000 deutsche U-Bootsfahrer, die im Krieg von 1939 bis 1945 den Tod fanden, als auch für die fast 5000 U-Bootsfahrer, die im Weltkonflikt 1914–1918 ihr Leben lassen mussten.

Nicht zuletzt erinnert das U-Boot vor dem Marine-Ehrenmal in Laboe daran, dass einmal auf schleswig-holsteinischen Werften in Flensburg, Kiel und Lübeck nicht weniger als nahezu 253 Boote des Typs VII gebaut worden sind. Während einiger Jahre düsterer deutscher Geschichtsära gehörte das Erscheinungsbild dieser zahlreichen Boote zu den norddeutschen Häfen, ehe sie Anfang Mai 1945 schlagartig von einem Tag auf den anderen verschwanden.

Was Millionen von Besuchern in Laboe nicht ahnen, wenn sie sich in das schmale Bootsinnere zwängen: U 995 haftet ein unsichtbares Kainsmal an. Durch das unmittelbar nach Kriegsende an den Tag gelegte Fehlverhalten seiner Offiziere ist der Mythos vom heren Geist der U-Bootswaffe ins Wanken geraten. Das Wissen um die schlimmen Geschehnisse der Vergangenheit sollte die Lebenden und die künftigen Generationen – gerade am Beispiel von U 995 – zu der Erkenntnis bringen, Krieg und die damit verbundenen menschenverachtenden Erscheinungen für alle Zeit zu ächten. Der Kriegsveteran U 995 bleibt in diesem Sinne ein Mahnmal und versteht sich zugleich als eine Stätte der Rückbesinnung und der Aussöhnung.

Eckard Wetzel

Technische Hauptdaten U 995

Typverdrängung (Standard-Deplacement ohne Zuladung): 500 ts
Wasserverdrängung (Konstruktions-Deplacement): ca. 750 t
Bootslänge über den Loten: 67,1 m
Bug- und Heck-Torpedorohre: 4 + 1
max. Geschwindigkeit ↗: 17,7 kn
Aktionsradius ↗: 7900 sm
max. Geschwindigkeit ↙: 7,6 kn
max. Fahrstrecke ↙: 130 sm bei 2 kn
Gefechtstauchtiefe: 200 m
mitgeführte Torpedos: 12
(↗: bei Überwasserfahrt
↙: unter Wasser)

Besatzungsstärke
4 Offiziere (Kmdt., 2 WOs, 1 Ing.-Offz.)
4 Portepee-Unteroffiziere (Oberfeldwebel)
10 Unteroffiziere (Obermaate und Maate)
27–34 Mannschaften

Anmerkungen

1 Der Bericht beruht auf jahrzehntelanger in- und ausländischer Recherche des Verfassers und Auswertung von KTBs U 995, Records auf the Strategic Bombing Survey, den Einsatzberichten britischer Nordmeerkonvoi-Gruppen (Reports of Proceedings Excort-Groups), Tagebüchern britischer Flugboote (RAF-Operation Books Squadronw 120, 210/Precis of Attacks by Aircrafts) und Flugstaffeln (Diaries of Coastal Operational Training Unit) sowie auf Auskünfte von Britischem Verteidigungsministerium, Naval Historical Branch, London, RAF Association Central Headquarters, London, und norwegischen Dienststellen (Forsvares Overkommando, Oslo; Sjöforsvarets Forsyningskommando, Mathopen; Undervannsbåtinsinspektsjonen, Haaskonsvern). Neben persönlicher Korrespondenz mit Wing Commanders und Pilot Officers der RAF stützt sich der Aufsatz zudem auf die Erlebnisberichte ehemaliger Besatzungsangehöriger von U 995.

„Kaiser Wilhelm" – der letzte Raddampfer auf der Elbe

Seit Mitte des 19. Jahrhunderts entwickelten sich auf großen Flüssen wie Elbe und Weser Schifffahrtslinien mit regelmäßig verkehrenden Dampfschiffen. Natürlich hat es auch vorher schon „Nahverkehrsmittel" auf den Wasserstraßen Norddeutschlands gegeben, Fähren oder Segelboote – aber Massenverkehr zu den Großstädten Bremen, Hamburg oder auch Dresden war erst mit dem Bau von Personendampfern möglich. Für die Bewohner des Umlands boten, in Zeiten wenig bequemer Landstraßen und noch nicht befriedigend ausgebauter Eisenbahnlinien, die ersten Dampfer die schnellste und wohl auch preiswerteste Beförderungsmöglichkeit in die Stadt.

Ein aus dieser Pionierzeit der Dampfschifffahrt stammendes Fahrzeug ist heute noch in Lauenburg, einem alten schleswig-holsteinischen Handelsstädtchen an der Elbe, zu erleben. Im Fahrplan 2002 ist folgende Kurzbeschreibung zu lesen: „Der *Kaiser Wilhelm* ist weltweit einer der letzten kohlebefeuerten Fahrgastraddampfer im weithin original erhaltenen Zustand. Er ist zudem weltweit das einzige Schiff dieser Bauart mit einer unbezahlten, nur ehrenamtlichen Besatzung." In den Frühjahrs- und Sommermonaten, jeweils an Wochenenden, bietet der Raddampfer regelmäßige Fahrten vom Heimathafen Lauenburg nach Boizenburg und Bleckede (selten: bis Hitzacker) in Mecklenburg-Vorpommern sowie nach Hoopte in Niedersachsen. Passagiere dieses „geschichtlichen Kulturdenkmals" (so der Fahrplan) können auf historischer Fahrtroute die technischen Arbeitsbedingungen eines Dampferbetriebs um 1900 nachvollziehen.

Bereits 1861 hatten die Lauenburger Unternehmer Burmester die Chancen eines Linienverkehrs bis in die Großstadt Hamburg erkannt. Ihr erstes Dampfschiff, die „Lauenburg", wurde

Raddampfer „Kaiser Wilhelm", gebaut 1900, auf einer Elbefahrt 2000

von den Bewohnern der umliegenden Ortschaften gut angenommen, so dass die Gebrüder Burmester ihre „eiserne" Flotte auf bis zu 12 Dampfer ausbauten. Als um die Jahrhundertwende der Fahrgast- und Güterbetrieb wegen immer besser ausgebauter Schienenverbindungen nachließ, bot ein langsam aufkommender Tourismus auf der Elbe einen gewissen Ausgleich. Bis zum 2. Weltkrieg fand die Burmester-Linie Interesse, erst danach übernahmen Eisenbahn und Omnibus den Berufsverkehr. Der letzte Lauenburger Personendampfer „Hugo Basedow", 1925 gebaut und mit einer Länge von 59 Metern und Platz für 1426 Personen ein stattliches Elbeschiff, stellte erst 1961 seine Fahrten ein. Die „Hugo Basedow" ist im Lauenburger Elbschifffahrtsmuseum noch als schönes Modell zu bewundern.

Die heute noch betriebene „Kaiser Wilhelm" war ursprünglich kein Elbdampfer, sondern wurde im Jahre 1900 auf einer Werft in Dresden-Neustadt für Fahrten auf der Weser gebaut. Eingesetzt wurde der Raddampfer für die Oberweserschifffahrt F.W. Meyer in Hameln auf der Strecke Hameln–Hannoversch Münden. Nach dem letzten Diensttag des Schiffes am 26. 9. 1970 ging es per Kauf an den „Verein zur Förderung des Lauenburger Elbschifffahrtsmuseums e.V.", wurde über den Mittellandkanal zur Elbe gebracht und traf am 25. 10. 1970 in Lauenburg ein. In den folgenden Jahren restaurierten Mitglieder des Vereins in Tausenden von unbezahlten Arbeitsstunden den Schiffsveteranen im Sinne moderner Denkmalpflege und setzten ihn in perfektem technischen Zustand. Nicht nur die Instandsetzung und aufwendige laufende Unterhaltung, auch der authentische Betrieb des Schiffes auf der Elbe wird in Lauenburg als ehrenamtliches Projekt gesehen. Mit dem Kauf einer Fahrkarte (zu moderaten Preisen) trägt jeder Passagier zur Betreuung des nun über 100 Jahre alten Raddampfers bei.

Als Abmessungen werden für das Schiff angegeben: Länge ü. A. 57,20 m, Breite auf Spanten 4,48 m, über die Radkästen 8,38 m, Tiefgang max. 0,95 m, zugelassen für 350 Personen. Naheliegenderweise ist auch die eingebaute Dampfmaschine ein technisches Denkmal: eine liegende Zweifachexpansionsmaschine zu 168 PS, erbaut 1900. Aus dem Jahr 1954 stammt der Kessel, ein Zweiflammrohrkessel mit 12 atü Druck der Firma Engelke/Hannover. Zur Geschichte der Schiffsantriebe präsentiert das Lauenburger Elbschifffahrtsmuseum in einem speziellen Ausstellungsbereich alle wesentlichen Maschinentypen, insbesondere die älteste noch erhaltene „oszillierende Dampfmaschine" aus einem Elbdampfer von 1858 (Raddampfer „Kaiser Franz Josef") sowie eine „schrägliegende Dampfmaschine" von 1908 der Dresdener Maschinenfabrik und Schiffswerft AG in Übigau aus dem ehemaligen Fährdampfer „Bad Schandau I". Zeigt die Ausstellung von Schiffsmotoren historischer Dampfer im Lauenburger Museum Konstruktionsleistung und technische Präzision, so vermittelt ein Blick in den Maschinenraum des Raddampfers „Kaiser Wilhelm" während einer Fahrt auf der Elbe die Urgewalt einer 100 Jahre alten Schiffsdampfmaschine.

Heinrich Mehl

Salondampfer „Alexandra"

Ein Relikt der Flensburger Fördeschifffahrt

Friedrich Mommse Bruhn, 1832 in Gravenstein geboren, unterhielt in Flensburg ein ansehnliches Kaffeegeschäft. Auf einer Geschäftsreise nach Hamburg im Sommer 1865 bestaunte er die neuartigen „Alsterdampfer", die unabhängig von Wind und Wetter mittels einer Dampfmaschine über die Alster dampften. So etwas müsste doch auch in der Fördestadt Flensburg möglich sein, wo die kleinen Ortschaften entlang der Küste nur über unwegsame Landwege mit Pferdekutschen zu erreichen waren. Am 11. September 1865 schloß Fiete Bruhn zusammen mit dem Eisengießer Heinrich Jepsen und dem Kaufmann Wilhelm Frohne einen Vertrag „... behufs Befahrung der flensburger Föhrde" und bestellte bei der Werft „Janssen & Schmilinsky" in Hamburg ein kleines Dampfschiff von 32 BRT und 17 Metern Länge.

Vielerorts stießen die drei Herren auf große Skepsis. Doch in Collund, Ekensund und Gravenstein am Nordufer und in Glücksburg bzw. Sandwig am Südufer der Förde wurde man sich einig. Dort wurden kleine Brücken gebaut, damit ein Linienverkehr möglich wurde. Am 25. April 1866 traf der erste Fördedampfer namens „Seemöve" in Flensburg ein, der 1. Mai gilt als die Geburtsstunde der „Dampfer- Compagnie". Mit Ehrengästen an Bord legte die „Seemöve" morgens um viertel nach sechs zu ihrer ersten Tour ab. Diese geschichtsträchtige Fahrt wurde zu einem großen Erfolg. Auch die Tatsache, dass in Ekensund unter der Last der Gäste und der Blaskapelle der kleine Steg zusammenbrach, tat der Sache keinen Abbruch. Die Flensburger Fördeschifffahrt war geboren. Von nun dampfte Tag für Tag die „Seemöve" über die Flensburger Förde, bereits ein Jahr später kamen zwei neue Dampfer dazu.

Um eine Kapitalerhöhung für weitere Neubauten zu erreichen, wurde am 16. März 1873 die „Flensburg-Ekensunder Dampfschiffsgesellschaft" gegründet. Doch in Sonderburg, an der Flensburger Außenförde gelegen, sahen die Kaufleute mit Argwohn nach Flensburg, hätten sie doch selbst auch auf die Idee kommen können, eine Fahrgastschifffahrt zu betreiben. Energisch gründeten die Insulaner am 28. Mai 1873 die „Sonderburger Dampfschiffahrts-Actien-Gesellschaft". Ein erbitterter Konkurrenzkampf zwischen den Sonderburgern und Flensburgern nahm seinen Lauf. Die Fahrpreise wurden ständig bis unterhalb der Schmerzgrenze unterboten, bis beide Seiten notgedrungen aufeinander zugingen. Nach heftigen Diskussionen wurde man sich im März 1875 einig. Alle Linien wurden gemeinsam betrieben, beide Unternehmen behielten ihre Selbstständigkeit. 22 Jahre später, 1897, fusionierten beide Unternehmen schließlich zur „Flensburg-Ekensunder und Sonderburger Dampfschiffs-Gesellschaft". Von nun an fuhren alle Schiffe mit einem gelb-blau-gelben Schornsteinring.

Erster gemeinsamer Neubau war die frisch in Dienst gestellte „Habicht", die noch weit über ein halbes Jahrhundert lang die Förde befahren sollte. In der Folgezeit stieß nahezu jährlich ein weiteres Schiff zu der Flotte. Es waren größtenteils Neubauten, aber auch Ankäufe, die für ihr neues Fahrgebiet entsprechend umgerüstet wurden. Es waren Passagierdampfer, Frachtdampfer oder Kombidampfer, die auch in der lukrativen Viehfahrt eingesetzt werden konnten.

Im Juni 1908 wurde das neue Flaggschiff der Flotte in Dienst gestellt. Im Gegensatz zu den meist kombinierten Fracht- und Passagierdampfern war dieses ein Salondampfer, ein Passagierdampfer mit einem eleganten Salon auf dem Achterdeck. Und zu einem besonderen Schiff gehörte auch ein besonderer Name. Die Prinzessin Alexandra Viktoria zu Schleswig-Holstein-Glücksburg-Sonderburg war die Namensgeberin. Die „Alexandra" war von Beginn an das beliebteste Schiff auf der Flensburger Förde, und das bis zum heutigen Tag.

Die „Vereinigte" war auf Ihrem Höhepunkt. 1910 gilt als das Glanzjahr der Flensburger Schifffahrt. Die Reederei besaß 24 Schiffe, sie beförderten über 1 Million Fahrgäste und 1,2 Millionen Zentner Stückgut! An schönen Sonntagen gab es bis 50 Abfahrten ab dem Pavillon. Insgesamt erreichte die gesamte Flensburger Handelsflotte mit 117.943 BRT Gesamt-Tonnage den dritten Rang nach Hamburg und Bremen in der deutschen Flottenstatistik. Flensburg hatte in diesem Jahr bereits gut 60.000 Einwohner und war eine wohlhabende kleinbürgerliche Stadt.

Im Juni 1908 wurde das neue Flaggschiff der Fördeflotte geliefert. Die Alexandra war ein gelungener und formschöner Neubau. Sammlung Andreas Westphalen

Die Fracht- und Fahrgastzahlen wuchsen Anfang letzten Jahrhunderts stetig, von 1900 bis 1910 stellte die „Vereinigte" neun Neubauten zuzüglich eines Ankaufs in Dienst. Die Kapazität reichte dennoch nicht aus, und die Geschäftsführung entschloss sich, einen weiteren und vorerst letzten Neubau in Auftrag zu geben. Es sollte wieder ähnlich wie die „Habicht" ein kombinierter Fracht- und Passagierdampfer sein, um einerseits die Sommergäste zu befördern und andererseits auch ausreichend Tonnage für die lukrative Viehfahrt bereit zu halten. Der Auftrag ging erstmalig an die Werft „Jos L. Meyer" in Papenburg an der Ems. Im April 1912 lief die „Albatros" vom Stapel und wurde wenige Wochen später nach erfolgreicher Probefahrt an die „Vereinigte" abgeliefert.

Unverzüglich nahm die „Albatros" ihren Dienst auf der Förde auf. Doch dieses sollte nur von kurzer Dauer sein. Am 28. Juni 1914 ging die Meldung von der Ermordung von Erzherzog Franz-Ferdinand in Sarajevo um die Welt. Niemand ahnte zu diesem Zeitpunkt, dass mit Ausbruch des 1.Weltkrieges die Blütezeit der Fördeschifffahrt schlagartig vorbei sein würde. Am 1. August 1914 kam der Befehl zur Mobilmachung. 20 der 26 Schiffe wurden von der kaiserlichen Marine als Hilfsfahrzeuge eingezogen. Mit den verbliebenen Schiffen wurde ein Notfahrplan aufrecht gehalten. Im Mai 1916 feiert die „Vereinigte" in einem bescheidenen Rahmen ihr 50-jähriges Jubiläum. Zwei Jahre später wurden die Schiffe aus dem Marinedienst entlassen, alle kehrten unversehrt nach Sonderburg und Flensburg heim.

Die gesamte Dampferflotte überstand den 1. Weltkrieg glücklicherweise schadlos, doch der eigentliche Schlag kam erst hinterher. Per Volksabstimmung entschied sich die Bevölkerung im Februar 1920 für eine neue Grenze. Sie verläuft seitdem mitten durch die Flensburger Förde. Das Nordufer wurde dänisch, das Südufer blieb deutsch. Für die „Vereinigte" brach eine völlig neue Zeit an.

So richtig erholte sich die Fördeschifffahrt von diesem Einschnitt nicht. Zudem änderten sich die Zeiten. Der Omnibus machte den Schiffen langsam aber sicher Konkurrenz, gut betuchte Bürger leisteten sich sogar ein eigenes Automobil. Zudem veraltete die Flotte sichtbar. Einige Dampfer hatten bereits ein hal-

Gutschein der Flensburg-Ekensunder und Sonderburger Dampfschifffahrtsgesellschaft von 1920. Sammlung Andreas Westphalen

Die „Alexandra" wurde gerne für Sonderfahrten eingesetzt. Hier posiert ein Schützenverein in den 1920er Jahren. Sammlung Harald Harpke

bes Jahrhundert auf dem Buckel, Rücklagen für Neubauten gab es nicht. Die Weltwirtschaftkrise Anfang der 30er Jahre brachte die Schifffahrt praktisch zum Erliegen. Die Flotte lag beschäftigungslos im Innenhafen auf, weitere Kredite wurden nicht gewährt. Das Ende der „Vereinigten" schien unaufhaltsam.

Gerüchte machten die Runde, dass die Kieler mit dem Flensburger Fahrgebiet liebäugeln. Doch dem kamen drei Flensburger Geschäftsleute um den Prokuristen Waldemar Nissen zuvor. Sie gründeten die „Flensburger Förde Motorschiffahrtsgesellschaft" und bestellten bei der beschäftigungslosen „Flensburger Schiffsbau-Gesellschaft" zwei kleine Neubauten. „Forelle" und „Libelle" sollten die Zwillinge heißen und es waren die ersten Motorschiffe der Fördeflotte. Im Sommer 1934 nahmen sie auf der Linie nach Glücksburg den Betrieb auf, noch in Konkurrenz zur „Vereinigten".

Der eigentliche Generationswechsel kam 1935. Die „Vereinigte" mit ihren hohen Verlusten war nicht mehr zu retten. Flensburger Geschäftsleute sammelten Kapital für eine neue Reederei. Am 1. Juni 1935 wurde die „Förde-Reederei GmbH" gegründet. Sie übernahm von der „Vereinigten" den Pavillon, die eigenen Anlegestellen, sowie die Dampfer „Alexandra", „Albatros" und „Habicht". Die anderen einst so stolzen Dampfer verließen nach und nach den Flensburger Hafen in Richtung Abwrackwerft. Kurze Zeit später wurden die „Forelle" und „Libelle" eingegliedert. 1937 kam der erste Neubau der „Förde Reederei", das Motorschiff „Mürwik".

Mit der Fördeschifffahrt ging es wieder aufwärts. Wurden im Jahr 1932 auf dem absoluten Tiefpunkt nur 1.500 Fahrgäste gezählt, waren es 1938 bereits wieder 800.000. Doch dieser Aufschwung sollte abermals abrupt beendet werden. 1939 brach der zweite Weltkrieg aus. Bereits kurz nach Kriegsbeginn wurden die „Alexandra" und „Mürwik" eingezogen. „Albatros" und „Habicht" wurden weiter in der Viehfahrt beschäftigt, in Flensburg schien der Krieg weit entfernt zu sein. Im Herbst 1943 wurde die „Albatros" dann auch gen Osten beordert. Im Raum Gotenhafen/ Danziger Bucht operierte sie ähnlich wie die „Alexandra" im Auftrag der Kriegsmarine als Taucherschiff und Schleppdampfer. Im Frühjahr 1945 schließlich wurden die Dampfer mit nahezu 790 anderen Schiffen bei der Großoperation „Rettung über See" eingesetzt. Über 2 Millionen Soldaten und Flüchtlinge konnten in den letzten Kriegsmonaten unter unvorstellbaren Bedingungen in den sicheren Westen gebracht werden. Die beiden Flensburger Dampfer erreichten kurz vor Kriegsende ihren alten Heimathafen, vom Schrecken des Krieges gezeichnet.

Alle Schiffe waren nach dem Krieg heimgekehrt, wenn auch arg zerrupft. Die Engländer waren an den alten rostigen Dampfschiffen nicht interessiert, die beiden Zwillinge waren zu klein, nur die moderne „Mürwik" wurde beschlagnahmt. Nur zögerlich kam die Schifffahrt wieder zum Laufen, die Reederei hatte keine Kohlen und die Fahrgäste besaßen kein Geld. Die Flensburger nutzen die Schiffe, um in dem Umland zu hamstern und zu tauschen. Und die Viehfahrt war traditionell die Stütze der Personenschifffahrt.

Nur das deutsche Südufer durfte angelaufen werden, das dänische Nordufer war „Sperrzone". Erst ab dem 1. Mai 1953 fuhren die „Forelle" und „Libelle" wieder das dänische Kollund an, mit großem Erfolg. Es hat sich in Flensburg schnell herumgesprochen, dass jenseits der Grenze die Butter und andere Leckereien wesentlich billiger sind. Die „Butterschifffahrt" war geboren. Doch die Konkurrenz schlief nicht. 1957 stieg die neugegründete „Hansa-Linie" mit einem alten Kohle-Steamer auf dieser Linie ein. Als dann die „Flensburger Personen-Schiffahrt GmbH" gegründet wurde, wurde es eng an der Kollund-Brücke. Die Fahrpreise sanken, Fahrgäste wurden mit einer gratis Tasse Kaffee gelockt, und die Behörden in Kopenhagen und Flensburg mussten regulierend eingreifen.

Dank des Transitverkaufs an Bord boomte die Fördeschifffahrt ab Mitte der 50er Jahre. Doch die Schiffstonnage war begrenzt. Seit dem Untergang der „Habicht" 1957 verfügte die „Förde-Reederei" nur über fünf Schiffe; deren Flaggschiff „Alexandra" hatte schon ein halbes Jahrhundert auf dem Buckel. Die neuen Konkurrenten behalfen sich mit Ankäufen. Kein Zweifel, es mussten Neubauten her.

Die Rendsburger Krögerwerft entwickelte für die Kieler Förde einen völlig neuen Schiffstyp, der auch für die Flensburger Förde genau richtig zu sein schien. Von der Husumer Schiffswerft wurde der erste Nachkriegsneubau für die „Förde-Reederei" geliefert. Am 5. Juli 1959 machte die „Glücksburg" unter großer Anteilnahme der Bevölkerung an der Fördebrücke fest. Jahr für Jahr folgten weitere Neubauten. In den Jahren 1959 bis 1969 erschienen auf der Flensburger Förde neben diversen Ankäufen insgesamt 14 Neubauten für vier Reedereien! Mitte der sechziger Jahre registrierte man über zweieinhalb Millionen Fahrgäste. 16.662.800 Zigaretten, 167.982 Zigarren, 2.765 Liter Spirituosen und 70.000 Kilo Schokolade wurden an Bord verkauft.

Mit der Indienststellung der Neubauten wurde schnell deutlich, dass die Tage der Veteranen gezählt sind. Die „Förde-Reederei" beschäftigte noch drei Kohle-Steamer, die „Alexandra" galt noch immer als das Flaggschiff. Die alten Dampfschiffe waren gegenüber den modernen Motorschiffen unwirtschaftlich und nicht mehr zeitgemäß. Sie benötigten in der Maschine einen Maschinisten und einen Heizer, während auf den Motorschiffen der Kapitän die Maschine von der Brücke aus fuhr. Auch waren die alten Dampfer wesentlich arbeits- und pflegeintensiver als die Neubauten. Und die Ansprüche der Fahrgäste haben sich auch gewandelt. Man mochte nicht mehr auf den zugigen, offenen Decks sitzen, sondern lieber in geschlossenen Salons verweilen.

1969 erloschen auch auf der „Albatros" die Feuer. Zwei Jahre später wurde sie an das förmlich auf der grünen Wiese entstandene „Damp 2000" verkauft. Als maritimes Objekt an Land sollte sie die Hafeneinfahrt zieren. So war auf der Flensburger Förde nur noch ein Dampfschiff unterwegs, die „Alexandra". 1971 musste sie schließlich den Status des Flaggschiffes an die wesentlich größere „Mommark" abgeben. Dafür lenkte der Oldtimer immer mehr Blicke von „Shiplover" auf sich, schließlich war sie mittlerweile das letzte kohlegefeuerte Fahrgastschiff an Deutschlands Küsten. Es ist wohl dem Seniorchef Waldemar Nissen zu verdanken, das sein Lieblingsdampfer noch bis 1975 jeden Sommer für einige Wochen angeheizt wurde.

Nach dem Ausscheiden der „Albatros" war der einst so stolze Salondampfer „Alexandra" nun der letzte Mohikaner auf der Flensburger Förde. In der Hochsaison pendelte er mehrmals täglich auf seiner Stammroute von Flensburg nach Glücksburg. Dazu ka-

Sommerlich Szene an der Glücksburger Brücke mit „Alexandra" und „Albatros" in den 50er Jahren. Sammlung Kay von Eitzen

Jedes Frühjahr muss das Schiff zwecks Bodenrevision an Land. Der genietete Stahlrumpf in Spantenbauweise auf Balkenkiel ist ein schönes Beispiel für die Schiffbaukunst vergangener Tage. Foto: Andreas Westphalen

men noch einige spektakuläre Auftritte, beispielsweise 1972 in poppigen Farben als offizielles Begleitschiff der Segelolympiade in Kiel, oder 1974 bei der Verfilmung des Fontane-Romans „Der Stechlin". Auch die abendlichen Riverboat-Shuffles oder die Jubiläumsfahrten 1973 erfreuten sich größter Beliebtheit. Am 31. August 1975 schließlich dampfte die „Alexandra" ein letztes Mal von Glücksburg nach Flensburg.

Das altersschwache Schiff wurde mit ungewisser Zukunft aufgelegt und verfiel zusehends. 1979 formierten sich engagierte Flensburger zu einer Interessengemeinschaft, aus der später ein Förderverein gegründet wurde. Der Verein verbesserte in Eigenarbeit das optische Erscheinungsbild, doch die Perspektiven für eine grundlegende Instandsetzung waren über Jahre schlecht. 1986 schließlich schenkte die „Förde-Reederei" dem „Förderverein Salondampfer Alexandra" das schwimmende Kulturdenkmal. Eine groß angelegte Arbeits-Beschaffungsmaßnahme auf einer kleinen Werft in Arnis machte mit Unterstützung des Vereins das Schiff wieder fahrbereit. Am 17. Dezember 1988 lief die schon oft totgesagte „Alexandra" unter großer Anteilnahme der Bevölkerung wieder in den Flensburger Hafen ein. Seitdem steht das Museumsschiff, welches 1990 als erstes fahrendes Schiff in Schleswig-

Holstein unter Denkmalschutz gestellt wurde, jeden Sommer an den Wochenenden für Sonder- und Charterfahrten unter Dampf. Der ehrenamtlichen Crew ist es gelungen, Stück für Stück das Schiff wieder zu einem echten Schmuckstück werden zu lassen. Die „Alexandra" genießt auch in der internationalen Dampferszene einen ganz besonderen Ruf: Seit 1993 ist sie Gastgeberin der Flensburger Großveranstaltung „Dampf Rundum": Alle zwei Jahre statten historische Dampf- und Motorschiffe aus Nah und Fern der alten Dame einen Besuch ab.

Kein anderes Schiff verkörpert die Flensburger Fördeschifffahrt so sehr wie die „Alexandra". Dessen waren sich auch einige Flensburger Bürger bewusst. Ihrem langjährigen und zähen Kampf ist es zu verdanken, dass diese technische Rarität weder verschrottet noch verkauft wurde. Als fahrendes Museumsschiff erinnert sie heute an die einst glanzvollen Zeiten der Flensburger Fördeschifffahrt.

Andreas Westphalen

Literatur (Auswahl)

Gert Uwe Detlefsen / Gerhard Moltsen / Alfred Schneider, Vom Dampfboot zum Katamaran.
H. M. Hauschild GmbH, Bremen 2000.

Gerhard Moltsen, Alexandra. Die Geschichte des letzten Flensburger Fördedampfer. Landesarbeitsgemeinschaft Kunst Schleswig-Holstein. Flensburg 1992

Andreas Westphalen, Denkmalpflegerisches Gutachten zum Salondampfer Alexandra. Landesamt für Denkmalpflege Schleswig-Holstein, 2000.

Technische Daten:

Schiffsname:	Alexandra
Heimathafen:	Flensburg
Auftraggeber:	Vereinigte Flensburg-Ekensunder und Sonderburger Dampfschiffsgesellschaft, Flensburg
Bauwerft:	Schiffswerft und Maschinenfabrik (vormals Janssen & Schmilinsky) AG, Hamburg
Baunummer:	495
Baujahr:	1908
Vermessung:	140 BRT
Länge über alles:	36,96 m
Größte Breite:	7,12 m
Tiefgang:	2,90 m
Kessel:	kohlegefeuerter Zwei-Flammrohrkessel
Maschine:	Zweizylinder-Verbund Dampfmaschine
Leistung:	420 PSi
Geschwindigkeit:	12 kn
Fahrgastzahl:	589, heute 116
Eigentümer:	Förderverein Salondampfer ALEXANDRA e. V., Flensburg.

Weitere Infos unter www.dampfer-alexandra.de

Schiffsmodelle in schleswig-holsteinischen Kirchen

Schiffsmodelle in Kirchen sind in fast allen europäischen Küstenländern zu finden, besonders oft jedoch in Skandinavien. Allein in Dänemark soll es mehr als 1000 Modelle geben, in Schweden rund 250, in Norwegen mindestens 100[1]. In Schleswig-Holstein ist ihre Anzahl deutlich geringer. Immerhin sind 65 Schiffe in Kirchengebäuden nachgewiesen[2], von denen allerdings eine ganze Reihe nicht mehr existiert. Einige wurden schlecht oder gar nicht gepflegt und sind im Lauf der Zeit durch Staub, Wurmfraß usw. zerstört worden. Andere wurden gestohlen, sind auf unbekannte Weise verschwunden oder haben den Zweiten Weltkrieg[3] nicht überstanden, und mindestens fünf Modelle befinden sich heute in Museen[4]. Zur Zeit dürften schätzungsweise 35 bis 40 Schiffe in schleswig-holsteinischen Kirchen vorhanden sein. Die meisten von ihnen sind im 18. und 19. Jahrhundert entstanden, wobei jedoch das älteste Modell, in Landkirchen auf Fehmarn, bereits aus dem Jahr 1617 stammt[5]. Das – soweit ich weiß – jüngste wurde 1984 angefertigt und im selben Jahr dem Dom in Schleswig geschenkt[6].

Ganz überwiegend handelt es sich um Segelschiffe mit einem hölzernen Rumpf, teils mit gesetzten oder angeschlagenen Segeln, zum Teil aber auch ohne Segel.

Blick in die Kirche Arnis. Vorn das Schiffsmodell „Privilegia" hinten Modell unbekannten Namens. Foto: Stiftung Schleswig-Holsteinische Landesmuseen Schloß Gottorf

Das „Lübecker Adler" genannte Modell von 1617 in Landkirchen/Fehmarn. Es gibt weltweit nur wenige Schiffe in Kirchen, die älter sind. Foto: Teuchert 1974, wie Anm. 5, S. 175

Die Länge der Modelle reicht von einem knappen halben Meter bis zu zweieinhalb Metern. Viele sind mit Galionsfiguren, Verzierungen vor allem am Heck, Flaggen und Wimpeln geschmückt sowie mit bis ins Detail ausgearbeiteten Ankern, Beibooten und – oft viel zu großen – Kanonen versehen. In einigen Fällen wurden die Modelle außerdem mit kleinen Seemannsfiguren, Laternen, Jakobsleitern und Fendern ausgestattet. Am Heck, an den Seiten des Unterschiffs und am Kiel sind oft die Namen der Auftraggeber bzw. Erbauer und die Jahreszahlen von Bau, Schenkung oder Reparaturen genannt. Manchmal sind auch längere Sinnsprüche und Segenswünsche zu finden, und zum Teil liegen Schenkungsurkunden oder andere Schiffspapiere mit Angaben über Stifter, Modellbauer, Restaurierungen und andere Einzelheiten vor. Ein wenig ungewöhnlich ist es, dass lange nicht alle der jetzt bekannten Schiffe einen Namen tragen. Einige haben tatsächlich keinen bekommen, in anderen Fällen wurde er aber vielleicht bei Reparaturen übermalt und dann im Lauf der Zeit vergessen[7].

Bis weit ins 19. Jahrhundert hinein wurden die Schiffsmodelle, meistens mit dem Bug zum Altar gerichtet, gut sichtbar in der Kirche aufgehängt. Seitdem sind einige auch an Seitenwänden oder in Nischen untergebracht worden, in neuerer Zeit gelegentlich sogar in Vitrinen, um sie besser schützen zu können. Gemeinsam ist den meisten Modellen, dass sie nicht maßstabsgetreu sind. Weil sie von der Decke des Kirchengebäudes herabhängen und von den meisten Plätzen aus von unten gesehen werden, haben ihre Erbauer einen Trick angewandt: Dem Rumpf gaben sie, im Vergleich zu realistischen Abmessungen, eine verkleinerte und abgeflachte Form, der Takelage dagegen eine großdimensionierte, überhöhte Konstruktion. So erzielten sie einen einigermaßen stimmigen Gesamteindruck. Diese „optische" Bauweise wurde seit dem 19. Jahrhundert allmählich aufgegeben, was sicher auch damit zusammenhing, dass die Schiffsmodelle nicht mehr unbedingt an Ketten oder Stangen von der Decke herab im Kirchenraum schwebten. Da manche von ihnen nun an anderen Stellen in der Kirche platziert wurden, etwa auf Augenhöhe des Betrachters oder unterhalb davon, erhielten sie dem Perspektivenwechsel entsprechend vermehrt Proportionen, die der Realität stärker angenähert waren[8].

Das heißt jedoch nicht, dass die Modelle die realen Verhältnisse ganz genau im Kleinen abbildeten oder überhaupt ein ausdrücklich genanntes Vorbild hatten. Zwar gibt es einige, die an ein bestimmtes Schiff erinnern sollen, beispielsweise die Nachbildung der „Pamir" in der Lübecker Jakobikirche, die kurz nach dem tragischen Untergang des Handels- und Segelschulschiffs im Jahr 1957 von einem Kapitän und ehemaligen Besatzungsmitglied angefertigt und später der Kirche geschenkt wurde. Aber viele Modelle orientieren sich doch nur locker an den originalen Schiffstypen und sind eher als idealisierte „Traumschiffe"[9] zu betrachten, selbst wenn sie in Bauweise und Ausrüstung verschiedene Merkmale besitzen, die als charakteristisch für die tatsächlichen Verhältnisse im Schifffahrtswesen ihrer Entstehungszeit angesehen werden können. Gut zu erkennen ist der Wandel von Typ und Gestalt der Modelle, der mit Veränderungen des Publikumsgeschmacks einhergegangen sein dürfte. Im 17. und 18. Jahrhundert waren vor allem repräsentative Kriegsschiffe beliebt: Dreimaster mit starker Bewaffnung, reichhaltigen Verzierungen und kräftiger Farbgebung. Im 19. Jahrhundert folgten dann vermehrt Modelle aus der Handels- und Frachtschifffahrt, noch immer Segler und farbenfroh verziert und bemalt, aber weniger stark armiert. Nach 1850 machte sich hin und wieder auch bei den Modellen der langsame Übergang von der Segel- zur Dampfschifffahrt bemerkbar. So besitzen die Kirchen in Kropp und Arnis zwei Schiffe, bei denen es sich, auch wenn sie als Fregatten getakelt sind, um Schraubendampfer handelt, die damals aktuellen Typen nachgebildet wurden. Bei den wenigen Schiffsmodellen, die im 20. Jahrhundert in schleswig-holsteinische Kirchen gekommen sind, ist schließlich eine Vorliebe für Historisierendes festzustellen[10]. Das bereits erwähnte Schiff von 1984 im Schleswiger Dom zum Beispiel ist die Nachbildung eines Kauffahrteiseglers aus der Zeit um 1660. Zu den Modellen, die ebenfalls ältere Epochen der Schifffahrt aufgreifen, gehören außerdem ein Walfangschiff in der Kirche auf Langeneß von 1928 und eine Schmack, ein kleinerer, früher besonders für Fahrten im Wattenmeer genutzter Schiffstyp, in der Johanniskirche in Niebüll auf Föhr von 1979[11]. Einem moderneren, im frühen 20. Jahrhundert aktuellen Typus entspricht dagegen die Nachbildung eines Fischkutters, der der Andreaskirche in Lübeck-Schlutup 1936 zu ihrem fünfhundertjährigen Jubiläum geschenkt wurde[12].

Es gibt keinen Hinweis darauf, dass die Kirchen selbst Schiffsmodelle in Auftrag gegeben oder aus eigenem Antrieb erworben haben. Alle Schiffe sind

Die „Pamir" in der Jakobikirche in Lübeck. Foto: Pods 1988, wie Anm. 6, S. 73

„D Vrou Cornelia" von 1928 in der Kirche auf Langeneß stellt einen Walfänger dar. Eine Besonderheit sind die Blöcke: Sie sind aus Bernstein geschnitzt. Foto: Pods 1988, wie Anm. 6, S. 71

Das Modell des Fischkutters „Schlu 2" schenkten mehrere Fischer aus Schlutup ihrer Kirche im Jahr 1936. Foto: Pods 1988, wie Anm. 6, S. 107

Schifffahrt. Es waren Kapitäne, Steuermänner, einfache Seeleute, Lotsen, Segelmacher, Schiffszimmerer, Binnenschiffer, Fischer, Schiff- und Bootsbauer, Reeder und im Seehandel tätige Kaufleute. Einzelne Schiffe wurden auch von einer Gruppe von Seeleuten oder Fischern, zum Beispiel einer Schiffer- oder Fischergilde, gestiftet[13]. Über die Gründe, die zu einer Schiffsschenkung führten, ist mitunter sehr missverständlich spekuliert worden. Weil die Modelle in Kirchen angebracht wurden, hielt mancher sie wie die Votivtafeln und -bilder in katholischen Gotteshäusern für Bitt- oder Dankgaben, die etwa zum Schutz vor Unglück oder nach der Rettung aus einer persönlichen Notsituation gestiftet worden waren. Sie wurden deshalb oft Votivschiffe genannt. Für die ältesten schriftlich belegten Modelle, Schiffchen aus Wachs und Silber in Hildesheim, über die in kirchlichen Quellen des 12. Jahrhunderts berichtet wird, und für ganz wenige Ausnahmen aus späterer Zeit traf die Bezeichnung zu[14]. Für Schleswig-Holstein lässt sich dieser Zusammenhang aber in keinem einzigen Fall konkret nachweisen, weshalb hier besser nicht die Rede von Votivschiffen sein sollte. Die „Urania" zum Beispiel soll der Überlieferung nach zwar im Jahr 1719 der Kirche in Großsolt von dem Schiffer Hans Dethlefsen angeblich deshalb geschenkt worden sein, weil er einige Zeit zuvor in Seenot gelobt hatte, seiner Heimatkirche ein Schiffsmodell zu stiften, wenn er gerettet werden würde[15]. Bis auf die Tatsache, dass er das Schiff schenkte, scheint die Geschichte aber eine Erfindung zu sein, denn es gibt keinen nachprüfbaren Beleg dafür.

Wie hartnäckig an dem Votivgedanken festgehalten wird, selbst wenn nichts über den Stiftungsvorgang bekannt ist, zeigt unter anderem das Beispiel des Kriegsschiffmodells „David" in der Eckernförder St.-Nicolai-Kirche. Wie so viele andere Schiffsmodelle auch, wird der Dreimaster in Presseartikeln, anderen Veröffentlichungen und im Volksmund bis heute als Votivschiff bezeichnet, obwohl keinerlei Nachrichten zu den Gründen der Schenkung vorliegen. Am Heck des Schiffes sind immerhin die Jahreszahl 1842 und die Namen von sechs Personen angegeben. Aber es ist nicht klar, ob diese Leute die Erbauer oder die Stifter des Modells waren oder vielleicht sogar beides. Und ob mit der Jahresangabe das Baujahr des Modells

Schenkungen, wobei die Stifter nicht unbedingt auch den Bau übernahmen, sondern oft andere, sachkundige Personen damit beauftragten. Die allermeisten Beteiligten standen aber in enger Verbindung mit der

Die „Urania" stammt ursprünglich aus der Kirche in Großsolt. Das Modell kam 1891 ins Städtische Museum Flensburg und ist heute im dortigen Schiffahrtsmuseum ausgestellt. Die Kirche erhielt eine Kopie. Foto: H. Mehl 2002

oder das Jahr der Stiftung gemeint ist, steht ebenfalls nicht mit Sicherheit fest. Die „David" lässt viele Fragen offen, und nichts deutet darauf hin, dass sie eine Votivgabe gewesen ist.

Gelegentlich waren persönliche Religiosität und Dankbarkeit gegenüber der Kirche Gründe für eine Schenkung, teilweise wurde auch die Bitte um göttlichen Beistand für die Seefahrt im allgemeinen damit verbunden[16]. Häufig sind die Schiffe aber nur als Ausdruck einer gewissen äußerlichen Verbundenheit mit der Kirche gestiftet worden, oder sie sollten an bestimmte Personen und Ereignisse erinnern. So schenkte zum Beispiel ein Ehepaar aus Burg/Dithmarschen 1922 der dortigen Petrikirche ein Dreimastschonermodell. Sicher hat dabei die persönliche Verbindung zur Kirche eine gewisse Rolle gespielt, aber die beiden Stifter wollten in der Hauptsache das Andenken an die örtliche Schiffergilde bewahren[17]. Ein persönliches Geschenk war dagegen das Handelsschiffsmodell „Der milde Herbst" in der Büsumer Clemenskirche.

Im Jahr 1807 wurde es einem Pastor von seiner Gemeinde auf Föhr zum Abschied überreicht, als er in sein neues Amt nach Büsum wechselte. Er nahm es mit und ließ es in der Clemenskirche anbringen[18]. Andere Schiffsmodelle hatten eine reine Schmuckfunktion. So wurde zum Beispiel 1749 von Nordmarsch berichtet, dass dort „unter dem Boden der Kirche ... 2 Grönländische Schiffe und ein Orlogschiff", also zwei Walfänger und ein Kriegsschiff hingen, „welche zum Zierrathe dahin verehret worden"[19] waren. Einen religiösen Hintergrund hat es hier also nicht gegeben. Abgesehen von ihrer Bedeutung als Kirchenschmuck, waren die meisten Modelle jedoch sogenannte Standesgaben, die in erster Linie der Repräsentation der Stifter dienten[20]. Die Mitglieder der Schiffergilde in Friedrichstadt zum Beispiel kannten in dieser Beziehung keinerlei Zurückhaltung und gaben der Rahschaluppe, die sie der dortigen Evangelischen Kirche schenkten, zwar keinen Namen, aber voller Selbstbewusstsein die Inschrift: „Der löblichen Schifferzunft zur Ehre und dieser Kirche

bende Barkschiff war hier ihre Hausmarke"[21]. Das Schiffsmodell in der Kirche hatte nach Storm, wie in Friedrichstadt und anderen Orten, also eindeutig eine hinweisende, repräsentative Funktion als Markenzeichen einer Berufsgruppe und wurde nicht als Ausdruck einer besonders ausgeprägten religiösen Haltung verstanden.

Wie sehr es mitunter in der Öffentlichkeit, und dazu gehörte selbstverständlich auch der kirchliche Raum, um einen effektvollen Auftritt ging, lässt sich einem Bericht über eine Schiffsschenkung in Delve in Dithmarschen entnehmen[22]. Der Marienkirche in diesem an der Eider gelegenen Dorf wurde am 23. Januar 1877 das Modell einer Bark mit dem Namen „Emanuel" von der örtlichen Schiffergilde geschenkt, und die Verantwortlichen gestalteten die Übergabe als einen Festtag für die gesamte Einwohnerschaft. Nachdem sich alle Gildemitglieder am frühen Nachmittag im Gildehaus, einer Gastwirtschaft, getroffen und das dort ausgestellte Modell besichtigt hatten, wurde eine Schenkungsurkunde verfasst und dem Schiff beigelegt. Anschließend folgte eine Ansprache des Ältermanns der Gilde und eine Geldsammlung zur Rettung Schiffbrüchiger. Kurz darauf, so heißt es in dem Bericht, „setzte sich der Zug vom Gildehause aus nach der Kirche in Bewe-

Das Schiffsmodell in der Evangelischen Kirche in Friedrichstadt ist ein besonders deutliches Beispiel dafür, dass nicht Frömmigkeit, sondern meistens Standesbewusstsein der wichtigste Grund für eine Schiffsschenkung war. Foto: Pods 1988, wie Anm. 6, S. 39

zur Zierde Anno 1738". Ungeniert nannten sich die Friedrichstädter Schiffer an erster Stelle, und nicht einmal zu dem sonst üblichen, oft wohl etwas formelhaft verwendeten Schenkungsspruch „Gott zur Ehre ..." konnten sie sich durchringen. Dass die Schiffer auch andernorts selbstbewusst waren und ihren Platz in der Kirche auffällig markierten, hat Theodor Storm in seiner Novelle „Hans und Heinz Kirch" beschrieben, deren Handlungsort Heiligenhafen ist. „Auf dem Chor der ... Kirche", schrieb Storm, „befand sich der geräumige Schifferstuhl, ... durch das an der Decke schwebende Modell eines Barkschiffes in vollem Takelwerke kenntlich. Auf diesen Raum hatte jeder Bürger ein Recht, welcher das Steuermannsexamen gemacht hatte und ein eigenes Schiff besaß; aber auch die schon in die Kaufmannschaft Übergetretenen, die ersten Reeder der Stadt, hielten, während unten in der Kirche ihre Frauen saßen, hier oben unter den andern Kapitänen ihren Gottesdienst; denn sie waren noch immer und vor allem meerbefahrene Leute, und das kleine schwe-

Die „Emanuel" in der Marienkirche in Delve. Die Schenkungsurkunde bestimmt, dass das Schiff „als ewiges Andenken" an die Stifter für alle Zeit in der Kirche bleiben soll. Foto: Pods 1988, wie Anm. 6, S. 28/29

gung. Voran Musikanten, dann das Schiff, getragen von den Steuerleuten P. Plähn und Cl. Hinrichs, und dann die versammelten Gildebrüder mit ihren Frauen. Ein ganz imposanter Zug im reichen Flaggenschmuck, begleitet von vielen Einwohnern des Kirchspiels. Vor der Kirchhofspforte angekommen, schwieg die Musik und der Zug ging still zur Kirche, wo der Herr Pastor Andrée die Versammelten im Ornat empfing. Nachdem dann das Schiff an einer mit zwei vergoldeten Knaufen verzierten eisernen Stange unter dem Boden der Kirche aufgehängt war, hielt Herr Pastor Andrée eine ergreifende Predigt über Psalm 107 v. 23 bis 32. Nach Schluss der Predigt sangen die Anwesenden den Choral ‚Nun danket alle Gott' und verließen hierauf die Kirche. Außerhalb der Kirchhofsmauer ordnete sich der Zug wieder und unter Voraufgang der Musiker gings unter klingendem Spiel zurück nach dem Gildehause, wo die ganze Feierlichkeit mit einem Ball beschlossen wurde"[23]. Das war eine Demonstration: Die Schiffergilde präsentierte sich als geschlossene Gruppe, bewies Initiativkraft, Standes- und Selbstbewusstsein, aber auch kirchliche Verbundenheit und Gemeinsinn. Außerdem zeigte sie durch ihr großzügiges, mit einigen Kosten verbundenes Geschenk, dass sie sich etwas leisten konnte. Das Schiffsmodell, das nun die Kirche in Delve schmückte, sollte all dies symbolisieren und ein unübersehbares Zeichen für die große gesellschaftliche Bedeutung sein, die die Schiffergilde im Kirchspiel und in der Umgebung tatsächlich oder zumindest ihrer eigenen Einschätzung nach besaß.

Am Delver Beispiel fällt auf, dass die Schiffer die genannte Gastwirtschaft nicht als geeigneten Ort für ein Schiffsmodell wie die „Emanuel" ansahen, obwohl sie ihr zentrales Gildehaus war und daher durchaus als Standort für ein solch schmückendes Standes- und Berufssymbol in Frage kam. Sie zogen jedoch die Kirche vor, und das vermutlich aus mehreren Gründen. Erstens setzte die Gilde mit der Schenkung eine Tradition fort, denn es hing dort bereits ein älteres Modell, und außerdem wussten die Beteiligten ganz bestimmt, dass es auch in anderen Kirchen Schleswig-Holsteins Schiffsmodelle gab. Zweitens war das Schiff hier auf Dauer ge-

Das Schiffsmodell der „Einigkeit" in der Kirche zu Landkirchen auf Fehmarn. Foto: Stiftung Schleswig-Holsteinische Landesmuseen Schloß Gottorf

schützter untergebracht als in einer Gastwirtschaft, wo es gelegentlich doch hoch hergehen konnte. Drittens wurden einerseits die Kirche als besonders wichtige Einrichtung im Dorf und andererseits der Pastor als geistlicher Beistand und einer der höchsten lokalen Würdenträger mit einbezogen. Viertens waren die Kirchengebäude, wenigstens in den ländlichen Gegenden, die einzigen öffentlichen Repräsentativbauten[24], die einen standesgemäßen Rahmen für Prestigeobjekte wie die Schiffsmodelle lieferten. Und fünftens bot die Kirche den Vorteil, dass hier die meisten Einwohner der näheren Umgebung regelmäßig zusammenkamen, so dass dem Modell, und damit der Schiffergilde, die öffentliche Aufmerksamkeit auf längere Zeit sicher war. Darüber hinaus waren die Kirchen gerade auf dem Land nicht nur religiöse Zentren, sondern auch weltlich genutzte Treffpunkte, die der allgemeinen Kommunikation, aber auch zur Besprechung politischer und geschäftlicher Anliegen dienten. Die Kirche stand sozusagen mitten im Leben und war der ideale Ort zur Selbstdarstellung, was einzelne Persönlichkeiten und Gruppen der Bevölkerung immer wieder nutzten, um ein Zeichen der eigenen Bedeutsamkeit zu setzen. Das Beispiel aus Delve war bei weitem kein Einzelfall, sondern hatte Vorläufer und Parallelen in anderen Ortschaften. Auf Fehmarn zum Beispiel, wo viele Menschen von Schifffahrt und Fischerei lebten, war das Gotteshaus in Landkirchen Tagungsort der Landschaftsversammlung, weshalb es „bemerkenswert und sicher auch charakteristisch" ist, wie Wolfgang Rudolph, einer der besten Kenner der maritimen Volkskultur, feststellte, „dass das älteste Kirchen-Schiffsmodell der südlichen Ostseeküstenregion just aus diesem Inseldorf stammt"[25]. In den Städten gab es im Vergleich zu den ländlichen Gebieten dagegen mehr Möglichkeiten, ein Schiffsmodell standesgemäß zu präsentieren, beispielsweise in Rathäusern und in den zum Teil prunkvollen Versammlungsräumen der einflussreichen bürgerlichen Schiffergilden[26]. Aber auch hier gehörten die Kirchen zu den bevorzugten Stiftungsorten, weil sie die gewünschte öffentliche Beachtung der Schiffsmodelle garantierten. Im übrigen fügten sich die Modelle grundsätzlich sehr gut in die christliche Symbolik ein, denn die Kirche verwendete für sich selbst oft genug das Bild vom Schiff, das die Gemeinde sicher über das gefahrvolle Meer des Lebens mit all seinen Untiefen trägt.

Die Frage, warum sich gerade viele Schiffergilden so auffällig in Kirchen präsentierten, lässt sich wohl nur mit ihrem starken Selbstbewusstsein erklären. Andere Berufsverbände, zum Beispiel von Handwerkern, besaßen bei Gottesdienst, Heirat, Taufe usw. ebenfalls ihre bestimmten Plätze in der Kirche, aber nicht so überdeutlich sichtbare Zeichen ihrer Präsenz. Die Schiffer und Seehandel betreibenden Kaufleute hatten höhere Ansprüche und wollten sich anscheinend stärker abgrenzen. Sie kamen oft zu Wohlstand und hielten sich ihre geographisch weit reichenden Geschäftsbeziehungen sowie ihre „Welterfahrenheit", die sie durch die Seefahrt gewonnen hatten, besonders zugute. In vielen Orten an der Küste und an größeren Flüssen gehörten sie zu den tonangebenden Kreisen der Bevölkerung, wenigstens bis zum Aufkommen neuer Verkehrs- und Transportmittel wie der Eisenbahn, zum Teil aber auch noch lange darüber hinaus. So war es aus ihrer Sicht naheliegend, die eigene herausragende gesellschaftliche Stellung auf symbolischer Ebene zu unterstreichen. Die Schiffsmodelle sollten die führende Position signalisieren und dienten als prägnante Zei-

Die vermutlich aus der Zeit um 1700 stammende „Ansul Arnis", eines der wenigen Modelle, das ohne Veränderungen durch Restaurierung, Reparatur usw. im Originalzustand erhalten ist. Das Schiff war ein Geschenk an die Kirche in Arnis und befindet sich heute auf Schloss Gottorf. Foto: Stiftung Schleswig-Holsteinische Landesmuseen Schloß Gottorf

chen zugleich der ständigen Visualisierung der eigenen Gruppenidentität und damit zu ihrer Festigung. Für die Stiftung der Modelle spielten wirtschaftliche Blütezeiten im Seeverkehr und Seehandel sicher eine wichtige Rolle[27], zumindest gibt es einige Hinweise darauf, dass den Kirchen in Hochkonjunkturen vermehrt Schiffe geschenkt wurden. Aber auch der Niedergang einzelner Schiffergilden und der Segelschifffahrt insgesamt hat, wie etwa bei dem erwähnten Beispiel in Burg/Dithmarschen, zu Schiffsschenkungen geführt – nicht mehr als Ausdruck von gesellschaftlichem Einfluss und gruppengebundenem Selbstbewusstsein, so doch als Zeichen der Erinnerung an die „großen Zeiten".

Nils Hansen

Anmerkungen

Michael Hartmut, Weddingstedt, und Kim Koltermann, Friedrichstadt, danke ich herzlich für einige Hinweise.

1 Siehe Wolfgang Steusloff, Votivschiffe. Schiffsmodelle in Kirchen zwischen Wismarbucht und Oderhaff. 2. Aufl. Rostock 1990. S. 9.
2 Konkrete Zahlen liegen außerdem vor für Finnland (86 Modelle), die Niederlande (66) und die Küste zwischen Wismarbucht und Oderhaff (70). Siehe Steusloff 1990, wie Anm. 1. S. 9.
3 Zum Beispiel wurden vier Kirchen-Schiffsmodelle allein auf Helgoland durch die Bombardierung der Insel zerstört, zwei weitere gingen während des Krieges der Kirche in Kiel-Elmschenhagen verloren. Siehe Benno Eide Siebs/Erich Wohlenberg, Helgoland und die Helgoländer. Kiel 1953. S. 224/225 (mit Abb.) und Karl-Behrnd Hasselmann (Hg.), Kirche in Kiel. 750 Jahre Kiel - 750 Jahre St. Nikolai. Neumünster 1991. S. 58.
4 Im Schiffahrtsmuseum Flensburg: die angeblich aus einer Kirche im Herzogtum Schleswig stammende Schnau „Agata" (von 1841), der Dreimaster „Urania" (1719) aus der Kirche in Großsolt und eine unbenannte Bark (ca. 1850) aus Karlum; im Landesmuseum Schloss Gottorf die „Ansul Arnis" (vermutlich um 1700) aus Arnis; im Holstentor-Museum in Lübeck die Pinasse „De jonge Johann" (1712) aus der Kirche in Schlutup.
5 Siehe dazu Werner Jaeger, Eine Nofretete unter den Schiffsmodellen. Bericht über die Entdeckung eines bislang unbekannten Schiffsmodelles aus dem Jahre 1617. In: Deutsches Schiffahrtsarchiv, 2 (1978). S. 47–60 und Wolfgang Teuchert, Vorbericht zur Restaurierung und Geschichte des Votivschiffes von 1617 aus Landkirchen auf Fehmarn. In: Nordelbingen, 43 (1974). S. 163–179. Als die ältesten erhaltenen Modelle überhaupt gelten eine aus der ersten Hälfte des 15. Jahrhunderts stammende Kogge oder Hulk in der Stiftskirche Chemnitz-Ebersdorf und eine Nao aus Katalonien von ca. 1450, die sich im Maritiem Museum Prins Hendrik in Rotterdam befindet. Siehe Henning Henningsen, Schiffsmodelle in Kirchen in Nord- und Südschleswig. In: Nordelbingen, 33 (1964). S. 45–76, hier S. 45 und Steusloff 1990, wie Anm. 1. S. 174 ff.
6 Siehe Anngret Pods, „Votivschiffe" im Königreich Dänemark und in den ehemaligen Herzogtümern Schleswig und Holstein. Rendsburg 1988. S. 104/105. Siehe außerdem Anngret Pods Aufsatz „ ... der Kirche zur Zierde". Votivschiffe in Schleswig-Holstein. In: Schleswig-Holstein Kultur-Journal, Nr. 4 (1988). S. 56–61 und Anngret Pods, Votivschiffe. In: Slesvigland, 17 (1996), H. 1. S. 20–31.
7 Zu den Schiffsnamen siehe Henningsen 1964, wie Anm. 5. S. 50. Siehe auch Pods 1988, wie Anm. 6.
8 Zu den Veränderungen siehe Wolfgang Steusloff, Kirchen-Schiffsmodelle im Wandel. In: Deutsches Schiffahrtsarchiv, 23 (2000). S. 489–502.
9 Konrad Köstlin, Schiffsschenkungen in protestantischen Kirchen. Von ständischer Repräsentation zum Symbol lokaler Identität. In: Deutsches Schiffahrtsarchiv, 11 (1988). S. 291–302, hier S. 298.
10 Vgl. Steusloff 2000, wie Anm. 8. S. 492/493.
11 Siehe Pods 1988, wie Anm. 6. S. 70/71 u. 82/83.
12 Siehe Pods 1988, wie Anm. 6. S. 106/107.
13 Siehe Henningsen 1964, wie Anm. 5. S. 54 und Pods 1988, wie Anm. 6. S. 10.
14 Siehe Hans Szymanski, Schiffsmodelle in niedersächsischen Kirchen. Göttingen 1966. S. 3–12.
15 Siehe Pods 1988, wie Anm. 6. S. 46.
16 Zum Beispiel bei der „Einigkeit" in Landkirchen/Fehmarn. Siehe Pods 1988, wie Anm. 6. S. 68.
17 Für Auskünfte danke ich vielmals dem Kirchenbüro in Burg/Dithmarschen.
18 Siehe Pods 1988, wie Anm. 6. S. 24 und Rainer Thun, Die St.-Clemens-Kirche zu Büsum. 2. Aufl. Heide 1984. S. 61.
19 Lorenz Lorenzen, Genaue Beschreibung der wunderbaren Insel Nordmarsch 1749. Aus der Handschrift neu herausgegeben von Jens Lorenzen. Hamburg 1982 (= Veröffentlichungen des Nordfriisk Instituut, Nr. 62). S. 92.
20 Siehe dazu Henningsen 1964, wie Anm. 5. S. 56.
21 Theodor Storm, Hans und Heinz Kirch und andere Novellen. 7. Aufl. Frankfurt/M. 1998 (= Gesammelte Werke in sechs Bänden, Bd. 5). S. 8.
22 Siehe Konrad Köstlin, Eine Schiffsschenkung in Delve 1877. Zum Begriff „Votivschiff". In: Kieler Blätter zur Volkskunde, I (1969). S. 67–83.
23 Dithmarscher Landesarchiv, o.S.: Gildebuch der Delver Schiffergilde, jetzt im Schleswig-Holsteinischen Landesarchiv in Schleswig. Feierliche Umzüge bei Schiffsschenkungen fanden auch in anderen Ortschaften, wie z.B. Petersdorf, Bannesdorf und Landkirchen auf Fehmarn sowie auf Helgoland, statt. Weitere Beispiele bei Henningsen 1964, wie Anm. 5. S. 60.
24 Siehe Wolfgang Rudolph, Das Schiff als Zeichen. Bürgerliche Selbstdarstellung in Hafenorten. Hamburg/Leipzig 1987 (= Schriften des Deutschen Schiffahrtsmuseums, Bd. 24). S. 81.
25 Rudolph 1987, wie Anm. 24. S. 81.
26 Siehe Steusloff 2000, wie Anm. 8. S. 489. Die Räume der Lübecker Schiffergesellschaft bieten ein gutes Beispiel dafür. Siehe Rüdiger Pfaff, Gelage, Kajak, Schiffsmodelle: Die Ausstattung des Hauses der Schiffergesellschaft. In: Rolf Hammel-Kiesow (Hg.), Seefahrt, Schiff und Schifferbrüder. 600 Jahre Schiffergesellschaft zu Lübeck. 1401–2001. Lübeck 2001. S. 181–184 und Franz Schulze, Alte Schiffsmodelle aus dem Hause der Schiffergesellschaft in Lübeck. Lübeck 1940 (Neudruck der Ausgabe Lübeck 1912).
27 Siehe Köstlin 1969, wie Anm. 22 und Köstlin 1988, wie Anm. 9.

Galionsfiguren

Galionsfiguren findet man in nahezu allen kulturgeschichtlichen Museen Schleswig-Holsteins, sofern deren Sammlungsthematik Maritimes nicht von vornherein ausschließt. Das ist in dem Land zwischen Nord- und Ostsee kaum verwunderlich, liegen doch alle wichtigen Städte und Handelsplätze am Meer oder an schiffbaren Flüssen, so dass die Kulturgeschichte des Landes allenthalben in hohem Maß von der Schifffahrt geprägt ist. Den Besuchern bleiben die großen, buntbemalten hölzernen Figuren durchweg eindrucksvoll in Erinnerung, es sei denn, wie es gelegentlich auch vorkommt, man hat sie in irgendeiner Ecke mehr ab- als ausgestellt, weil sie sich zwischen dem anderen Ausstellungsgut als relativ sperrig erweisen.

Galionsfiguren sind Zeitzeugen der Segelschiffszeit, und wenn sich mit dieser eine gewisse, wenn auch meist ungerechtfertigte Romantik verbindet, dann tragen sie wie auch der andere geschnitzte Schiffszierrat – Heckfiguren und Ruderköpfe vor allem – dazu besonders bei. „Neptuns hölzerne Engel" hat man sie genannt, gewiss inspiriert durch die geschnitzten Vertreter himmlischer Heerscharen an christlichen Altären oder Orgelprospekten. Doch tatsächlich findet sich unter den überlieferten Galionsfiguren zwar allerlei Personal der antiken Götterwelt und somit auch des Meeresgottes Neptun, christliche Engel jedoch kommen nicht vor. Auch als „Silent Pilots", also als schweigende oder schweigsame Lotsen, hat man sie bezeichnet, und diese Assoziation ist, jedenfalls für die Figuren von Handelsschiffen des 18. und 19. Jahrhunderts, schon eher zutreffend. Sie standen dem Schiff am Bug voran, schauten zum fernen Horizont und waren ihm nicht nur Zierde, sondern sie galten vielen Seeleuten auch als dessen guter Geist, durch den sich die Wind und Wellen lenkenden Götter dem Schiff und seiner Mannschaft günstig stimmen ließen. Wurde dagegen die Figur beschädigt oder ging sie gar verloren, so galt das als böses Omen.

Ihre Bezeichnung verdanken die hölzernen Figuren einem Konstruktionsteil am Bug größerer Schiffe, den diese in der Zeit, aus der die meisten überlieferten Galionsfiguren stammen, oft schon nicht mehr besaßen, dem Galion. Als im 16. Jahrhundert, ausgehend von Spanien und Portugal, zunächst vor allem im Kriegsschiffs- und dann auch im Handelsschiffbau die dreimastigen Galeonen die älteren Schiffstypen mit dem großen Vorderkastell – die Koggen und ihre Verwandten – ablösten, konstruierte man zur Befestigung des weit nach vorn ausladenden Bugsprits und vor allem zur Handhabung der daran angeschlagenen Segel ein aus dem Bug herauswachsendes keilartiges, nach vorn spitz zulaufendes Gerüst, das Galion. Im Kampf konnte man es auch als Enterbrücke benutzen, und der Mannschaft diente es auf See als Abort, von dem aus sie ihre Notdurft verrichtete. An der Spitze dieses Galions auf dessen unterstem Balken aber brachte man eine meist lebens- oder sogar überlebensgroße Figur an, die Galionsfigur.

Auf die bis in vorgeschichtliche Zeiten zurückgehende Tradition, aus der sich derartiger Schmuck herleiten lässt, ausführlicher einzugehen, ist hier nicht der Ort. Nur soviel sei angemerkt, dass offenbar Opfertiere bzw. Teile davon wie etwa deren Fell oder Hörner und apotropäisch wirkende, also Unheil abwehrende aufgemalte Augen am Bug von Schiffen am Anfang standen. Auch die furchteinflößenden schlangen- und drachenartigen Stevenköpfe einiger Wikingerschiffe dürften dem Abwehrzauber, zugleich aber auch der Demonstration von Macht und Kampfesentschlossenheit ihrer Mannschaften und deren Herrscher gedient haben. Wenn mittelalterliche Kriegsschiffe Figuren am Vordersteven trugen, so waren es durchweg Drachenköpfe; an Handelsschiffen, so auch an der in der Weser gefundenen Hansekogge der Zeit um 1380 im Deutschen Schifffahrtsmuseum in Bremerhaven, fand sich dergleichen aber offensichtlich nicht. Auf der Spitze der großen Vorderkastelle der Hansekoggen scheint man gelegentlich Heiligenfiguren mitgeführt zu haben, sonst aber waren diese vor allem mit Wappenschilden geschmückt. Eine neue Möglichkeit zum Anbringen von eindrucksvollen Figuren bot erst das Galion. Abbildungen und originale Modelle des 16. und 17. Jahrhunderts zeigen vor allem Schiffe der königlichen Marinen, und an ihnen waren es besonders Löwen, die die Macht – und den Mut – der Herrscher verkörpern sollten. Lediglich im England des 15. und 16. Jahrhunderts stellte man den Kriegsschiffen auch noch Drachen und andere Tiere voran. Der älteste im original überlieferte Löwe eines solchen prachtvollen Kriegsschiffs ist der des 1628 fertiggestellten und sogleich bei Beginn seiner Jungfernreise gesunkenen schwedischen Regalschiffs „Wasa", das 1961 gehoben und dann in einem langen Verfahren aufwendig restauriert wurde. Der Löwe kann heute zusammen mit dem Schiff als Teil der überaus prunkvollen Schnitzereien an diesem schwimmenden, wehrhaften Barockpalast bestaunt werden.

Aber derart prächtig verzierte Schiffe, für deren künstlerische Ausstattung die renommiertesten Bildhauerwerkstätten der jeweiligen Länder herangezogen wurden, waren Kriegsschiffe und somit zugleich Repräsentationsbauten zur Demonstration herrschaftlicher Macht. Bei den Handelsschiffen muss man sich die Ausstattung mit Schnitzwerk viel bescheidener vorstellen. Selbst die Schiffe der 1602 gegründeten Holländisch-Ostindischen Kompanie, um ein Beispiel anzuführen, waren viel einfacher verziert, obwohl die Gesellschaft von den Generalstaaten privilegiert war und die wehrhaften Schiffe nicht nur dem Warentransport dienen, sondern auch niederländische Macht bis nach China und Japan anschaulich vor Augen führen sollten. Ihre Galionsfigur war häufig der rotgestrichene niederländische Löwe, doch gab es auch andere Bildwerke am Bug der Schiffe, Greifen, Wilde Männer und antike Götter zum Beispiel. Mit den Schiffstypen wurde das Galion in der folgenden Zeit zwar fortentwickelt, doch blieb es bei größeren Schiffen, wenngleich schließlich in erheblich verkleinerter Form, bis in die Mitte des 19. Jahrhunderts erhalten. Erst die schärferen Klipperschiffsteven und alle weiteren Schiffsformen der zweiten Hälfte des 19. Jahrhunderts machten es überflüssig.

In der Schifffahrt Schleswig-Holsteins allerdings spielten Kriegsschiffe bis in die zweite Hälfte des 19. Jahrhunderts keine wesentliche Rolle. Zwar fanden auch vor Schleswig-Holsteins Küsten einige wenige Seeschlachten statt, doch die Werften für die beteiligten Kriegsschiffe und deren Heimathäfen lagen außerhalb des Landes, in Kopenhagen, an mehreren Plätzen in Schweden, in St. Petersburg, in England und zur Zeit der Napoleonischen Kriege auch in Frankreich. Sammlungen von Galionsfiguren ehemaliger Kriegsschiffe, wie sie in den berühmten Schifffahrts- und Marinemuseen in Kopenhagen, Karlskrona, Stockholm, St. Petersburg, Amsterdam, Greenwich bei London, Chatham und Portsmouth, in Paris und an einigen Plätzen der USA aus den beim Abwracken ausgedienter Schiffe zusammengetragenen Beständen der königlichen bzw. staatlichen Werften und Arsenale entstanden, sind somit hier nicht zu finden.

Lediglich im benachbarten Hamburg gibt es im Museum für Hamburgische Geschichte einige wenige originale Relikte von wehrhaften Schiffen des seit 1662 eingerichteten Konvoywesens zum Schutz der eigenen Handelsschifffahrt besonders vor Piraterie. 1668 waren in Hamburg die als Kriegsschiffe ausgerüsteten Konvoyer „Leopoldus Primus" und „Wapen von Hamburg" (I) in Dienst gestellt worden, 1686/87 und 1691 waren gefolgt eine neue „Wapen von Hamburg" (II) sowie die kleinere „Admiralität von Hamburg", und schließlich wurde 1722 die dritte „Wapen von Hamburg" (III) fertig. Es waren das prächtig verzierte Schiffe, für deren plastischen Schmuck man damals auch an Hamburger Kirchen tätige namhafte Bildhauer heranzog. Überkommen von diesen Schiffen, die man natürlich auch von schleswig-holsteinischen Werftplätzen aus zur Kenntnis genommen hat, sind u. a. das originale Werftmodell der „Wapen von Hamburg" (III) mit einem vergoldeten bärtigen Poseidon als Galionsfigur und die große Heckfigur der „Leopoldus Primus". Ein Vorbild für diese Schiffe war im übrigen die 1634 von König Charles I. von England in Auftrag gegebene „Sovereign of the Seas", ein Staatsschiff, das 60 Jahre lang als das größte und herrlichste seiner Gattung gegolten hat, und Niederländer waren die Baumeister der ersten dieser Konvoyer. Ob es aber von diesen Hamburger Schiffen irgendeine Beeinflussung von Schiffsauszier an schleswig-holsteinischen Schiffen gegeben hat, lässt sich aus Mangel an Überlieferung nicht feststellen.

Das Gros der in Schleswig-Holstein bewahrten Galionsfiguren stammt aber von Handelsschiffen, und dort waren immer einzuhaltende Gebote die der Sparsamkeit und der Zweckmäßigkeit. Das bedeutete, dass der bildhauerische Schmuck, also Galionsfigur und Heckzier, nicht zuviel kosten und auch nicht nennenswertes zusätzliches Gewicht auf das Schiff bringen durfte. Vielfach verzichtete man ganz auf eine Figur und brachte am Steven lediglich eine sogenannte Krulle an, eine mehr oder weniger stark verzierte Volute, deren schmückende Auszier mit Blüten- und Blattwerk dem Bug zu beiden Seiten durch beschnitzte oder bemalte Zierbretter verbunden sein konnte. Aber selbst dieser Aufwand ließ sich noch einsparen. Das Museum Museumsberg Flensburg besitzt ein Aquarell von Friedrich Wilhelm Otte (1795–1861) aus der Zeit um 1840/50 von der Schiffbrücke in Flensburg, auf dem bei keinem der sechs dicht nebeneinander mit dem Bug am Kai der Norderschiffbrücke festgemachten Schiffe irgendeine Verzierung zu erkennen ist. Da Otte sonst alle Details der Situation genau wiedergegeben und sich auch auf anderen Bildern von Flensburg als gewissenhafter Schilderer erwiesen hat, ist an der Richtigkeit der Darstellung kaum zu zweifeln. Bei den vielen kleineren Küstenseglern verzichtete man ohnehin meist auf Zierrat am Bug oder Heck, es sei denn, man bemalte die Anker-Klüsbacken und das Knieholz unter dem Klüverbaum am Bug und verzierte die Namensbretter sowie bei etwas größeren Schiffen die Fensterrahmungen am Heck und schmückte die Ruderköpfe aus; Flachschnitzerei konnte dabei die Malerei unterstützen. Der Lehrer und Maler Christian Hadenfeldt (1883–1971) hat solchen einfachen, aber durchaus eindrucksvollen Zierrat in reizvollen aquarellierten Federzeichnungen festgehalten. Viele davon bewahrt das Altonaer Museum in Hamburg; Joachim Kaiser hat mehrere in seiner Biographie der hölzernen Ewer, „Segler im Gezeitenstrom", publiziert und unter anderem auch diesen Schmuck – natürlich an Schiffen von beiden Seiten der Elbe – beschrieben.

Über den in schleswig-holsteinischen Museen einschließlich dem Altonaer Museum bewahrten Bestand an Galionsfiguren gibt es eine relativ gute Übersicht. 1961 zeigte das Altonaer Museum eine von seinem damaligen Direktor Gerhard Wietek initiierte vielbeachtete, von einem Katalog begleitete Sonderausstellung, in der versucht worden war, alle in Deutschland – und das betraf vor allem Norddeutschland – vor-

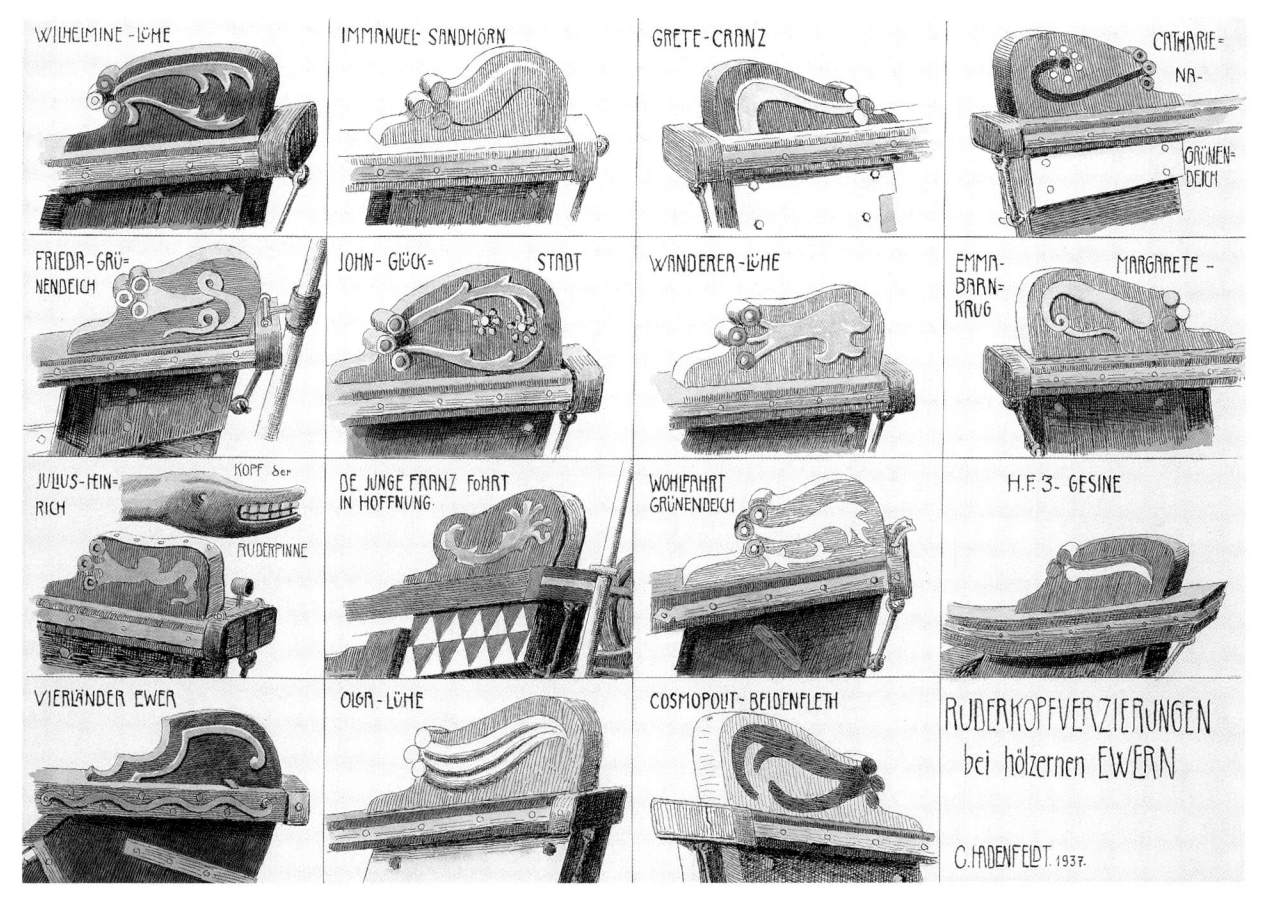

Christian Hadenfeldt (1883–1971), bemalte und z. T. beschnitzte Ruderköpfe an Ewern von der Niederelbe, 1937, aquarellierte Federzeichnung, 30,8 x 46,8 cm, Altonaer Museum

handenen Galionsfiguren zusammenzutragen und zusammen mit etlichen Heckfiguren auszustellen, und in den 1970er Jahren führte das Deutsche Schifffahrtsmuseum in Bremerhaven eine weltweite Bestandsaufnahme aller eruierbaren Galionsfiguren durch, die 1979 von Hans Jürgen Hansen publiziert wurde. Beide Publikationen sind allerdings vergriffen.

Die Galionsfiguren-Ausstellung von 1961 war die erste derartige Präsentation überhaupt, und es hat auch nie wieder eine gegeben. Man muss sich heute wundern, wie es damals gelungen ist, nach dem Aufspüren der Figuren die Besitzer für die Ausleihe zu gewinnen und die vielen Probleme der Abnahme der schweren Figuren in den Sammlungen, des Transports und der Montage in der Ausstellung zu bewältigen. Gezeigt wurden 64 Galionsfiguren, Heckverzierungen und Namensbretter sowie 116 Zeichnungen von Galionsfiguren, Krullen und anderer Stevenzier sowie von Heckverzierungen, die Zeichnungen größtenteils aus der Zeit zwischen 1830 und 1870 und aus den Sammlungen des Altonaer Museums, in die sie zumeist aus dem Besitz der Werft der Altonaer Schiffbauer- und Reederfamilie Dreyer mit dem Werftbetrieb am Reiherstieg auf der Elbinsel Neuhof gelangt waren. Von den

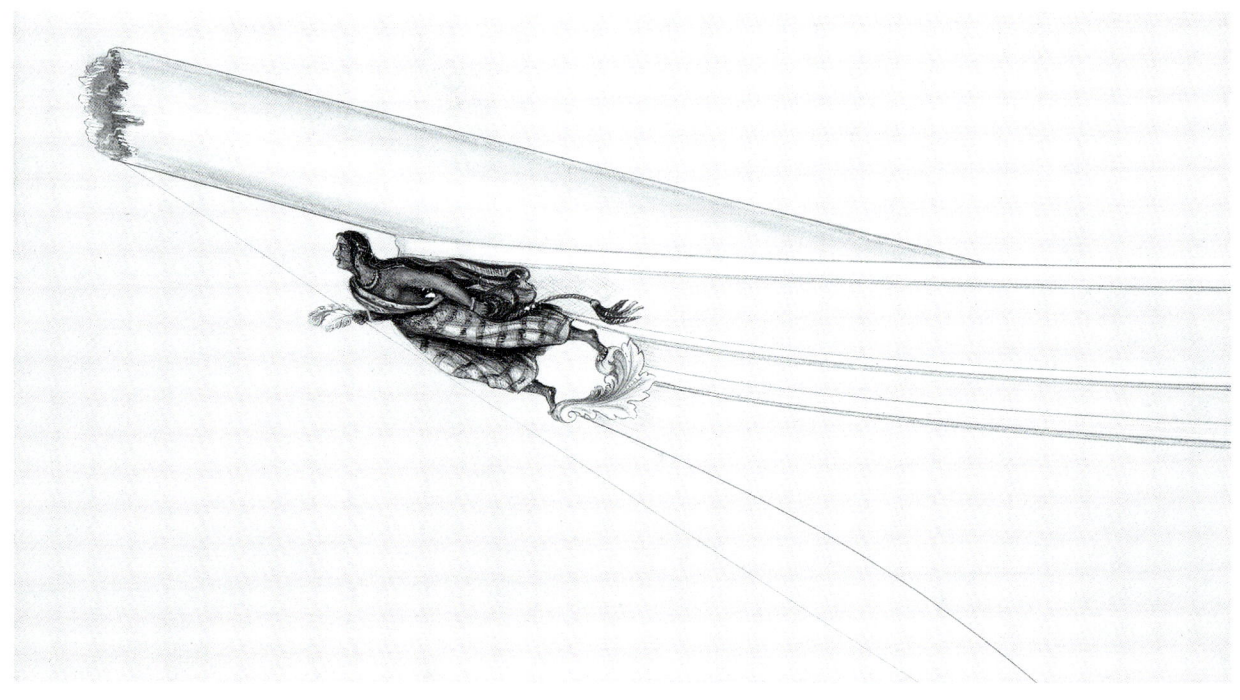

Entwürfe zu Galionsfiguren und Vorstevenzier aus dem Besitz der Dreyerschen Werft auf Neuhof am Reiherstieg, 1850er- und 1860er-Jahre, Bleistiftzeichnungen, unten mit Tusche, Altonaer Museum
Oben: ‚Emil', auf einem Podest am Steven aufrecht stehende Büste eines Herrn, 21,1 x 17,6 cm
Unten: ‚Amerika', am Klipperschiffsteven unter dem Bugsprit stark liegend angebrachte Figur einer Indianerin, 18,2 x 22,5 cm

Bildhauerarbeiten waren 29 Galionsfiguren, zwei volutenförmige Bugverzierungen sowie 14 Heckverzierungen, Namensbretter und Ähnliches aus schleswig-holsteinischen Sammlungen und Privatbesitz. Zwei um 1600 datierte zusammengehörige männliche Figuren über Speichenrädern, Funde aus der Eider bei Lunden mit nicht ganz klarer Funktion, wohl aber von einem Schiffsheck stammend, im Besitz des Museums für Dithmarscher Vorgeschichte in Heide waren bei weitem die ältesten Ausstellungsstücke; es folgten sechs Galionsfiguren sowie vier Heckfiguren und Namensbretter des 18. Jahrhunderts, alle anderen Arbeiten stammten aus der Zeit zwischen 1800 und 1900. Die Ausstellung hatte den großen Vorteil, dass man die Figuren unmittelbar miteinander vergleichen konnte und sich zuvor durch Autopsie auch die verwendeten Hölzer und der Zustand der Bemalung erfassen ließen.

Das Verzeichnis des Deutschen Schifffahrtsmuseums mit dem Anspruch auf weltweites Erfassen ist naturgemäß weit umfangreicher. Man war dabei aber auf die Zuarbeit der Besitzer angewiesen, so dass die Angaben zu den einzelnen Figuren sehr unterschiedlich ausfielen. Doch man konnte natürlich auch nicht transportable Figuren mit aufnehmen und aus Schleswig-Holstein auch einige, die 1961 nicht bekannt oder erst danach ins Land gekommen waren. Auch beschränkt sich dieses Verzeichnis ausschließlich auf Galionsfiguren, von denen sich damals 89 in schleswig-holsteinischen Museen (incl. Altonaer Museum) und Sammlungen sowie in Privatbesitz befanden. Bis auf die sehr schöne, um 1860 datierte Figur eines Mädchens mit Ährengarbe und Harke von dem Schoner „Heiligenhafen", die in den 1970er Jahren bei einem Einbruch in das damalige Gebäude des Heimatmuseums Heiligenhafen gestohlen wurde, sind alle im Katalog des Altonaer Museums aufgeführten Figuren in dem Verzeichnis ebenfalls enthalten.

Über die im Katalog von 1961 aufgeführten Figuren des 18. Jahrhunderts hinaus sind, abgesehen von zwei Figuren des Altonaer Museums, auf die noch zurückzukommen sein wird, auch in diesem Verzeichnis weitere ältere Figuren nicht enthalten. Bei weitem die meisten stammen aus dem 19. Jahrhundert. Insbesondere aber sind hier 11 Figuren und Bugverzierungen der Mitte des 19. Jahrhunderts von preußischen Schul- und Kriegsschiffen und vom ausgehenden 19. und beginnenden 20. Jahrhundert von Schul- und Kriegsschiffen des deutschen Reichs sowie zwei zusammengehörige der deutschen Bundesmarine von 1958 mit enthalten, die man 1961, aus welchen Gründen auch immer, nicht berücksichtigt hatte. Sie befinden sich in der Historischen Sammlung der Marineschule Flensburg-Mürwik, im Marinestützpunkt Olpenitz, in der Unterwasserwaffenschule der Bundesmarine in Eckernförde, im Marine-Ehrenmal Laboe und in situ am Bug der 1958 erbauten Bark „Gorch Fock", dem Segelschulschiff der deutschen Bundesmarine. Letztere Figur ist ein vergoldeter fliegender Albatross, eine Kunststoffabformung des in Olpenitz verwahrten weißgrau gestrichenen Originals aus Eichenholz. Bei den anderen Figuren handelt es sich um weibliche Figuren oder Halbfiguren, die Figur des Preußenprinzen Adalbert (1811–1873), des Oberbefehlshabers der preußischen Marine seit 1849, sowie um Adler mit preußischen Wappenschildern und ein Wappenschild mit einem Greif.

Das Verzeichnis zählt aber noch weitere Figuren von Kriegsschiffen auf: Die wichtigste von diesen ist die Dreiviertelfigur König Christians VIII. von Dänemark

Galionsfigur König Christians VIII. von Dänemark von dem gleichnamigen dänischen Linienschiff, 1840, Eichenholz, heute Stiftung Schleswig-Holsteinische Landesmuseen Schloß Gottorf f. Lithographie von 1878

(1786–1848, reg. ab 1839) von dem gleichnamigen, 1840 in Dienst gestellten dänischen Linienschiff, das während der schleswig-holsteinischen Erhebung am 5. April 1849 bei dem Artilleriegefecht vor Eckernförde zwischen der dänischen Flotte und den Landbatterien der Herzog Ernst II. von Sachsen-Coburg-Gotha als Brigadegeneral unterstellten schleswig-holsteinischen Verbände explodierte. Zusammen mit vielen Erinnerungsstücken und vor allem großen Mengen des Holzes dieses Schiffs, aus dem man in nationaler Begeisterung die verschiedensten Möbelstücke fertigte, barg man auch die Galionsfigur. Sie wurde zunächst ins Rendsburger Zeughaus verbracht, und von dort ließ Herzog Ernst II. von Sachsen-Coburg-Gotha, der sich als Sieger hatte feiern lassen, obwohl er persönlich bei dem Gefecht gar nicht anwesend war, die Trophäe auf die Veste Coburg schaffen, um sie dort in einer Ruhmeshalle zu präsentieren. Nachdem sich die Provinz Schleswig-Holstein schon vor dem Zweiten Weltkrieg um den Rückerwerb bemüht hatte, gelang dieser durch Tausch 1958. Seitdem befindet sich die fast drei Meter große Figur im Schleswig-Holsteinischen Landesmuseum auf Schloss Gottorf in Schleswig.

Wie häufig bei Galionsfiguren von Kriegsschiffen weiß man aus Zeichnungen und Schriftstücken in den königlichen Archiven bzw. Unterlagen der Admiralität relativ viel über die Entstehung dieser Figur, u. a. mitgeteilt durch Hanne Poulsen (s. Lit.-Verzeichnis, 1976). Das Schiff befand sich auf der Kriegsschiffswerft auf dem Holmengelände östlich der Hafeneinfahrt von Kopenhagen unter der Nummer 29 und dem Namen „Prins Christian Frederik" im Bau, als 1839 König Frederik VI. starb und Prinz Christian Frederik, sein Vetter, als Christian VIII. König wurde. Der Zeichner und Kupferstecher Johan Daniel Petersen (1794–1849), der wie für etliche andere Schiffe den Entwurf für die Galions-

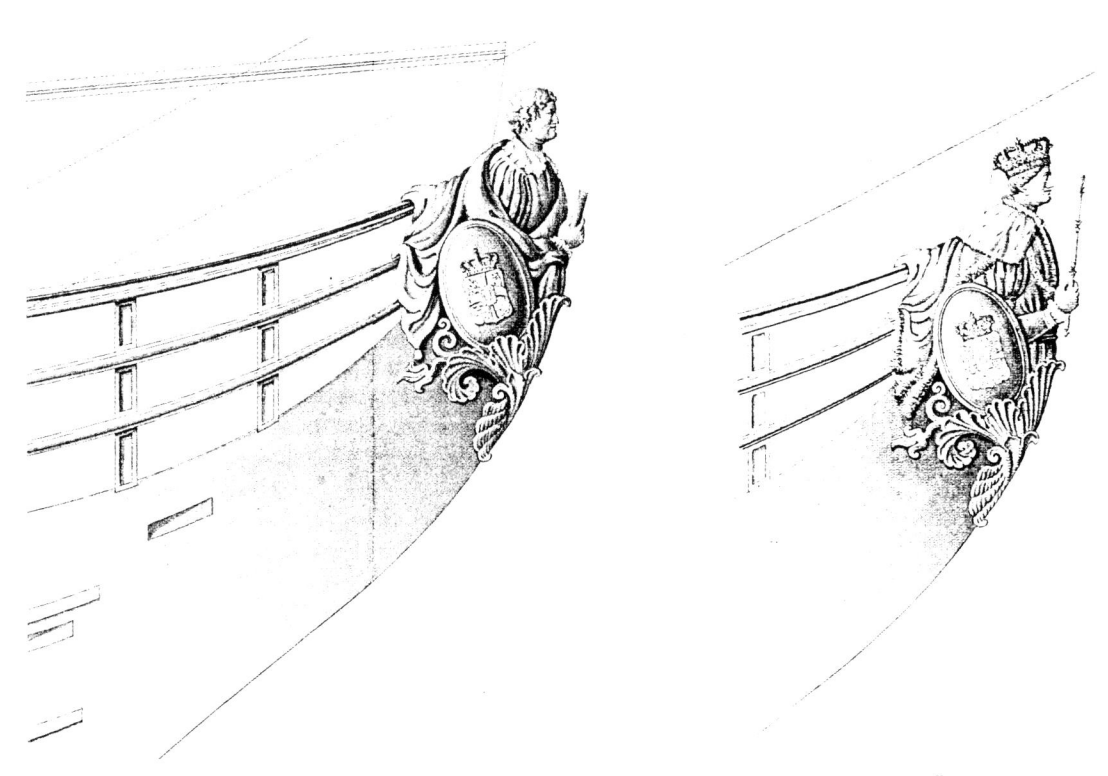

Konstruktionszeichnung der Galionsfigur Christian VIII. in der ursprünglichen Fassung und nach der Änderung von 1840, signiert J. D. Petersen, Ausschnitt, Rigsarkivet København

figur und den anderen Zierrat geliefert hatte, erhielt daraufhin den Auftrag, die Galionsfigur dem neuen Namen entsprechend zu verändern. Die neue Zeichnung wurde am 9. Februar 1840 genehmigt und zeigte nun den König im hermelinverbrämten Königsornat mit Krone, Reichsapfel und erhobenem Zepter, genau so, wie sie heute in Schleswig zu bewundern ist, sieht man von einigen Explosionsschäden insbesondere an Krone und Zepter ab. Petersen war ein guter Ornamentzeichner, hatte aber mit Figuren seine Schwierigkeiten, so dass man wiederholt und so auch hier den berühmten, an der Königlichen Kunstakademie in Kopenhagen lehrenden Maler und Zeichner Christopher Wilhelm Eckersberg (1783–1853) hinzuzog. Die Ausführung wurde dann einem der bekannten dänischen Bildhauer übertragen. Mehrfach war das Herman Vilhelm Bissen (1798–1868); er bzw. seine Werkstatt könnte auch in diesem Fall tätig geworden sein.

Ähnlich detailliert lässt sich auch die Entstehung der zweiten Galionsfigur belegen, die bei diesem Gefecht vor Eckernförde mitsamt der nur gering beschädigten Fregatte „Gefion" in die Hand der schleswig-holsteinischen „Aufrührer", wie es in dänischem Sprachgebrauch hieß, gelangte. Die „Gefion" lief 1843 in Kopenhagen vom Stapel, ihre Galionsfigur, eine klassizistisch gewandete weibliche Dreiviertelfigur, war die nordische Göttin Gefion, die der Sage nach ihre vier Söhne in Ochsen verwandelte, um mit ihrer Hilfe an einem Tag Seeland für Dänemark aus der schwedischen Erde herauszupflügen. Die Häupter der Söhne umkränzen den Sockel der Figur. Die am 3. Juni 1843 genehmigte Zeichnung für diese Figur ist ebenfalls von Johan Daniel Petersen signiert. Die Ausführung hat man mit dem großen dänischen Bildhauer des Klassizismus, Bertel Thorvaldsen (1770–1844), in Verbindung gebracht, möglicherweise auch deshalb, weil von dessen Vater, einem aus Island stammenden Bildschnitzer, bekannt ist, dass er bei einem für die dänische Flotte arbeitenden Holzbildhauer gelernt und später auch selbst Galionsfiguren gefertigt hat. Bertel Thorvaldsen soll ihm dazu noch in seinen ersten Rom-Jahren Entwürfe gezeichnet haben. Doch in diesem Fall entbehrt die Zuschreibung nach Hanne Poulsen, 1976, jeglicher Grundlage. Das den Schleswig-Holsteinern in die Hände gefallene Schiff wurde 1849 unter dem Namen „Eckernförde" an die ein Jahr zuvor neugeschaffene deutsche Bundesflotte überstellt, kam bei deren Auflösung 1852 unter dem Namen „Gefion" an die preußische Marine und 1871 an die Marine des Deutschen Reichs; 1891 wurde es abgewrackt. Die Figur wurde zunächst der Marine-Akademie in Kiel, dann der Marineschule Mürwik und schließlich der Stadt Eckernförde übergeben. Dort fand das Original seine Aufstellung im Rathaus, während eine Kopie in den 1936 neugeschaffenen Brunnen in den Kuranlagen unweit der ehemaligen Süderschanze integriert wurde.

Ob weitere der in schleswig-holsteinischem öffentlichen oder privatem Besitz befindliche Galionsfiguren von Kriegsschiffen stammen, ist ungewiss, scheint aber eher nicht der Fall zu sein. In der Sammlung des Altonaer Museums befinden sich beispielsweise einige Figuren von Kriegern und Offizieren, bei denen gelegentlich gemutmaßt worden ist, sie könnten auch zu Kriegsschiffen gehört haben. Sofern es sich um Figuren handelt, die sich tatsächlich einmal an einem Schiff befunden haben – mehr dazu folgt später –, ist aber eher davon auszugehen, dass auch sie von Handels-

Galionsfigur Kriegsgott „Ares", 2. H. 18. Jh., Kiefernholz, L 142 cm, Altonaer Museum

schiffen stammen, zumal keinerlei Namen überliefert sind. Die sehr schöne, noch aus dem 18. Jahrhundert stammende barocke Figur des antiken Kriegsgottes Ares mit epaulettenartigen Maskarons am Armansatz des Schuppenpanzers, in der Schausammlung auf ein nach einer Zeichnung in der „Architectura navalis mercatoria" von 1768 des seinerzeit führenden schwedischen Schiffbauers Fredrik Henrik af Chapman (1721–1808) nachgebautes Galion gesetzt, dürfte ihre Existenz der Namensgebung ihres Schiffes aus allgemeiner Antikenbegeisterung verdanken. Ein bärtiger Krieger der Zeit um 1860/70, historistisch gekleidet mit Helm und Schuppenpanzer, mag einem uns unbekannten Bühnenstück zuzuordnen sein, das den Reeder zu einer entsprechenden Namensgebung inspirierte. Auch zwei große Seeoffiziere aus dem letzten Drittel des 19. Jahrhunderts dürften eher von Handels-, denn von Kriegsschiffen stammen.

Die Herkunft der Galionsfiguren von Handelsschiffen in den schleswig-holsteinischen Museen wie in Privatbesitz ist nur in wenigen Fällen bekannt. Die Museen besitzen durchweg eine bis maximal fünf Figuren, die von gestrandeten Schiffen, von Werften, Reedern oder aus dem Handel stammen. Die Kenntnis der zugehörigen Schiffsnamen ist selbst in Fällen, in denen diese einmal bekannt waren, oft verloren gegangen, bevor sie ins Museum gelangten; bei Figuren aus dem Handel sind sie fast nie überliefert, und wenn welche genannt wurden, ist Vorsicht vor Phantasienamen angebracht. Diese geringe Kenntnis ist aber auch nicht verwunderlich. Figuren, die nach Schiffsunfällen geborgen oder beim Abwracken auf einer Werft aufbewahrt wurden, stellte man in Zeiten, in denen der Anmutungswert der Figuren noch höher war als der inzwischen hohe materielle Wert, gern im Garten oder auf dem Werftplatz auf, oder man montierte sie außen an eine Hauswand, dort nicht nur Wind und Regen, sondern vor allem den bei Sonneneinstrahlung meist stark wechselnden Temperaturen ausgesetzt. Die Kenntnis von der Herkunft schwand langsam, und das beste, das geschehen konnte, war dann, dass man sie schließlich ins Haus holte oder an ein Museum gab, bevor Wind und Wetter ihnen so zugesetzt hatten, dass sie zerfielen. Ein schönes Beispiel für die Aufstellung auf einem Werftplatz bietet das Gemälde „Vor dem Stapellauf der Brigg ‚Ernst Lorenz' auf der Dreyerschen Werft auf der Elbinsel Neuhof am Reiherstieg" von 1845, gemalt, wie Boye Meyer-Friese vor einigen Jahren herausfand, von Emil Bauch (1823 – um 1880) als Allegorie auf die Familie aus Anlass der Hochzeit des Altonaer Schiffbauers, Werftbesitzers und Reeders Ernst Dreyer (1816–1899) mit der Altonaer Arzttochter Julie Jensen. In der Mitte des Werftplatzes sind vor dem Dreyerschen Wohnhaus zwei bunt bemalte Galionsfiguren zu erkennen, eine männliche und eine weibliche Vollfigur, die, montiert auf hohen Pfählen, vermutlich Maststücken, das Geschehen überblicken. Ein jüngeres Beispiel für die Aufstellung in einem Garten am Elbstrand von Altona-Oevelgoenne zeigt eine um 1960/61 entstandene Photographie der Galionsfigur des 1864 in Vegesack gebauten Bremer Vollschiffs „Schiller". Die damals noch mehrfarbig bemalte Büste des Dichters befindet sich seit Dezember 2000 im Vereinshaus des SVAÖ, des Seglervereins Altona-Oevelgoenne, in Altona-Neumühlen. Allerdings wurde ihr inzwischen durch Ablaugen ihr Farbanstrich genommen, der für alle Galionsfiguren unentbehrlich ist, damit sie dem Klima und dem Seewasser trotzen und als Schmuck am Steven ihres Schiffes auch wirklich auffallen können.

Da es vor der schleswig-holsteinischen Küste keine ausgesprochenen Schiffsfriedhöfe gibt wie beispielsweise im Skagerrak vor der Nordküste Jütlands oder im Seegebiet der Scilly-Inseln vor der Westspitze der englischen Halbinsel Cornwall, hat es massenhaft nach Schiffsunfällen geborgene Figuren hier nicht gegeben. Auch in der bei weitem größten Sammlung im Land, der des Altonaer Museums in Hamburg, das sich als ehemals schleswig-holsteinisches Museum in der erst 1937 zu Hamburg gekommenen einst größten Stadt des Landes aufgrund der Herkunft großer Teile seiner Sammlungen diesem noch immer zugehörig fühlt, hat es bis zu der Ausstellung von 1961 auch nur vier Galionsfiguren und drei Heckfiguren gegeben, ein Bestand also, der dem Umfang in anderen Museen des Landes entspricht. Bei Hansen sind für diese Sammlung aber bereits 37 Figuren aufgeführt. Zu diesen sind 1970 noch zwei weitere hinzugekommen, durch Schenkung das zuvor noch als Hamburger Privatbesitz aufgeführte Geschwisterpaar aus der Mitte des 19. Jahrhunderts und durch Tausch vom Museum für Hamburgische Geschichte (bei Hansen aber nicht ver-

Ausschnitt aus dem Gemälde „Vor dem Stapellauf der Brigg ‚Ernst Lorenz' auf der Dreyerschen Werft" von Emil Bauch (1823 – um 1880), 1845, mit zwei Galionsfiguren in Werftplatzmitte, Öl/Lwd., Gesamtformat 114,5 x 156 cm, Altonaer Museum

zeichnet) die kolossale Figur eines dichtenden Imperators der Römerzeit – vielleicht Caesar darstellend – mit Schwert, Schriftrolle und Lorbeerkranz, entstanden um 1880/90 offensichtlich bereits für ein eisernes Schiff und inzwischen montiert in der Abteilung Schiffbauhandwerk neben der dort eingebauten Schiffszimmererwerkstatt.

Diese beachtliche Vermehrung der Sammlung war letztlich das Ergebnis der Ausstellung von 1961, durch die das Bewusstsein vom Wert derartigen Schnitz-

Galionsfigur „Schiller", Büste des Dichters von dem gleichnamigen Bremer Vollschiff, 1864, Kiefernholz, L 168 cm, in der Aufstellung in einem Garten am Elbufer in Altona-Oevelgoenne, Aufnahme von Gerhard Timmermann um 1960/61, Altonaer Museum

waimädchen, so interessant sie sich darbieten, kommen hier sonst nicht vor, eher, wenn überhaupt, dagegen in Großbritannien und den USA, obwohl auch diese Aussage relativiert werden muss: Nach Abbildungen in der zur Verfügung stehenden Literatur finden sich auch dort derartige Figuren in bewahrten Originalen wie in überlieferten Zeichnungen nur als sehr seltene Ausnahmen.

Allgemein üblich unter den in Schleswig-Holstein bewahrten Figuren sind dagegen – wie fast allenthalben auf der Welt – oft sehr anmutige weibliche Ganz-, Halb- oder Dreiviertelfiguren, eine Halbfigur noch des ausgehenden 18. Jahrhunderts in freizügigem antikisierenden Gewand mit dem Abwehrzauber dienenden Masken grimmiger bärtiger Männer anstelle der Arme an den Schultern, die anderen in meist biedermeierlicher Kleidung. Auch biedermeierlich gekleidete Herren kommen vor, die genannte Figur des Dichters Friedrich Schiller oder die des Lübecker Bürgermeisters Jürgen Wullenwever, der eine oder andere Kapitän oder Seemann, ein paar Seevögel und etliche Götter,

werks in Deutschland erst geweckt wurde. Das Museum konnte schon bei der Vorbereitung der Ausstellung und dann in den Jahren danach jene große Zahl von Figuren hinzu erwerben, die 1967 zusammen mit dem älteren Bestand zumeist ihren Platz wie in einem Schiffsbauch in der damals neuen fensterlosen und mit der Bezeichnung „Schiff und Kunst" belegten Halle unter dem Innenhof des Museums fanden. Allerdings gab es aus dem dänischen Kunsthandel auch das Angebot einer ganzen Sammlung von Figuren, von denen sich später 17 als geschickt nachempfunden und wohl aus einer schottischen Werkstatt stammend erwiesen, die sonst für Hotels, Kaufhäuser oder ähnliche Zwecke produzierte, die jedoch auch andere Museen täuschen konnte. Da sie aber handwerklich in traditioneller Weise hergestellt sind, wurden sie in der Ausstellung belassen. Thematisch unterscheiden sie sich deutlich von den in Schleswig-Holstein aufgefundenen Figuren: Einhörner, Seepferde, Hirschkühe, selbst Tritonen und so viele Seeoffiziere, desgleichen Indianer und Ha-

Weibliche Galionsfigur mit Maskarons an den Armansätzen, Ende 18. Jh., Kiefernholz, L 115 cm, Altonaer Museum

Göttinnen, Musen und mythische Gestalten der Antike. Der Kriegsgott Ares war bereits erwähnt, Merkur mit Flügelhaube und sogar anachronistischem Fernrohr zur Demonstration seiner Schifffahrtsverbundenheit ist dabei, Diana, die Göttin der Jagd, mit Hund und Cybele, die kleinasiatische Fruchtbarkeitsgöttin, mit kleinem Löwen und zepterähnlichem langen Stab, die Glücksgöttin Fortuna und Flora, die altitalienische Göttin des blühenden Getreides und – übertragen – der blühenden Pflanzenwelt allgemein, dazu – in Altona – auch die Muse des Lustspiels, Thalia mit dem Tamburin. Auch Leda mit dem Schwan, in dessen Gestalt sich der Göttervater Zeus der Gemahlin des spartanischen Königs Tyndareos näherte, ist mehrfach vorhanden, in Altona sogar mit zwei Schwänen, je einem zu jeder Seite, damit man erkennen kann, dass es sich bei der unbekleideten Dame auch tatsächlich um eine Gestalt der griechischen Mythologie handelt. Zumeist, allerdings keineswegs immer, korrespondierte die Figur mit dem Namen des Schiffs, das sie somit auch repräsentierte. Der Volksmund macht noch heute davon Gebrauch, indem er eine Person, die einen Staat, einen Verein oder eine gesellschaftliche Gruppe erfolgreich führt, auch als deren Galionsfigur bezeichnet. Genau so nennt man aber auch jemanden, der wenig ausrichten kann und nur des persönlichen Ansehens wegen einer Firma oder einem Verein vorangestellt wurde, um der Institution etwas Glanz zu verleihen, eine Galionsfigur, so letztlich die spätestens in der zweiten Hälfte des 19. Jahrhunderts gewachsene Erkenntnis reflektierend, dass solche Figuren am Schiff Schutz nicht bieten, wohl aber Schmuckstücke sein können.

An der Figur der Thalia, die mit ziemlicher Sicherheit von der bereits mehrfach genannten Dreyerschen Werft stammt, zeigt sich im übrigen, dass Galionsfiguren selbst in ihrer Benennung noch viele Fragen offen lassen können. Die Bezeichnung ist offenbar alt, das Tamburin als Attribut wäre ein Anachronismus wie das Fernrohr für Merkur, denn die Schellentrommel kommt erst im 15. Jahrhundert auf. Aber üblicherweise wird die Thalia mit einer komischen Maske dargestellt, die Haltung dieser Figur ist auch mehr die einer Tänzerin; dann käme als Bezeichnung aber eher Terpsichore als Muse des Tanzes infrage. Die wird auch mit einem Musikinstrument dargestellt, üblicherweise jedoch mit

Galionsfigur „Mercur", 1. H. 19. Jh., Ulmenholz, L 85 cm, Altonaer Museum

Galionsfigur „Leda" mit gedoppeltem Schwan, Mitte 19. Jh., Kiefernholz, L 115 cm, Altonaer Museum

Galionsfigur Muse „Thalia", 1. H.19. Jh., Ulmenholz, L 140 cm, Altonaer Museum

Saiteninstrument, der Lyra oder der Leier. Andererseits muss ein Traditionsstrang bekannt gewesen sein, nach dem der Thalia als Attribut das Tamburin beigegeben wurde. In der Foyer-Rotunde des 1908 fertiggestellten Staatstheaters in Cottbus befinden sich unter den neun in der Runde aufgestellten Musen aus Carrara-Marmor mit eingemeißelter Bezeichnung sowohl eine Thalia mit Tamburin als auch eine Terpsichore mit der Lyra. Die Skulpturen sind 1911 geschenkte „Nachbildungen der Vatikanischen 9 Musen" (de facto acht Musen und Apollo musagetis), Figuren der römischen Kaiserzeit, deren Prototypen aus dem 2. Jahrhundert v. Chr. stammen. Der Statue der komischen Muse dort ist zur Rechten eine komische Maske beigegeben; das verlorene Attribut in der linken Hand wurde gegen Ende des 18. Jahrhunderts nach vergleichenden Studien durch ein Tympanon ergänzt, eine diskusförmige Handpauke, ähnlich einem Tamburin (Auskunft Monumenti Musei e Gallerie Pontificie, Citta del Vaticano).

Da die in den Museen – und bei Privateigentümern – zusammengetragenen Figuren nicht nach ihrer Herkunft, sondern nach den Orten ihres Auffindens gesammelt wurden, sofern sie nicht aus dem Kunsthandel stammen, sind sie auch keineswegs alle im Land selbst entstanden. Abgesehen davon, dass schleswig-holsteinische Reeder schon damals Schiffe im Ausland bauen ließen oder aus dem Ausland kauften, konnten ja auch Schiffe anderer Nationen in hiesigen Gewässern wrack werden. Stilistisch sind, abgesehen vielleicht von der oben angedeuteten möglichen Präferenz gewisser Figurentypen, bei den Schnitzereien an Handelsschiffen keine wesentlichen nationalen Unterschiede zu erkennen. Der Stil dieser Figuren war europaweit so ähnlich, dass genauere Zuschreibungen abenteuerlich wären. Lediglich auffällige Parallelen zwischen einzelnen Figuren können möglicherweise hilfreich sein. Das mag etwa für das „Geschwisterpaar" aus der Mitte des 19. Jahrhunderts im Altonaer Museum gelten. Von dieser Doppelfigur aus Pitchpine-Holz heißt es nach mündlicher Überlieferung des Vorbesitzers, einem Hamburger Reeder, sie stamme von einem amerikanischen Klipperschiff, das in der Süderelbe wrack geworden sei. Bekannt sind mindestens drei weitere Doppelfiguren, davon eine, allerdings kleinere, stilistisch aber ziemlich ähnliche, ebenfalls aus Pitchpine-Holz gefertigte derselben Zeit im Museum Mystic Seaport, Connecticut/USA. Wie es für alle Galionsfiguren üblich war, ist sie farbig gestrichen, während die des Altonaer Museums irgendwann scharf abgelaugt worden ist. Die Ähnlichkeit ist aber doch so deutlich, dass die Herkunftsaussage des Vorbesitzers einige Wahrscheinlichkeit besitzen mag.

Über die Schnitzer der überlieferten Galionsfiguren von Handelsschiffen weiß man, anders als bei jenen von Kriegsschiffen, natürlich durchweg auch nichts, kennt man doch in den meisten Fällen nicht einmal die Werft. Gelegentlich mag man Bildhauer herangezogen haben, die in Kirchen für Altäre oder Orgelprospekte tätig waren oder die im Auftrag von Tischlern, Drechslern und Stellmachern mit dem Schnitzwerk an Truhen, Stuhlrückenlehnen oder Wagen- und Schlittenbrettern beauftragt wurden. Oft aber wird man das „Puppenschneiden", wie es hieß, geschickten und auch ein wenig spezialisierten Schiffszimmerleuten auf den Werften übertragen haben. Manche spezialisierte Schnitzer fertigten auch selbstständig Galionsfiguren neben Tabak- und Kaffeenegern für Kolonialwarenläden, plastischen Ladenschildern und Karusselltieren (Karusselltiere allerdings wurden schon mindestens seit dem letzten Drittel des 19. Jahrhunderts serienmäßig in wenigen Spezialbetrieben für ganz Deutschland hergestellt). Gerhard Timmermann erwähnt einige dieser selbstständigen Schnitzer in seinem Text zu dem Galionsfigurenkatalog des Altonaer Museums von 1961, darunter die Schiffsbildhauerei der Gebrüder Klindtwordt, die um 1870 in Blankenese für verschiedene Werften, darunter auch die Dreyersche Werft, arbeitete und offenbar in der Person eines Peter Klindtwordt noch 1904 in der Elbstraße 33 in Altona tätig war. Immerhin haben sich gelegentlich auch Zeichnungen für Galionsfiguren und andere Schiffsauszier erhalten, so unter anderem das erwähnte Konvolut von solchen besonders schönen Entwürfen der Zeit zwischen 1830 und 1870 für Schiffe der Dreyerschen Werft.

An jenen Zeichnungen wie im übrigen ebenso an etlichen Schiffsporträts lässt sich auch sehr gut verfol-

Ausschnitt aus dem Schiffsporträt „Balticum", Brigg aus Altona, von D.A.Teupken (1801–1845), 1838, Feder und Aquarell, Gesamtformat 56 x 75 cm, mit der aufrechten Büste einer weiblichen Figur auf kleinem Sockel am Steven unter dem Bugsprit, Altonaer Museum

Ausschnitt aus dem Schiffsporträt „Neptun", Bark aus Altona, von Peter Christian Holm (1823–1888), 1866, Öl/Lwd., Gesamtformat 43,5 x 63 cm, mit einer schräg angebrachten Figur, vermutlich ein Neptun, am scharfen Klipperschiffsteven unter dem Bugsprit, Altonaer Museum

Galionsfigur einer Dame in biedermeierlichem Kleid mit Schutenhaube, um 1850, Kiefernholz, L 160 cm; die Figur mit stark in den Nacken angewinkeltem Kopf muss man sich vorstellen in sehr schräger Lage an einem Klipperschiffsteven unter dem Bugsprit, Altonaer Museum

gen, wie sich gerade in dieser Zeit die Position der Galionsfigur am Schiffsbug veränderte. Am Galion hatten die Figuren durchweg eine ziemlich aufrechte Haltung. Beim Wegfall des Galions versah man den Bug mit einem kleinen Postament, auf dem die Figur weiterhin aufrecht stehend vorzüglich Platz fand – das gilt vor allem für die vielen Büsten, Viertel- oder Halbfiguren – oder man bolzte bei den immer schärfer werdenden Klipperschiffssteven und deren Nachfolgern die Figur unterhalb des Klüverbaums an den oberen Teil des Stevens an, so dass sie fast liegend gleichsam aus dem Schiffskörper herauswuchs. Für die Figur selbst blieb das natürlich nicht ohne Auswirkung: Während die aufrechten Figuren erhobenen Hauptes geradeaus zum Horizont blicken, musste den gleichsam liegenden der Kopf weit in den Nacken angehoben werden, damit auch sie geradeaus und nicht ins Wasser schauten. Von den Altonaer Figuren ist bekannt, dass mindestens die der Cybele und der Thalia, beide aus Ulmenholz, mit großer Wahrscheinlichkeit von der Dreyerschen Werft stammen. Da ihr Zustand vorzüglich, gleichsam werftneu, ist, wird vermutet, dass der Werftbesitzer sie günstig hat kaufen können, um sie später für einen Neubau zu verwenden, dass sich dann aber keine Gelegenheit dafür fand. Möglicherweise kommen auch der Merkur und eine Dame mit hoch aufgesteckten Haaren und tiefem Dekolleté, ebenfalls aus Ulmenholz, dorther; in den überlieferten Zeichnungen allerdings haben sich diese Figuren leider nicht wiedergefunden.

Mit Sicherheit ist der Ort der Herstellung nur für eine der Altonaer Figuren bekannt, es ist das die blaugewandete Frauenfigur mit goldenem Kopfschmuck im schwarzen Haar der stählernen Hamburger Viermastbark „Pindos", die 1890 auf der Werft von Richard Williamson & Son in Workington an der englischen Westküste unter dem Namen „Eusemere" gebaut wurde und am 11. Februar 1912 vor der Küste Cornwalls strandete, nachdem sie seit 1896 für die Hamburger Reederei B. Wencke Söhne gefahren war. Von dem Schiff mit dieser Figur, die 1964 ans Museum kam, existieren sogar Photographien, die die schöne schlanke Dame deutlich erkennen lassen. Von 1968 an hing sie über dem Eingang des Museums, bis sie nach dem Museumsbrand von 1980 drei Jahre später im Zuge der Umgestaltung der Fassade wegen der akuten Klimagefährdung abgenommen wurde und ihren neuen Platz in der Abteilung Kauffahrteischifffahrt fand.

Die Zeit der Galionsfiguren an fahrenden Schiffen ist vorbei. Schon vor dem Ersten Weltkrieg verzichtete man bei Neubauten durchweg auf sie. Für die modernen stählernen Riesen eignen sich solche Lotsen erst recht nicht mehr, die heutigen Mittel der Navigation und der Wetterbeobachtung zusammen mit Schiffsstabilisatoren, Klimaanlagen und vielen anderen technischen Wunderwerken sind verlässlichere Hilfen als die die Gunst der Götter suchenden hölzernen Figuren, und als Schmuck würden sie selbst bei wesentlich vergrößerten Dimensionen auch nicht mehr taugen. Große Malereien am Bug einiger Kreuzfahrtschiffe mögen allerdings als eine gewisse Fortsetzung einer alten Tradition gesehen werden. Zu denken wäre an die beiden Clubschiffe „AIDAcara" und „AIDAvita" der Rostocker Reederei Seetours – German Branch of P&O Princess Cruises, denen demnächst noch eine „AIDAaura" folgen soll. Der große, vom Steven ausgehende rote Kussmund und das überdimensionale Schlangenauge an beiden Seiten des Bugs sollen zwar keine Meeres- und Windgötter mehr günstig stimmen, wohl aber ein vorwiegend junges Publikum, dem sie einen vergnüglichen Urlaub versprechen.

Einige wenige Künstler, durch die Schifffahrt oder das Segeln dem Wasser verbundene Autodidakten, betätigen sich jedoch weiterhin als Schnitzer von Galionsfiguren, Heckverzierungen und anderem Schiffsschmuck, wenngleich lohnende Aufgaben seltener anfallen. Neubauten von Segelschulschiffen und einige großen Segelyachten, besonders auch in den USA, tragen neue Figuren, und auch für das häusliche Ambiente von Seefahrtsfreunden wird mancher Auftrag erteilt. Schließlich setzen die Restaurierung alter Figuren und vor allem die Nachbauten historischer Schiffe den einen oder anderen dieser Künstler in Brot. In Hamburg arbeitet so seit 1982 Dieter Meyer, in Rade, Gemeinde Tangstedt, bei Hamburg seit 1972 Bernd Alm, angeregt durch die bei der Segelolympiade in Kiel ihre Künste vorführenden Galionsfigurenschnitzer Jack Whitehead und Norman Gaches von der Isle of Wight, und auf der Weserinsel Harrier Sand vor Brake ist es seit 1995 das Ehepaar Claus und Birgit Hartmann. Von Fälschern, die bewusst auf Täuschung aus sind und alle Tricks zur Alterung der Figuren anwenden, muss hier nicht weiter die Rede sein, obwohl auch sie, sofern sie keine Kunststoffabgüsse herstellen, letztlich in traditioneller Weise arbeiten.

Gerhard Kaufmann

Museen und Institutionen in Schleswig-Holstein und Hamburg-Altona, die Galionsfiguren besitzen (ohne Privatbesitz):

Büsum:
Restaurant Kolles Alter Muschelsaal (1)

Eckernförde:
Stadt Eckenförde, Rathaus (1)
Kurpark (1, Kopie der Figur im Rathaus)
Unterwasserwaffenschule der Bundesmarine (1)

Flensburg:
Historische Sammlung
der Marineschule Mürwik (6)
Flensburger Schifffahrtsmuseum (5)

Hamburg-Altona:
Altonaer Museum in Hamburg, Norddeutsches Landesmuseum (39)
SVAÖ, Seglerverein Altona-Oevelgoenne (1)

Heide:
Museum für Dithmarscher Vorgeschichte, Heider Heimatmuseum (2)

Husum:
Nordfriesisches Museum Ludwig-Nissen-Haus (2)

Keitum / Sylt:
Sylter Heimatmuseum (3)

Kiel:
Kieler Stadt- und Schifffahrtsmuseum, Fischhalle (2)
Segelschulschiff „Gorch Fock" (1, am Schiff)
Kieler Yachtclub (1)
Laboe:
Marine-Ehrenmal (2)

Lübeck:
Museum für Kunst und Kulturgeschichte der Hansestadt Lübeck, Holstentor (3)

Niebüll:
Friesisches Heimatmuseum, Deezbüll (1)

Olpenitz:
Marinestützpunkt (1)

St. Peter-Ording:
Eiderstedter Heimatmuseum (2)

Schleswig:
Stiftung Schleswig-Holsteinischer Landesmuseen, Schloss Gottorf (3)

Wyk auf Föhr:
Haeberlin-Friesen-Museum (2)

Literaturauswahl

Hermann Ahrens, Wolfgang Rittmeister, Neptuns hölzerne Engel. Schöne alte Galionsfiguren. Hamburg 1958

Altonaer Museum in Hamburg, Galionsfiguren. Katalog der Sonderausstellung Juli–Sept. 1961, hrsg. v. Gerhard Wietek. Hamburg 1961

Altonaer Museum in Hamburg, Führer durch die Abteilung Schiff und Kunst (Schausammlungen des Altonaer Museums , H. 4, hrsg. v. Gerhard Wietek, Text Manfred Meinz). Hamburg 1968

Altonaer Museum in Hamburg, Schiffsporträts / Kapitänsbilder (Schausammlungen des Altonaer Museums, H. 6, hrsg. v. Gerhard Wietek, Text Henrik Lungagnini, Jürgen Meyer, Gerhard Kaufmann, Katalog Jürgen Meyer, Gerhard Kaufmann). Hamburg 1971

Jörgen Bracker, Die Wapen von Hamburg (III) – ein schwimmender Barock-Palast (Hamburg-Porträt, H. 1, Museum für Hamburgische Geschichte). Hamburg 1976

Heinz Burmester, Die Viermastbark Eusemere/Pindos. Was die Galionsfigur erzählen könnte. In: Altonaer Museum in Hamburg – Norddeutsches Landesmuseum, Jb. 1980/81, S. 119–148. Hamburg 1983

Georgia W. Hamilton, Silent Pilots, Figureheads in Mystic Seaport Museum. Mystic Seaport Museum, Mystic, Connecticut /USA 1984

Hans Jürgen Hansen, Galionsfiguren, Illustrierter Generalkatalog. Hrsg. in Zusammenarbeit mit dem Deutschen Schifffahrtsmuseum Bremerhaven. Oldenburg, München, Hamburg 1979

Heimatgemeinschaft Eckernförde: 150 Jahre „Tag von Eckernförde". Jb. d. Heimatgem. Eckernförde, Beihefte „Materialien u. Forschungen aus d. Region", H. 3. Eckernförde 1999

Joachim Kaiser, Segler im Gezeitenstrom. Die Biographie der hölzernen Ewer mit kolorierten Federzeichnungen von Christian Hadenfeldt. Norderstedt 1974

Herbert Karting, Von Altona nach Übersee, Bd. I, Schiffbaumeister Ernst Dreyer und Altonas Segelschiffahrt im 19. Jahrhundert. (Bd.II = Die Schiffe der Dreyer-Werft.) Bremen 1999

Georg Lippold, Die Skulpturen des Vatikanischen Museums III. 1. Berlin/Leipzig 1936. S. 27–30. Taf. 4,5

Boye Meyer-Friese, „Vor dem Stapellauf der Brigg ‚Ernst Lorenz' auf der Dreyer-Werft", Exkurs zu dem Gemälde von Emil Bauch. In: Herbert Karting, s.o., S. 108–109

Hanne Poulsen, Gallionsfigurer og anden dansk skibsornamentik indtil 1850. In: Handels- og Søfartsmuseet på Kronborg, Jb. 1974, S. 75–118

Hanne Poulsen, Danske Gallionsfigurer efter 1850. Gallionsbilledhuggerne H.J. og W.E. Møen. In: Handels- og Søfartsmuseet på Kronborg, Jb. 1975, S. 42–83

Hanne Poulsen, Gallionsfigurer – og ornamenter på danske skibe og i danske samlinger. København 1976

Lisa Royse, Figurehead carvers: their artistry & craftsmanship. In: The Mariner's Museum Journal, Vol. 18, No. 1, Frühjahr 1991, S. 2–6

M. K. Stammers, Ship's Figureheads. Shire Album 109. Princes Risborough, Buckinghamshire, UK, 1983, 2. Aufl. 1990

John Stengelhofen, ‚Valhalla', The Tresco Ships' Figurehead Collection (Isle of Scilly). National Maritime Museum, Greenwich, London 1984

Gerhard Timmermann, Galionsfiguren. In: Galionsfiguren. Kat. d. Sonderausst. d. Altonaer Museums Juli–Sept. 1961 (s.o.), o.S. (10 S.)

Vasa-Museum Stockholm, Mehrere kleinere Publikumsführer d. Jahre 1967–1990

Gerhard Wietek, Galionsfiguren, Vorwort im Ausstellungskatalog 1961, s.o. (4 S.)

Gerhard Wietek, Galionsfiguren – Ships' Figure Heads. Hamburg 1961

Gerhard Wietek, Galionsfiguren. In: Hamburg-Kurier 24, hrsg. v. Hamburg-Gesellschaft Verlag OKIS, Hamburg, Jg.4, Nov.–Dez. 1966, S. 10–19

Gerhard Wietek, Galionsfiguren im Altonaer Museum. In: Die Kunst und das schöne Heim, Jg. 90, H. 5, München 1978, S. 281–288.

Alle Abbildungen erfolgen mit freundlicher Genehmigung der die Objekte besitzenden Museen und Institutionen, des Altonaer Museums in Hamburg – Norddeutsches Landesmuseum, der Stiftung Schleswig-Holsteinische Landesmuseen Schloss Gottorf, Schleswig und des Rigsarkivet København. Allen Museen und Institutionen wie auch deren Mitarbeiterinnen und Mitarbeitern, die bei der Bereitstellung des Abbildungsmaterials und mit Informationen behilflich waren, sei vielmals gedankt.

Autoren

Wolf Dahl, Fregattenkapitän a.D., geboren 1942 in Ostrowo/Warthegau. Schulzeit in Husum, nach dem Abitur Eintritt in die Bundesmarine Crew IV/62, Ausbildung zum Offizier. Seefahrt auf Schnellbooten und Zerstörern, Tätigkeit in der Offiziersausbildung und im Bundesministerium für Verteidigung.

Ute Drews, geboren 1955 in Heide/Schleswig-Holstein. 1974–1979 Studium der Fächer Kunstgeschichte, Volkskunde, Klassische Archäologie, Kunst, Deutsch, Pädagogik in Kiel. 2. Staatsexamen als Lehrerin. 1980–1985 Tätigkeit im Schuldienst. 1985–1987 wissenschaftliche Mitarbeiterin am Amt für Vor- und Frühgeschichte der Hansestadt Lübeck. Seit 1987 wissenschaftliche Angestellte am Archäologischen Landesmuseum der Stiftung Schleswig-Holsteinische Landesmuseen Schloß Gottorf. Seit 1992 Leiterin des Wikinger-Museums Haithabu.

Dr. habil. Michael Gebühr, geboren 1942 in Berlin. Studium 1961–1971 in Berlin und Göttingen: Germanistik, Psychologie, Skandinavistik, Deutsche Volkskunde u. a. Promotion 1971 in Göttingen (Ur- und Frühgeschichte). 1972–1976 Assistent am Institut für Ur- und Frühgeschichte der Freien Universität Berlin. Seit 1976 wiss. Mitarbeiter am Schleswig-Holsteinischen Landesmuseum für Vor- und Frühgeschichte (heute Archäologisches Landesmuseum), Dezernent für die Eisenzeit. 1986 Habilitation an der Universität Hamburg, seit 1987 dort Privatdozent. Forschungsschwerpunkte: Sozialgeschichte der Eisenzeit, Ursachen der Völkerwanderung, Methodologie, Moorleichen, Mooropfer.

Dr. Nils Hansen, geboren 1957 in Kiel. Studium der Volkskunde, Mittleren und Neueren Geschichte sowie Niederländischen Philologie. Wissenschaftlicher Angestellter am Seminar für Europäische Ethnologie/Volkskunde der Christian-Albrechts-Universität zu Kiel. Veröffentlichungen zur Volks- und Alltagskultur in Schleswig-Holstein.

Axel Johnsen, geboren 1970 in Kopenhagen. Groß geworden in Sæd bei Tondern. 1997 cand. mag. in Geschichte und Germanistik, Aarhus Universität. Examensarbeit: Ernst Christiansen og Flensborg Avis 1933–40. 1997–2001 wissenschaftlicher Mitarbeiter, Museet på Sønderborg Slot. Arbeitsbereich: Das deutsch-dänische Verhältnis und die politische Geschichte Schleswigs 1830–1945. Seit Februar 2001 Stipendiat an der Studienabteilung der dänischen Zentralbücherei in Flensburg.

Prof. Dr. Gerhard Kaufmann, geboren 1936 in Kiel. Studium der Mathematik, Geographie, Kunstgeschichte und Volkskunde in Kiel und Freiburg/Br. Promotion 1964. Nach Volontariat und Leitung der Abteilung Allgemeine Kulturgeschichte mit Vertretung des Direktors seit 1978 Direktor des Altonaer Museums in Hamburg. Besondere Arbeitsschwerpunkte: Fayencen, Keramik, Popularisierung von Bildern, Norddeutsche Landschaftsmalerei.

Dr. Wolf-Dieter Könenkamp, geboren 1946 in Braunschweig. Studium der Geschichte, Volkskunde und Kunstgeschichte an der Universität Hamburg. Direktor des Dithmarscher Landesmuseums und des Schleswig-Holsteinischen Landwirtschaftsmuseums. Arbeitsschwerpunkte: Agrar-, Kultur- und Wissenschaftsgeschichte.

Dr. Hans Joachim Kühn, geboren 1945 auf Hallig Hooge, Krs. Nordfriesland. Studium der Ur- und Frühgeschichte, Volkskunde und Bodenkunde in München und in Kiel. 1977–1979 Leitung archäologischer Ausgrabungen im Rahmen des „Norderhever-Projekts", seit 1979 Dezernent für das archäologische Grabungswesen am Archäologischen Landesamt Schleswig-Holstein. Leiter der ASG Wrackforschung. Forschungsschwerpunkte: Küsten- und Wrackarchäologie.

Dr. Heinrich Mehl, geboren 1941 in Breslau. Studium der Germanistik, Anglistik, Kunstgeschichte und Volkskunde in Wien und Würzburg. Kulturreferent eines bayerischen Landkreises; 8 Jahre DAAD-Lektor für Deutsche Sprache und Literatur an Universitäten in Westafrika und Japan. Gastprofessor an der Universität Kumamoto. 10 Jahre Aufbau und Direktion des Hohenloher Freilandmuseums. Seit 1989 Leiter der

Volkskundlichen Sammlungen der Stiftung Schleswig-Holsteinische Landesmuseen. 1991–1997 Lehrbeauftragter der Universität Kiel. Arbeitsschwerpunkte: Sachvolkskunde, Landes- und Regionalgeschichte, Geschichte und Didaktik des Museums. Publikationen über Volkskultur in Bayern, Baden-Württemberg, Schleswig-Holstein und Japan.

Christian Radtke M.A., geboren 1941 in Schneidemühl. Studium der Germanistik, Geschichte und Philosophie in Hamburg, Wien, Heidelberg und Kiel. Seit 1972 am Archäologischen Landesmuseum Schleswig mit den Schwerpunkten Museumsarbeit, Redaktion und Arbeiten zur Urbanisationsforschung an den Beispielen Haithabu und Schleswig sowie zur historischen Burgenforschung.

Hanna-Maria Schuldt, geboren 1938 in Hamburg. 1961–1984 wohnhaft in Schweden. Drei Kinder. Studium der Kunstgeschichte, Ethnologie und Nordeuropäischen Archäologie in Stockholm. Als wissenschaftliche Mitarbeiterin für die Königliche Gerätekammer in Stockholm und Umgebung an verschiedenen Schlössern tätig. Lehrauftrag für Erwachsenenbildung. Seit 1984 wohnhaft in Lübeck. Ausstellungs- und Publikationsarbeit in Geschichtswerkstatt Herrenwyck. Vereidigte Dolmetscherin für die schwedische Sprache.

Brigitta Seidel M.A., geboren 1948 in Gelsenkirchen, Historikerin, Leiterin des „Haus Peters" in Tetenbüll. Ausstellungen und Publikationen zur Lokal- und Regionalgeschichte, u. a. zu den Themen Flüchtlinge, Auswanderung, Küstenfischerei, Landhökerei und Kolonialwaren.

Dr. Martin Westphal, geboren 1956 in Cloppenburg. Ausbildung zum Verlagsbuchhändler in Hamburg. Studium der Volkskunde, Kunstgeschichte und Germanistik in Hamburg und Münster. 1988/89 Volontariat am Westfälischen Freilichtmuseum Detmold – Landesmuseum für Volkskunde. Seit 1990 Aufbau und Leitung der Museen im Kulturzentrum in Rendsburg.

Dipl.-Ing. Andreas Westphalen, geboren 1966 in Flensburg. Studium an der Fachhochschule Flensburg, Maschinenbau-Energietechnik. Seit 1997 freiberuflich tätig im technisch-historischen Bereich, Schwerpunkt Dampfschiffahrt. Ausstellungen, Publikationen, Gutachten, Nostalgiereisen. Veranstalter des Flensburger „Dampf Rundum".

Eckard Wetzel, geboren 1940 in Danzig, Dipl.-Ing. für Maschinenbau, Oberleutnant zur See der Reserve. Erste Veröffentlichungen von Feuilletons im alten „Simplicissimus" (1962–1964). 1964–1967 Reise um die Welt auf den Spuren von H. Melville und J. London. 25 Jahre Tätigkeit als Erprobungsingenieur für U-Bootsanlagen bei der Wehrtechnischen Dienststelle für Schiffe und Marinewaffen in Kiel. Verfasser von Abenteuer-Erzählungen und zeitkritischer Romane „Die Betonkugel" (1983) und „Polarwolf – Immer locken die Schätze Antarktikas" (1991), von Sachbüchern über die U-Bootsgeschichte (1985, 1989 und 2001) und über den Segler „Thor Heyerdahl" (1993); maritime Beiträge für Landesamt für Denkmalpflege und Koehlers Flottenkalender.

Eigel Wiese, geboren 1947 in Hamburg. Abgeschlossene Fotografen- und Journalistenausbildung. Reportagereisen im Auftrag auflagenstarker Zeitungen und Magazine in mehr als 50 Ländern auf allen Kontinenten. Als Buchautor über 20 Bücher, mehr als zehn über maritime Themen, u. a. „Sklavenschiffe – Das schwärzeste Kapitel der christlichen Seefahrt", Koehler Verlag, Hamburg. Auszeichnung in Frankreich mit einem Fotografenpreis, in Deutschland mit einem Journalistenpreis.